KB205763

Refo 500 성경 해설 5

소선지서

Refo 500 성경 해설 시리즈는 종교개혁 500주년을 맞아 **〈고신 Refo 500 준비위원회〉**가 기획하고 **〈세움북스〉**가 협력하여 출간하게 되었습니다. 건강한 개혁주의 신학을 담고 있는 본서가 한국교회를 말씀 위에 바로 세우는 유익하고 좋은 도구가 되길 소망합니다.

Refo 500 성경 해설 시리즈 **5**

Refo 500 성경 해설 : 소선지서

초판 1쇄 인쇄 2020년 10월 25일
초판 1쇄 발행 2020년 10월 30일

지은이 ㅣ 박우택
펴낸이 ㅣ 강인구 · 고신 Refo 500 준비위원회
감 수 ㅣ 김성수 문장환 박영호

펴낸곳 ㅣ 세움북스
등 록 ㅣ 제2014-000144호
주 소 ㅣ 서울시 종로구 삼일대로 428(낙원동) 낙원상가 5층 500-8호
전 화 ㅣ 02-3144-3500
팩 스 ㅣ 02-6008-5712
이메일 ㅣ cdgn@daum.net

디자인 ㅣ 참디자인

ISBN 979-11-87025-76-4 (03230)
       979-11-87025-20-7 (03230) 세트

Refo 500
성경 해설

박우택 지음

5 소선지서
The Minor Prophetic Books

저자 서문

—◦⑁◦—

　종교개혁 500주년을 맞아 그 의미를 바르게 진단하는 일은 복된 미래를 열어가는 초석이 된다. 종교개혁이 어떤 의미를 가지고 있는지 '세계 레포 500'에서 자문학자들이 "2017년 종교개혁 500주년을 위한 진단과 전망"을 23개 항목으로 발표한 바가 있다. 그중에 이 책의 핵심과 관련된 몇 가지 내용을 요약하면 다음과 같다.

　　종교개혁은 오직 믿음으로 하나님께 의롭다 함을 받음으로 직접 하나님 앞에 서 있는 존재로서 사람을 발견하게 했다. 이러한 사람의 존재, 그 자유와 책임에 대한 언급은 교회와 기독교를 넘어 사회 각 분야, 특히 문화, 학문, 교육, 법, 정치, 경제 영역에 영향을 미쳤다. 그리고 사람이 하나님 앞에 서 있다는 사실은 자신이 믿는 것을 이해하고 자신의 믿음에 관해 설명할 수 있다는 점을 포함하기 때문에 종교개혁의 중심적인 관심사는 성경과 설교였다. 그래서 성경이 일반 대중의 언어로 번역되고 성경에 근거한 강해설교가 예배의 필수불가결한 요소가 되었다. 이 기본 신념은 그리스도인을 양성하기 위해 교육의 필요성을 불러일으켰다.

　자문학자들의 이 진단은 옳을 뿐만 아니라 매우 중요하다고 생각한다. 성경을 가르칠 때 하나님 앞에 서 있는 존재로서 자기 자신을 발견하게 하고, 그 사람으로 하여금 하나님이 원하시는 새로운 세상, 곧 하나님 나라를 건설하게 할 수 있다고 믿기 때문이다.

　종교개혁의 표어(motto)는 '오직 성경'(sola scriptura), '오직 믿음'(sola fide), '오직 은혜'(sola gratia)다. 이 중 첫 번째 '오직 성경'은 나머지 2개의 표어를 올바른 방향으로 이끄는 가장 중요한 요소다. 성경은 우리가 믿어야 할 믿음의 내용과 하나님이 우리를 구원하여 하나님 나라에 살게 하시는 은혜와 그 은혜를 받은 자의 자유와 책임을 기록하기 때문이다.

당시 종교개혁자들은 '오직 성경'이라고 말했지만 오늘날 불행하게도 다수의 가르치는 자들은 원저자이신 하나님의 의도와 상관없이 그들의 주관적인 생각에 따라 가르쳤다. 그래서 성도들로 하여금 성경을 바르게 읽지 못하게 했다. 이뿐만 아니라 누구든지 읽고 구원의 길을 찾을 수 있도록 쉽게 기록된 책을 어렵고 복잡하게 만들어 돌아가게 만들거나, 어떤 경우에는 아예 길을 찾을 수 없게 만든다. 심지어 성도들의 자유를 유린하거나 억압하는 도구로 사용하기도 한다. 또한 '오직 믿음'이라고 말했지만 믿음이 무엇이며, 그 믿음이 어떻게 표현되는지를 설명하지 못했기 때문에 실천과 연결되지 못했다. '오직 은혜'라고 말했지만 하나님이 우리의 구원을 위해 행하신 은혜가 무엇인지 보여 주지 못함으로 기복주의로 흐르게 하여 '값싼 은혜'만 넘쳐나게 되었다.

이러한 현상의 근본 원인은 성경이 어떤 책이며, 어떻게 기록하고 있는지 모르기 때문이다. 성경은 하나님이 우리를 구원하시기 위해 역사 가운데 행하신 구속사를 기록하고 있다. 그리고 그 구속사를 누구나 잘 알 수 있도록 우리가 사용하는 언어로 기록하였다. 언어를 이해하는 핵심은 문맥이다. 문맥은 본문의 의미를 결정하는 가장 중요한 요소다. 성경에서 어떤 단어의 문맥은 그 단어가 속해 있는 구절이며, 구절의 문맥은 그 구절이 속해 있는 문단이며, 문단의 문맥은 장(章)이며, 장의 문맥은 그 장이 속해 있는 책이다. 성경 기록의 특성상 각각의 저자가 66권을 다른 역사적인 상황에서 기록했다 할지라도 성경은 한 분 저자이신 하나님의 감동으로 된 책이기에(딤후 3:16) 성경 전체가 한 문맥을 이루고 있다. 이것은 성경 각 부분이 성경 전체의 핵심 주제인 언약과 그 언약의 목표인 하나님 나라와 밀접한 연관성을 가지고 있다는 것이다. 그럼에도 성경을 문맥과 관계없이, 또한 언약의 핵심인 그리스도와 아무런 연관성이 없이 연결하기 때문에 성경을 기록한 목적에 이르지 못한다. 하나님 앞에 서 있는 자신의 존재와 그 존재에 합당한 자유와 책임을 인식할 수가 없다. 이러한 이유에서 성경이 어떻게 그리스도와 연관되는지 올바른 신학적 관점과 그 내용을 기록한 방법을 이해하는 것이 필요하다.

현재 성경 개관서나 개론서도 있고, 셀 수도 없는 주해서들이 있다. 그럼에도 이 책을 쓴 것은 개혁주의 교리 표준과 성경해석 원리에 따라 성경 전체와 각각의 본문이 어떤 의미를 가지고 있는지 성경의 논리에 따라 설명할 필요가 있기 때문이다. 이 책은 다음과 같은 몇 가지 특징들을 가지고 있다. 이 특징들은 이 책을 어떻게 읽고 사용해야 하는지의 문제와 연관되어 있다.

1. 우리가 믿어야 할 믿음의 내용과 하나님이 그리스도 안에서 행하신 은혜를 구속사와 하나님 나라의 관점에서 설명하였다. 그래서 성경 전체와 각 권과 절들이 어떻게 이와 연관되는지 설명했다.

2. 구속사에서 하나님이 우리를 구속하시기 위하여 역사 가운데 행하신 하나님의 주권적인 사역만을 강조하지 않고, 하나님의 언약 당사자인 사람의 역할과 책임도 동일하게 강조하였다. 구속사에서 하나님이 우리를 구속하시기 위해 행하신 객관적인 사실을 아는 일이 중요하지만 언약 당사자인 사람이 하나님과 교제하며 그 은혜를 누리는 일과 이 세상에서의 그 역할과 책임도 중요하다고 보았기 때문이다.

3. 성경 저자들이 주제와 전하고자 하는 교훈을 어떻게 전달하는지 보여 주려고 했다. 각 책이 어떤 문학적 구조를 가지고 있고, 어떤 문학적 장치와 기교를 사용하여 의미를 전달하고 있는지를 보여 주려고 했다. 또한 각 책의 성격에 따라 이야기로 된 계시는 스토리를 살렸고, 설명으로 된 계시는 논리의 흐름을 살렸다.

4. 각 책의 주제와 기록 목적을 성경 자체가 가지고 있는 논리적 근거에 따라 기술했다. 어떤 근거에서 그 책의 주제가 되고 목적이 되는지, 저자가 주제를 전달하는 도구로 사용한 문학적 구조와 다양한 문학적 장치를 통하여 드러냈다.

5. 성경 각 권이 가지고 있는 스토리나 논리의 흐름에 따라 각 책의 모든 내용을 성경의 순서대로 기술했다. 누구든지 성경과 함께 읽어 가면 더 좋지만, 그냥 읽어도 성경 순서에 따라 그 내용과 그 의미를 알 수 있도록 썼다. 교회나 성도가 성경 전체를 읽거나 가르치려고 할 때 이 책과 함께 읽는다면, 성경의 주제와 논리를 따라 읽고 의미를 쉽게 파악할 수 있다. 그

리고 성경 어떤 본문을 알고 싶다면 성경 순서에 따라 쉽게 찾을 수 있다.

6. 일선 목사님들이 새벽기도회, 주일 오후나 저녁예배 또는 수요 예배에서 차례대로 설교하거나 가르칠 수 있도록 썼다. 긴 본문도 선택할 수도 있고, 짧은 본문을 선택할 수 있도록 문단의 흐름과 대지를 따라 썼다. 작은 단위의 본문도 가능하다면 다 해설하려고 했다. 필요하다면 성경의 원어와 문법적 특징 등을 다루어 의미를 더 자세히 알 수 있게 썼다.

7. 목회자나 독자들이 다른 주석이나 주해서를 사용하지 않더라도 쉽게 성경의 핵심을 파악하고 가르칠 수 있도록 썼다. 뿐만 아니라 더 깊은 연구가 가능하도록 참고 문헌과 출처를 밝혔고, 또한 설명주를 달아 의미를 더 자세하게 알 수 있게 했다.

8. 목회자와 독자들이 이 책을 읽다가 의미를 더 보완하거나 적용점이 있다면 기록할 수 있도록 여백을 두었다. 성경의 특성상 이 여백은 본문의 의미를 더 풍성하게 할 수 있다.

9. 독자들이 더 잘 이해할 수 있도록 고착화된 몇 가지 외래어를 제외하고는 신학이나 문학과 관련된 전문 용어를 우리말인 한글로 표기했다. 또한 일본이나 중국의 언어 습관에서 비롯된 어투를 버리고 때로는 어색하지만 우리말로 표기하려고 했다.

이 책이 성경을 사랑하고 성경의 이상을 이 땅에 실현하기 원하는 성도들의 필요를 다 충족시키지는 못할 것이다. 그래도 이 책을 성도들이 성경과 함께 읽고 공부하면서 믿음으로 하나님에 의해 의롭다 함을 받은 자로서 그 자유와 책임을 발견하게 되기를 소망한다. 그리고 그들이 구속사의 넓은 지평에서 하나님과 교제하며 하나님 나라를 경험하게 되기를 원한다. 이뿐만 아니라 주님이 다시 오시는 그날까지 복음을 전파하여 성령 안에서 의와 평화와 기쁨이 특징인 하나님 나라를 만들어 가게 되기를 꿈꾼다(롬 14:17). 이 나라는 하나님이 그의 경륜 가운데 설계하셨고, 우리 믿음의 조상들과 바울과 요한이 꿈꾸었던 새로운 세상이다.

"고신 Refo 500 준비위원회"(이하 Refo 500)가 종교개혁 500주년 기념 사업으로 성경 전체를 우리의 교리 표준에 따라 구속사와 하나님 나라의 관점에서 개관한 책을 써 줄 수 있는지 물었고, 어떻게 쓸 것인지 계획서를 제출해 줄 것을 요청하였다. Refo 500이 그 계획서를 검토한 후 이 복되고 영광스러운 작업을 저에게 맡겨 주신 것에 진심으로 감사드린다. 특히 위원장이신 박영호 목사님(창원 새순교회)께 감사드린다. 박 목사님은 목회자와 독자의 입장에서 제가 쓴 원고를 긴 시간 동안 꼼꼼하게 여러 번 읽으며 내용을 보완하거나 바로잡는 일에 도움을 주셨다. 또한 글의 주인은 저자가 아니라 일선 목회자와 독자들이기 때문에 쉽게 읽을 수 있는 책이 되어야 함을 지적해 주셨다. 박 목사님은 성경을 알고 성경대로 살면서 교회마다 성경이 바르게 가르쳐지기를 원하는 '성경의 사람'이다. 또한 이 책의 전체적인 틀을 잡아주시고 수시로 대화하고 격려하며 감수해 주신 김성수 교수님(고려신학대학원)과 문장환 목사님(신학박사, 진주삼일교회)께 감사드린다. 또한 제가 속한 노회의 목사님들(박명진, 이영, 도근도, 김주환, 이순교, 정연무, 박보현 목사님)과 사모님들에게 감사드린다. 이 분들은 제가 이 책을 쓰기 시작하면서 함께 공부하며 책의 방향성을 잡는 일에 도움을 주셨다. 이 분들 중에 정연무 목사님(한샘교회), 박보현 목사님(지음교회)은 이 책을 긴 시간 독회(讀會)하며 내용을 보완하거나 바로잡는 일에 도움을 주셨다.

이 책을 출판할 수 있도록 도와 준 『특강 소요리문답』과 『특강 종교개혁사』의 저자 황희상 선생님과 이 책을 의미 있게 생각하고 출판해 주신 세움북스 강인구 대표님에게 감사드린다.

그리고 이 책을 쓰는 일에 결코 잊을 수 없는 분들이 있다. 이분들이 기회를 주고 배려해 주지 않았다면 이 책을 쓰는 일 자체가 불가능했을 것이다. 이분들은 제가 지금 협동목사로 봉사할 수 있는 은혜를 주신 한밭교회 곽창대 목사님과 장로님들과 성도들이다. 특히 곽 목사님은 제가 이 책을 쓸 수 있도록 배려해 주시고 격려해 주셨다. 교회에서 책의 초고를 강의할 때 성도들의 질문과 격려는 책의 내용을 더욱 풍성하게 만들었다. 성경과 교회를 사랑하는 성도들과 교제하며 교회를 섬기는 것은 큰 복이다. 그리고 사랑하는 아내와 세 딸들이 복음의 동역자로 함께 기도하며 격려해 주지 않았다면 이 일이 가능하지 않기에 이들에게도 감사드린다. 그러나 하나님의 인도가 없었다면 이 영광스러운 일을 할 수 없기에 하나님의 은혜와 위로는 이 모든 감사 위에 있다.

2017. 8. 17. / 박우택

추천사

—◦ℰℐℴ◦—

500년 전 종교개혁은 위클리프, 후스, 루터, 칼빈 등이 성경의 진리를 깨닫고 그 진리에 헌신하므로 일어났다. 당시 잘못된 교황제도 아래서 교회는 성경을 잘못 해석하여 구원과 은혜 교리를 왜곡시켰다. 그중에 하나가 면죄부다. 성도들은 성경을 읽지 못해서 진리를 알 수 없었다. 종교개혁자들은 모든 성도가 자기들의 언어로 성경을 읽을 수 있게 했다. 그래서 종교개혁의 불길이 불꽃처럼 타올라 번졌다. 진리로 자유를 얻은 많은 사람들이 순교자의 길을 걸었음에도 하나님의 교회는 진리의 말씀 위에 세워지고 부흥하게 되었다.

시간이 흘러 종교개혁자들이 진리의 터 위에 세운 교회가 다시 무너졌다. 유럽에서 시작하여 북미 대륙까지 성경 해석에 인본주의와 세속주의가 영향을 미쳤다. 성경이 구원과 생활에 유일한 표준이 아니라는 생각이 교회 안에 들어왔다. 하나님의 존재마저 의심했다. 종교개혁 500주년을 맞이한 한국교회 역시 동일한 위기를 만나고 있다. 종교개혁자들의 후예들이라고 외치기도 하고 '오직 성경'이라는 구호도 잊은 적이 없다. 그럼에도 한국교회 선교 역사 130년에 성경을 바르고 충분하게 설교하고 가르쳤는지 확신이 서지 않는다.

성경 한 권이면 충분하다는 목회자와 성도를 찾아보기가 쉽지 않다. 또한 일부이기는 하나 성경을 잘못 해석하여 하나님의 목적과 뜻을 왜곡하는 사람들이 교회 안팎에서 늘어나고 있다. 순수한 복음이 선포되지 않는다. 새롭게 되는 길은 한 가지뿐이다. 그것은 하나님의 말씀을 바르게 해석하여 교회 안에서 충족하게 선포되어야 한다는 것이다. 말씀 위에 교회를 세워 새롭게 하고 성장시키기 위해서는 말씀과 기도에 전념해야 한다. 성경의 역사를 볼 때 모세, 사무엘 등이 백성들에게 하나님의 말씀을 전하고 가르침으로 하나님의 백성들을 바른 길로 인도했고, 바벨론 포로 이후에 에스라가 레위인과 백성들을 가르쳐 포로 귀환 공동체를 개혁했다. 신약시대 사도 바울은 말씀을 전파하여 교회를 세우고 디모데 같은 일꾼을 길러내었다. 이 역사를 보면서 우리는 사람을 바꾸고 시대를 변화시키는 것은 하나님의 말씀이라고 확신한다.

종교개혁 500주년을 맞아 출간되는 『Refo 500 성경 해설 시리즈』는 박우택 목사 한 사람이 썼다. 이렇게 한 이유는 성경 전체를 일관된 관점과 방법론에 따라 통일성있게 쓰도록 하기 위함이다. 그는 고신대학교와 고려신학대학원과 교회에서 성경을 가르치고 연구한 성경신학자로서 성경이 어떤 책인지 잘 설명하였다. 또한 구속사적인 해석과 계시전달방법인 문학적인 해석을 통해 하나님의 작정과 인류를 구원하시기 위해 행하시는 대속적인 사랑과 하나님이 이 역사 속에서 이루고자 하시는 궁극적 목적인 하나님 나라가 어떻게 세워지고 완성되는지 잘 표현하였다. 창세기부터 계시록까지 66권이 한 권의 책임을 보여줄 뿐만 아니라 건강한 개혁주의 신학을 가지고 성경 전체를 해설하였다.

『Refo 500 성경 해설 시리즈』는 종교개혁 500주년을 맞아 교회가 말씀 위에 세워져 교회가 새로워지고 부흥하기를 소망하며 기획된 책이다. 누구든지 이 해설서를 통해 혼자서도 충분히 성경을 가르칠 수 있는 목회자, 교사, 부모가 될 수 있을 것이다. 성경 다중 번역 시대에 좋은 번역 성경을 읽어야 하고, 좋은 해설서를 곁에 두고 읽어야 한다. 이 책을 통해서 율법을 연구하고 준행하며 가르치기로 했던 에스라 같은 사람이 많이 일어나기를 소망한다. 하나님의 말씀이 완전하고 송이꿀보다 더 달다는 것을 맛보게 되기를 바란다(시 19:7-10). 기쁜 마음으로 이 책을 적극 추천한다.

박영호 목사(고신 Refo 500 준비위원회 위원장)

추천사

한 신학자가 일관된 신학적 관점과 방법론을 가지고 일정한 깊이와 수준을 유지하면서 성경 전 권을 다 해설한다는 것은 정말 힘든 작업이라 할 수 있다. 교회 역사에서 이런 작업을 이룬 신학자는 손에 꼽을 정도로 적다. 그러나 이 작업은 교회에 정말 필요한 일이 아닐 수 없다. 개혁 신학의 관점에서 창세기부터 요한계시록까지 꼼꼼히 주석한 고 박윤선 박사님의 성경 주석은 지난 반세기 동안 한국의 많은 목회자들에게 큰 도움을 주었다. 특히 이 주석은 장로교 목사님들만이 아니라 많은 목회자들과 성경을 배우고 싶은 성도들에게 없어서는 안 될 보배와 같은 책으로 지금도 그 독특한 위치를 차지하고 있다. 종교개혁자 칼뱅도 개혁 신학을 바탕으로 구약의 사사기, 열왕기서, 역대기서, 에스라-느헤미야, 신약의 요한계시록 등을 제외하고 성경 전 권을 주석했다. 이 주석을 전 세계의 개혁파 목사님들이 아직도 가장 권위 있게 참고하고 있다. 이렇듯 바른 신학적 관점으로 성경을 읽고 해설하는 것은 그 신학의 전통 속에 있는 설교자들과 성도들에게 중요한 선물이 아닐 수 없다.

종교개혁 500주년이 되는 해에 박우택 박사가 성경 전 권을 해설한 책을 출간하게 된 것은 정말 의미 있고 기쁜 일이 아닐 수 없다. 박우택 박사는 거의 30년간 지역 교회에서 목회를 하고 끊임없이 설교하면서, 한편으로 고려신학대학원에서 계속 구약학을 가르쳐 온 학자이다. 그의 역사서 강의에는 학생들로 늘 가득 찼다. 학구적으로 꼼꼼하고 치밀하게 본문을 분석하고 목회적으로 종합하는 그의 수업과 강의는 신대원 학생들로부터 가장 환영받는 강의였다. 누구보다도 이 해설서를 쓸 적임자라고 할 수 있는 학자요 목회자이다.

이 책은 저자가 서문에서 언급하였듯이 성경의 핵심 주제인 구속사와 하나님 나라의 관점으로 성경 저자들이 전달하고자 했던 방법인 문학적 특징과 문맥의 흐름을 따라 이해할 수 있도록 쓴 성경 해설서이다. 그래서 이 책은 목회자들이 선교할 때뿐만 아니라 성도들이 성경을 규칙적으로 읽거나 큐티(QT)를 할 때도 직접적으로 도움을 줄 수 있는 장점을 가지고 있다. 그리고 개혁 신학의 핵심을 담고 있는 교리 표준인 웨스트민스터 표준 문서에 따라 중요 교리를 설명하고 있다.

일본의 사사키 아타루(佐々木 中)라는 철학자는 종교개혁을 "읽기 혁명"이라고 명명한 바 있다. 이렇게 말한 것은 성경을 직접 읽을 뿐만 아니라 성경을 바른 관점과 신학을 통해 읽고자 했던 혁명이 종교개혁이었다는 것이다. 종교개혁 500주년을 맞이하여 발간되는 박우택 박사의 성경 해설서가 한국 교회 목회자들과 성도들이 성경을 바르게 읽게 하므로 설교 강단과 교회와 세상을 새롭게 만드는 신앙의 혁명을 가져오게 되기를 희망하면서 목회자들만이 아니라 모든 성도들에게 이 책을 진심으로 추천한다.

신원하 교수(고려신학대학원, 원장)

추천사

—◦¡◦—

본서와 같이 신구약 성경 전반의 흐름을 개관하되 개론서 수준이 아니라 모든 본문들을 신학적이고도 문학적으로 정리해 주는 책을 찾기는 어렵다. 더군다나 각 분야의 전문가들이 각 파트를 하나씩 담당해서 쓰는 것이 아니라 한 저자가 신구약 전체를 다루는 경우는 굉장히 보기 드문 일이다. 누군가에겐 무모한 시도로 보일 수도 있을 것이다. 하지만 저자가 박우택 박사라면 이야기가 달라진다. 박우택 목사님은 이런 책을 쓸 충분한 자격과 능력을 갖춘 분이다. 박 목사님은 거의 30년 동안 신학교와 교회에서 성경을 가르쳐 왔기 때문이다. 박 목사님은 고신대의 학부 학생들과 석사 과정 학생들, 고려신학대학원의 목회자 후보생들과 여신원 학생들, 교회의 성도들, 선교지의 지도자들을 가리지 않고 다양한 대상들에게 다양한 성경 분야들을 강의해 왔다. 이러한 그의 강의 경력은 에스라-느헤미야에 대한 그의 박사 학위 논문을 통해서 더욱 더 예리하게 다듬어졌다. 박사 학위를 받기 이전에도 신대원 학생들에게 환호를 받았던 '에스라-느헤미야' 과목이었지만 학위 논문을 쓴 이후에는 반드시 들어야 하는 선택 과목으로 확실하게 자리를 잡게 되었다. 평소에 박 목사님을 대하면서 느낀 그 느낌이 본서에 고스란히 반영되었다. 성경에 대한 열정과 구속사적 해석에 대한 소신, 그리고 교회에 대한 그의 사랑이 본서에서 그대로 묻어난다.

본서는 여러 가지 면에서 교회 사역자들과 성도들에게 유익하다. 먼저, 성경 전체에 대한 그림을 잘 그려 준다. 구속사적인 흐름을 보여 줄 뿐만 아니라 각 책이 그 흐름 가운데서 차지하는 자리들을 잘 제시해 준다. 무엇보다 구약과 신약 본문들을 수시로 연결해 주면서 전체의 흐름을 독자들이 지속적으로 감지하게 해 준다. 평상시에 나무는 보는데 숲을 볼 수 없어서 아쉬움을 느끼던 독자들의 목마름을 채워줄 생수와 같은 책이다.

또한 본서는 신학적이고 신앙적이다. 학문적인 논쟁이나 전문적인 해석만을 다룬 책도 아니고 전문성이 결여된 묵상집도 아니다. 전문성을 가지고 각 책들에 대한 해석을 제시하되 신학적이고도 신앙적으로 제시한다. 본문에 대한 필자의 신학적 설명은 어느새 신앙적인 적용이 되고 있다. 평생 개혁주의 신학과 신앙에 헌신한 저자의 삶이 책의 곳곳에 성실하게 반영되어 있다. 독자들이 성경의 흐름을 파악하면서 신학적인 방향성을 잘 잡을 수 있게 하는 책이다.

본서는 성경이 가지고 있는 문학적인 측면들을 잘 부각시켜 준다. 하나님이 우리에게 성경을 주시되 각 시대 저자들의 문학적 기술과 감수성을 잘 사용하셔서 효과적으로 전달하셨다. 이러한 문학적 특징들이 어우러져서 신학적인 교훈이라는 열매를 만들어 낸다. 본서는 이러한 특징들을 잘 드러내 준다. 본서가 가진 이런 장점들은 저자가 문학적 기교나 특징들에 대해 수년간 탐구하고 연구한 열매이기도 하다. 우리는 본서를 통해서 다른 개론서들에서 잘 보기 어려운 선물들을 누리게 될 것이다.

본서가 가지고 있는 다양한 장점들이 본서를 읽는 많은 독자들에게 고스란히 전달이 되어 한국 교회 가운데 성경에 대한 관심과 열정이 새롭게 일어나게 되기를 기대한다.

김성수 교수(고려신학대학원, 구약학)

목차

호세아 · **27**

Hosea

요엘 · 75

Joel

오바댜 · 157   Obadiah

요나 · 169   Jonah

하박국 · 237

Habakkuk

스바냐 · 259

Zephaniah

학개 · **277**

Habakkuk

스가랴 · 295

Zephaniah

호세아

Hosea

호세아

외경인 집회서(Ecclesiastcus)에서 벤 시라(Ben Sira)는 이사야, 예레미야, 에스겔에 이어 '12 선지서'라고 언급했다(집회서 49:10). 그는 당시에 12 선지서를 한 묶음으로 생각했거나 한 두루마리에 기록되었음을 보여준다. 어거스틴이 그의 책『하나님의 도성』(18-25)에서 "소 선지서"(Minor Prophets)라고 불렀는데 대 선지서에 비해 크기가 작기 때문이지만 그렇다고 중요성이 작다는 것은 아니라고 했다. 전통적인 유대인 정경에서 이 책들은 연대기 순서로 생각하고 배열되었다. 그것은 책의 순서가 (1) 앗수르가 강성했을 때(호세아, 요엘, 아모스, 오바댜, 요나, 미가), (2) 앗수르가 쇠퇴했을 때(나훔, 하박국, 스바냐), (3) 포로에서 돌아온 이후(학개, 스가랴, 말라기)로 되었다고 생각했기 때문이다(Barker & Stek 2002, 1341). 전통적으로 연대기 구분에 따라 배열된 것처럼 보이나 현대에 와서는 차이를 보인다.[1]

호세아서의 제목은 다른 선지서들과 같이 선지자 '호세아'(הושע)의 이름을 따라 붙인 것이다. 이 이름의 뜻은 '구원'이다.[2] 호세아는 이 책에서 음란한 여인인 고멜과 결혼하는 이야기를 통해 하나님과 이스라엘의 관계를 기초로 설명한다(호 1:2). 이스라엘은 하나님과 맺은 언약 관계에서 신실하지 못함으로 치러야 할 대가와 그럼에도 불구하고 여전히 하나님은 언약에 신실하시며 그들을 사랑하신다는 내용을 다양한 수사법으로 설명한다. 특히 호세아는 이 책에서 이스라엘의 죄악에 대한 하나님의 심판을 선언하면서도 이스라엘에 대한 하나님의 사랑과 은혜를 교차적으로 기술한다. 이러한 방식은 책 전체에 나타난다. 이것은 호세아가

---

1 호세아, 아모스, 요나, 미가는 동시대에 사역했지만 누가 맨 먼저 사역했느냐는 차이가 있다. 연대기 순서로 보면 호세아가 처음이 아니고 아모스를 처음이라고 본다(맥콘빌 2009, 263; Stuart 1987, xliii).
2 동일한 뜻의 이름은 '여호수아'(יהושע)다. 이 이름의 기본어간은 구원하다'라는 의미의 '야샤'(ישע)의 히필형이다.

이스라엘이 비록 범죄하여 심판을 선언할 수밖에 없으나 하나님의 끝없는 사랑을 보여줌으로 언약 백성으로서 합당한 삶을 살게 하려는 것이다.

I. 저자와 역사적 배경

호세아서는 다른 선지자들이 쓴 책과 같이 이 책의 표제에 "브에리의 아들 호세아에게 임한 여호와의 말씀이라"라고 기록함으로 저자의 이름을 따라 책의 이름을 짓는 동일한 유형을 따른다(참조. 욜 1:1; 암 1:1; 욘 1:1; 미 1:1 등). 그리고 선지서는 거의 공통적으로 선지자가 사역하던 시기를 당시 재위한 왕들과 함께 기록했다. 이것은 당시 역사기술방식이다. 호세아가 사역하던 시기에 남 유다 왕들은 웃시야(주전 792-740), 요담(주전 750-735), 아하스(주전 735-715), 히스기야(주전 715-686)였고 북 이스라엘 왕은 여로보암(주전 793-753)이었다.

호세아가 언제부터 사역을 시작했는지 알 수 없다. 하지만 호세아보다 앞서 사역한 것으로 추정되는 아모스 기록과 비교해 보면 암시를 받을 수 있다. 북 왕국 여로보암이나 남 왕국 웃시야가 통치할 때 이스라엘과 유다는 다윗과 솔로몬 시대 이후 가장 번영한 시대였다. 열왕기서의 기록에 따르면 여로보암은 여호와 보시기에 악을 행하였음에도 불구하고 군사적으로도 크게 성공하여 영토는 확장된 것으로 설명하지만 내레이터는 하나님이 긍휼히 여기셨고 또 이스라엘의 이름을 없이하지 않겠다고 하셨기 때문이라고 했다(왕하 14:23-27). 이때 북 왕국의 수도인 사마리아에는 부유한 계층의 사람들은 겨울에 지낼 집과 여름에 지낼 집을 가지고 있었고 최고급의 문화생활을 즐겼다(암 6:4-6). 아모스는 이 시대가 오래 가지 못하고 심판을 받을 것이라고 말했지만 구체적으로 하나님이 어떤 도구를 통해 심판하실 것인지 밝히지 않았다(암 3:11; 5:3, 27; 6:7-14; 7:9, 17; 9:4). 그러나 호세아는 그 도구가 앗수르라고 밝히고 있다(호 7:11; 8:9; 10:6; 11:11). 이것이 아모스가 호세아보다 연대기적으로 앞선 것으로 추정하는 근거다.

저자는 북 왕국을 중심으로 사역한 호세아의 사역을 설명하면서 북 왕국 여로보암(주전 793-753)과 거의 같은 시기에 왕이 된 웃시야(주전 792-740)부터 요담, 아하스, 히스기야(주전 715-686)까지 언급한다. 이것은 세 가지 중요한 의미가 있다. 첫째, 호세아의 사역이 여로보암 말기부터 시작되었다는 것이다. 여로보암이 왕이 된 해가 주전 793년이고 히스기야의 통치가 끝날 때인 주전 686년까지 거의 107년간이 되기 때문에 호세아가 여로보암 통치 초기에 사역했다고 보기 어렵다. 둘째, 호세아의 사역이 유다와도 연관되어 있다는 것이다(호 1:7; 4:15; 5:10-11; 12:2 등). 셋째, 남 유다 히스기야를 언급하는 것으로 보아 북 이스라엘이 멸망한 주전 722년 이후까지도 포함된다는 것이다. 이러한 점을 고려해 볼 때 호세아는 여로보암 통치 말기인 주전 750년부터 히스기야 통치 초기까지 본다면 약 40년 동안 사역했을 것으로 추정할 수 있다.[3]

이러한 연대는 호세아서가 여로보암의 통치 말기부터 스가랴, 살룸, 므나헴, 브가히야, 베가, 호세아로 이어지는 북 왕국 이스라엘의 멸망을 배경으로 하고 있음을 알게 한다. 북 왕국은 여로보암이 죽은 후부터 주전 722년에 앗수르에 의해 멸망되기까지 31년 동안 스가랴(주전 753), 살룸(주전 752), 브가히야(주전 742-740), 베가(주전 742-732)는 왕위에 있을 때 그 계승자에 의해 살해되었다. 이는 나라가 불안정했다는 것이다. 이 왕들에 대해 호세아는 "사마리아 왕은 물 위의 거품같이 멸망할 것이며"(호 10:7)라고 했다.

이 시기의 역사적 상황은 국외적으로는 앗수르의 발흥과 쇠퇴와 연관되어 있다. 앗수르는 서쪽으로 팽창하였고 이 시기에 짧은 기간이지만 므나헴은 앗수르가 치려하자 조공을 바침으로 안전을 도모하기도 했다(왕하 15:19-20). 호세아가 언급한 앗수르가 이스라엘 역사에 개입한 것은 유다 왕 아하스(주전 735-715)가 통치할 때다. 이는 아람 왕 르신과 이스라엘 왕 베가가 연합하여 유다를 공격할 때 아하스가 앗수르 왕 디글랏빌레셀(주전 745-727)에게 성전과 왕국 곳간의 은과 금을 주고 구원해 줄 것을 요청했기 때문이다(왕하 16:7-18; 대하 28:17-18). 디글랏빌레셀은 이 요청을 받아들이고 이스라엘을 치고 이스라엘의 많은 땅을 차지하고 백성들을 앗수르로 잡아갔다(왕하 15:29). 그리고 주전 732년에 다메섹을 멸망시켰다(왕하 16:9). 이뿐만 아니라 앗수르의 살만에셀이 치기 위해 왔을 때 베가를 죽이고 왕이 된 호세아가 그의 봉신이 되어 조공을 바쳤다. 이후에 그는 앗수르 왕을 배반하고 애굽과 조약을 맺으므로 앗수르는 주전 722년에 이스라엘을 멸망시

---

3   스튜어트(Stuart 1987, 9)는 여로보암 말기를 주전 760년 이전은 아니라고 보았다. 딜러드와 롱맨(Dillard & Longman 1994, 354-355)은 호세아의 사역기간을 약 주전 750년부터 히스기야가 왕이 된 주전 715년까지로 보았다.

켰다(왕하 17:1-6).

호세아 선지자는 북 왕국 이스라엘을 중심으로 사역했다. 그는 북 왕국과 남 왕국이 번영을 누리던 시기에 사역을 시작하였으나 북 왕국 여로보암의 죽음 이후 앗수르에 의해 멸망하는 과정을 지켜보았다. 이 시기에 북 왕국은 사회적으로나 종교적으로 타락하여 하나님을 아는 지식이 없고 저주와 속임과 살인과 도둑질과 간음뿐이고 포악하여 피가 피를 뒤잇는 부도덕한 일과 우상숭배와 음란한 일들로 넘쳐났다(호 4:2, 11-13; 8:11-14 등). 호세아는 이러한 일들이 하나님이 앗수르를 들어 심판하실 수밖에 없는 역사적 상황이 되었음을 설명한다.

II. 문학적 구조와 특징

마소라 사본의 형태나 이것을 원형으로 한 현대 영어번역본은 호세아서 대부분이 운문(= 시)으로 되어있음을 보여준다. 그러나 전체가 운문으로 되어있는 것은 아니다. 특히 호세아 1-3장은 운문의 특징인 평행법이 일관성 있게 나타나지 않기에 운문으로 볼 수도 없고 또 산문으로 보기도 어렵다. 그러나 그 외의 부분은 운문이다(불록 2001, 116-117). 이 책의 가장 두드러진 문학적 특징은 직유법과 은유법을 많이 사용한 것이다(Dillard & Longman 1994, 359).

호세아서의 문학적 구조는 문학 특성의 차이를 통해 크게 두 부분으로 구분할 수 있다. 호세아 1-3장은 결혼이라는 유비로 메시지를 전달하지만 4-14장은 다양한 이미지를 통해 메시지를 전달한다. 특히 생동감 있는 비유적 언어를 많이 사용했다. 예를 들면 여호와를 남편(호 2:14-23), 이슬(호 14:5), 푸른 잣나무(호 14:8)로 표현했고 사자(호 5:14; 11:10; 13:7), 표범(호 13:7), 새끼 잃은 곰(호 13:8) 등으로도 표현했다. 그리고 범죄한 이스라엘을 완강한 암소(호 4:6), 화덕(호 7:4, 6, 7), 뒤집지 않은 전병(호 7:8), 어리석은 비둘기(호 7:11), 속이는 상인(호 12:7) 등으로 표현했다. 이 외에도 호세아는 잠언, 평행법, 강조어, 아이러니, 직유법, 은유법, 반복, 유음, 언어유희 등의 다양한 문학 형식을 사용했다(Wolff 1974, xxiv).

호세아 4-14장은 호세아 1-3장과 별개의 독립적인 내용으로 이루어진 것이 아니다. 호세아 1-3장은 호세아 4-14장의 배경이 될 뿐만 아니라 심판과 회복의 메시지에 대해 두 문단은 살과 피의 관계와 같은 역할을 한다(불록 2001, 128). 특히 첫 문단인 호세아 1-3장은 두 번째 문단인 4-14장의 서론적 역할을 한다. 첫 문단에서 심판(호 1:2-9; 2:2-13; 3:4)과 미래 회복(호 1:10-2:1, 2:14-23; 3:5)을 교차적으로 배치한 유형은 둘째 문단에서도 그대로 나타난다. 선지자는 이스라엘의 행음(= 우상숭배, 호 2:8, 13, 17)에 대해 하나님의 심판을 선언하는 동시에 자기 백성에 대한 하나님의 끝없는 사랑(호 2:1, 14, 23; 3:1)에 기초하여 미래 회복을 선언한다. 이 심판과 회복에 대한 긴장은 자기 백성을 향한 하나님의 사랑과 자기 백성의 언약적 불성실에 대해 심판하시는 하나님의 공의 사이에 일어난다. 따라서 호세아의 결혼에서 끌어온 유비는 하나님과 이스라엘의 관계를 반영할 뿐만 아니라 호세아서의 구성 양식을 결정한다(피 & 스튜어트 2007, 267-268).

호세아서는 아모스와 비교해 볼 때 서론적 어구나 결론적 어구를 나타내는 표현이 없다.[4] 그런데 두 번째 문단을 호세아 4:1-11:11과 11:12-14:9로 다시 구분할 수 있다(Wolff 1974, xxix-xxxii). 그것은 호세아 4:1에서 "여호와의 말씀을 들으라"라는 말씀으로 시작하여 호세아 11:11에 "여호와의 말씀이니라"라는 기본 틀을 가지고 있기 때문이다(Limberg 1988, 2). 여기서 주로 심판과 회복의 메시지를 반복하지만 심판을 더 강조한다. 그리고 호세아 11:12-14:9에서는 역시 심판과 회복의 메시지를 반복하지만 회복의 메시지를 더 강조한다.

이러한 책의 구성 양식에 따라 이 책의 문학적 구조를 다음과 같이 구분할 수 있다.

1. 결혼의 유비를 통한 하나님과 이스라엘(호 1:1-3:5)
2. 신실하지 못한 이스라엘과 그에 대한 심판(호 4:1-11:11)
3. 이스라엘의 심판과 하나님의 사랑(호 11:12-14:9)

---

4 아모스서에서는 "여호와께서 이와 같이 말씀하시되"라는 말로 시작하고 "여호와께서 말씀하셨느니라"라는 상투적인 표현으로 마치는 구문이 반복적으로 나온다. 이 부분은 "아모스 해설"의 "문학적 구조와 특성"을 참조하라.

III. 주제와 기록 목적

호세아서에서 저자는 하나님의 심판과 회복을 교차적으로 배치하되 첫 번째 문단(호 1–3장)에서도 반복하고 두 번째 문단(호 4–14장)에서도 반복한다. 특히 호세아서의 서론 역할을 하는 첫 번째 문단인 호세아와 그의 음란한 부인 고멜의 관계는 하나님과 신실하지 못한 이스라엘과의 언약 관계의 유형을 보여준다(호 1:2). 결혼 관계에서 거절된 사랑과 회복된 사랑을 가슴에 사무치게 극화한 것은 '음녀'와 같은 삶을 사는 이스라엘에게 전파하는 메시지의 토대가 된다. 여호와의 길로 걸으라는 호세아의 권면은 자신의 쓰라린 경험에 뿌리를 두고 있다(Hill & Walton 1991, 360). 이 기본적인 관계에 근거하여 호세아 4–14장에서 이스라엘이 무엇을 잘못했으며 왜 심판을 받는지와 하나님이 왜 그들을 변함없이 사랑하시는지를 보여준다. 그래서 호세아서의 주제는 이스라엘은 하나님과 맺은 언약 관계에 신실해야 한다는 것이다. 호세아서의 메시지는 시내산 언약에 근거해 있다. 이 책은 하나님이 호세아를 통해 이스라엘에게 선포하신 일련의 복과 저주를 포함하고 있다. 각각의 복과 저주는 모세 언약에 기록된 유형에 기초해 있다(Stuart 1987, 6–7).

호세아는 이 책의 서론에 해당하는 첫 문단인 호세아 1–3장에서 심판(호 1:2–9; 2:2–13; 3:4)과 미래 회복(호 1:10–2:1, 2:14–23; 3:5)을 교차적으로 배치했다. 그는 호세아 4–14장에 더 구체적으로 이 구조를 반복했다. 호세아서의 각 단락은 모세 언약에 근거하여 이스라엘의 죄를 고발하고 그 죄에 대한 심판을 선언한다. 그러면서도 긍정적인 분위기로 결론지으며 용서하시고 양육하시며 치료하시는 하나님의 사랑을 말한다. 이러한 구조를 보아 호세아가 이 책을 기록한 목적은 언약에 근거하여 심판을 선포하기는 하지만 실제적인 목적은 하나님의 사랑을 깨닫고 언약 백성다운 삶을 살게 하려는데 있음을 알 수 있다(Limberg 1988, 1–4).

이 책은 이러한 주제와 목적을 보여주지만 이 기록을 통해 몇 가지 중요한 신학적 주제도 보여준다.

1. 호세아의 결혼

호세아의 결혼을 기록한 호세아 1장은 호세아를 3인칭 관점에서 기록했고 3장은 1인칭 관점에서 기록했다. 그런데 두 본문 모두 호세아의 결혼을 말하고 있으나 1장은 음란한 여인인 고멜과 결혼하고 자녀를 낳았음을 말하고 있다. 호세아가 이미 결혼했다면 호세아 3:1에서 왜 하나님은 그에게 "너는 또 가서 타인의 사랑을 받아 음녀가 된 그 여자를 사랑하라"라고 하셨는가? 이것은 호세아 1장의 고멜과 3장의 여자가 같은 사람인가, 아니면 다른 사람인가 하는 것이다. NIV는 같은 사람으로 보고 "Go, show your love to your wife again"이라고 번역했다. 그러나 여기 '여자'(잇샤, אִשָּׁה)는 아내와 여자를 모두 의미할 수 있다. 그리고 대명사 접미사나 지시사가 없어 다른 여자를 의미할 수도 있다.[5] 고디스(Gordis 1954, 30-32)는 같은 여자로 보고 각각 다른 시기에 기록되었다고 보았다. 호세아 1장은 여로보암 통치가 끝나기 10년 전인 주전 743년 이전이고, 3장은 그보다 약 20년이 지난 후인 사마리아 함락 전이라고 보았다. 그래서 결혼생활이 계속되는 가운데서도 음행했다고 본다.

호세아의 결혼에 대해 독자들이 어렵게 느끼는 실제적인 문제는 윤리적인 문제다. 그래서 호세아가 고멜과 결혼하는 것을 칼빈(Calvin 1986, 44-45)과 바솔츠(2014, 1650) 등은 비유로 생각한다. 이들이 비유라고 보는 이유는 하나님이 어떻게 음란한 여자와 결혼하라고 명령하실 수 있느냐는 것이고, 하나님의 말씀과 어울리지 않는다고 보았기 때문이다. 그러나 성경은 제사장이 부정한 여인과 결혼을 금한 것은 사실이나 평민에 대한 언급은 없다(참조. 레 21:7).[6] 그리고 칼빈(Calvin 1986, 44)은 이것이 실제 사건이라면 호세아가 자신의 온갖 창피스러운 과거를 무릅쓰고 어떻게 공중 앞에 설 수 있겠느냐고 했다. 이 지적은 설득력이 없다. 하나

---

5 이 사건을 어떻게 보느냐에 따라 다르게 해석될 수 있다. 그것은 (1) 다른 여자와 다른 사건, (2) 같은 여자와 다른 사건, (3) 같은 여자와 같은 사건 등으로 보는 것이다. 개역개정판은 '아내'라고 번역하지 않았지만 '그 여자'라고 번역함으로 같은 사람으로 번역했다. 고디스(Gordis 1954, 29)는 '또'(오드, עוֹד)라는 부사를 여호와께서 다시 말씀하시는 것으로 보고 같은 여자에게 가는 다른 사건으로 보았다. 스튜어트(Stuart 1987, 12)는 같은 여자와 두 번째 결혼하는 것으로 보았다.

6 여기 '음란한 여자'는 원어에 '에이셸 저누님'(אֵשֶׁת זְנוּנִים)으로 결혼한 여자가 남편에게 신실하지 못한 행동을 했을 때 쓰는 표현이다.

님이 이사야에게 3년간 옷과 신발을 벗고 다니게 하셔서 애굽과 구스가 앗수르에게 멸망하여 벗은 몸과 발로 끌려갈 것을 보여주는 예표가 되게 하신 바가 있기 때문이다(사 20:2-4).[7] 만약 호세아의 결혼이 실제 사건이 아니고 비유라면 이야기가 주는 감동은 반감될 것이다(불록 2001, 118).

전통적으로 호세아의 결혼을 실제 사건으로 본다. 그리고 호세아 1장과 3장에 나오는 고멜은 같은 사람이며 고멜은 결혼 중에 호세아에게 성실하지 못했으나 후에 하나님이 다시 가서 부정한 아내를 데려오라는 명령을 받고 호세아는 돈을 주고 고멜을 데려온 것으로 본다. 저자는 호세아의 결혼을 통해 하나님은 비록 이스라엘이 하나님과 맺은 언약을 배반했다 할지라도 하나님은 여전히 그들을 사랑하시고 관계를 회복시키기를 원하시는 분이심을 보여준다.

2. 하나님을 아는 지식

이스라엘은 다산과 풍요의 신들인 바알과 아세라를 숭배했고, 식물과 모든 일상적인 필요를 그들이 준다고 생각했다(호 2:5, 12). 그러나 호세아는 이스라엘이 하나님이 식물을 주시는 분이시며 세상을 통치하시는 분이실 뿐만 아니라 고치시는 분이심을 알지 못한다고 했다(호 2:8, 18, 21-22; 11:3). 하나님을 아는 지식이 없으면 우상을 섬기게 되어있다. 동시에 호세아는 그 땅에 진실과 인내와 하나님을 아는 지식이 없기에 저주와 속임과 살인과 도둑질과 간음과 포악함이 나타난다고 했다(호 4:1-2; 5:4). 그리고 하나님을 아는 지식을 버렸기에 하나님도 그들을 버려 제사장 나라가 되지 못할 것이라고 했다(호 4:6).

우리 시대에 누군가 "교인들이 하나님을 아는 지식이 있는가?"라고 질문한다면 그 답은 '아니오'이다. 이는 하나님을 아는 지식이 있다면 하나님을 경배하게 되고 하나님이 원하시는 윤리적인 삶으로 나타날 수밖에 없기 때문이다. 호세아는 이스라엘이 언약을 어기고 율법을 범함으로 원수가 덮칠 때 "나의 하나님이여 우리 이스라엘이 주를 아나이다"(호 8:2)라고 말하는 것이 잘못되었다고 했다. 왜

---

[7] 선지자의 이상한 행동은 에스겔의 경우에 더 많이 나타난다(겔 4:1-17; 51-4; 12:1-20). 이러한 행동이 이상하게 보이나 하나님의 뜻을 보여주는 계시적 행동이기에 중요하다.

냐하면 그들이 주를 안다고 말은 하면서도 율법을 지키지 않았기 때문이다. '하나님을 아는 지식'(다아트 엘로힘, דַּעַת אֱלֹהִים)은 이론적인 지식을 의미하는 것이 아니라 교제하는 지식을 말한다.[8] 교제하는 지식은 하나님의 계명을 지키는 것으로 나타난다.

IV. 내용

내용 구조

1. 결혼의 유비를 통한 하나님과 이스라엘(호 1:1-3:5)
2. 신실하지 못한 이스라엘과 그에 대한 심판(호 4:1-11:11)
3. 이스라엘의 심판과 하나님의 사랑(호 11:12-14:9)

---

1. 결혼의 유비를 통한 하나님과 이스라엘(호 1:1-3:5)

이 문단에서 저자는 호세아의 결혼을 통해 하나님과 이스라엘의 관계를 설명한다. 그리고 책 전체의 구조적 특징인 심판과 회복을 교차적으로 배열하여 언약 관계에 있는 이스라엘이 죄를 범했음에도 불구하고 하나님이 여전히 그들을 사랑하신다는 것을 보여준다. 그래서 이 문단은 이 책 전체의 서론 역할을 한다. 이 문단을 다음과 같이 교차대칭 구조로 구분할 수 있다(불록 2001, 125). 이 구조를 통해 이스라엘의 모든 문제가 하나님을 알지 못해 발생한 일임을 보여준다.

A 호세아의 결혼 및 자녀 출생(호 1:2-9)
　　B 언약 갱신 : 심판 취소(호 1:10-2:1)
　　　　C 이스라엘의 음란에 대한 여호와의 심판(호 2:2-4)
　　　　　　X 문제의 핵심 : 하나님을 아는 지식이 없음(호 2:5-8)

8　'아는 지식'이라고 번역된 히브리어 단어 '다아트'(דַּעַת)는 명사로 '지식'이라는 뜻도 되지만 '알다', '교제하다'라는 의미의 '야다'(יָדַע)의 부정사 연계형으로도 볼 수 있다.

C′ 이스라엘의 바알 숭배에 대한 여호와의 심판(호 2:9-13)

B′ 언약 갱신 : 심판 취소(호 2:14-23)

A′ 호세아의 음란한 아내와 재결합(호 3:1-5)

내용 분해

(1) 표제(호 1:1)

(2) 호세아의 결혼 및 자녀 출생(호 1:2-9)

(3) 언약 갱신 : 심판 취소(호 1:10-2:1)

(4) 이스라엘의 음란에 대한 여호와의 심판(호 2:2-4)

(5) 문제의 핵심 : 하나님을 아는 지식이 없음(호 2:5-8)

(6) 이스라엘의 바알 숭배에 대한 여호와의 심판(호 2:9-13)

(7) 언약 갱신 : 심판 취소(호 2:14-23)

(8) 호세아의 음란한 아내와 재결합(호 3:1-5)

내용 해설

(1) 표제(호 1:1)

표제에 저자가 누구이며 그가 언제 어떤 역사적 배경에서 사역했는지를 보여준다. 이 책의 저자는 호세아이고 그가 사역하던 시기에 남 유다 왕들은 웃시야(주전 792-740), 요담(주전 750-735), 아하스(주전 735-715), 히스기야(주전 715-686)였고 북 이스라엘 왕은 여로보암(주전 793-753)이라고 소개한다(호 1:1). 저자는 북 왕국을 중심으로 사역한 호세아의 사역을 설명하면서 여로보암(주전 793-753)과 거의 같은 시기에 왕이 된 유다의 웃시야(주전 792-740)부터 요담, 아하스, 히스기야(주전 715-686)까지 언급한다. 이것은 여로보암 사역 말기부터 주전 722년에 북 왕국이 멸망한 이후까지도 포함됨을 보여준다. 이러한 배경은 호세아서가 여로보암의 통치 말기부터 스가랴, 살룸, 므나헴, 브가히야, 베가, 호세아로 이어지는 북 왕국 이스라엘의 멸망을 배경으로 하고 있음을 알게 한다. 그리고 이 시기의

역사적 상황은 국외적으로 앗수르의 발흥과 쇠퇴와도 연관되어 있음을 보여준다.[9]

(2) 호세아의 결혼 및 자녀 출생(호 1:2-9)

이 문단은 이스라엘이 여호와를 떠나 음란했기에 여호와께서 호세아에게 음란한 여자를 맞아 음란한 자식들을 낳으라고 명령하시고 호세아가 그 명령을 듣고 아들을 낳은 내용을 담고 있다. 하나님은 호세아에게 음란한 여자를 맞아 음란한 자식을 낳으라고 하시고 그 이유를 이 나라가 여호와를 떠나 크게 음란했기 때문이라고 하셨다(호 1:2). 이로 보아 하나님이 호세아에게 음란한 여자와 결혼하게 하신 것은 당시 부도덕한 이스라엘을 교훈하기 위함인 것을 알 수 있다.[10]

하나님의 명령에 따라 호세아는 고멜을 맞아 아들을 낳았는데 하나님은 그의 이름을 '이스르엘'이라 하라고 하셨다. 그 이유를 이스르엘의 피를 예후에게 갚으며 이스라엘을 폐할 것이기 때문이라고 하셨다(호 1:4). '이스르엘'(יִזְרְעֶאל)의 이름은 '하나님이 뿌리신다/흩으신다'라는 뜻으로 긍정의 의미도 있고 부정의 의미도 있다. '씨를 뿌린다'라는 의미도 있고, '왕조를 심판하여 흩으신다'라는 의미도 있다(Lewis 2002, 1344). 그리고 이스르엘은 이스라엘에서 샤론 평야 다음으로 큰 평야다. 동시에 하나님이 이유를 설명하시는 말에서 보듯이 이곳은 아합의 궁전이 있었던 곳이다. 여기서 예후가 이세벨과 오므리 왕조의 남아있는 자들을 다 죽였다(왕하 9:36-37; 10:11). 하나님이 아들의 이름을 이스르엘이라고 짓게 한 것은 예후가 오므리 왕조를 멸했던 것처럼 예후 왕조와 이스라엘을 멸하신다는 뜻이다. 그리고 '이스르엘 평야에서'[11] 이스라엘의 활을 꺾으실 것이다(호 1:5). 여기서 '활'은 이스라엘의 힘을 의미하는 것으로 군사적인 힘보다 경제적인 힘을 의미한다. 왜냐하면 이 본문과 대칭을 이루고 있는 회복을 설명하는 호세아 1:11과 2:21-22에서 하나님이 땅에 곡식과 포도주와 기름을 주실 것이라고 하셨기 때문이다.

---

9 표제에 대한 자세한 해설은 호세아서의 서론인 "저자와 역사적 배경"을 참조하라.

10 호세아의 결혼에 대한 자세한 해설은 서론인 "주제와 기록 목적"을 참조하라.

11 개역개정판에서 '이스르엘 골짜기에서'라고 번역했으나 원문은 '이스르엘 평야에서'(버에이멕 이즈르엘, בְּעֵמֶק יִזְרְעֶאל)라고 번역해야 한다(참조. 삿 1:19).

고멜이 또 임신하여 아들을 낳았는데 여호와께서 그의 이름을 '로-루하마'(לֹא רֻחָמָה)라 하라고 하셨다. 이 이름은 '아니다'라는 뜻의 부정어 '로'(לֹא)와 '긍휼'이라는 뜻의 '루하마'(רֻחָמָה)가 결합된 것이다. 이 이름으로 짓게 하신 이유를 하나님이 이스라엘을 긍휼히 여기시지 않을 것이기 때문이라고 하셨다(호 1:6). 그런데 하나님은 유다는 긍휼히 여겨 구원하되 활이나 칼로 하지 않을 것이라고 하셨다(호 1:7). 이 절은 삽입구로 유다에 대한 설명이다. 이 말씀은 유다가 주전 722년에 앗수르에 의해 이스라엘이 멸망할 때 벗어난 사건과 주전 701년에 앗수르의 산헤립이 침입했을 때 구원하신 사건(왕하 19:32-35)을 말한다(Stuart 1987, 31-32). 고멜이 또 임신하여 아들을 낳았는데 하나님은 그의 이름을 '로-암미'(לֹא עַמִּי)라 하라고 하시고 그 이유를 이스라엘은 하나님의 백성이 아니기 때문이라고 하셨다(호 1:8-9). 이 이름은 '아니다'라는 뜻의 부정어 '로'(לֹא)와 '내 백성'이라는 뜻의 '암미'(עַמִּי)가 결합된 것이다. 이 이름은 모세 언약에 자주 나타나는 '내 백성', '너희 하나님'이라는 언약 용어를 생각나게 한다(참조. 출 6:7; 레 26:12; 신 27:9).

호세아가 음란한 여자와 결혼하고 그 관계에서 낳은 아들의 이름을 언어유희(word play)를 활용해 전한 의미는 무엇인가? 이것은 이스라엘이 하나님과 맺은 언약을 버리고 음란했기에 하나님이 그에 대해 심판하시겠다는 것이다(호 1:2).

(3) 언약 갱신 : 심판 취소(호 1:10-2:1)

호세아 1:2-9과 달리 이 문단에 두 가지 변화가 있다. 하나는 앞에서는 화자가 하나님이셨으나 여기서는 화자가 호세아이고, 또 하나는 심판이 아니라 구원과 회복에 대한 메시지를 담고 있다는 것이다. 이스라엘은 자손의 수가 바닷가의 모래 같이 되어 셀 수 없을 것이고 전에 내 백성이 아니라고 한 그곳에서 살아계신 하나님의 아들이 될 것이다(호 1:10). 이 말씀은 아브라함에게 주신 약속(창 13:16; 15:5; 22:17 등)과 모세 언약에서 말씀하신 언약(출 5:1; 6:7; 레 26:12; 신 27:9)을 생각나게 한다. 그리고 유다 자손과 이스라엘 자손이 함께 모여 한 우두머리를 세우고 그 땅에서 올라옴으로 이스르엘의 날이 클 것이다(호 1:11). 이는 오랜 기간 계속되었던 남 유다와 북 이스라엘의 반목과 대립의 시대가 끝나고 한 지도자를 세우는 새로운 시대가 된다는 뜻이다. 특히 여기서 '이스르엘'은 호세아의 첫째 아이의 이름을 반전시켜 '하나님이 씨를 뿌리신다'라는 의미다. 이 의미는 하나님이 한 지도자를 세운다는 의미도 있으나 이스르엘 평야에서 풍성한 곡식을 내게 될 것을 말한다. 특히 이스라엘이 어떻게 회복될 것인지를 설명하는 호세아 2:21-23을 볼 때 '이스르엘이 클 것이다'라는 의미는 곡식이 풍성해질 것을 의미한다. 그리고 '너희 형제', '너희 자매'를 '내 백성'이라는 뜻의 '암미'(עמי)라 할 것이고, '긍휼히 여김을 받는 자'라는 뜻인 '루하마'(רֻחָמָה)라고 할 것이라고 했다(호 2:1). 여기서 '너희 형제,' '너희 자매'라는 복수로 쓴 것은 단순히 호세아의 아들이 아니라 이스라엘 전체를 말하기 때문이다. 이것은 하나님이 이스라엘과 맺은 언약을 갱신하여 이스라엘이 하나님의 백성이 되어 그의 긍휼하심과 은혜를 풍성하게 누리는 관계로 회복된다는 약속을 의미한다.

그러면 이 약속은 언제 이루어지는가? 주전 722년에 이스라엘이 앗수르에 의해 멸망한 점을 고려한다면 국가적인 회복을 말하는 것이 아니다. 사도 바울이 이방인 중에 하나님이 부르신 백성이 있음을 증거하기 위해 호세아 1:10과 2:23을 적용한 것을 볼 때 이 회복은 그리스도의 사역을 통해 성취되었고, 또 완전하게 성취될 하나님 나라를 말한다.

(4) 이스라엘의 음란에 대한 여호와의 심판(호 2:2-4)

하나님이 호세아에게 음란한 여자와 결혼하라고 하셨다(호 1:2). 그러나 음란한 여자는 결혼해도 여전히 음행하고 있다. 남편인 호세아는 음행한 아내를 고발하면서 "그는 내 아내가 아니요 나는 그의 남편이 아니라"라고 하며 그의 얼굴에서 음란을 제거하라고 했다(호 2:2). 그렇지 않으면 호세아는 그를 벌거벗겨 그로 광야 같게 할 뿐만 아니라 그의 자녀들도 긍휼히 여기지 아니할 것이라고 했다(호 2:3-4). '벌거벗기다'라는 말은 결혼 언약을 어긴 일에 대한 징벌을 묘사한 것이다(바쏠츠 2014, 1651). 여기에 '그렇지 아니하면'이라는 조건을 제시한 것은 이혼하려는 것이 아니라 음행한 행동을 그치게 함으로 화해하기를 원한다는 것이다(Limberg 1988, 10). 여기서 호세아가 음란한 부인을 고발하지만 실제로는 이 유비를 통해 언약 백성인 이스라엘을 고발하고 그들이 음란한 일, 곧 우상을 숭배하는 일을 그치지 않으면 심판받는다는 것을 말하는 것이다.

(5) 문제의 핵심 : 하나님을 아는 지식이 없음(호 2:5-8)

이스라엘의 어머니는 음행했고 그 자식들도 음행했다. 그 음행한 여자는 자신을 사랑하는 자들을 따를 것이라고 했고, 그들이 떡과 물과 양털과 삼과 기름과 술, 곧 삶의 필요를 공급해 준다고 생각했다(호 2:5). 고멜이 사랑하는 자들은 누구를 말하는가? 그것은 가나안의 신인 바알이다(호 2:8). 가나안 사람들은 바알을 사람의 생명과 농경에 필요한 비와 이슬을 관장하는 신으로 믿었다. 그러므로 하나님은 가시로 길을 막고 담을 쌓아 그가 사랑하는 자들을 따라가지 못하게 하시자 그제야 본 남편에게 돌아갈 것이라고 하셨다(호 2:7). 하나님이 그가 사랑하는 자들에게 가지 못하도록 막는 가시와 담은 무엇인가? 스튜어트(Stuart 1987, 49)는 앗수르의 지배, 주전 722년 사마리아 멸망, 포로로 잡혀감 등으로 보았다. 그 외에도 하나님이 막으시는 것은 오늘날 질병과 사고와 각종 바이러스 등도 있다.

그러면 이스라엘은 왜 바알이 그들의 삶의 필요를 준다고 생각했는가? 하나님은 이스라엘이 곡식과 포도주와 기름만 아니라 그들의 섬기는 바알을 만든 금과 은도 하나님이 주신 것을 알지 못하기 때문이라고 하셨다(호 2:8). 곡식, 포도주, 기름은 여호와께서 주시는 농경적인 축복의 모든 것을 망라하는 제유법으로 쓴 것이다(Stuart 1987, 50). 그들은 그들을 애굽에서 구원해 주시고, 해마다 거두는 수확물을 거두게 하시고, 은과 금을 주시는 분이 하나님이신 것을 알지 못했다(참조. 신 26:5-10). 이 문단은 교차대칭 구조(= 중앙 집중성 구조)의 가운데 있는 부분으로 이스라엘이 하나님을 버리고 바알을 숭배한 문제의 핵심이 무엇인지 보여준다. 문제의 핵심은 하나님을 아는 지식이 없기 때문이다.

(6) 이스라엘의 바알 숭배에 대한 여호와의 심판(호 2:9-13)

이스라엘이 하나님을 알지 못하고 바알을 숭배함으로 하나님이 어떻게 심판하실 것인지 몇 가지로 보여준다. 첫째, 모든 곡식과 포도주를 도로 찾으실 것이고 몸을 가릴 양털과 삼도 빼앗으실 것이다(호 2:9). 이는 먹는 것과 입는 것 등 경제생활의 필수적인 요소를 다 빼앗는다는 것이다. 둘째, 그의 수치를 그가 사랑하는 자들 앞에 드러내도 건져낼 사람이 없을 것이다(호 2:10). 셋째, 모든 희락과 절기와 월삭과 안식일과 모든 명절을 폐할 것이다(호 2:11). 이는 절기를 지킬 수 없는 상황이 되는 것으로 이들이 포로로 끌려간다는 뜻이다(Lewis 2002, 1345).[12] 넷째, 그를 사랑하는 자들이 주었다고 생각하는 포도나무와 무화과나무를 황폐화하여 들짐승들에게 먹게 하실 것이다(호 2:12). 이것은 바알의 무능함을 보여주는 것이고 시내산 언약이 말하는 저주(레 26:33-35)가 임했음을 말해 준다(Stuart 1987, 52).

(7) 언약 갱신 : 심판 취소(호 2:14-23)

이 문단에서 호세아는 본문의 흐름을 새롭고 밝은 분위기로 전환한다. 하나님은 '보라'라는 감탄사로 주의를 집중시키며 그들을 위로하고 그들에게 포도원을 주며 아골 골짜기를 소망의 문이 되게 하여 애굽에서 구원해 내신 날처럼 관계를 회복시켜 주실 것이라고 하셨다(호 2:14-15). 그리고 하나님은 그 날에 이스라엘이 하나님을 '내 남편'이라 부르게 하시고 다시는 바알의 이름을 제거하실 것이다(호 2:16-17). 이는 하나님이 이스라엘을 그의 아내로 맞겠다는 것으로 새로운 관계가 되게 하시겠다는 뜻이다. 그리고 하나님은 들짐승과 공중의 새와 땅의 곤충들과 맺으실 것이다(호 2:18). 이는 호세아 2:12에서 심판의 도구로 사용했던 들짐승과 새와 곤충들이 더 이상에 삶을 위협하지 못하게 하시겠다는 뜻이다. 그리고 하나님은 활과 칼을 꺾어 전쟁을 없이하고 평안히 눕게 하며 다시금 결혼 관계를 유지하여 영원히 공의와 정의와 은총과 긍휼히 여김으로 이스라엘이 여호와를 알게 하실 것이다(호 2:16-20). 이것은 언약을 갱신하여 결혼이 영원히 계속될 것이라는 뜻이다.

그날에 한때 예후가 오므리 왕조를 멸했던 것처럼 예후 왕조와 이스라엘을 멸하실 것이라고 하신 곳인 이스르엘 평야에 여호와께서 곡식과 포도주와 기름, 곧 삶에 필요한 모든 것을 공급해 주실 것이다.[13] 그리고 긍휼을 여김을 받지 못했던

---

12 림버그(Limberg 1988, 11-12)는 바알을 숭배하는 신전이 문을 닫는다는 의미로 이해했다. 그러나 바알 숭배는 안식일이나 월삭, 절기 등의 용어를 쓰지 않는다.

13 '내가 응답하다'(אֶעֱנֶה, עָנָה)라는 뜻은 하나님이 땅과 백성이 필요한 것을 공급하신다는 것이다(Stuart 1987, 60).

자들이 긍휼히 여김을 받고, 하나님의 백성이 아니었던 자들을 하나님의 백성이 되며, 그들은 주는 '내 하나님이시다'라고 하게 될 것이다(호 2:21-23). 이것은 하나님이 모든 저주를 풀고 언약 관계를 회복시키신다는 것이다.

그런데 이 일은 언제 일어날 것인가? 신약성경에서 사도 바울과 사도 베드로는 복음을 듣고 믿은 모든 이방인에게 호세아 2:23을 적용했다. 하나님이 호세아를 통해 말씀하신 회복은 하나님이 그리스도 안에서 구속받은 성도와 하나님이 그들과 함께 세우실 나라를 의미한다(롬 9:25-26; 벧전 2:10).

(8) 호세아의 음란한 아내와 재결합(호 3:1-5)

이 문단은 호세아 1:2-9과 대칭 구조를 이룬다. 문체적으로 호세아 1:2-9은 3인칭 관점으로, 3:1-5은 1인칭 관점으로 썼다. 이것은 이 본문이 호세아 자신이 하나님께 받은 것임을 암시한다(Limberg 1988, 13). 이 본문의 어려움은 호세아가 호세아 1장에서 음란한 여인인 고멜과 결혼하고 자녀를 낳았음에도 불구하고 하나님이 호세아에게 "너는 또 가서 타인의 사랑을 받아 음녀가 된 그 여자를 사랑하라"라고 하셨다는 점이다. 여기서 문제는 이 두 기사를 어떻게 이해하느냐 하는 것이다. 그것은 (1) 다른 여자와 다른 사건, (2) 같은 여자와 다른 사건, (3) 같은 여자와 같은 사건으로 보느냐는 것이다. 개역개정판은 '그 여자'라고 번역하여 같은 여자로 본다. NIV는 같은 사람으로 보고 "Go, show your love to your wife again"이라고 번역했다. 그러나 여기 '여자'(잇샤, אשה)는 아내와 여자를 모두 의미할 수 있다. 그리고 대명사 접미사나 지시사가 없어 다른 여자를 의미할 수도 있다. 이 문제만 아니라 어떻게 음란한 여자와 결혼하여 선지자 직분을 수행할 수 있는지 의문을 갖는다. 그래서 호세아가 음란한 여자와의 결혼을 실제 사건이 아니라 비유로 해석하기도 한다. 그러나 문법적으로 상황적으로 문제가 없는 것은 아니나 호세아의 결혼은 실제 사건으로 보아야 한다. 그리고 호세아 1장과 3장에 나오는 여자도 같은 사람이며 기록된 사건은 다른 사건으로 보아야 한다.[14]

---

14 호세아의 결혼에 관한 더 자세한 해설은 이 책의 서론인 "주제와 기록 목적"에 있는 '호세아의 결혼'에 관한 설명을 참조하라.

음란한 여자였던 고멜은 결혼 후에도 여전히 호세아에게 성실하지 못했으나 하나님은 호세아에게 다시 가서 타인의 사랑을 받아 음녀가 된 그 여자를 사랑하라고 하셨다. 여기서 '타인의 사랑을 받는다'라는 것은 간음과 불법의 감정을 가리키는 것으로 어떤 남자가 다른 남자의 아내에 대해 갖는 감정을 일컫는다(Limberg 1988, 14). 하나님은 음녀를 사랑하라고 하면서 마치 이스라엘이 다른 신을 섬기고 건포도 과자를 즐길지라도 여호와가 그들을 사랑한 것처럼 사랑하라고 하셨다(호 3:1). 하나님의 말씀을 듣고 호세아는 은 열다섯과 보리 한 호멜 반(=330리터)으로 그를 사고 다른 남자와 음행하지 말라고 하며 자신도 변함없이 사랑할 것이라고 했다(호 3:3). 호세아가 왜 돈을 주고 사야 했는지 설명하지 않는다. 고멜이 창녀로 팔려갔거나 종으로 팔려갔을 것으로 짐작할 수 있을 뿐이다.

호세아가 그의 결혼이라는 유비를 통해 실제 들려주고 싶은 이야기는 하나님의 사랑이다. 이스라엘은 하나님의 사랑을 받을 자격이 없다 할지라도 사랑하셨다는 것이다. 이 사랑에 대해 림버그(Limberg 1988, 15)는 이스라엘이 하나님의 사랑을 거부할지라도 그들을 사랑하는 하나님의 사랑으로 십자가 위에서 확증되고(요 3:16), 탕자를 기다리는 아버지의 비유에서 구체적으로 예시되는(눅 15:11–32) 것으로 호세아서의 중심 선율(cantus firmus)이라고 했다.

호세아는 이러한 하나님의 사랑을 말하면서 많은 날 동안 왕, 지도자, 제사, 주상, 에봇, 드라빔도 없이 지낼 것이라고 했다(호 3:4). 왕과 지도자가 없다는 것은 다른 형태의 존재 양식이 있을 것을 의미하는 것으로 북 이스라엘은 망하고 앗수르가 통치한다는 것이다(Stuart 1987, 67). 그리고 제사와 에봇은 성경에 명한 것이지만 주상(맛체바, מַצֵּבָה)은 우상숭배에 사용한 돌이고 드라빔은 점치는 도구다. 이것은 성경에 명한 것과 금지된 우상숭배가 혼합되었음을 보여준다. 그러나 이 모두를 없이 지낸다는 것은 하나님을 온전하게 섬기도록 정결케 하신다는 것이다(바숄츠 2014, 1653). 그 후에 이스라엘 자손은 돌아와 그들의 하나님 여호와를 찾고 마지막 날에 여호와를 경외하며 여호와와 그의 은총으로 나아가게 될 것이다(호 3:5). 이 일은 언제 성취되는가? 이스라엘 역사 가운데 북 왕국은 앗수르에, 남 왕국은 바벨론에 멸망함으로 부분적으로 성취되었으나 그리스도 안에 있는 새 언약 아래에서 성취된다(Stuart 1987, 69).

2. 신실하지 못한 이스라엘과 그에 대한 심판(호 4:1-11:11)

이 문단은 호세아 4:1에서 "여호와의 말씀을 들으라"라는 말씀으로 시작하여 호세아 11:11에 "여호와의 말씀이니라"라는 기본 틀을 가지고 있다(Limberg 1988, 2). 앞의 문단인 호세아 1-3장과 달리 운문으로 되어있다. 여기서 호세아는 다양한 비유적 언어를 많이 사용한다. 그리고 이 책의 구조적 특징인 심판과 회복을 교차적으로 말하나 죄에 대한 심판을 더 많이 말하나 회복의 메시지로 마치고 있다.

내용 분해

(1) 이스라엘을 상대로 한 하나님의 소송(호 4:1-19)

(2) 하나님의 심판 선고(호 5:1-15)

(3) 회개를 거절한 이스라엘(호 6:1-7:16)

(4) 이스라엘의 죄에 대한 하나님의 심판(호 8:1-10:15)

(5) 하나님의 사랑이 하나님의 심판을 뛰어넘음(호 11:1-11)

내용 해설

(1) 이스라엘을 상대로 한 하나님의 소송(호 4:1-19)

이 문단은 법정의 소송의 형태로 구성되어 있고 왜 이스라엘이 하나님의 심판을 받아야 하는지 법정 담론을 통해 그 이유를 설명하고 있다.

① 하나님의 법정 소송(호 4:1-3)

이 문단에서 하나님은 검사로서 이스라엘을 고발하시고[15] 심판을 선언하셨다. 고발하신 내용은 이 땅에 진실과 인애와 하나님을 아는 지식이 없다는 것이다(호

---

15 개역개정판이 '논쟁하시나니'라고 번역한 원어는 '리브'(ריב)인데 NASB와 NIV처럼 '고소', '고발', '소송'이라고 번역해야 한다.

4:1). 그 증거는 저주, 속임, 살인, 도둑질, 간음, 포악 등이다(호 4:2). 그 심판은 땅이 슬퍼하여 거기에 사는 사람과 들짐승과 공중의 새와 심지어 바다의 고기까지 없어진다는 것이다(호 4:3). 이것은 인간이 사는 삶의 모든 환경이 파괴된다는 것이다. 이 문제의 본질은 언약을 파기한 죄다. 림버그(Limberg 1988, 18)는 하나님의 심판 선고를 볼 때 죄는 인간뿐만 아니라 지상의 모든 생명체를 위협하는 생태학적 위기를 맞게 한다고 했다. 그리고 오늘날 산성비, 삼림의 파괴, 대기나 호수나 강의 오염 등에 관해 들을 때 하나님의 심판 선고는 현대인의 삶의 정황에도 잘 들어맞는다고 했다. 이러한 생태학적 위기의 근원은 하나님을 아는 지식이 없고 이웃을 돌보지 않는 교만, 불경건, 이기심, 탐욕 등이다.

② 제사장들에 대한 고발과 심판 선고(호 4:4-10)

하나님은 제사장을 고발하고 그 고발에 대한 증거와 심판에 관한 세부사항을 설명해 주셨다.[16] 문제의 근원을 말씀하시며 어떤 사람과도 다투지 말라고 하시며 이스라엘이 제사장과 다투는 자처럼 되었다고 하셨다(호 4:4). '다투다'(리브, רִיב)라는 말은 고발, 고소, 소송 등의 의미이기에 백성들이 제사장을 고발한다는 뜻이다. 하나님은 제사장과 그와 함께 있는 선지자들이 넘어질 것이라고 하시며 그의 어머니를 멸할 것이라고 하셨다(호 4:5). '그의 어머니를 멸한다'라는 것은 그 가족들까지 확대된다는 뜻이다(Limberg 1988, 19).[17] 제사장이 이러한 책망을 듣는 이유는 그가 백성의 중보자로서 참된 지식을 전해야 할 책임이 있기 때문이다. 그래서 하나님은 이스라엘을 '내 백성'이라고 부르시며 이들을 가르치지 못한 책임을 제사장에게 물으시고 그가 율법을 잊었기에 그의 자녀들을 잊어버릴 것이라고 하셨다(호 4:6). 하나님이 이스라엘을 '내 백성'이라고 부르신 것은 이스라엘을 여전히 언약 백성으로 보신다는 것이다(참조. 호 2:23; 4:12; 6:11; 11:7).

제사장들은 하나님의 백성들이 죄를 사하기 위해 드린 속죄제물(하타트, חַטָּאת)을 먹고 그들의 마음을 그들의 죄악에 두었다(호 4:8). 이것은 속죄제물이 하나님을 섬기는 일에 사용되기보다는 자신들의 이득이 되어 버렸다는 것이다. 제사장

---

16 개역개정판은 '그러나'로 시작하지만 원문은 그 내용을 상세하게 서술하는 '아크'(אַךְ)라는 단어로 시작한다.
17 여기 '네 어머니'를 그가 속한 이스라엘을 상징한다고 보기도 한다(바슐츠 2014, 1654)

들의 임무가 백성들에게 하나님을 아는 지식과 하나님께 순종하는 것을 가르치는 것인데 오히려 제사장들은 죄악을 장려하고 다양한 속죄제물로부터 얻어지는 이득을 취했던 것이다(Stuart 1987, 79). 결과적으로 제사장들과 백성은 같은 운명에 처하게 될 것이다(호 4:9). 그들은 먹어도 배부르지 않고 음행해도 수효가 늘지 않을 것이다(호 4:10a). 이것은 언약에 따른 저주 가운데 나타나는 현상이다(신 28:17-18; 32:24-28). 이는 그들이 백성이 드린 희생제물로 말미암아 고기를 먹어도 배부름이 없다는 것이고 음행해도 결코 번성하지 못할 운명이라는 것이다. 이는 그들이 여호와를 버리고 따르지 아니했기 때문이다(호 4:10).

③ 잘못된 종교 행위와 그 결과(호 4:11-19)

하나님은 자기 백성이 범한 죄가 어떤 종류인지 더 구체적인 증거를 제시하셨다. 그들은 음행과 묵은 포도주와 새 포도주에 마음이 빼앗겼다(호 4:11). '묵은 포도주와 새 포도주'(버야인 버티로쉬, וְיַ֥יִן וְתִיר֖וֹשׁ)는 중언법(hendiadys)으로 쾌락을 위한 모든 포도주를 강조하는 표현이라 할 수 있다. '음행'은 단순히 음란한 행위라기보다 하나님과 맺은 언약을 범한 행위를 말한다. 그래서 그들은 하나님을 버렸기에 음란의 영에 미혹되어 나무와 막대기에게 물었다(호 4:12). 나무는 남근 모양의 기둥이거나 거룩한 나무일 수 있고 막대기는 주사위나 점치는 작은 나무 조각이거나 점치는 좀 더 큰 막대기일 수도 있다(Hubbard 1989a, 105).[18] 나무와 나무 막대기에 묻는 것은 막대기 점을 말하는 것으로 신의 뜻을 막대기가 넘어지는 모양을 보고 결정한다(Stuart 1987, 81). 이뿐만 아니라 그들은 높은 산이나 작은 산, 곧 산당에서 분향했다(호 4:13). 이 역시 모세 율법에서 금하는 일이다(참조. 신 12:2; 왕상 14:23; 왕하 17:10 등).

이러한 우상숭배는 림버그(Limberg 1988, 24)가 지적한 바와 같이 사회적 차원을 가지고 있었는데 부도덕한 성생활이 나타나게 되었다. 하나님은 딸들이 음행하며 며느리들이 간음해도 벌하시지 않을 것인데 이는 남자들도 창기와 함께 나가기 때문이라고 하셨다(호 4:13b-14a). 이것은 성적 범죄가 널리 퍼졌다는 뜻이다.

---

18 림버그(Limberg 1988, 23)는 나무를 바알 신상 곁에 세워진 아세라 목상을 말하는 것으로 보았다(참조. 삿 6:25; 왕하 23:6). 스튜어트(Stuart 1987, 81)는 나무로 만든 우상을 말한다고 했다(참조. 신 4:28; 8:36; 29:16).

이러한 죄의 증거들을 볼 때 예상할 수 있는 운명은 패망이다. 특히 호세아는 "깨 닫지 못하는 백성은 망하리라"(호 4:14b)라고 했다. '깨닫지 못하는 백성'은 하나님 의 지식이 없어 망한다는 말씀을 되새기게 한다(참조. 호 4:1, 6). 이에 대한 일차적 인 책임 역시 당시는 제사장들에게 있었지만 오늘날은 교회 지도자들에게 있다. 림버그(Limberg 1988, 25)는 이 본문을 해석하면서 여호와를 섬기는 제사가 주는 사 회적 매력이 무엇인지 질문하고 초대 교회에서 서로 돕는 일과 서로 사랑하는 일 등을 예로 들었다.

호세아는 이스라엘의 죄를 지적한 후에 이스라엘은 음행해도 유다는 죄를 범 하지 못하게 하라고 했다(호 4:16a). 이는 유다에게 준 메시지로 그들도 음행하면 멸망한다는 것이다. 그리고 벧아웬에 올라가지 말고 길갈로 올라가지 말며 여호 와의 사심을 가리켜 맹세하지 말라고 했다(호 4:16b). '벧아원'(בֵּית אָוֶן)은 '죄악의 집' 이라는 뜻으로 '하나님의 집'이라는 뜻인 '벧엘'을 풍자적으로 표현한 것이다. 벧 엘은 북 이스라엘의 주요 성소이고 여로보암이 만든 금송아지가 있는 곳이다(왕 상 12:28-30; 암 7:13). 길갈은 요단을 건넌 후 진을 쳤던 장소(수 4:19)로 우상숭배의 주요 도시가 되었다(호 9:15; 12:11). 이곳으로 올라가지 말라는 것은 우상을 섬기 지 말라는 것이다. 그리고 여호와의 사심을 가리켜 맹세하지 말라는 것은 하나님 의 이름을 가볍거나 거짓되게 취급하지 말라는 것이다.

호세아는 이러한 이스라엘에 심판을 선고했다. 그 가운데 하나는 '완강한 암소 처럼' 완강하기에 하나님이 어린 양을 먹임같이 먹이겠느냐고 했다(호 4:16). 이는 하나님 말씀을 듣지 않기에 은혜를 받을 수 없다는 것이다. 또 그들은 우상과 연 합해 있기에 바람에 휩쓸려 갈 것이다. 우상에게 제물을 바치며 복 받기를 기대 하였으나 오히려 부끄러운 일을 당할 것이다(호 4:19).

(2) 하나님의 심판 선고(호 5:1-15)

이 문단에서 호세아는 하나님을 알지 못함으로 우상을 숭배하고 악을 행하는 이스라엘에 대한 심판을 선언한다. 그는 제사장들, 왕족들, 백성들에게 들으라고 하였다(호 5:1). 이는 심판이 신분과 관계없이 모든 사람에게 미친다는 것이다. 그 리고 미스바와 다볼 위에 올무와 그물이 된다는 것은 이스라엘 전역에 심판이 미친다는 것이다(호 5:2). 이스라엘은 음란한 마음이 하나님을 아는 지식 대신에 자리를 차지하고 있어서 결국에는 그의 교만과 죄악으로 말미암아 넘어지게 될 것이다(호 5:3-5). 그때는 하나님께 돌아가려고 해도 하나님을 만날 수 없다. 이미 하나님이 그들을 떠나셨고 그들이 정조를 지키지 아니하여 사생자를 낳았기 때문이다(호 5:6-7a). 이는 하나님과 맺은 언약을 버리고 우상을 숭배하였기 때문에 여호와 신앙이 자녀들에게 전수되지 못했다는 것이다. 그러므로 '새 달'이 그들과 그 기업을 삼킬 것이다(호 5:7b). 아이러니하게도 '새 달'(New Moon)은 원래 축제의 날이지만(사 1:13-14) 여기서는 심판의 날이거나 그들에 대한 심판이 성취되는 날로 사용하고 있다(Lewis 2002, 1349).

호세아는 기브아에서 뿔 나팔을 불며 라마에서 나팔을 불며 벤아웬에서 외치라고 했다(호 5:8). 나팔을 불며 외치는 것은 전쟁하는 이미지이고 기브아, 라마, 벤아웬(= 벧엘)을 언급한 것은 전쟁이 전 지역에 임한다는 것이다. 왜 나팔을 불며 외치는가? 그것은 베냐민이 뒤쫓기 때문이다. 이로 보아 이 전쟁은 이스라엘의 베가와 아람 왕 르신이 연합해서 유다를 공격했을 때 유다의 아하스가 앗수르에게 군대를 요청함으로 일어난 것이다(참조. 왕하 16:5; 사 7:6). 이 전쟁은 이스라엘과 유다의 전쟁이다. 그런데 호세아는 이 전쟁을 하나님이 벌하시는 날이라고 했다(호 5:9). 그러나 유다가 이 전쟁을 가리켜 경계표를 옮기는 자 같다고 했다(호 5:10). 이웃의 경계표를 옮기는 일은 하나님의 법을 어기는 일이다(신 27:17).

이 일에 대해 하나님은 에브라임에게는 좀 같고 유다에게는 썩이는 것 같이 될 것이라 하셨다(호 5:12). 외부에서 갉아먹는 좀이나 내부에서 썩인다는 것은 하나님이 심판하신다는 은유적 표현이다. 에브라임이 자기 병과 상처를 깨닫고 앗수르의 야렙 왕에게 요청하나 도움이 되지 못할 것이다(호 5:13). 야렙 왕은 앗수르 왕을 지칭하는 표현으로 '큰 왕'이라고 할 수 있다.[19] 이것은 이스라엘 왕 므나헴과 호세아가 티글랏빌레셀과 살만에셀에게 조공을 바친 사건을 말한다(왕하 15:19-20; 17:3). 그러나 앗수르는 그에게 힘이 되지 못했다. 오히려 앗수르는 이스라엘을 멸망시켰고 히스기야 시대에 유다를 큰 고통 가운데 빠지게 했다. 앗수르

---

19 야렙 왕(רֵב; מֶלֶךְ)은 앗수르 왕을 지칭하나 사본상 문제가 있다. 이것을 '말키 랍'(מַלְכִּי רָב)으로 읽으면 '큰 왕'이다. NIV가 great king이라고 번역한 것은 이를 반영했기 때문이다.

가 유다를 치는 일에 대해 하나님은 "내가 … 사자 같고 … 젊은 사자 같으니 바로 내가 움키갈지라 내기 … "라는 1인칭 표현을 반복하여 말씀하심으로 하나님이 나라의 운명을 통제하시는 분이심을 강조하시되 에브라임과 유다에게 사자 (lion) 같을 것이라고 하셨다(호 5:14). 이것은 앗수르의 힘이 강해서가 아니라 이스라엘이 언약을 배반한 일에 대해 하나님이 앗수르를 도구로 사용하셨음을 알게 한다. 하나님은 앗수르를 보내어 사자 같이 유다를 삼키게 하실 것이다.

그리고 하나님은 이스라엘이 심판을 받은 후에 죄를 뉘우치고 하나님을 구할 때까지 그들을 떠나 있을 것이고, 그들이 고난을 받을 때 간절하게 하나님을 구할 것이라고 하셨다(호 5:15). 이것은 신명기 4:25-31의 말씀으로 그들이 하나님께 징벌을 받을지라도 하나님을 찾으면 하나님과의 관계가 회복되리라는 희망의 문을 열어놓았다는 것이다.

(3) 회개를 거절한 이스라엘(호 6:1-7:16)

이 문단에서 호세아는 하나님이 회개하고 주를 찾으면 회복해 주실 것이라는 말씀을 전했지만 이스라엘이 거절함으로 받게 될 심판에 대해 말한다.

① 회개하라는 요청(호 6:1-3)

호세아는 "오라 우리가 여호와께 돌아가자"라고 권한다(호 6:1a). 그는 호세아 5:13에서 하나님이 말씀하신 치료의 이미지로 여호와께서 이스라엘을 치셨으나 싸매어 주실 것이며 어느 정도의 시간이 흐르면[20] 하나님 앞에서 살 것이기 때문에 두 번이나 반복하여 힘써 여호와를 알자고 권했다. 그러면서 그의 나타나심은 새벽 빛 같이 어김이 없이 땅을 적시는 비같이 그들에게 임할 것이라고 했다(호 6:1b-3). 만일 그들이 회개한다면 마치 아침마다 새벽이 동터오는 것처럼, 늦은 비가 내리는 봄만 되면 비가 내리듯이 그들의 운명은 역전될 것이다(Limberg 1988, 27).

---

20 호세아 6:2에 "이틀 후 … 셋째 날에 …"는 어떤 수 x와 그 수에다 1을 더한 x, x+1의 형태로 적지 않은 수를 가리킨다(Roth 1962, 301, 311). 여기서는 실제로 이틀 후나 셋째 날에 구원하신다는 것이 아니라 어느 정도의 시간이 지나야 함을 말한다.

② 인애와 하나님을 아는 것을 원하시는 하나님(호 6:4-6)

하나님은 에브라임과 유다에게 "내가 네게 어떻게 하랴"라고 질문하셨다(호 6:4a). 이 질문은 희망 없는 현재 상황을 반영해 준다(Stuart 1987, 109). 이 질문의 배경은 이스라엘의 인애가 잠시 있다가 금방 사라지는 아침 구름이나 쉬이 사라지는 이슬같이 일시적이었기 때문이다(호 6:4b). 그래서 하나님은 선지자들과 하나님의 말씀으로 이스라엘을 죽이셨다. 이 하나님의 심판은 누구도 숨을 수도 없고 숨길 수도 없는 빛처럼 임한다(호 6:5). 선지자들과 하나님의 말씀으로 이스라엘을 죽이셨다는 것은 그들과 맺은 언약의 말씀에 따른 심판이다. 왜냐하면[21] 하나님은 인애를 원하고 제사를 원하지 아니하며 번제보다 하나님을 아는 것을 원하시기 때문이다. '인애'(헤세드, חֶסֶד)는 자기 백성을 향한 하나님의 사랑을 가리키기도 하고(호 2:19) 이웃과 공동체를 향한 사랑을 가리키기도 한다(호 4:1). '하나님을 아는 것'(다아트 엘로힘, דַּעַת אֱלֹהִים)은 이론적으로 하나님을 아는 것이 아니라 체험적인 지식, 곧 하나님과 교제하는 것을 말한다.

왜 이스라엘이 하나님의 심판을 받는가? 제사와 번제를 드리기는 하지만 하나님을 사랑하고 이웃을 사랑하는 일을 하지 않기 때문이다. 제사와 번제는 하나님을 예배하고 교제하는 방법으로 주신 것이기는 하지만 이 일은 사랑을 실천하고 하나님과 교제하기 위한 것이다. 이 말씀을 좀 더 현대적으로 림버그(Limberg 1988)가 잘 지적했다. 종교가 예전(liturgy)이나 언어의 미묘한 차이, 음악과 미술이나 건축물 등의 고상함에 사로잡힌 채 이웃에 대한 관심을 잃게 되면 그 종교는 올바른 것이 아니다. 또 종교가 단지 교회 출석이나 일반적인 봉사 의무와 사람에게 보이기 위한 것으로만 나타난다면 이 역시 올바른 것이 아니다.

③ 언약에 신실하지 못한 이스라엘(호 6:7-11a)

이스라엘은 아담처럼 언약을 어기고 하나님을 배반했다(호 6:7). 이스라엘이 언약을 배반할 때 요단 동편 땅인 길르앗은 악을 행하는 자의 고을이 되고 제사장의 무리가 세겜 길에서 마치 강도 떼가 사람을 기다림 같이 악을 행했다(호 6:8-9). 이스라엘은 가증한 일, 곧 음행함으로 더럽혀졌다(호 6:10). 이 일들은 모두 언약에

21 원문은 이유를 나타내는 접속사 '키'(כִּי)가 있다. KJV, NASB, NIV 등의 번역은 이 점을 잘 드러내었다.

신실하지 못한 결과다. 그런데 하나님은 유다도 추수할 일을 정했다고 하셨다(호 6:11a). 여기서 추수는 부정적인 의미로 유다도 이스라엘과 같이 언약을 배반함으로 심판하신다는 것이다(참조. 호 8:7; 10:12-13).[22] 공동번역은 "유다야, 너도 심은 대로 거둘 것이다"라고 번역했다.

④ 치료를 거절하는 이스라엘의 죄(호 6:11b-7:12)

하나님이 자기 백성을 회복시키려 하실 때마다, 곧 이스라엘을 치료하려 하실 때마다 에브라임의 죄와 사마리아의 악이 드러났다. 그들은 거짓을 행하고 도둑질한다(호 6:11b-7:1). 이 두 가지 죄악은 죄와 사회적 부정을 나타내는 제유법적 표현이다. 그들은 하나님이 모든 악을 다 기억하였음을 마음에 생각하지 않고 계속 악을 행했다(호 7:2). 이것은 하나님의 치료를 거절하는 행동이다.

그들은 악과 거짓으로 왕과 지도자들을 기쁘게 한다(호 7:3). 그들의 마음은 간교하여 화덕같이 뜨거워져서 그 재판장들과 왕들을 더 엎드러지게 한다(호 7:6-7a). 호세아의 이러한 묘사는 이스라엘 역사에서 여로보암 왕이 죽은 후 스가랴(주전 753), 살룸(주전 752), 브가히야(주전 742-740), 베가(주전 742-732)가 그 계승자의 쿠데타에 의해 살해된 일을 배경으로 한다. 그들은 이러한 정치적 악 외에도 과자 만드는 자에 의해 달궈진 화덕처럼 간음하였다(호 7:4). 이러한 악을 행함에도 불구하고 그들 중에 하나님께 부르짖는 자들이 없었다(호 7:7b). 이것은 그들이 하나님을 찾았으면 하나님이 그들을 치료해 주셨을 것인데도 찾지 않았다는 것이다.

에브라임은 여러 민족 가운데 혼합되어 마치 뒤집지 않은 전병처럼 되었다(호 7:8). '혼합되다'라는 것은 당시 이스라엘이 수리아, 앗수르, 애굽의 힘 등을 빌어 동맹을 맺는 상황을 나타낸다(호 7:11). 전병은 화덕에 구울 때 일정 시간이 지나면 뒤집어 주어야 한다. 그러나 이스라엘을 뒤집지 않은 전병이라고 한 것은 주변 열국의 힘을 빌리는 일이 오히려 전병 한쪽이 타들어 가듯이 망하게 된다는 은유다. 그들이 힘이라고 생각했던 이방인들이 오히려 그들의 힘을 삼켜도 깨닫지 못했다(호 7:9). 그래도 이스라엘은 여호와께 돌아와 여호와께 구하지 않았다(호

---

22 개역개정판은 문장 구분이 애매하다. BHS에 앞의 문장인 "또한 유다여 네게도 추수할 일을 정하였느니라"와 뒷 문장인 "내가 백성의 사로잡힘을 돌이킬 때에"가 구분되어있다. NIV와 공동번역이 이 구분을 따랐고, 허바드(Hubbard 1989a, 130)도 이 구분을 따랐다.

7:10). 이에 대해 하나님은 에브라임은 어리석은 비둘기같이 지혜가 없어서 애굽과 앗수르를 향해 부르짖자 그들이 가는 길 위에 그물을 쳐서 새처럼 떨어뜨릴 것이라고 하셨다(호 7:11-12).

⑤ 회개하기를 거절한 이스라엘(호 7:13-16)

하나님은 치료를 거부하는 이스라엘에게 '화 있을진저'(오이, אוֹי)라고 하셨다(호 7:13a). 이 단어는 사랑하는 자가 죽었을 때 혹은 죽을 수 있는 상황에 있는 자에 대한 슬픈 탄식이다(삼상 4:7; 사 3:9; 사 6:5 등). 하나님은 그들을 건져 주려고 하시지만 그들은 거짓을 말하고 성심으로 부르짖지 않고 오히려 곡식과 포도주, 곧 그들의 경제 문제로 모이고 오히려 악을 꾀한다고 탄식하셨다(로 7:14-15). 그들은 높은 자이신 하나님께 돌아오지 아니함으로 화살을 쏠 수 없는 '느슨한 활'과 같이 될 것이고[23] 지도자들의 말로 말미암아 칼에 엎드러지고 애굽 땅에서 조롱거리가 될 것이다(호 7:16). 이를 통해 그들이 하나님을 버릴 때 여호와께서 그들에게 모든 민족 중에서 놀람과 속담과 비방거리가 될 것이라 하신 말씀대로 성취될 것이다(참조. 신 28:37). 회개하기를 거절한 이스라엘에게 미칠 화를 볼 때 회개는 운명을 반전시킬 수 있는 가장 중요한 일이다.

(4) 이스라엘의 죄에 대한 하나님의 심판(호 8:1-10:15)

이 긴 문단에서 호세아는 이스라엘이 지은 여러 가지 죄를 지적하고 거기에 대한 일련의 하나님의 심판을 선언한다.

① 이스라엘의 죄와 그에 따른 심판(호 8:1-3)

하나님은 나팔을 이스라엘의 입에 대라고 하시며 원수가 독수리처럼 여호와의 집에 덮칠 것인데 이는 그들이 언약을 어기며 율법을 범했기 때문이다(호 8:1). '나팔을 입에 대다'라는 말은 전쟁의 위험을 알리는 신호를 하라는 뜻이다. 언약

---

23 개역개정판의 '속이는 활'로 번역한 원문은 '케쉐트 러미야'(קֶשֶׁת רְמִיָּה)로 활이 장력이 없이 느슨하게 되는 것을 말하는 비유적 표현이다(참조. 시 78:57).

과 율법은 같은 의미를 다르게 말한 것으로 언약을 지키고 율법을 순종하는 것은 하나님을 섬기는 구체적 표현이다(참조. 신 4:13). 이스라엘이 언약을 버린 것은 선을 버린 것이기에 원수, 곧 앗수르가 그를 덮칠 것이다(호 8:3).

② 왕과 우상에 대한 심판(호 8:4-10)

이스라엘은 왕을 세웠으나 하나님에게 묻지 않고 그들의 뜻에 따라 세웠다(호 8:4a). 여로보암 이후에 여섯 명이 왕위에 올랐으나 살룸, 므나헴, 브가히야, 호세아가 쿠데타로 왕이 되었다. 그리고 그들이 금과 은으로 우상을 만들었으나 결국 파괴될 것이다(호 8:4b). 우상은 장인이 만든 것이고 참 신이 아니다(호 8:5-6). 이스라엘은 우상이 복을 준다고 생각하고 섬겼으나 그들은 바람을 심고 광풍을 거둘 것이며 심은 것이 줄기가 없고 이삭을 열매를 맺지 못할 것이며 혹 맺을지라도 이방 사람이 그것을 삼킬 것이다(호 8:7). '바람을 심고 광풍을 거둔다'라는 것은 그 일은 아무런 의미가 없다는 것이다.

하나님께 묻지 않고 왕을 세우고 우상을 숭배한 이스라엘은 즐겨 쓰지 않은 그릇 같은 존재가 되었다(호 8:8). 이스라엘은 홀로 떨어진 들나귀처럼 앗수르에 가고 값을 주고 사랑하는 자들을 얻었다(호 8:9). 이것은 조공을 바치고 앗수르와 애굽과 동맹을 맺었다는 것이다. 이스라엘이 여러 나라에 값을 주고 안전을 구했다 할지라도 하나님은 심판하시기 위해 그들을 모아 앗수르와 애굽이 지워준 짐으로 말미암아 쇠하기 시작할 것이라고 하셨다(호 8:10). 여기에 '지워준 짐'은 동맹을 위해 조공을 바치는 일을 말한다.

③ 제사와 윤리(호 8:11-14)

에브라임은 '속죄제를 위해'(לַחֲטֹא)[24] 제단을 많이 만들었지만 그 제단이 도리어 그에게 범죄하게 하는 것이 되었다(호 8:11). '속죄제를 위해'와 '범죄하는 것'(לַחֲטֹא)은 같은 단어다. 이것은 언어유희를 통해 죄를 용서받기 위해 제단을 만들었지만 아니러니하게도 그것이 죄를 더 짓게 만든다는 점을 강조하고 있다. 하나님은 이

---

24 개역개정판이 '죄를 위해'라고 번역한 '라하토'(לַחֲטֹא)는 그 의미가 모호하다. NIV는 '속죄제를 위해'(for sin offerings)라고 번역했는데 본래의 의미에 더 가깝다. 표준새번역은 "에브라임이 죄를 용서받으려고 제단을 만들면 만들수록, 늘어난 제단에서 더욱더 죄가 늘어난다"라고 번역했다.

스라엘을 위해 율법을 주셨으나 이스라엘은 그 율법을 이상한 것으로 여겼다(호 8:12). 이것은 이스라엘이 제사는 드렸지만 율법을 지켜 행하지 않았다는 것이다. 그래서 하나님은 그들이 제물로 고기를 바친다 할지라도 기뻐하지 않으시고 그 죄를 벌하심으로 그들이 애굽으로 다시 갈 것이라고 하셨다(호 8:13). 여기 애굽은 환유(metonymy)로 그들이 포로로 잡혀가 종으로 산다는 것을 의미한다(Stuart 1987, 137). 그리고 이스라엘은 자기를 지으신 분이신 하나님을 잊어버리고 왕궁을 세우고 견고한 성읍을 쌓아 그들의 안전을 도모해도 하나님은 그 성읍에 불을 보내어 그 성들을 삼키게 하실 것이다(호 8:14).

④ 잘못된 절기 행사에 대한 심판(호 9:1-9)

이 문단은 하나님이 주시는 신탁의 말씀과 달리 호세아 자신의 말을 기록하고 있다. 이 문단에 타작마당과 같은 수확에 관한 말씀이 있는 것으로 보아 호세아는 추수와 관련된 축제에 이스라엘이 이방인과 같이 기뻐 뛰노는 일을 보고 이 일은 음행하여 하나님을 떠난 행동이라고 책망했다(호 9:1). 그의 책망은 이스라엘이 신실하지 못한 아내처럼 행동하여 다른 신들과 관계를 맺었다는 것을 의미한다(Limberg 1988, 32). 스튜어트(Stuart 1987, 142)는 이 절기를 여호와를 예배하는 것이 아니라 바알을 섬기는 행사로 보았다.

호세아는 이 음행의 결과 타작마당이나 술 틀이 그들을 기르지 못할 것이라고 했다(호 9:2). 이것은 경제적인 결핍이 있을 것이라는 뜻으로 이 일은 기근으로 올 수도 있고 전쟁으로 올 수도 있다. 여기서 다음 절의 설명으로 보아 여호와의 땅을 떠나 애굽과 앗수르로 끌려가는 것을 말한다(호 9:3). 포로로 잡혀간 땅에서는 다시 이전과 같은 제사를 드릴 수도 없다. 그들의 제물은 애곡하는 자의 떡과 같아서 먹는 자가 더러워지기에 제물로 드릴 수 없다(참조. 민 19:11-22). 호세아는 포로로 잡혀가면 명절과 여호와의 절기에 무엇을 하겠느냐고 했다(호 9:5). 이는 명절을 맞아 여호와께 예배드리고 싶어도 드리지 못하게 된다는 뜻이다.

호세아는 주의를 집중시키는 감탄사 '보라'라고 하며 음행의 결과가 얼마나 처참한 일인지 한 장면을 보여주었다. 그 장면은 이스라엘이 멸망을 피해갈지라도 애굽은 그들을 모으고 놉(= 멤피스)은 장사할 것이고 그들의 은(= 돈)이 귀한 것이나 찔레가 덮을 것이고 그들의 장막은 가시덩굴이 퍼진다는 것이다(호 9:6). 이는 도망간 애굽에서 죽을 것이고 그들이 모은 돈과 집은 아무런 의미가 없게 된다는 뜻이고 언약에 따른 저주가 성취된다는 것이다(참조. 레 26:38-39). 더욱 놀라운 것은 형벌의 날에 호세아는 "선지자는 어리석었고 신에 감동된 자는 미쳤다"라고 했다(호 9:7). 이는 평행구로 선지자와 하나님께 감동된 자는 같은 의미다. 이렇게 말한 것은 이스라엘이 회개하기를 전하는 선지자의 말을 어리석은(= 바보 같은) 말일뿐만 아니라 미쳤다고 말하며 듣지 않았다는 뜻이다. 또 회개하라고 외치는 선지자의 말을 미워했다. 하나님이 호세아를 선지자로 세워 에브라임을 지키는 파수꾼이 되게 하셨지만 이스라엘은 선지자가 가는 모든 길에 그물을 놓았고 하나님이 계신 집에서마저 선지자를 미워했다(호 9:8).[25]

호세아는 그들의 행동이 마치 기브아 시대와 같아 하나님이 그 악을 벌하실 것이라고 했다(호 9:9). 기브아의 죄는 폭력과 동성애를 포함한 음란함을 그대로 보여준 사건이다(삿 19:1-21:25; 19:22). 이 사건의 결과로 온 이스라엘이 내전으로 큰 고통을 받았고 이 죄를 저지른 베냐민 사람은 거의 멸망할 뻔했다. 호세아는 이 역사를 회상하며 지금 음란하게 행동하는 이스라엘이 이러한 벌을 받을 수 있음을 경고했다.

⑤ 이스라엘에 대한 계속되는 심판 선언(호 9:10-17)

하나님은 과거에 이스라엘을 광야에서 포도를 만남같이 하였고 그들의 조상들을 보기를 무화과나무에서 첫 열매를 보는 것 같이 보았다(호 9:10a). 여기서 광야에서의 포도나 무화과의 첫 열매에 사용된 이미지는 이스라엘에 대한 하나님의 기쁨을 전달하며 이스라엘이 하나님 앞에 특별한 존재임을 보여준다. 그런데도 그들은 바알브올에게 가서 부끄러운 우상에게 몸을 드림으로 그들이 사랑하는 우상처럼 가증해졌다고 하셨다(호 9:10b). 이것은 이스라엘이 광야생활을 할 때 싯딤에서 모압 여자들과 음행하며 브알브올에게 행한 가증한 사건을 상기시킨다

[25] 호세아 9:8을 개역개정판의 번역대로 읽으면 마치 에브라임이 파수꾼이고, 선지자는 그들이 가는 길을 막는 그물과 같이 번역하여 의미를 모호하게 만들었다. 원문에 따른 의미를 NIV가 바르게 번역했다. "The prophet, along with my God, is the watchman over Ephraim, yet snares await him on all his paths, and hostility in the house of his God." 그리고 표준새번역은 NIV와 같이 "하나님은 나를 예언자로 임명하셔서 에브라임을 지키는 파수꾼이 되게 하셨다. 그러나 너희는 예언자가 가는 길목마다 덫을 놓았다. 하나님이 계신 집에서마저, 너희는 예언자에게 원한을 품었다"라고 번역했다.

(민 25:1-9). 그런데 지금 이스라엘이 동일한 죄를 범했다. 그래서 에브라임의 영광이 새 같이 날아가고 해산하는 일이나 임신하는 일이 없을 것이다(호 9:11). 이역시 언약에 따른 저주다(참조. 신 28:18, 61-62).

호세아는 하나님이 언약에 따라 심판을 선언하시자 하나님의 말씀에 끼어들며 아이 배지 못하는 태와 젖 없는 유방을 달라고 했다(호 9:14). 이 기도는 "젖먹이는 복과 태의 복이로다"(창 49:25)라는 말씀이 더 이상 이스라엘에게 있어서는 안된다는 것이다(Stuart 1987, 153).

다시 하나님은 그들의 모든 악이 길갈에 있으므로 그들을 미워하고 하나님의 집에서 쫓아내실 것이라고 하셨다(호 9:15). 길갈은 역사적으로 이스라엘이 요단을 건너 처음으로 진을 치고 할례를 행했던 곳이기도 하고(수 4:19-5:9) 왕정시대를 열면서 사울을 왕으로 세우고 언약을 맺었던 곳이다(삼상 11:14-15). 그러나 시간이 흘러 역사적으로 의미있는 이곳이 타락한 종교의 중심지가 되었다(호 4:15; 12:11; 암 4:4; 5:5). 이 지명을 언급한 것은 단순히 길갈이라는 지역이나 이스라엘 전체를 말하는 제유(synecdoche)로 사용한 것으로 보아도 무방하다(Stuart 1987, 154). 그리고 하나님은 에브라임은 매를 맞아 그 뿌리가 말라 열매 맺지 못할 것이고 비록 아이를 낳을지라도 그 태의 열매를 죽이실 것이라고 하셨다(호 9:16).

하나님이 이 말씀을 하시자 호세아는 이스라엘이 듣지 아니하므로 하나님이 그들을 버리시고, 그들은 여러 나라 가운데 떠도는 자가 될 것이라고 했다(호 9:17). 이스라엘의 파수꾼으로 부름받은 자가 이 말을 할 때 얼마나 가슴이 아팠을까?

⑥ 우상숭배와 왕과 성읍의 종말(호 10:1-8)

이 문단에서 전지적 관점을 가진 3인칭 화자가 말하고 에브라임 대신에 이스라엘로 이름이 바뀌는 것은 새로운 문단이 시작됨을 보여준다. 이스라엘은 열매 맺는 무성한 포도나무다(호 10:1a). 이것은 하나님이 이스라엘에게 주신 은혜요 복이다. 북 이스라엘의 경우 여로보암 2세 때 경제적으로 크게 성장했다. 그들은 번영할수록 제단을 많게 하고 주상을 아름답게 했다(호 10:1b). '주상'(맛체바, מַצֵּבָה)은 어떤 개인을 기념하거나 (삼하 18:18), 어떤 사건을 회상하는 데(창 28:18) 사용하는 기념비일 수도 있다. 제단이나 주상이 많다 하여 그 자체로 잘못된 것은 아니다

(Limberg 1988, 35). 그러면 무엇이 문제인가? 그들의 마음을 속이고 있기 때문이다(호 10:2a).**26** 이는 그들이 하나님을 섬기는 표현으로 제단과 주상을 많이 만들었으나 실상은 여호와 예배와 바알 종교를 결합시켰고 우상숭배와 불법적인 예배 요소를 첨가시켰다는 것이다(Stuart 1987, 159-160). 그러므로 이제 하나님이 그 제단들과 주상들을 깨트리실 것이다. 이는 나라가 멸망한다는 것이다. 그때 백성들이 한탄하기를 우리가 여호와를 두려워하지 아니하므로(= 섬기지 아니하므로) 우리에게 왕이 없다고 할 것이라고 했다(호 10:3). 이것은 왕정이 무너지고 나라가 멸망한다는 것이다.

림버그(Limberg 1988)는 한 때 번영했던 이스라엘이 많은 제단과 주상들을 만들어 이방 종교와 결합시킨 것을 현대 교회 건축에 적용했다. 그는 호세아의 표현을 빌려 인상적으로 지은 교회당에 드리는 예배는 남편을 사랑한다고 말하면서도 다른 남자를 생각하는 아내와 유사하다고 했다.

그들이 헛된 말과 거짓 맹세로 언약을 세우기 때문에 재판이 밭이랑에 돋는 독초 같다(호 10:4).**27** 이것은 왕과 지도자들이 법을 만들고 약속을 하지만 그것을 지키지 않기 때문에 재판이 정상적으로 이루어지지 않고 불법이 밭이랑의 독초처럼 자란다는 뜻이다. 사마리아 주민은 벧아웬**28**의 송아지로 말미암아 두려워하게 될 것인데, 이는 그의 영광이 떠나감이며, 그 송아지는 옮겨다가 앗수르 왕**29**에게 드리게 될 것이기 때문이다(호 10:5-6). 그리고 불의를 행한 사마리아 왕은 물 위의 거품처럼 멸망할 것이고 벧아웬(= 벧엘)의 산당은 파괴되어 가시와 찔레가 날 것이고 그때 그 두려움이 너무 커서 산이 무너져 죽는 것이 낫다고 할 것이다(호 10:8). 이 역시 언약에 따른 저주다(참조. 신 28:34).

---

26 개역개정판은 "그들이 두 마음을 품었으니"라고 번역했으나 원문은 "하락 리밤"(חָלַק לִבָּם)으로 NIV처럼 "그들의 마음이 속이고 있다"라고 번역할 수 있다. 그리고 '하락'(חָלַק)이라는 동사는 본래 '미끄럽다', '매끈매끈하다'라는 뜻도 있다(참조. 시 78:18). 그들의 마음이 속과 다르게 겉으로 번지르르하다는 뜻이다.

27 이 절은 원문이나 개역개정판 번역을 문자 그대로 이해하기 어려워 해석이 불가피하다. 표준새번역은 이 절을 "그들은 빈 약속이나 일삼고, 거짓 맹세나 하며, 쓸모 없는 언약이나 맺는다. 그러므로 밭이랑에 돋아난 독초처럼 불의가 퍼진다"라고 번역한 것은 해석하여 번역한 것이다.

28 '벧아웬'(בֵּית אָוֶן)은 '죄악의 집'이라는 뜻으로 '하나님의 집'이라는 뜻인 '벧엘'을 풍자적으로 표현한 것이다.

29 야렙 왕(מֶלֶךְ יָרֵב)은 앗수르 왕을 지칭하나 사본상 문제가 있다. 이것을 '말키 랍'(מַלְכִּי רַב)으로 읽으면 '큰 왕'이다

⑦ 연이은 이스라엘의 심판에 대한 선언들(호 10:9-15)

하나님은 이스라엘이 기브아 시대부터 폭력과 동성애를 포함한 성적 범죄를 계속 범함으로 과거 기브아에서 있었던 전쟁처럼 전쟁이 일어날 것이라고 선언하셨다(호 10:9; 참조. 삿 19:1-21:25). 하나님이 원하시는 때에 징계하실 것인데 특히 그들의 죄가 중할 때에[30] 만민이 모여서 칠 것이라고 하셨다(호 10:10). 하나님이 징계하시는 일차적인 요인은 하나님이시고 이차적인 요인은 만민을 매개로 하신다(바슐츠 2014, 1661). 여기서 만민은 앗수르와 바벨론 등이나 하나님의 구속사에서 하나님은 다양한 이차적인 요인들을 사용하신다. 에브라임은 마치 길들인 암소 같아 곡식 밟기(= 타작하기)를 좋아했다(호 10:11a). 이것은 에브라임의 과거를 회상하며 추수한 이후 타작마당에서의 즐거움을 묘사한다. 그러나 하나님은 목에 멍에를 메우고 에브라임과 유다는 밭을 갈 것이라고 하셨다(호 10:11b). 이것은 앗수르와 바벨론에 포로로 잡혀간 그림이다(Lewis 2002, 1354).

이러한 하나님의 말씀을 들은 호세아는 이스라엘에게 밭을 가는 이미지를 가지고 공의를 심고 인애를 거두고 묵은 땅을 기경하라고 했다. 그리고 이 일은 지금 여호와를 찾는 일이며 공의가 비처럼 내리는 일이라고 했다(호 10:12). 여호와를 찾는 일은 모호한 것이 아니라 공의와 인애를 실천하는 일로 나타난다. 그러나 안타깝게도 이스라엘은 악을 밭 갈아 죄를 거두고 거짓의 열매를 먹었다. 그 이유는 그들이 그들의 길과 그들의 용사가 많음(= 힘)을 믿었기 때문이다(호 10:13). 그러므로 이스라엘이 의지했던 산성들이 무너지고 살만이 전쟁의 날에 벧아벨을 무너뜨린 것같이 될 것이다(호 10:14). 여기 '살만'(שַׁלְמַן)이 누구를 말하는지 알 수 없으나 앗수르의 살만에셀(주전 727-722)로 보는 것이 자연스럽다. 그때 어머니와 자식이 함께 부서지고 이스라엘 왕이 새벽에 반드시 망하게 될 것이다(호 10:15). 이 처참함은 역시 하나님과 맺은 언약을 배반할 때 "… 칼을 빼어 너희를 따르게 하리니 너희의 땅이 황무하며 너희의 성읍이 황폐하리라"(레 26:33)라는 말씀대로 성취될 것이다.

---

30 호세아 10:10 '그들의 두 가지 죄'는 원문으로 '셔티 오노탐'(שְׁתֵּי עֹינֹתָם)으로 '그들의 두 가지 죄'도 가능하나 '그들의 이중의 죄'도 가능하기다. 이것은 이스라엘의 죄가 중하다는 것을 은유적으로 말한 것이다(Stuart 1987, 169).

(5) 하나님의 사랑이 하나님의 심판을 뛰어넘음(호 11:1–11)

하나님은 이스라엘로 그들을 애굽에서 불러낸 과거를 회상시키셨다(호 11:1). 특히 이스라엘을 '내 아들'이라고 부르시며 특별한 존재임을 확인시키셨다. 이 말씀은 하나님이 모세를 바로에게 보내며 하신 말씀인 "이스라엘은 내 아들 내 장자라 … 내 아들을 놓아 …"(출 4:22–23)라는 말씀을 연상시킨다. 특히 신약에서 예수님을 헤롯의 손에서 구원하시기 위해 애굽으로 피하게 하시고 헤롯이 죽을 때까지 있게 하신 사건을 가리켜 호세아 11:1의 말씀을 이루려 하심이라고 했다(마 2:15). 이 해석을 볼 때 하나님이 이스라엘을 애굽에서 불러내신 것은 우선적으로 그들을 구원하시기 위함이며 동시에 그들의 하나님이 되어 교제하시며 구속사에서 하나님의 뜻을 이루시기 위함임을 알 수 있다. 그리고 이 백성을 통해 그리스도를 보내실 것이라는 예언적인 성격이 있음을 알 수 있다.

그런데 하나님은 왜 이 과거 역사를 회상시키시는가? 그것은 일차적으로 현재와 비교하기 위함이다. 이스라엘은 구원을 받았음에도 선지자들이 그들을 부를수록 멀리하고 바알과 우상을 섬겼다(호 11:2). 그러나 하나님은 에브라임에게서 눈을 떼지 않으시고 그들의 걸음을 가르치고 팔로 안으셨음에도 에브라임은 하나님이 그들을 고치시는 줄을 알지 못했다(호 11:3). 하나님은 강제적으로 동물을 끄는 줄이 아니라 사람의 줄, 곧 사랑의 줄로 에브라임을 이끌고 멍에를 풀어주고 먹을 것을 주셨다(호 11:4). 그런데도 그들은 하나님의 은혜를 알지 못했다.

에브라임은 애굽 땅으로 되돌아가지 못함에도 불구하고 하나님께 돌아오기를 싫어하기에 앗수르 사람이 그의 왕이 되어 그를 다스릴 것이다(호 11:5). 여기 '애굽 땅'은 문맥에 비추어 볼 때 속박을 상징하는 말이다(Limberg 1988, 39). 에브라임은 애굽의 속박에 있었던 것처럼 되면 안 되는데 하나님을 찾지 아니하므로 앗수르의 속박을 받게 된다는 뜻이다. 그래서 하나님은 그들을 불러 위에 계신 이에게 돌아오라고 해도 일어나는 자가 없었다(호 11:7).

그런데도 하나님은 에브라임을 부르시며 수사적 질문으로 "내가 어찌 에브라임을 버릴 수 있으며 어찌 아드마와 스보임 같이 놓겠느냐?"라고 하셨다(호 11:8). 아드마와 스보임은 소돔과 고모라가 멸망할 때 함께 멸망한 도시들이다(신 29:23; 참조. 창 14:2, 8). 그러면서 하나님은 "내 마음이 내 속에서 돌이키어 나의 긍휼이 온전히 불붙듯 하도다"라고 하셨다(호 11:8b). 하나님의 사랑은 심판을 뛰어넘는다. 하나님은 에브라임에게 진노를 나타내지 아니하시며 그를 멸하지 아니하실 것이다. 이는 하나님이 사람이 아니라 그들 가운데 계신 거룩하신 하나님이시기 때문이다(호 11:9). 그래서 그들은 사자처럼 소리를 내시는 하나님을 따를 것이고, 애굽에서 새 같이, 앗수르에게 비둘기 같이 떨며 올 것이고 하나님은 그들을 그들의 집에 머물게 하실 것이다(호 11:11). 이것은 하나님이 에브라임을 포로에서 돌아와 회복시켜 주신다는 것이다.

3. 이스라엘의 심판과 하나님의 사랑(호 11:12-14:9)

이 문단은 역시 운문으로 되어있다. 여기서 호세아는 앞 문단에 이어 다양한 비유적 언어를 사용하여 이 책의 구조적 특징인 심판과 회복을 교차적으로 말하나 회복의 메시지를 더 많이 강조하고 회복의 메시지로 마치고 있다.

내용 분해

(1) 범죄한 이스라엘(호 11:12–12:14)
(2) 이스라엘에 내린 하나님의 심판(호 13:1–16)
(3) 이스라엘의 회개와 회복(호 14:1–9)

내용 해설

(1) 범죄한 이스라엘(호 11:12–12:14)

이 문단에서 호세아 11:12, 12:9–10은 여호와가 화자이고 나머지는 호세아가 화자다. 여기서는 저자는 이스라엘의 죄를 지적하고, 여호와께서 베푸신 은혜를 회상하며(호 12:9–10; 12–13) 하나님의 심판이 정당함을 설명하고 있다.

① 하나님께 돌아오라(호 11:12-12:6)

a. 당시 이스라엘의 삶의 모습(호 11:12-12:2)

당시 이스라엘과 유다는 하나님 앞에서 거짓과 속임수로 살았고 거룩하신 하나님에 대해 정함이 없었다(호 11:12). '정함이 없다'라는 단어는 규칙을 따르지 않고 자기 기분에 따라 산다는 뜻으로 신실하신 하나님 앞에서 신실하지 못하다는 것이다. 이들은 '바람'을 먹으며, '동풍'을 따라갔다. 바람을 먹으면 배가 부를까? 이스라엘에서의 동풍은 아라비아 광야에서 불어오는 뜨거운 바람으로 식물을 말리며 심지어 집들을 날려버리는 무서운 폭풍과 같은 것인데 이를 먹는다는 것은 헛되고 무익한 것을 추구한다는 뜻이다. 그 일들 가운데 하나는 거짓과 포학(폭력)으로 양식을 얻으려는 것이고, 또 하나는 정치적으로 앗수르와 애굽과 조약을 맺어 조공을 바치며 안전을 꾀하려는 것이다(호 12:1). 앞서 호세아는 앗수르와 애굽과 조약을 맺는 일에 대해 새 종류에 속하는 '어리석은 비둘기같이' 지혜가 없어서 애굽을 향하여 부르짖으며 앗수르로 간다고 했다(호 7:11). 우리나라 어학 사전에 '새대가리'라는 단어가 있는데 우둔한 자들을 놀림조로 이르는 말이다. 이것이 당시 이스라엘의 삶의 모습이다.

이 일에 대해 호세아는 여호와께서 유다와 논쟁하시고 야곱을 그 행실대로 벌하실 것이라고 했다(호 12:2). 여기 '논쟁하다'(리브, ריב)라는 단어는 고발, 고소, 소송 등의 법률용어로 하나님이 그들의 행실에 따라 소송하시고 판결하여 벌하신다는 것이다.

b. 문제 해결의 실마리 : 역사적 실례(호 12:3-4)

호세아는 이 소송에 대해 문제 해결이 어디에 있는지 역사적 실례 세 가지를 소개한다(호 12:3-4).[31] 첫째는 야곱이 모태에서 그의 형의 발뒤꿈치를 잡은 사건이다(호 12:3a). 야곱은 어머니 뱃속에서부터 장자가 되어 하나님의 축복을 받으려는 열망으로 가득 차 있었다(창 25:26). 이 역사를 언급한 이유는 야곱은 하나님의 은혜와 복을 간절하게 사모하였다는 것이다.

---

[31] 개역개정판은 문장을 구분하기가 어려우나 원문은 세 부분으로 나누어져 있다.

둘째는 야곱이 얍복 강가에서 하나님과 겨루되 천사와 겨룬 사건이다(호 12:3b-4a). 하나님은 벧엘에서 야곱에게 약속하신 대로 평안히 돌아오게 하시고 큰 복을 주셨다. 그때 야곱은 에서가 400명의 군대를 거느리고 온다는 소식을 듣고 여전히 하나님을 신뢰하지 못하고 얍복 강가에서 자기의 가족들과 소유들을 두 떼로 나누었다. 그가 그의 소유를 두 떼로 나눈 것은 에서가 한 떼를 치면 한 떼는 살아남을 것이라는 인간적인 꾀에 기인해 있었다(창 32:6-8). 또 한편으로 야곱은 기도했다(창 32:9-12). 그는 아내와 자녀들을 먼저 보내고 얍복강에 홀로 남아 한 천사와 밤새도록 씨름했다(창 32:24). 이 천사는 바로 하나님이셨다. 그래서 야곱은 이곳의 이름을 '브니엘'(פְּנִיאֵל)이라고 하고 하나님과 대면해 보고 생명을 보전했기 때문이라고 했다(창 32:30). 하나님은 야곱의 기도를 들으시고 400명의 군사를 거느리고 오는 에서의 마음을 돌이켜 주셨다(창 33:4). 우리가 위기에 처해 있을 때 야곱처럼 기도하는 일은 결코 헛된 일이 아니라 생명선이다.

셋째는 야곱이 세겜에서 딸 디나의 강간 사건 이후에 울며 간구할 때 하나님이 벧엘에서 그를 만나셨고 거기에서 말씀하신 사건이다(호 12:4b). 하나님은 야곱이 형 에서를 피해 도망갈 때 벧엘에서 야곱에게 땅의 모든 족속이 야곱과 야곱의 자손으로 말미암아 복을 받을 것이며 야곱을 지켜 이 땅으로 돌아오게 할 것이라고 약속하셨다(창 28:14-15). 이때 야곱은 하나님이 약속하신 대로 자기와 함께 하시고 평안히 돌아오게 하시면 벧엘에 제단을 쌓고 십분의 일을 드리겠다고 서원했다(창 28:22). 하나님은 이 약속대로 야곱을 평안히 돌아오게 하시고 그에게 자녀들의 복과 물질의 복을 주셨다. 그런데도 야곱은 하나님께 서원한 대로 벧엘로 올라가지 않고 세겜에 정착하여 살았다(창 33:18-19). 여기서 야곱의 딸 디나가 그 땅의 추장 세겜에게 강간을 당하고 결혼을 요구하자 야곱의 아들들은 그들을 속여 할례를 받게 하고 그들을 다 죽였다. 그로 인하여 야곱의 온 가족들은 큰 위험에 빠지게 되었다(창 34:1-31). 이때 야곱이 울며 기도하였고, 하나님은 그에게 벧엘로 올라가라고 하셨다(창 35:1). 이것은 이 사건의 원인이 야곱이 서원을 이행하지 않은 데 있음을 알게 한다. 이 사건 후에 야곱은 회개하고 세상의 잘못된 문화를 버리고 벧엘에 올라가서 모든 서원을 이행했다. 그러자 하나님이 그에게 나타나 복을 주시고 아브라함에게 주신 약속을 다시 주셨다(창 35:9-12).

호세아는 야곱의 생애에 있었던 세 가지 역사적 실례를 들어 설명한 이유는 이스라엘이나 유다가 당시 직면해 있었던 모든 문제를 풀 방법은 회개하고 하나님을 찾는 일임을 말하기 위함이다. 호세아는 이스라엘이 찾아야 할 하나님을 '만군의 하나님'(엘로헤이 하처바오트, אֱלֹהֵי הַצְּבָאוֹת)이라고 하였다. 이 이름은 하늘과 땅의 모든 존재를 통치하시는 분이라는 뜻이다. 그리고 여호와는 '그를 기억하게 하는 이름'이라고 했다. 이는 '여호와'라는 이름을 들을 때 우리가 꼭 기억해야 할 이름이라는 뜻이다.[32]

호세아는 하나님의 이름을 통해 하나님이 어떤 분이신지 소개한 후에 "너의 하나님께 돌아와서 인애와 정의를 지키며 항상 너의 하나님을 바랄지니라"(호 12:6)라고 했다. 여기 '항상'(타미드, תָּמִיד)이라는 단어와 '바랄지니라'(קַוֵּה קוה)라는 단어는 어떤 목표가 이루어지기까지의 긴장과 열심을 내포하고 있다. '항상'은 규칙적으로 해야 한다는 것을 의미하는 단어이며(레 24:2, 3), '바라다'라는 히브리어 동사는 반복과 강조를 의미하는 피엘형 단어다. 그리고 하나님께 돌아와서 인애와 정의를 지키며 항상 하나님을 바라보라고 했다. '인애'(헤세드, חֶסֶד)는 은혜나 자비로 번역될 수 있는 말이고, '정의'(미쉬파트, מִשְׁפָּט)는 하나님의 통치행위를 말하는 단어로 계명을 지키는 것을 의미한다. 그래서 삶의 문제를 푸는 방법은 다른 사람들에게 자비를 베풀며, 말씀대로 살면서 항상 기도하는 것이다.

② 마땅히 심판을 받아야 할 이스라엘(호 12:7-14)

호세아는 에브라임을 '상인'이라고 부른다(호 12:7a). '상인'(merchant)의 히브리어는 '가나안'(כְּנַעַן)으로 '가나안 사람'과 '상인'의 두 가지 뜻이 있다. 이 표현은 같은 발음을 다르게 사용한 언어유희다. 가나안 사람은 원래 페니키아 해안의 이름에서 유래된 것으로 성경에 장사하는 사람으로 번역되기도 한다(겔 16:29; 17:4). 호세아는 이 은유를 통해 에브라임은 탐욕스러운 사람이 되었다는 것과 멸망 받을 부도덕한 가나안 사람들보다 더 나은 것이 없다는 의미로 사용했다(Stuart 1987, 192). 에브라임은 거짓 저울로 속이기를 좋아한다(호 12:7b). 거짓 저울은 부도덕한

---

32 '여호와'(יהוה)라는 이름은 일반적으로 '스스로 계시는 분'(I AM WHO I AM)으로 많이 알려져 있으나 이 이름은 존재론적이고 정적(靜的)인 인상을 준다. 하지만 여호와라는 이름이 나타난 곳을 조사해 보면 역동적이고 능동적이며 그 하신 약속을 역사 가운데 확실하게 이루신다는 의미로 많이 사용한다. 카이저(Kaiser 1978, 106-107)는 '거기 그 현장에 있게 되실 하나님'(I am the God who will be there)이라고 번역했다.

거래의 상징으로 나타나는데 이는 다른 사람을 속이기 위한 것이다(참조. 신 25:13; 잠 11:1; 20:23 등). 에브라임은 거짓 저울을 사용해서 재물을 많이 얻어 부자가 되었고 그에게서 사람들이 불의를 찾지 못할 것이라고 했다(호 12:8). 이 말에는 에브라임이 자기 재산을 보고 편안함을 느끼고, 사람들은 그가 행한 부도덕한 일을 찾지 못할 것이라는 뻔뻔함이 묻어있다.

호세아는 다시 하나님을 1인칭 화자로 표현하며 하나님이 어떤 분이시며 앞으로 어떻게 하실 것이며 과거에 어떤 일을 하셨는지 설명한다. 무엇보다 자기가 수고하여 부자가 되었다고 자랑하는 에브라임에게 그 근원이 어디에 있는지 보여준다. 그것은 하나님이 에브라임이 애굽에 있을 때부터 그의 하나님이셨고 지금도 동일하신 하나님이셨기에 가능했다. 그러나 하나님은 다시 에브라임을 그의 장막에 살게 하실 것이며 명절에 하던 것처럼 하실 것이라고 하셨다(호 12:9). 이것은 에브라임이 심판을 받고 포로가 됨을 전제로 하고 있다. 그들이 포로가 되는 것은 언약을 배반했기 때문이다. 이러한 결과가 오지 않도록 하나님은 여러 선지자를 통해 말씀해 주셨고 많은 이상과 비유를 보여주셨다(호 12:10). 그것은 선지자들이 원했던 메시지가 아니라(참조. 암 3:7-8; 렘 20:9) 여호와의 메시지였다. 이스라엘은 다양한 형태로 전달된 메시지를 거부했기에 그들은 그 죄를 피할 수 없다. 하나님이 이렇게 말씀하시는 것은 이스라엘이 받은 본질적인 책임을 회복시키려는 것이다(Stuart 1987, 194).

이어서 호세아는 길르앗과 길갈의 죄를 지적한다(호 12:11). 길르앗은 제사장이 불의를 행한 도시였고 길갈은 사람들의 선호도에 따라 드린 제단이 많은 도시였다(참조. 호 9:15). 호세아는 이들이 행한 악에 하나님이 심판하시는 것이 정당함을 말하기 위해 과거 역사를 소환한다. 야곱은 에서를 피해 밧단 아람으로 도망갔고 거기에서 아내를 얻기 위해 14년(창 29:20-28), 가문을 이루기 위해 라반을 섬기며 6년(창 30:31) 동안 양을 쳤다(호 12:12). 또 하나님은 한 선지자인 모세를 보내 이스라엘을 애굽에서 구원해 내시고 보호해 주셨다(호 12:13). 이 역사를 소환한 이유는 이스라엘의 신실하지 못함과 심판의 정당성을 보여주기 위함이다(맥콘빌 2009, 277). 하나님의 이 큰 은혜를 입은 이스라엘이 하나님과 맺은 언약을 배반함으로 하나님을 격노케 하였기에 당연히 심판을 받아야 한다(호 12:14).

(2) 이스라엘에 내린 하나님의 심판(호 13:1-16)

이 문단에서 호세아는 다양한 비유적 언어를 사용하여 이스라엘의 죄를 지적하고 심판을 자신이 화자가 되어 선언하기도 하고(호 13:1-3; 15-16) 하나님이 화자가 되어 선언하시는(호 13:4-14) 방식으로 선포하고 있다.

① 이스라엘의 죄와 그에 대한 심판(호 13:1-3)

에브라임이 말할 때 사람들이 떨었고 그는 이스라엘 중에 높은 위치에 있었다(호 13:1a). 야곱의 축복(창 48:10-20)에 따르면 에브라임은 힘 있는 지파였다(삿 8:1-3; 12:1-6). 에브라임에게서 여호수아(민 13:8, 16; 수 24:29-30)와 북 왕국의 초대 왕인 여로보암(왕상 11:26; 12:20)이 나왔다. 하지만 이스라엘은 바알로 말미암아 멸망할 것이다(호 13:1b).[33] 그런데도 그들은 은으로 우상을 부어 만들었다. 이 우상들은 은장색이 은과 기술로 만든 것에 불과하다. 그런데 아이러니하게도 사람들은 그것들에게 사람을 희생제물로 바치고, 송아지에게 입을 맞춘다.[34] '송아지에게 입을 맞춘다'라는 말은 우상에게 복종한다는 뜻이다(참조. 왕상 19:18; 시 2:12). 이러므로 그들은 아침 구름 같고, 쉬 사라지는 이슬 같고, 광풍에 날리는 쭉정이 같고, 굴뚝에서 나가는 연기 같을 것이다(호 13:3). 이는 호세아가 이미지로 사용한 구름, 이슬, 쭉정이, 연기 등은 일정 시간이 지나면 아무것도 남지 않는다는 특징을 가지고 있듯이 우상을 숭배하는 이스라엘이 멸망한다는 것이다.

② 하나님의 무서운 심판 선언(호 13:4-14)

이 문단에서 하나님이 1인칭 화자가 되어 무서운 심판을 선언하신다. 하나님은 애굽 땅에 있을 때부터 이스라엘에게 자신 외에 다른 신이 없었고 광야에서 그들과 교제하며 그들을 먹였는데 그들이 배가 부르자 그들을 있게 한 자신을 잊었다고 하셨다(호 13:4-6). 과거에 하나님이 그들과 가졌던 관계와 그들에게 베풀어

---

[33] 스튜어트(Stuart 1987, 196)는 호세아 13:1을 법률 소송의 결론으로 보고 호세아 12장의 마지막에 있어야 한다고 보았다.

[34] 호세아 13:2b는 모호한 점이 있으나 원문은 NIV처럼 "They offer human sacrifice and kiss the calf-idols"(וְזֹבְחֵי אָדָם עֲגָלִים יִשָּׁקוּן)라고 번역할 수 있다.

주신 은혜를 회상하신 것은 그들의 행동이 정당하지 못하여 심판을 받기에 타당함을 말하기 위함이다. 하나님은 자신을 사자, 표범, 새끼 잃은 곰 등의 맹수 이미지로 설명하시며 맹수가 염통을 찢듯이 이스라엘을 찢을 것이라고 하셨다(호 13:7-8).

하나님은 맹수 이미지로 심판을 선언하신 후에 이스라엘이 망할 것이라고 하셨다. 그 이유는 이스라엘을 도와주는 하나님을 대적하기 때문이다(호 13:9). 하나님은 전에 이스라엘이 왕과 지도자들을 달라고 했을 때 왕을 주신 일을 상기시켰다. 이 일은 사무엘 당시에 신정정치를 거부하고 주변 국가들처럼 왕을 요구했을 때 사울을 주신 일이다(참조. 삼상 8:6-7). 그러면서 하나님은 조롱하는 어투로 이제 네 왕이 어디 있느냐고 하시며 하나님이 분노하심으로 왕을 폐하셨다고 하셨다(호 13:10-11). 그리고 에브라임의 불의가 봉함되고 그 죄가 저장되었다(호 13:12). 그래서 해산할 때가 되어도 해산하지 못하는 여인의 이미지로 이스라엘이 고통당할 것을 말씀하셨다(호 13:13).

그리고 하나님은 "내가 그들을 스올의 권세에서 속량하며 사망에서 구속하리니 사망아 네 재앙이 어디 있느냐 스올아 네 멸망이 어디 있느냐 뉘우침이 네 눈 앞에서 숨으리라"(호 13:14a)라고 하셨다. 이 말씀은 어떻게 읽느냐에 따라 심판의 의미로 읽을 수도 있고 구속의 의미로도 읽을 수 있다. 그 차이는 이 말씀을 수사의문문으로 읽느냐, 아니면 평서문으로 읽느냐는 것이다. NASB와 림버그(Limberg 1988, 49)는 수사의문문으로 읽고 심판의 의미로 이해했다. "내가 그들을 스올의 권세에서 속량할까? 내가 그들을 사망에서 구속할까?" 그 대답은 '아니다'다. "사망아 네 재앙이 어디에 있느냐?"(사망이 임하게 하라), "스올아 네 멸망이 어디에 있느냐?"(멸망이 임하게 하라) "내 눈앞에 긍휼을 숨길 것이다."(어떤 긍휼도 없다). 반면에 NIV와 같이 이 말씀을 평서문으로 읽으면 비록 그들을 심판하신다고 해도 그들을 구속하실 것이란 의미가 된다. "사망아 네 재앙이 어디에 있느냐?"(사망은 어디에도 없다) "스올아 네 멸망이 어디에 있느냐?"(스올은 어디에도 없다) 선지서에서 심판과 구원의 말씀이 문맥의 흐름을 끊고 나타나는 것은 종종 나타나는 현상이다(참조. 사 2:2-4; 호 1:10-2:1). 그래서 이 말씀을 어떤 의미로 읽어도 문맥에 어색함이 없다.

사도 바울은 이 본문을 고린도전서 15:55에서 "사망아 너의 승리가 어디 있느냐 사망아 네가 쏘는 것이 어디 있느냐"라고 하며 자유롭게 인용했다. 이 말씀은 죽음과 부활에 관한 바울의 논리의 절정에 자리잡고 있다. 이 말씀 이후에 "사망의 쏘는 것은 죄요 죄의 권능은 율법이라 우리 주 예수 그리스도로 말미암아 우리에게 승리를 주시는 하나님께 감사하노니"라는 찬양으로 이어진다. 이로 보아 "사망아 너의 승리가 어디 있느냐 사망아 네가 쏘는 것이 어디 있느냐"라는 수사적 질문의 대답은 사망의 원인이 되는 죄를 대신하여 그리스도께서 죽으심으로 사망을 제거하셨기에 사망이 어디에도 없다는 뜻이다. 우리는 바울이 호세아 13:14을 어떤 의미로 인용했는지 정확히 알 수 없다. 그러나 그가 이 말씀을 수사 의문문으로 읽었다면 파멸에서 승리로, 재앙에서 좋은 소식으로 바꾼 것을 어떻게 설명할 수 있을까? 그는 하나님이 그리스도를 통해 하신 일로 말미암아 이 말씀을 반대적인 의미로 사용했을 것이다(Limberg 1988, 50).

③ 이스라엘의 비극적 최후(호 13:15-16)

호세아는 이스라엘의 비극적 최후를 식물이 마르는 것과 전쟁 이미지로 설명한다. 이스라엘은 비록 형제 중에서 결실해도 동풍인 여호와의 바람이 불어 샘이 마르고 쌓아둔 보물이 약탈될 것이다(호 13:15). 이뿐만 아니라 사마리아가 그들의 하나님을 배반하였으므로 형벌을 당하여 아이와 아이 밴 여인의 배가 갈라지는 처참한 상황을 겪을 것이다(호 13:16). 이 일은 앗수르의 군대가 3년 동안 사마리아를 포위해 공격하여 점령한 일로 성취되었다(왕하 17:15). 이로 말미암아 하나님을 버릴 때 일어나리라 예언한 신명기의 말씀이 성취되었다(신 28:52-57).

(3) 이스라엘의 회개와 회복(호 14:1-9)

호세아서의 마지막 문단에서 호세아는 이 책의 기록 특성 가운데 하나인 하나님의 심판과 회복 구조에서 회복으로 마치되, 특히 용서하시고 치료하시는 하나님의 사랑으로 끝맺는다.

① 여호와께 돌아오라(호 14:1-3)

호세아는 '이스라엘아'라고 부르며 여호와께 돌아오라고 하면서 이스라엘이 불의함으로 말미암아 엎드러졌기 때문이라고 했다(호 14:1). 이 초청은 하나님의 은혜를 받는 방법으로 약속하신 것이기 때문이다(신 4:29-31). 호세아는 돌아오는 방법을 구체적으로 묘사했다. 그것은 말씀을 가지고 여호와께 돌아와 아뢰는 것이다. 그것을 네 가지로 정리할 수 있다. 첫째, 하나님의 은혜를 구해야 한다(호 14:2a). 모든 불의를 제거하시고 선한 바를 받아달라고 기도해야 한다. 여기서 '모든 불의를 제거하시고'라는 말은 뻔뻔스러운 기대가 아니라 하나님의 은혜를 바라는 것이다. 둘째, 수송아지를 대신하여 입술의 열매를 주께 드려야 한다(호 14:2b) 여기서 '입술의 열매를 주께 드린다'라는 말은 좋은 나무에서 좋은 열매를 맺듯이 입술에서 나온 말이 행동으로 열매 맺는 것을 의미하는 것으로 말과 행동이 일치하는 삶을 살겠다는 뜻이다. 셋째, 강대국의 힘이나 군사력을 의지하는 것이 아니라 하나님의 능력을 의지해야 한다. "앗수르의 구원을 의지하지 아니하며 말을 타지 아니할 것이며"(호 14:3a; 참조. 호 5:13; 8:9)라는 말을 이를 뜻한다. 넷째, 사람의 손으로 만든 우상을 섬기지 않아야 한다. "다시는 우리의 손으로 만든 것을 향하여 '너희는 우리의 신이라' 하지 아니하오리니"(호 14:3b; 참조. 호 8:6; 13:2)라는 말은 이를 뜻한다.

② 여호와의 사랑(호 14:4-8)

이 문단에서 하나님이 1인칭 화자가 되어 여러 가지 이미지 언어로 이스라엘을 사랑하신다는 것을 설명하신다. 하나님은 그들의 반역을 고치고 기쁘게 그들을 사랑하실 것이다. 이는 하나님의 진노가 떠났기 때문이다(호 14:4). 이것은 오직 하나님의 은혜에 근거해 있다. 하나님이 언약을 배반한 이스라엘을 다시 회복시키시는 것은 호세아가 부정한 아내 고멜을 회복시키는 사건을 이스라엘에게 적용한 것이다. 하나님은 자신을 이스라엘에게 이슬과 같은 분으로 설명하신다(호 14:5a). 이슬은 식물의 생장을 돕는다. 이 이미지를 가지고 하나님은 그 이슬을 받는 이스라엘이 백합화같이 피겠고, 레바논 백향목같이 뿌리가 박히며, 그의 가지가 퍼져 감람나무와 같고, 그의 향기는 레바논 백향목 향기 같을 것이라고 하셨다(호 14:5b-6).

그리고 그 그늘 아래에 거주하는 자가 돌아와 그들은 곡식같이 풍성할 것이며 포도나무같이 꽃이 필 것이며 그 향기는 레바논의 포도주같을 것이다(호 14:8). 여기 '그 그늘'(버칠로, בְּצִלּוֹ)은 누구의 그늘을 말하는가? 문맥으로 '그'를 계속 이스라엘로 말하고 있다. 그래서 스튜어트(Stuart 1987, 216)는 국가적 언약의 그늘에서 정체성을 유지하는 자들이라고 했다. 이는 다른 선지자들이 예언했던 것처럼 이스라엘 백성을 통해서 오실 그리스도 안에 있는 모든 하나님의 백성들이 누리게 될 복을 말한다(참조. 사 60:1–3). 에브라임은 우상을 버리고 하나님은 그를 돌보아 그에게 푸른 잣나무같이 되어 이스라엘은 하나님으로 말미암아 열매를 얻게 될 것이다(호 14:8). 이것이 이스라엘의 복된 미래다.

③ 참된 지혜에 대한 도전(호 14:9)

이 절에서 호세아는 그의 책을 마무리하며 이 글을 읽는 독자가 어떤 삶을 선택해야 할 것인지 도전한다. 호세아는 평행법으로 "누가 지혜가 있어 이런 일을 깨달으며, 누가 총명이 있어 이런 일을 알겠느냐"라고 했다. 지혜로운 사람은 호세아 선지자를 통해 하나님이 어떤 분이시며 그 그늘에서 교제하는 일이 얼마나 복된 일이며 그와 맺은 언약을 버릴 때 어떤 결과가 오는지를 알고 '여호와의 길'(달케이 아도나이, דַּרְכֵי יְהוָה)은 정직하다는 것을 배웠을 것이다. 호세아가 예언한 대로 북 이스라엘은 주전 722년에 앗수르에 멸망했으나 하나님은 여전히 그들을 사랑하시고 회복시켜 주셨다. 그리고 그리스도를 보내어 주심으로 그의 말씀이 정직함을 증명해 주셨다. 그렇다면 지혜로운 자인 의인은 하나님과 동행하며 그 길을 걸을 것이다. 그러나 미련한 자인 죄인은 그 길에 걸려 넘어질 것이다. 내가 의인인지 아니면 죄인인지 어떻게 알 수 있는가? 지금 여호와의 길을 걷고 있는지가 그것을 알 수 있는 시금석이다.

V. 구속사적 의미

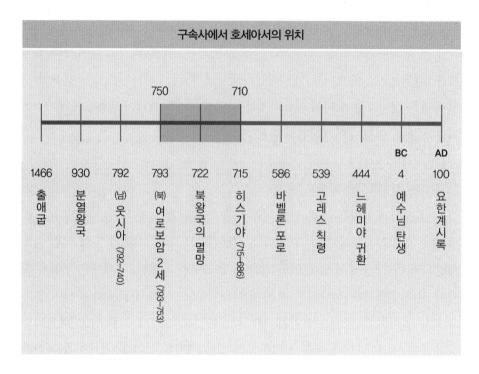

구속사에서 호세아서의 위치

호세아서는 북 왕국 여로보암(주전 793–753) 통치 말기인 주전 750년부터 남 왕국 히스기야(주전 715–686) 통치 초기인 주전 약 710년까지의 구속사를 기록하고 있다.[35] 이렇게 보는 이유는 이 책의 표제에 북 왕국을 중심으로 사역한 호세아의 사역을 설명하면서 북 왕국 여로보암(주전 793–753)과 거의 같은 시기에 왕이 된 웃시야(주전 792–740)부터 요담(주전 750–735), 아하스(주전 735–715), 히스기야(주전 715–686)까지 언급하고 있고 하나님이 징계 도구로 선택하신 앗수르를 구체적으로 언급하고 있기 때문이다(호 1:1; 5:13; 10:6 등). 당시 역사에서 앗수르가 발흥한 때는 앗수르 왕 디글랏빌레셀(주전 745–727) 통치 때부터이다. 특히 여로보암 이후의 유다 왕들을 언급한 것은 호세아의 사역이 유다와도 연관된다는 것이고(호 1:7; 4:15; 5:10–11; 12:2 등) 주전 722년에 북 왕국이 멸망한 이후까지도 포함된다는 것이다.

호세아서의 구속사에서 하나님은 호세아와 음란한 여자인 고멜의 결혼을 통

---

35 이 시기에 관해서는 "저자와 역사적 배경"을 참조하라.

해 하나님과 이스라엘이 언약 관계에 있음을 보여주셨다. 비록 이스라엘이 하나님과 맺은 언약을 배반했다 할지라도 하나님은 여전히 그들을 사랑하시며 언약 관계를 회복시키기를 원하시는 분이심을 보여주셨다. 이를 호세아와 부정한 여인 고멜 사이에서 낳은 세 아들의 이름, 곧 이스르엘, 로-루하마, 로-암미를 통해 더 분명하게 보여주셨다(호 1:4, 6, 9). 특히 '이스르엘'(יזרעאל)이란 이름은 긍정의 의미도 있고 부정의 의미도 있는 '하나님이 뿌리신다/흩으신다'라는 뜻이기도 하나 지명으로서의 이스르엘은 특별한 역사를 상기시키는 장소다. 이 장소는 오므리 왕조의 죄악으로 말미암아 예후가 오므리 왕조를 멸했던 것처럼 예후 왕조를 멸하신다는 개념을 상기시킨다. '로-루하마'(לא רחמה)는 하나님이 긍휼히 여기시지 않는다는 뜻이고 '로-암미'(לא עמי)는 하나님의 백성이 아니라는 뜻이다. 그러나 하나님은 '이스르엘'은 크게 될 것이라는 뜻으로, '로-루하마'는 하나님이 긍휼히 여기신다는 뜻인 '루하마'(רחמה)로 '로-암미'는 내 백성이라는 뜻인 '암미'(עמי)로 바꾸어 주셨다. 이것은 하나님이 이스라엘의 죄를 용서하시고 언약 관계를 회복하시는 그의 사랑을 보여준다. 이것은 이스라엘이 사랑을 받을 자격이 있어서가 아니라 그들이 거부할지라도 변함없이 사랑하시는 하나님의 사랑에 근거해 있다. 이 사랑이 호세아서의 중심을 이루고 있다. 그래서 하나님은 "내가 이스라엘의 반역을 고치고 기쁘게 그들을 사랑하리니 나의 진노가 그에게서 떠났음이라"(호 14:4)라고 하셨다.

그런데 어떻게 이 일이 가능한가? 역사적으로 볼 때 국가적인 이스라엘에서 부분적으로 성취된 일은 있었어도 그리스도의 구속사역 이후에 가능하게 되었다. 그래서 신약성경에서 호세아서의 말씀을 그리스도 안에서 구속받은 자에게 적용하여 그들을 긍휼히 여기며 하나님의 백성으로 삼으실 것이라고 하셨다(호 1:10 → 롬 9:26; 호 2:23 → 롬 9:25; 호 11:1 → 마 2:15).

호세아서의 구속사에서 이스라엘은 하나님의 사랑을 깨달아 회개하고 언약 백성다운 삶을 살아야 함을 보여준다. 호세아서는 문학적 구조에서 첫 번째 문단부터 마지막 문단까지 이스라엘의 죄에 대한 심판을 말하면서도 문단 마지막에 그들을 회복시키려는 하나님의 사랑으로 마무리한다(호 2:21-23; 3:5; 11:8-11; 14:4-8). 이것은 하나님의 사랑을 깨달아 회개하고 돌아오게 하기 위함이다. 그리고 호세아는 우상숭배와 모든 죄악의 근원에 하나님을 아는 지식이 없기 때문이라고 했다(호 2:8, 18, 21-22; 호 4:1-2; 5:4; 11:3). 이스라엘이 하나님을 아는 지식이 없어 망하고 하나님도 그들을 버려 제사장 나라가 되지 못할 것이라고 했다(호 4:6). 그래서 하나님은 "나는 인애를 원하고 제사를 원하지 아니하며 번제보다 하나님을 아는 것을 원하노라"(호 6:6)라고 하셨다. 바리새인들이 세리와 죄인들과 함께 먹는 것과 안식일에 제자들이 밀밭에서 시장하여 잘라먹는다고 비난했을 때 예수님은 호세아의 이 말씀을 인용하시며 자신과 제자들의 행동이 정당하심으로 말씀하셨다(마 9:13; 12:7). 이것은 언약 백성이 이 세상에서 제사장 나라로서 사명을 다하려면 하나님이 어떤 분이시며 어떤 일을 하셨는지를 알아야 한다는 것이다.

요엘

Joel

요엘

---◦i◦---

요엘서의 제목은 다른 선지서들과 같이 선지자 '요엘'(יוֹאֵל)의 이름을 따라 붙인 것이다. 이 이름의 뜻은 '여호와는 하나님이시다'라는 뜻이다. 요엘이 전하는 메시지는 다른 선지서와 같이 기본적으로 오경에 기초해 있다. 요엘은 유다에 임하는 재앙과 복을 신명기에 기록된 언약의 관점에서 기록하고 있다. 언약의 핵심은 언약을 믿고 순종할 때 복을 받지만 언약을 배반할 때 저주를 받는다는 것이다. 그리고 요엘은 그의 메시지를 운문(= 시)으로 기록하였기 때문에 운문의 특징인 평행법과 이미지와 여러 문학적 장치를 사용하여 기록하고 있다.

I. 저자와 역사적 배경

요엘서는 다른 선지자들이 쓴 것과 같이 이 책의 표제에 "브두엘의 아들 요엘에게 임한 여호와의 말씀이라"라고 기록함으로 책 이름을 저자의 이름을 따라 짓는 동일한 유형을 따른다(참조. 호 1:1; 암 1:1; 욘 1:1; 미 1:1 등). '요엘'(יוֹאֵל)의 이름의 뜻은 '여호와는 하나님이시다'라는 뜻이다. 구역성경에 요엘이라는 이름을 가진 사람이 열두 명이 더 되는 것을 보면 흔한 이름이었던 것으로 보인다(삼상 8:2; 대상 5:4, 8; 15:7 등). 그에 대한 정보는 '브두엘의 아들'이라는 것 외에 없고 이 책 외에도 없기에 이 책에 의해서만 추론할 수 있다.

선지서는 거의 공통적으로 선지자가 사역하던 시기를 당시 재위한 왕들과 함께 기록했으나 저자는 요엘이 사역한 시기를 알 수 있는 정보를 기록하지 않았다. 이뿐만 아니라 다른 성경에도 그에 관한 정보가 없다. 그래서 역사적 배경에 대한 추가적 정보를 얻기 위해 내적인 증거에 의존할 수밖에 없다. 내적 정보를 어떻게 해석하느냐에 따라 요엘서의 역사적 배경을 크게 포로기 이전인 유다 왕 요아스 시대(주전 835–796)와 앗수르와 바벨론이 침략한 시대(주전 701–586), 포로기 이후 시대(주전 516–475)로 구분할 수 있다.[1]

먼저, 포로기 이전 요아스 시대(주전 835–796)로 보는 이유는 첫째, 장로가 지도자로 나온다는 것이다(욜 1:2, 14; 2:16). 장로가 지도자로 나오는 것은 요아스 왕이 어려서 제사장 여호야다가 섭정하였기 때문으로 본다(왕하 11:21). 둘째, 정경의 순서로 볼 때 요엘서는 호세아와 아모스 사이에 있다. 호세아와 아모스는 주전 8세기 선지자다. 이 견해를 받아들인다면 요엘서는 소 선지서 가운데 두 번째 책이다. 그러나 왕에 대한 언급은 없고 지도력이 장로와 제사장에 의해 행사되는 것은 포로기 이후가 적당하다. 그러나 정경의 순서는 성경을 편집할 때 시대 순서에 따른 것으로 보이나 순서는 영감된 것이 아니기에 잘못될 수 있다.

다음으로, 포로기 이전 앗수르와 바벨론이 침략한 시대(주전 701–586)로 보는 이유는 요엘 2:1–11이 앗수르가 히스기야 14년(주전 701)에 예루살렘을 공격한 상황이나, 느부갓네살이 예루살렘을 침입하는 상황(주전 598과 588)을 묘사한 것이라고 보기 때문이다(Stuart 1987, 226). 그러나 요엘 2:1–11은 메뚜기 재앙을 모티브로 여호와의 날에 임할 심판을 가리킨다면 이 시기로 제한할 수 없다.

마지막으로, 포로기 이후 시대(주전 516–475)로 보는 이유는 첫째, 요엘 3:2–3, 5–6의 이스라엘이 흩어진 사건을 주전 586년에 있었던 과거 사건으로 보는 것이다. 선지적 과거는 미래의 사건이 확실히 일어날 것을 전달하기 위해 과거 시제를 사용하지만 이 경우는 선지적 과거가 아니다. 이 경우는 계속적인 미래 시제가 사용되는 문맥 속에 들어있기 때문이다. 특히 앗수르와 바벨론을 언급하지 않았다는 것은 이미 이 나라들이 역사 무대에서 사라진 뒤였고 헬라(욜 3:6)에 대한 언급은 포로기 이후의 시대라는 것이다(Hill & Walton 1991, 366). 둘째, 성전과 성전 제사에 대한 언급이 많다(욜 1:9, 13–14, 16; 2:14, 17; 3:18). 성전 제사에 대한 언급이 포로 이전일 수도 있으나 주전 516년 포로에서 돌아온 자들이 성전을 완공한 이후의 사건으로도 볼 수 있다. 그렇다면 알렌(Allen 1976, 23–24)이 이해한 것처럼 요엘과 동시대 선지자는 학개와 스가랴일 수도 있고 반게메렌(Vangemeren 1995, 120)

---

1   이 구분은 일반적인 구분이고 학자들마다 더 세분하여 구분한 것에 대해서는 허바드(Hubbard 1989, 23–27)와 딜러드(Dillard 1992, 240–243), 딜러드와 롱맨(1994, 364–367) 등을 참조하라.

이 이해한 것처럼 느헤미야가 성벽을 완공한 주전 444년일 수도 있다. 셋째, 다른 선지서로부터 인용한 말씀을 많이 사용한다(Hubbard 1989, 24).

요엘 1:15   이사야 13:6

요엘 2:3   이사야 51:3; 에스겔 36:35

요엘 2:6   나훔 2:10

요엘 2:10   이사야 13:10

요엘 2:31   말라기 4:5

요엘 3:10   이사야 2:4; 미가 4:3

요엘 3:16   아모스 1:2

요엘 3:18   아모스 9:13

이러한 인용은 요엘서가 이 선지자들보다 뒤의 시대일 수도 있음을 의미한다. 넷째, 이 책에 나오는 이스라엘이 북 이스라엘이 아닌 유다를 포함한 온 이스라엘을 의미한다면 포로기 이후다(참조. 욜 2:27; 3:2, 16).

그러나 내적인 증거라 해도 해석상의 차이가 있을 수 있고 확실하게 밝혀진 것이 없기에 그 시대를 확정하지 않고 그냥 두는 것도 괜찮다. 왜냐하면 요엘서는 역사적인 지식이 없이는 설명할 수 없는 호세아와 같은 책이 아니라 시대가 불확실하고 모호해도 메시지가 보편적이기 때문이다(Vangemeren 1995, 120). 스튜어트(Stuart 1987, 226)도 연대기는 요엘서의 메시지를 이해하는 일에 본질적인 것은 아니라고 했다. 특히 이 책이 역사적 배경을 알 수 없다는 것은 책의 내용과 관련하여 자연재해든, 군사적인 위협이든 어느 시대나 그 적용 범위가 넓어지게 하려는 것이다(Dillard 1992, 243-244).

II. 문학적 구조와 특징

마소라 사본의 형태나 이것을 원형으로 한 현대 영어번역본은 요엘서 대부분이 운문(= 시)으로 되어있음을 보여준다. 요엘서의 통일성을 잘 보여주는 증거는 이 책의 잘 짜인 구조와 핵심 단어와 구를 반복한 점에서 찾을 수 있다(Hubbard

1989, 31). 그리고 재앙과 심판과 회개와 구원을 반복하고 또 메뚜기 재앙(욜 1:2-12) → 회개 촉구 1(욜 1:13-20) → 여호와의 날 : 재앙의 확대(욜 2:1-11) → 회개 촉구 2(욜 2:12-17)라는 A-B-A'-B'의 평행 구조로 여호와의 날의 의미를 강조한다.

요엘 1장에 묘사된 메뚜기 재앙과 요엘 2장의 관계에 대해 여러 해석이 있다. 첫째, 1장은 실제 메뚜기 재앙이며 2장은 그 재앙을 구체적으로 설명한 것이다. 둘째, 1장의 메뚜기 재앙은 비유적 표현이고 2장은 외국의 군대가 쳐들어오는 것을 묘사한 것이거나 이스라엘의 모든 대적을 표현한다. 셋째, 1장은 실제 메뚜기 재앙이고 다가올 심판의 전조적 역할을 하며 2장은 메뚜기 재앙을 모티브로 다가올 여호와의 날에 있을 심판에 확장하여 적용한 것이다. 이 세 가지 해석이 다 가능하지만 세 번째 해석이 전체 문맥과 잘 어울린다(오커 2014a, 1668-9). 요엘은 이 책에서 역사적 배경이 언제인지 구체적으로 명시하지 않아 그 배경을 모호하게 했듯이, 요엘서 1:2-20과 2:1-27의 관계를 명시하지 않아 둘 사이의 관계를 모호하게 했다. 모호함이 원래 저작 당시의 배경을 모르기 때문에 생겨난 허구적 산물인지, 아니면 이러한 모호함이 저자가 의도적으로 만들어낸 것인지 의문이 있다. 그러나 이러한 모호함이 원래 의도된 상황보다 다른 상황에서도 사용할 수 있도록 의도했다면 고의적으로 의도된 모호함이라고 할 수 있다(Dillard & Longman 1994, 370).

이 책의 가장 두드러진 문학적 특징은 메뚜기 재앙을 인간의 죄악에 대한 하나님의 심판으로 확대한 것이다. 물론 이 요엘서의 이미지들은 인간의 악에 대해 시대를 초월한 보편적인 심판의 그림을 보여준다(오커 2014a, 1670). 그래서 이 책을 메뚜기 재앙을 중심으로 문단을 구분할 수 있다. 이 구조에서 당대의 신탁(욜 1:2-2:27)과 종말론적인 신탁(욜 2:28-3:20) 사이에 존재하는 공통분모는 '여호와의 날'이다(Hill & Walton 1991, 368).

1. 표제(욜 1:1)
2. 메뚜기 재앙과 여호와의 날(욜 1:2-2:17)
    (1) 메뚜기 재앙(욜 1:2-12)
    (2) 회개 촉구 1(욜 1:13-21)
    (3) 여호와의 날 1 : 메뚜기 재앙의 확대(욜 2:1-11)

(4) 회개 촉구 2(욜 2:12-17)

3. 하나님의 약속과 여호와의 날(욜 2:18-3:21)

    (1) 풍년의 약속(욜 2:18-27)

    (2) 여호와의 영을 부어 주신다는 약속(욜 2:28-32)

    (3) 여호와의 날 2 : 심판과 구원(욜 3:1-21)

III. 주제와 기록 목적

요엘서의 문학적 구조와 주요 특징을 볼 때 '여호와의 날'이 중심을 이루고 있음을 알 수 있다. 그래서 이 책의 주제는 여호와의 날이 있음을 알고 회개해야 한다는 것이다. 이 책에서 '여호와의 날'(יוֹם יְהוָה)이라는 표현은 다섯 번 나온다(욜 1:15, 2:1, 11, 31[3:4]; 3:14[4:14]). 요엘서에서 이날을 이스라엘이나 열방이 받을 심판의 날로(욜 1:15; 2:1-2, 11) 하나님의 백성에게 구원과 복을 주시는 날로 묘사한다(욜 2:31-32; 3:14-16). 이를 통해 저자는 여호와의 날을 바르게 이해하여 이날을 심판의 날로 맞을 것인지 구원의 날로 맞을 것인지 도전하고 있다.

요엘은 메뚜기 재앙이 모든 농작물을 삼키듯이 하나님이 삼킬 것이라고 경고하고(욜 1:2-12), 메뚜기 재앙을 모티브로 다가올 여호와의 날에 있을 심판까지 확장하여 경고한다(욜 2:1-11). 이 경고와 더불어 회개를 촉구한다(욜 1:13-20; 2:12-17). 이러한 구조는 이 책의 기록 목적이 하나님이 메뚜기 심판을 위시하여 각종 재앙을 통해 회개를 촉구하기 위함인 것을 알게 한다. 회개는 시대 말기에 심판을 피할 기회를 제공한다(맥콘빌 2009, 299).

요엘은 이 책에서 자주 '너희 하나님'(욜 2:13, 26-27; 3:17), '내 백성'(욜 2:27; 3:2-3), '그의 백성'(욜 2:18; 3:16) 등이라고 말함으로 이 책을 언약 백성을 위해 언약의 관점으로 기록했음을 보여준다. 언약에 따르면 메뚜기 재앙과 가뭄은 언약을 배반할 때 임할 저주다(욜 1:2-7; 참조. 신 28:22, 38-42). 그리고 곡식과 새 포도주의 풍성함은 언약을 순종할 때 임하는 복이다(욜 2:18-27; 참조. 신 28:4, 8, 11, 12). 그리고 미래의 회복에 이르는 방법으로 회개를 촉구한 것도 언약에 근거해 있다(참조. 신 30:1-10). 이로 보아 요엘은 이 책을 언약 백성으로 합당한 삶을 살게 하려는 목적으로 기록했음을 알 수 있다.

요엘서는 이러한 주제와 목적을 보여주기도 하지만 이 기록을 통해 몇 가지 중요한 신학적 주제도 보여준다.

1. 여호와의 날

요엘서의 메시지의 핵심에는 '여호와의 날'이 자리잡고 있다. '여호와의 날'은 요엘서에만 나오는 것이 아니라 다른 선지서에도 나타난다(사 13:6; 암 5:18, 20; 옵 1:15; 습 1:7, 14; 말 4:5[3:23]). 이 개념은 요엘서의 메시지를 이끌어가는 엔진이다 (Stuart 1987, 230). 이 책에서 '여호와의 날'(יוֹם יְהוָה)이라는 표현은 다섯 번 나온다(욜 1:15, 2:1, 11, 31[3:4]; 3:14[4:14]). 요엘서에서 이날은 이중적으로 나타난다. 여호와의 날은 하나님이 군대, 곧 메뚜기 재앙을 보내어 이스라엘이나 열방을 심판하시는 날이다(욜 1:15; 2:1-2, 11, 25; 3:14). 그리고 주의 이름을 부르는 자들을 구원하시는 날이다(욜 2:31-32; 3:16).

여호와의 날은 심판과 구원이라는 두 국면을 가지고 있으나 또한 두 가지 시간 구조도 가지고 있다(Baker 1988, 85). 하나는 요엘 1:1-2:17에 묘사하고 있는 현재 진행 중인 여호와의 날이고, 다른 하나는 요엘 2:18-3:21에 묘사하고 있는 미래에 다가올 여호와의 날이다. 요엘은 이 두 날이 임박함을 모두 '가깝다'(카로브, קָרוֹב 욜 1:15; 3:14)라는 말로 묘사하고 있다. 그러나 두 날에 일어날 사건이 언제 일어날 것인지 실제 시간은 알 수 없으나 하나님의 때에 확실하게 이루어질 것이다.

2. 여호와의 영(= 성령)

요엘서에서 여호와는 그의 영을 만민에게 부어 주실 것이라고 하셨다(욜 2:28). 여기 '만민에게'는 '모든 육체에'(알-콜-바살, עַל־כָּל־בָּשָׂר)라는 뜻이다. 여기서 '모든'은 '여호와의 이름을 부르는 자'와 '여호와의 부름을 받을 자'인데 자녀들, 늙은이, 젊은이, 남종, 여종 등이다(욜 2:28-29). 구약성경에는 하나님이 모세와 칠십인의 장로들(민 11:25), 여호수아(신 34:9), 왕들(삼상 16:13-14; 삼하 23:2; 시 51:11), 선지자들(왕하 2:9; 벧후 1:21) 등의 특별한 직분자들에게 주셨다. 모세는 성령이 모든 사람에게 임하기를 원했는데 이제 구체적으로 그의 소원이 성취될 것이다(참조. 민

11:29).

예수님이 이 세상에 오심으로 요엘의 이 예언이 의미하는 바가 무엇인지 알게 되었다. 성령은 모든 믿는 자들에게 주시는 영으로 그리스도의 구속사역을 적용하여 하나님을 사랑하고 그의 계명을 지키게 하시고 하나님이 우리 안에 우리가 하나님 안에 있는 것을 알게 하신다(요 14:15-21). 사도 베드로는 오순절에 성령이 강림하신 사건을 가리켜 요엘 2:28-32을 인용하며 요엘을 통해 하신 말씀이 성취된 것이라고 했다(행 2:16-21). 사도 바울은 그리스도 안에 있는 구원을 알고 경험할 뿐만 아니라 하나님이 그의 이름을 부르는 자들 가운데 임재해 계신다는 것에 대한 보증으로 주셨다고 했다(고전 2:12; 고후 1:22). 그래서 모세가 말한 대로 그리스도 안에 있는 자는 다 선지자다(참조. 민 11:29).

예레미야와 에스겔은 하나님의 영이 임하여 새 마음과 새 영을 주어 언약 백성이 하나님의 법을 마음에서 우러나와 지켜 행할 것이라고 했다(렘 31:31-34; 겔 36:26-28). 에스겔은 더 나아가 곡식이 풍성하게 되고 다시 기근이 닥치지 않게 될 것이라고 했다(겔 26:29-30). 그러므로 성령은 특정한 목적을 위해 사람에게 주시는 하나님의 능력이다. 만민에게 성령을 주신다는 약속은 하나님의 임재 안에서 하나된 새로운 공동체에 충만하고 해방된 삶을 누리는 새 사회에 대한 환상이다(맥콘빌 2009, 301). 그리고 참된 회복은 연약한 인간의 지도자나 제도가 프로그램에 달려 있지 않고 인간 안에서 그리고 인간을 통해서 강력하게 역사하시는 성령에 달려 있음을 보여준다(Vangemeren 1990, 125).

IV. 내용

내용 구조
1. 표제(욜 1:1)
2. 메뚜기 재앙과 여호와의 날(욜 1:2-2:17)
3. 하나님의 약속과 여호와의 날(욜 2:18-3:21)

1. 표제(욜 1:1)

요엘서는 브두엘의 아들 요엘에게 임한 여호와의 말씀이다. '요엘'(יוֹאֵל)이라는 이름은 '여호와는 하나님이시다'라는 뜻이다. 이 이름은 구약성경에서 흔하게 발견된다(삼상 8:2; 대상 5:4, 8; 15:7, 11; 스 10:43; 느 11:9 등). 요엘에 대한 정보는 '브두엘의 아들'이라고 소개하는 것이 전부다. 다른 선지서와 달리 그가 어느 시대에 사역했는지를 알려주는 정보도 없다.[2]

2. 메뚜기 재앙과 여호와의 날(욜 1:2-2:17)

이 문단에서 저자는 메뚜기 재앙을 통해 하나님의 심판을 강조하며 회개를 촉구하고 있다. 이 메뚜기 재앙은 실제 일어난 사건인지 아니면 비유적인지의 논의가 있다.[3] 메뚜기 재앙은 출애굽 당시 있었던 10가지 재앙 가운데 여덟 번째 재앙이며(출 10:1-20; 시 78:46; 105:34), 하나님이 심판하시는 수단 가운데 하나로 나타난다(왕상 8:37; 대하 6:28; 암 7:1-3). 그리고 성경 시대만 아니라 지금도 나타나는 재앙 가운데 하나다. 이러한 점들을 고려하면 메뚜기 재앙은 실제 일어난 사건으로 보아야 한다. 요엘 2장은 실제 일어난 메뚜기 재앙을 모티브로 다가올 여호와의 날에 있을 심판까지 확장하여 적용한 것이다.

내용 분해

(1) 메뚜기 재앙(욜 1:2-12)

(2) 회개 촉구 1(욜 1:13-20)

(3) 여호와의 날 1 : 메뚜기 재앙의 확대(욜 2:1-11)

(4) 회개 촉구 2(욜 2:12-17)

---

2 이 표제에 대한 더 자세한 논의는 이 책의 서론인 "저자와 역사적 배경"을 참조하라.

3 스튜어트(Stuart 1987, 241-242)는 메뚜기떼는 은유고 바벨론 군대를 비유적으로 표현한 것으로 보았으나, 알렌(2015, 1073)은 실제 일어난 사건이고 1986년 세네갈, 1958년 에티오피아의 사례를 통해 현대에도 일어난 사건으로 보았다.

내용 해설

(1) 메뚜기 재앙(욜 1:2-12)

이 문단에서 요엘은 메뚜기 재앙이 얼마나 극심한지 다양한 수사적 장치를 통해 설명한다.

① 메뚜기 재앙 개요(욜 1:2-4)

요엘은 장로[4]들과 예루살렘 주민들을 부르며 평행법으로 '들어라'(쉬무, שִׁמְעוּ)와 '귀를 기울이라'(하지누, הַאֲזִינוּ)라는 명령법으로 시작한다(욜 1:2a). 평행법과 명령법으로 쓴 것은 이 말이 중요하다는 뜻이다. 요엘은 그들에게 지금이나 조상들의 날에 이러한 일이 있었는지 질문하며 이 일을 자녀들과 후세에 말하라고 했다(욜 1:2b-3). 그 일은 팥중이가 먹고 남긴 것을 메뚜기가 먹고, 메뚜기가 남긴 것을 느치가 먹고 느치가 먹은 것을 황충이 먹었다는 것이다(욜 1:4). 여기에 팥중이, 메뚜기, 느치, 황충이 나오나 성경에는 메뚜기와 관련된 단어가 10개가 있다. 여기서 메뚜기와 연관된 네 개의 용어를 사용한 것은 모든 종류의 메뚜기를 말한다. 그리고 이 메뚜기들이 출애굽 때에 여덟 번째 재앙에서 채소와 푸른 것을 남기지 않고 먹었듯이(출 10:5, 15) 모든 농작물을 다 먹은 것을 강조하되 특히 그 피해 정도와 범위를 강조하려는 것이다.

② 메뚜기 재앙이 미치는 정도와 범위(욜 1:5-12)

요엘은 메뚜기 재앙에 대해 바르게 반응하도록 먼저 '취하는 자들'과 '포도주를 마시는 자들'에게 깨어 울라고 했다(욜 1:5). 이들은 다가올 재앙을 알지 못하고 쾌락을 즐기는 자들을 가리킨다. 요엘은 이들에게 '울어라'라고 명령하며 재앙이 얼마나 심각한 것인지 설명한다. 먼저 그 포도주를 더 이상 마실 수 없는 상황이 된다는 것이다. 포도주의 풍부함이 하나님의 복의 상징이듯(시 104:15; 아 5:1; 욜

---

4 개역개정판이 '늙은 자들'이라고 번역한 원문은 '장로'를 의미하는 '저케님'(זְקֵנִים)으로 지도자들을 말한다. 요엘서의 다른 부분은 '장로'라고 번역했다(참조. 욜 1:14; 2:16).

3:18), 포도주의 끊김은 하나님 심판의 결과이다(Dillard 1992, 258). 그 상황에 대해 한 민족이 '내 땅'에 올라와 사자의 이빨처럼 '내 포도나무'와 '내 무화과나무'를 긁어 벗겨 버리므로 모든 가지가 하얗게 될 것이라고 했다(욜 1:6-7). 여기에서 요엘은 '메뚜기 떼'를 한 민족이 올라오는 것으로 비유하고 있다. 그리고 '내 땅', '내 포도나무', '내 무화과나무'라는 표현을 쓴 것은 요엘이 하나님의 말씀을 직접 전달하고 있다는 것과 하나님이 택하신 이스라엘 땅과 언약 백성을 공격하고 있다는 이미지를 동시에 전달하기 위함이다.

요엘은 이어 백성들에게 메뚜기 재앙으로 말미암아 처녀가 어렸을 때 약혼한 남자로 말미암아 굵은 베로 동이고 애곡함 같이 하라고 했다(욜 1:8). 여기서 약혼은 결혼하기 전에 행하는 것으로 어떤 경우는 어린 나이에 법적으로 부부가 되는 것을 의미한다. 여기서 '굵은 베로 동이고 애곡함 같이'라는 말은 결혼하여 상속자를 갖기도 전에 남편이 사망한 것을 슬퍼하는 여인이 그 슬픔을 표현하여 굵은 베로 동이듯이 하라는 것이다(Hubbard 1989, 46; Stuart 1987, 243). 메뚜기 재앙으로 말미암아 성전에서 소제와 전제가 끊어져 제사장이 슬퍼하게 된다(욜 1:9). 이는 밭이 황무하여 소제로 드리는 곡식과 전제로 드리는 포도주와 기름을 드릴 수 없기 때문이다(욜 1:10; 참조. 레 2; 6:14-23; 23:13, 18, 37). 제사장이 슬퍼하는 것은 제사장의 직무 가운데 하나인 소제와 전제를 드릴 수 없기 때문이기도 하고, 제물을 나누어 그들에게 음식을 줄 수 없기 때문이기도 하다(참조. 레 2:3, 10). 그래서 요엘은 농부들과 포도원을 가꾸는 자들도 애곡하라고 했다. 밭의 소산이나 포도나무와 무화과나무 등 모든 밭의 나무들이 시들어 사람의 즐거움이 말랐기 때문이다(욜 1:11-12). 이들은 모두 언약에 따른 저주다(레 26:20; 신 28:40).

(2) 회개 촉구 1(욜 1:13-20)

요엘은 평행법으로 제사장들, 제단에 수종드는 자들, 하나님께 수종드는 자들에게 굵은 베로 동이고 슬피 울라고 했다. 이는 메뚜기 재앙으로 말미암아 소제와 전제를 성전에 드리지 못하기 때문이다(욜 1:13). 요엘은 이들에게 금식일을 정하고 성회를 소집하고 백성들을 성전에 모아 여호와께 부르짖으라고 했다(욜 1:14). 금식일을 정한다는 것은 위기의식을 느끼고 다 함께 회개하고 하나님의 은혜를 구하라는 뜻이다(참조. 삿 20:26; 삼상 14:24; 사 58:3-5; 렘 36:6-9). 여호와께서 부르짖는다는 것은 여호와의 자비와 지용서와 구원을 위한 것으로 여호와가 심판의 근원이시고 구원의 소망이기 때문이다(Hubbard 1989, 49).

요엘은 회개하고 여호와께 부르짖어야 할 이유를 요엘 1:15-20에서 '슬프다 그 날이여'(아하흐 라욤, אֲהָהּ לַיּוֹם)라는 탄식으로 시작하며 설명한다. 이는 멸망같이 전능자로부터 여호와의 날이 가까웠기 때문이다(욜 1:15).[5] 요엘은 수사적 질문으로 먹을 것이 끊어졌고 하나님의 성전에서 기쁨과 즐거움이 끊어지지 않았느냐고 했다(욜 1:16). 이 질문은 당시 메뚜기 재앙을 목격하고 있음을 의미한다. 그리고 씨가 흙덩이 아래에서 썩었고 창고가 비었으며 가축마저 꼴이 없이 울부짖는다(욜 1:17-18). 요엘은 제사장들에게 금식일을 정하여 회개를 촉구하며 자신도 여호와께 부르짖었다. 왜냐하면 목장의 풀을 살랐고 시내가 말라 들짐승도 헐떡였기 때문이다(욜 1:19-20). 이것은 불이라는 은유로 단순히 메뚜기 재앙만 아니라 기근이 온 땅에 임했음을 말한다. 요엘이 당시의 상황을 자기 백성과 함께 여호와께 아뢰며 부르짖는 것은 여호와께만 소망이 있기 때문이다.

(3) 여호와의 날 1 : 메뚜기 재앙의 확대(욜 2:1-11)

이 문단에서 요엘은 메뚜기 재앙을 확대하여 여호와의 날에 임할 재앙을 묘사한다. 여기서 우주적 군대를 포함하는 재앙으로 장면이 전환되고 있다. 여호와께서 친히 시온, 곧 '나의 거룩한 산에서' 나팔을 불어 경고의 소리를 내라고 하셨다(욜 2:1a). 여기 '나팔'은 양의 뿔로 만든 '쇼파르'(שׁוֹפָר)로 적의 침략(호 8:1; 렘 4:5)이나 재난(암 3:6) 등이 있을 때 분다. 여기서는 여호와의 날이 임박했기 때문이다(욜 2:1b). 이날은 어둡고 캄캄한 날이고, 강한 군대가 임하는 나로 이 같은 일이 이전에도 없을 것이며, 그들의 예전 땅은 에덴동산 같았으나 나중의 땅은 황폐한 들과 같아 이를 피할 자가 없을 것이다(욜 2:1b-3). 요엘 2:4-11에서 이 군대를 더 자세하게 설명한다. 그런데 "그의 모양은 말 같고 그 달리는 것은 기병 같으며 …"(욜 2:4)라고 묘사한 것이나 "성중에 뛰어 들어가며 성 위에 달리며 …"(욜 2:9) 이

---

5 '여호와의 날'에 대한 자세한 설명은 이 책의 서론인 "주제와 기록 목적"을 참조하라.

87

묘사는 메뚜기를 말하는 것인가? 아니면 또 다른 초자연적인 군대를 말하는 것인가? 이 문제는 분명하지 않다. 분명한 것은 이날이 너무 두려운 날이어서 아무도 견딜 수 없다는 것이다(Limberg 1988, 64). 스튜어트(Stuart 1987, 250)는 주전 701년의 산헤립 지휘 하의 앗수르 군대나 주전 590년대와 580년대에 있었던 느부갓네살 군대를 말한다고 보았다. 하지만 그 군대로 보기에는 하늘이 떨고 해와 달이 캄캄하며 별들이 빛을 거둔다고 했기에 초자연적이다(욜 2:10). 이는 요엘이 메뚜기 재앙을 포함하여 여호와의 날에 하나님이 이 군대를 이끌듯이(욜 1:11) 하나님이 가까운 미래에 일어날 재앙이나 먼 미래에 일어날 재앙까지 행하실 수 있음을 알게 하려는 것이다. 이 재앙은 메뚜기 재앙만 아니라 기근, 전염병, 각종 바이러스와 세균, 전쟁 등의 재앙으로 확대할 수 있다. 이러한 재앙은 메뚜기가 당시 경제의 핵심인 모든 농작물과 사람의 생명에 치명적인 결과를 가져왔듯이 사람의 경제생활과 생명에 치명적인 결과를 가져올 수 있다.

(4) 회개 촉구 2(욜 2:12-17)

과거에 무서운 재앙을 경험했던 백성은 미래에 닥칠 더 심한 재앙에 직면하게 될 때 무엇을 할 수 있을까? 그들은 어디로 방향을 돌릴 수 있을까? 요엘은 그들이 할 수 있는 한 가지 일은 기도와 금식을 위해 모이고 여호와께 돌아오는 것이라고 말한다(Limberg 1988, 64). 그들은 왜 돌아서야 하는가? 여호와께서 그들에게 이제라도 금식하고 울며 애통하며 여호와께 돌아오라고 하셨기 때문이다(욜 2:12). 그리고 그들이 단순히 형식적이고 의식적으로 옷을 찢지 말고 마음을 찢으면 여호와께서 은혜로우시고 자비로우시며 노하기를 더디하시고 인애가 크신 분이시기에 뜻을 돌이켜 재앙을 돌이키실 것이라고 하셨기 때문이다(욜 2:13). 이 말씀은 시내산에서 여호와께서 모세에게 하신 말씀과 같은 말씀으로 요엘은 이 말씀을 상기시킨다(참조. 출 34:6-7). 그는 회개하면 여호와께서 복을 내리실 것이고 수사의문문으로 다시금 소제와 전제를 드릴 수 있게 하실지 누가 알겠느냐고 했다(욜 2:14; 참조. 욜 1:13).

요엘은 백성들에게 기도와 금식을 위해 세 개의 명령법 동사를 사용하여 시온에서 나팔을 '불어'(티쿠, תִּקְעוּ) 금식일을 '거룩하게 하고'(칸슈, קַדְּשׁוּ),[6] 성회를 '소집하라'(킬우, קִרְאוּ)라고 했다(욜 2:15). 여기 나팔은 같은 나팔이라도 적의 침략(호 8:1; 렘 4:5)이나 재난(암 3:6) 등이 있을 때 부는 것이 아니라 성회를 위한 것이다(레 23:24; 민 29:1; 참조. 욜 2:1). 명령법 동사를 세 개 사용한 것은 이 일의 중요성과 긴급성을 보여준다. 그리고 모이는 대상을 백성들, 장로들, 어린이들과 젖먹이들, 신랑과 신부들까지 다 포함하고 있다(욜 2:16). 그리고 제사장들은 울면서 주의 백성을 불쌍히 여겨달라고 기도해야 하며, 이방인들이 "그들의 하나님이 어디 있느냐?"라고 말하지 못하도록 기도해야 한다(욜 2:17). 금식하며 울며 기도하는 일은 하나님의 은혜를 누리는 방법이다.

3. 하나님의 약속과 여호와의 날(욜 2:18-3:21)

이 문단에서 저자는 화(woe)에서 복(weal)으로 전환한다. 여기서 하나님의 백성이 받을 은혜와 대적들의 패배와 하나님의 백성이 회복되는 예언을 다룬다 (Stuart 1987, 257).

내용 분해

(1) 풍년의 약속(욜 2:18–27)
(2) 여호와의 영을 부어 주신다는 약속(욜 2:28–32)
(3) 여호와의 날 2 : 심판과 구원(3:1–21)

내용 해설

(1) 풍년의 약속(욜 2:18–27)

---

6 개역개정판은 '거룩한 금식일을 정하고'라고 번역했으나 원문은 '금식일을 거룩하게 하고'(칸슈–촘, קַדְּשׁוּ־צוֹם)라고 번역해야 한다.

여기서 여호와로부터 이루어지는 미래의 회복에 대한 약속이 시작된다. 여호와께서 자기 땅과 자기 백성을 불쌍히 여기셔서 곡식과 새 포도주와 기름을 주실 것이다(욜 2:18-19a). 이 말씀은 밭이 황무하여 소제로 드리는 곡식과 전제로 드리는 포도주와 기름을 드릴 수 없다는 말씀과 대조를 이룬다(참조. 욜 1:10). 하나님은 큰 일을 행하여 자기 백성을 다른 나라에 욕을 당하지 않게 하실 것이고 북쪽 군대를 그들에게서 다 떠나게 하여 메마르고 적막한 땅으로 쫓아내실 뿐만 아니라 앞의 부대는 동해(= 사해)로 뒤의 부대는 서해(= 지중해)로 들어가 상한 냄새가 일어나게 하실 것이다(욜 2:19b-20). 이 북쪽 군대는 앗수르나 바벨론이 아니라 묵시적 의미로 이스라엘의 악한 원수를 말하는 것으로 해석될 수 있다. 그것은 메뚜기는 남쪽이나 동쪽에서 몰려왔으므로 메뚜기를 북쪽 군대로 보기 어렵고, 예레미야와 에스겔은 큰 군대가 북쪽에서 오는 것으로 예언했기 때문이다(렘 1:14-15; 4:6; 6:1; 겔 23:24; 26:7; 38:6, 15; 39:2). 그리고 '그 앞의 부대 … 그 뒤의 부대는'이라는 말은 파괴가 전적이고 최종적임을 보여주기 때문이다(Hubbard 1989a, 63; 오커 2014a, 1674). 그리고 이 일을 보고 사람들이 "이는 그가 큰 일을 행하였음이라"(욜 2:20b)라고 말할 것이라고 했다. 이것은 하나님이 구원하셨음을 말한다. 오순절 당시에 성령이 임재하여 각 사람이 방언으로 하나님이 행하신 구원을 말할 때 거기에 모인 사람들은 '하나님의 큰 일을 말함을 듣는도다'라고 했다(행 2:11).

요엘은 그 결과와 관련하여 요엘 2:21-23에서 "… 두려워하지 말고 기뻐하며 즐거워하라"(A), "왜냐하면 여호와께서 …을 행하셨기 때문이다"(B)라는 A-B-A'-B'-A''-B'' 구조로 두려워하지 말고 기뻐해야 할 이유를 설명한다. 여호와께서 '땅'(욜 2:21)과 '들짐승'(욜 2:22)과 '시온의 자녀들'(욜 2:23)에게 베푸실 복을 차례로 설명해 주셨다(욜 2:21-23). 하나님은 곡식과 포도주와 기름을 넘치게 하실 것이고, 메뚜기가 먹은 햇수대로 갚아주실 것이다. 그래서 그들은 풍족히 먹고 그들을 위해 큰 일을 행하신 하나님을 찬송할 것이다(욜 2:24-26). 그리고 여호와께서 그들 가운데 계셔서 그들의 하나님이 되어 결코 수치를 당하지 않게 하실 것이다(욜 2:27). 여호와께서 그들과 함께 계시며 그들의 하나님이 되신다는 이 두 가지 요소는 미래에 다시 설정될 언약 관계의 기본적인 요소다(Stuart 1987, 260).

(2) 여호와의 영을 부어 주실 것이라는 약속(욜 2:28-32)[7]

이 문단은 '그 후에'(아하레이-케인, אַחֲרֵי-כֵן)라는 단어로 시작한다. 이 단어는 선지자가 이제 여호와께서 먼 미래에 하실 일을 말하고 있음을 보여준다(Limberg 1988, 69-70). 여호와는 그의 영을 만민에게 부어 주실 것이라고 하셨다(욜 2:28). 여기 '만민에게'는 '모든 육체에'(알-콜-바살, עַל-כָּל-בָּשָׂר)라는 뜻이다. 여호와께서 만민에게 그의 영을 부어 주심으로 어떤 일이 있을 것인지 평행법으로 보여준다.

> 너희 자녀들이 / 장래 일을 말할 것이며
> 너희 늙은이는 / 꿈을 꾸며
> 너희 젊은이는 / 이상을 볼 것이며

구약 시대의 특징은 여호와의 영이 선택된 몇몇 개인들, 즉 선지자들(신 34:9; 왕하 2:9), 왕들(삼상 16:13-14; 삼하 23:2; 시 51:11)과 같은 사람에게 제한적으로 주어졌다. 그러나 이제 하나님의 백성들은 누구나 자녀들이나 늙은이나 젊은이와 같이 나이 구분이 없이 그리고 남종이나 여종과 같이 신분 구분이 없이 누구나 받게 될 것이다. 그리고 장래 일 / 꿈 / 이상을 볼 것이다(욜 2:28-29). 장래 일 / 꿈 / 이상을 본다는 것은 어떤 의미인가? 베드로가 오순절에 성령이 강림하신 사건을 가리켜 요엘 2:28-32을 인용하며 요엘에게 하신 말씀이 성취된 것이라고 했다(행 2:16-21). 사도 바울은 그리스도 안에 있는 구원을 알고 경험할 뿐만 아니라 하나님이 그의 이름을 부르는 자들 가운데 임재해 계신다는 것에 대한 보증으로 주셨다고 했다(고전 2:12; 고후 1:22). 이 말씀의 인용과 성령을 주신 목적과 연관지어 볼 때 장래 일 / 꿈 / 이상을 본다는 것은 그리스도 안에서 구속하시고 그 구속을 경험할 뿐만 아니라 그리스도 안에서 이루실 하나님 나라에 대한 것을 본다는 뜻이다. 구약 시대에 왕들이나 선지자들에게 영이 임하여 하나님의 뜻을 이루신 것처럼 그리스도 안에서 이룰 수 있는 새 시대가 열린다는 것이다.

또 그 날에 하나님은 이적을 하늘과 땅에 베푸실 것인데 그 이적은 피와 불과

---

[7] 히브리어 성경에서 이 문단은 요엘 3:1-5이다.

연기 기둥이다(욜 2:30). '피와 불과 연기'는 여호와께서 대적들에게 수행하시는 파괴적인 전쟁의 징조다(알렌 2015, 1086). 여호와의 크고 두려운 날이 이르기 전에 해가 어두워지고 달은 핏빛같이 변할 것이다(욜 2:31). 이 날은 여호와의 날에 임할 재앙인 메뚜기 재앙을 확대하여 설명할 때 해와 달이 캄캄하고 별들이 빛을 거두는 날이며, 심히 크고 두렵다고 말한 날이다(참조. 욜 2:10-11). 그리고 신약의 저자들은 이 말씀을 그리스도의 재림과 관련시켰다(막 13:24; 눅 21:25; 계 6:12, 17; 9:2). 이로 보아 여기서 설명하는 날은 재림과 연관되어 있다.

그러나 오순절에 베드로가 성령이 오셔서 각 사람에게 임한 사건의 의미를 설명할 때 요엘 2:28-32의 다 인용하며 누구든지 주의 이름을 부르는 자는 구원을 얻을 것이라고 했다(행 2:16-21). 메뚜기 재앙과 같은 바이러스와 세균, 기근, 전쟁 등의 위험 가운데서도 주의 이름을 부르는 자는 구원을 얻을 것이다. 이 일은 성령이 오심으로 시작된 여호와의 날이 재림 때까지 계속될 것이다. 이러한 여호와의 날에도 여호와의 이름을 부른 자는 구원을 얻을 것이다. 이는 남은 자 중에 여호와의 부름을 받은 자가 있을 것이기 때문이다(욜 2:32). '주의 이름을 부르는 자'와 '여호와의 부름을 받은 자'라는 표현을 어떻게 이해할 수 있는가? 그것은 하나님이 선택하여 부름을 받은 자는 주의 이름을 부르는 자들이라는 말이고 동시에 주의 이름을 부르는 자는 그가 하나님이 선택하시고 부름을 받은 자임을 증명한다는 것이다.

(3) 여호와의 날 2 : 심판과 구원(욜 3:1-21)[8]

이 문단에서 요엘은 일련의 회복에 관해 약속하면서 하나님은 민족들에 대해 심판하시나 자기 백성을 구원하실 것이라는 약속을 선포한다.

① 민족들에 대한 심판(욜 3:1-16a)

하나님은 주의를 집중시키는 '보라'라는 감탄사로 시작하며 요엘 2:30-31에서 전조로 보여주었던 민족들에 대한 심판을 넓게 보는 렌즈로 마치 사진사처럼

---

8 히브리어 성경에서 이 문단은 요엘 4:1-21이다.

구체적으로 보여준다(Hubbard 1989, 73). 하나님은 그 날에 유다와 예루살렘 가운데 사로잡힌 자들을 돌아오게 하시며 그들의 운명을 반전시키실 것이다(욜 3:1). 그런데 이때는 동시에 민족들을 심판하시는 날이다. 만국을 모아 여호사밧 골짜기에 내려가 심문하실 것이다(욜 3:2). '여호사밧 골짜기'는 실제 지명을 가리키는 것이 아니라 은유다. '여호사밧'(יְהוֹשָׁפָט)은 히브리어로 '여호와께서 심판하신다'라는 뜻이다. 여기서 '심문하신다'(וְנִשְׁפַּטְתִּי שָׁם)라는 단어와 같은 뜻으로 볼 때 은유적인 의미를 사용한 것은 언어유희를 통해 하나님의 심판을 강조하기 위함이다.

하나님이 심문하실 때 이스라엘을 '내 백성', '내 기업', '나의 땅'이라고 부르시며, 민족들에게 그들이 이스라엘을 흩어 버리고, 땅을 나누고, 소년과 소녀를 자기 쾌락을 위해 판 죄를 물으셨다(욜 3:3). 그리고 이스라엘 주변국인 두로와 시돈과 블레셋 사람들을 심문하며 그들에게 그들이 하나님의 은과 금과 진기한 보물을 그들의 신전으로 가지고 간 죄와 유다 자손을 멀리 헬라 족속에게 판 죄를 물으셨다(욜 3:4-6). 그리고 그 죄의 벌로 그들의 자손을 유다와 스바 족속에게 팔 것이라고 하셨다(욜 3:7-8).

하나님은 모든 민족에게 전쟁을 준비하고 보습을 쳐서 칼을 만들어 여호사밧 골짜기로 올라오라고 하셨다(욜 3:9-11). 여기 '여호사밧 골짜기'는 여호와께서 심판하시는 곳으로 요엘 3:14에서 '심판의 골짜기'라고 했다. 이 전쟁은 거룩한 전쟁으로 하나님이 그의 대적들을 진멸시키는 전쟁이다. 이 전쟁에서 대적들은 결코 이길 수 없다. 하나님이 전쟁하기 위해 만국을 불러 모으시는 이유는 여호와께서 거기서 사면 모든 민족을 심판하시기 위함이기 때문이다(욜 3:12). 하나님은 그 심판을 곡식과 포도주를 수확하는 이미지로 낫으로 곡식을 베고 포도주 틀로 포도를 짜듯 그들의 악을 심판하실 것이다(욜 3:13).

그런데 심판의 골짜기에 사람이 많다고 하시며 이곳에 여호와의 날이 가까웠기 때문이라고 하셨다. 그리고 해와 달이 캄캄하며 별들이 빛을 거둔다고 하셨다(욜 3:14-15). 이 말씀은 요엘 2:30-31과 같은 말씀으로 성령이 오신 이후부터 재림까지 이르는 심판임을 보여준다. 여호와께서 시온에서 부르짖고 예루살렘에서 목소리를 내심으로, 즉 하나님이 온 세상을 통치하심으로 하늘과 땅이 진동할 것이다(욜 3:16a). 하나님은 지금도 시온에서 하늘과 땅을 통치하시며 그의 대적들을 심판하시며 재림 때에 완전히 심판하실 것이다.

② 하나님의 백성들이 받을 복(욜 3:16b-21)

그러나 여호와께서는 이러한 심판 가운데서도 자기 백성에게는 피난처와 산성이 되신다(욜 3:16b). 그 날에 하나님의 백성들은 하나님이 그의 성산에 사는 그들의 하나님 여호와인 줄을 알 것이고 다시는 이방인들이 통행하지 못할 것이다(욜 3:17).

이 복된 여호와의 날에 산들이 포도주와 젖을 내어 풍요함을 누리실 것이고 유다의 모든 시내에 물이 흐를 것이다. 그러나 애굽과 에돔은 유다 자손에게 포악을 행하여 무죄한 피를 흘렸기에 황무지가 되겠으나 유다는 영원히 있을 것이다(욜 3:19-20). 이러한 대조를 통해 하나님의 백성이 받을 복이 얼마나 큰 것인지 알게 한다.

요엘 2:27과 3:17, 21은 앞에 보여준 내용의 결론으로 "여호와께서 우리 가운데 계신다" 또는 "여호와께서 시온에 거하신다"라는 말씀은 전체에서 중요한 의미가 있다. 왕정 시대에 하나님은 자기 백성과 함께 시온(시 74:2; 68:17)과 예루살렘(시 46; 135:21)에 거하셨고, 신약성경은 "말씀이 육신이 되어 우리 가운데 거하신다"(요 1:14)라고 하였고, 두세 사람이 모인 곳, 곧 교회 가운데 계신다고 하셨다(마 18:20). 이것은 요엘이 예언하던 시대만이 아니라 성령이 오신 이후부터 우리 주께서 영광중에 재림하여 악인을 심판하시고 주의 이름을 부르는 자들 가운데 거하시며 지키신다는 것이다. 할렐루야!

V. 구속사적 의미

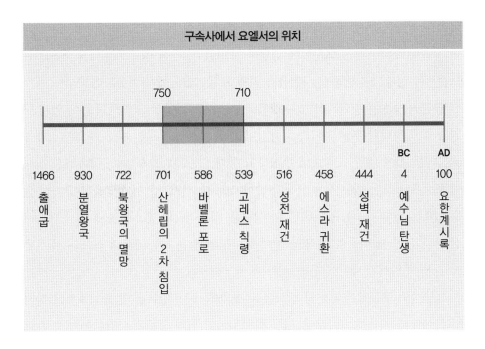

구속사에서 요엘서의 위치

연도	750		710						BC 4	AD 100
	1466	930	722	701	586	539	516	458	444	
	출애굽	분열왕국	북왕국의 멸망	산헤립의 2차 침입	바벨론 포로	고레스 칙령	성전 재건	에스라 귀환	성벽 재건	예수님 탄생 / 요한계시록

요엘서는 다른 선지서와 달리 선지자가 사역하던 시기를 명시하지 않기에 구속사의 위치는 내적 정보를 어떻게 해석하느냐에 따라 달라질 수 있다. 그럼에도 불구하고 요엘서는 여러 내적인 정보를 볼 때 포로기 이후 시대인 성전을 재건한 주전 516년부터 주전 458년 에스라가 돌아오기 이전까지 혹은 더 넓게는 느헤미야를 중심으로 주전 444년 성벽을 재건했을 때까지의 구속사를 담고 있다고 볼 수 있다.[9] 구속사에서 요엘서의 위치를 정확하게 알 수 없어도 메시지가 보편적이기에 독자들이 이해하는 데 장애가 되지 않는다.

요엘서의 구속사에서 하나님은 '여호와의 날'을 정하여 언약 백성이나 세상의 모든 사람을 심판하시기 위해 메뚜기 재앙을 위시하여 각종 재앙을 내리신다(욜 1:2-12; 2:1-11). 동시에 하나님은 자기 백성을 긍휼히 여기시고 그들에게 응답해 주신다(욜 2:18-19). 또 하나님은 언약에 말씀하신 대로 언약을 배반할 때 메뚜기 재앙과 가뭄을 내리시고(욜 1:2-7; 참조. 신 28:22, 38-42), 언약에 순종할 때 곡식과 새 포도주를 풍성하게 주실 것이다(욜 2:18-27; 참조. 신 28:4, 8, 11, 12). 이것은 하

---

9 요엘서의 서론인 "저자와 역사적 배경"을 참조하라.

나님은 구속사에서 언약을 신실하게 이루시되 가까운 미래에 일어날 일이나 재림 시에 일어날 일까지 반드시 이루신다는 것을 알게 한다. 특히 하나님은 그의 영을 나이나 신분에 관계없이 만민에게 부어 주실 것이라고 하셨다(욜 2:28-29). 이 약속대로 하나님은 오순절에 성령을 보내셨다. 특히 베드로는 사도 베드로는 오순절에 성령이 강림하신 사건을 가리켜 요엘 2:28-32을 인용하며 요엘에게 하신 말씀이 성취된 것이라고 했다(행 2:16-21). 사도 바울은 그리스도 안에 있는 구원을 알고 경험할 뿐만 아니라 하나님이 그의 이름을 부르는 자들 가운데 임재해 계신다는 것에 대한 보증으로 주셨다고 했다(고전 2:12; 고후 1:22). 약속하신 성령이 오심으로 모든 믿는 자는 모세가 말한 대로 다 선지자로서 사명을 감당하며 살 수 있다(참조. 민 11:29). 왜냐하면 이 성령은 예레미야와 에스겔을 통해서 말씀하신 바와 같이 새 마음과 새 영을 주어 하나님의 법을 마음에서 우러나와 지켜 행할 수 있게 하시기 때문이다(렘 31:31-34; 겔 36:26-28).

요엘서의 구속사에서 언약 백성은 '여호와의 날'이 있음을 알고 회개하고 하나님을 예배해야 함을 보여준다. 이를 확신시키기 위해 요엘은 다양한 방법으로 설득한다. 그것은 위기에 응답하라는 호소(욜 1:2-14), 다가오는 재앙에 대한 이미지(욜 2:1-11), 여호와께 돌아오라는 호소(욜 2:12-17), 풍년의 약속(욜 2:18-27), 성령의 약속(욜 2:28-32), 유다를 압제한 이방 나라에 대한 심판(욜 3:4-8, 19-21) 등이다. 요엘이 회개를 촉구하는 것은 특이하게도 이 책에서 어떤 죄를 지었고 왜 심판이 임하는지를 말하지 않아도 죄를 지었음을 전제하고 있다. 우리가 회개할 때 은혜로우시며 자비로우신 하나님은 그의 뜻을 돌이켜 재앙을 내리시지 않을 뿐만 아니라 자기 백성에게 복을 내리실 것이기 때문이다(욜 2:13-14). 그 목적은 언약 백성이 제사장 나라로서 이 땅에서 사명을 다할 수 있도록 하기 위함이다.

아모스
Amos

아모스

_·⊙¡⊙·_

구약성경 39권 가운데 대선지서 4권과 소선지서 12권에서 이사야, 예레미야, 에스겔, 호세아, 아모스, 미가, 말라기 등은 언약 백성의 특성 가운데 하나인 사회 윤리의 의미를 강조한다. 사람들이 사회 윤리를 강조하고자 할 때 "오직 정의를 물 같이, 공의를 마르지 아니한 강 같이 흐르게 할지어다"(암 5:24)의 말씀을 많이 인용하는 것은 이것이 이 책의 중요한 주제 가운데 하나임을 보여준다. 무엇보다 이 책은 언약 백성으로서 개인과 공동체의 생활에서 언약 관계의 윤리적인 측면을 많이 강조할 뿐만 아니라 이들에 대한 심판을 선언하고(암 3:1–6:14), 다섯 가지 환상(암 7:1–3; 4–6; 7–9; 8:1–3; 9:1–4)을 통해 경고한다. 그러나 거의 모든 선지자의 메시지가 그러하듯 심판이 목적이 아니다. 심판은 미래로 나아가기 위한 전환단계 역할을 한다(Paul 1991, 289).

I. 저자와 역사적 배경

이 책의 저자인 아모스에 대해 성경 외의 자료에서는 거의 발견할 수 없다. 단지 이 성경에서 아모스가 어떤 사람인지 두 번 보여준다(암 1:1; 7:14). 아모스는 드고아 출신의 목자였다. 그런데 아모스 1:1에 '목자'라고 번역된 단어는 직업을 가리키는 통상적인 단어인 '로에'(רעה)를 쓰지 않고 '노케이드'(נקד)라는 단어를 썼다. 이 단어는 열왕기하 3:4에 "모압 왕 메사는 양을 치는 자라"라고 했을 때 '양을 치는 자'와 동일하다. 크레이기(Cragie 1982, 29–33)는 우가릿어에서 이 단어와 같은 어근의 단어를 볼 때 아모스는 대규모 목축업자였거나 가축 중개인으로 보기도 한다. 아모스 당시 직업적인 선지자 가운데 한 사람인 아마샤가 벧엘에서 생계를 유지하기 위하여 예언한다고 비난한 바가 있었다. 그때 아모스는 자신은 고향에 내려가면 생계에 대하여 걱정할 필요가 없기 때문에 먹고 살기 위하여 예언하는 것이 아니라 하나님께서 직접 부르셨다는 사실을 강조했다(암 7:14-15). 그때 아모스가 자신을 '목자'라고 소개할 때 '보케에르'(בוקר)라는 단어를 썼고 또한 '뽕나무를 재배하는 자'라고 소개했다(암 7:14). 이로 보아 아모스는 땅을 소유한 사람이고 부유한 목장을 경영하는 자였다고 볼 수 있다.[1] 그러나 전통적으로 아모스를 양치기였으며 과수원 일꾼으로 가난하고 착취당하는 사회계층의 사람으로 본다(Dillard & Longman 1994, 376). 아모스가 아마샤와의 논쟁에서 자신의 신분을 밝히는 것으로 보아 그는 직업적인 선지자가 아니라 당시 역사적 상황에서 하나님의 일을 예언하는 자로 부르심을 받았다고 보는 것이 좋다.

아모스는 여로보암 2세가 다스리던 북쪽 이스라엘의 정치, 사회, 종교적인 상황을 배경으로 기록되었다. 아모스 1:1에 "이스라엘에 대하여 이상으로 받은 말씀"이라고 했다. 그리고 이 책의 전체 문맥에서 사마리아(암 3:9, 12; 4:1; 6:1; 8:14), 벧엘(암 3:14; 4:4; 5:5, 6; 7:3), 이스라엘의 집(암 5:1, 3, 25; 6:1, 14), 야곱(암 7:2, 5; 9:8), 그리고 직접, 간접으로 표현하고 있는 언급들은 북쪽 이스라엘에 주어진 말씀임을 알게 한다. 그리고 이스라엘 내의 어떤 특정한 집단만을 말하고 있는 것이 아니라 전체 이스라엘을 대상으로 말한다.

이 책에서 아모스 선지자가 사역하던 역사적 연대는 세 가지 방법으로 표현되어 있다. 두 가지는 유다와 이스라엘을 통치하던 왕들과 연관되어 있다. 첫 번째로 유다 왕 웃시야(주전 792-740)를 언급한다. 그는 52년 동안 유다를 다스렸다(왕하 15:1-2; 대하 26:1-3). 두 번째로는 이스라엘 왕 여로보암 2세(주전 793-753)를 언급한다.[2] 세 번째로는 '지진 전 2년'이라는 한 사건을 언급한다. 이 지진은 모든 사람이 기억할 수 있는 사건으로 스가랴 14:5에 "유다 왕 웃시야 때에 지진을 피하여 도망하던 것같이 하리라"라고 했다. 하지만 지진의 연대를 정확히 확정할 수 없다. 스튜어트(2011, 541-542)는 가장 이른 연대로 주전 767년부터 웃시야가 죽기 2년 전인 주전 742년까지 제안했다. 그가 이른 연대를 주전 767년으로 본

---

1   성경에 나타난 이러한 정보로 보아 맥콘빌(2009, 307)도 아모스는 부유한 사람임을 보여준다고 했다.
2   열왕기하 14:23에 보면 여로보암 2세는 유다 왕 아마샤 15년에 왕이 된 것으로 기록되어 있다. 그의 41년간의 통치는 여호아스(= 요아스)가 섭정한 주전 793/2년에 시작된다. 섭정으로 시작한 해는 즉위년으로 부르지 않고 통치 첫해로 계산하기에 실제 통치 기간은 40년(주전 793-753)이 된다(틸레 1990, 158).

것은 웃시야의 아버지 아마샤(주전 796-767)가 죽은 해가 그때이고 그 이전에는 아마샤와 함께 통치했기 때문이다. 아마샤는 북 왕국 이스라엘 왕 요아스 2년에 유다의 왕이 되었으나 요아스와의 전쟁에서 패하여 요아스가 죽을 때까지 이스라엘 감옥에 있었다(왕하 14:13). 그래서 웃시야는 아마샤가 감옥에 있었던 주전 792년부터 그의 아버지와 함께 통치했고, 아마샤가 죽은 주전 767년부터 단독으로 통치했다(틸레 1990, 85). 만약 지진이 주전 767년 이전에 발생했다면 지진과 관련하여 아마샤를 언급했을 것이다. 지진이 웃시야 통치 시기에 발생했다면 그의 가장 늦은 시기는 주전 740년, 곧 그의 통치 끝이 될 것이나 지진 전 2년에 말씀이 선포되었기 때문에 주전 742년이 될 것이다. 그래서 아모스는 주전 767년부터 그가 죽기 2년 전인 742년 어간에 사역했음을 알 수 있다.

이때 이스라엘과 유다는 다윗과 솔로몬 시대 이후 가장 번영한 시대였다. 군사적으로도 크게 성공하여 영토는 확장되었다(왕하 14:25; 대하 26:6-8). 이때 북 왕국의 수도인 사마리아에는 부유한 계층이 성장하여 부자들은 겨울에 지낼 집과 여름에 지낼 집을 가지고 있었고, 최고급의 문화생활을 즐겼다(암 6:4-6). 하지만 이 시대가 그렇게 오래 가지 못할 것이라는 암시가 아모스의 메시지 곳곳에 나타난다(암 3:11; 5:3, 27; 6:7-14; 7:9, 17; 9:4). 왜냐하면 이 책에서 한마디 언급도 없지만 앗수르가 세력을 확장하여 두 왕국은 그 세력의 지배 아래 들어갈 것이기 때문이다(Dillard & Longman 1994, 376; Hubbard 1989, 150).

II. 문학적 구조와 특징

문학적 관점에서 볼 때 아모스는 수사학의 대가다(Gitay 1980: 293-309). 하나님은 언어라는 수단을 통해 계시하셨기 때문에 어떤 종류의 글(문학 장르)에 메시지를 담았으며, 어떤 수사법을 사용하였고, 어떤 논리구조로 전달하였는지를 아는 일은 하나님의 말씀을 바르게 이해할 수 있는 중요한 방법이다. 신학적 주제와 문학적 구조는 밀접하게 연관되어 있기 때문이다(Hill & Walton 1991, 342). 아모스서의 경우 선지자는 정교한 문학적 구조와 다양한 비유와 문학적 장치로 하나님께 받은 말씀을 선포한다.

이 책에는 "여호와께서 이와 같이 말씀하시되"라는 말로 시작하고 "여호와께서 말씀하셨느니라"라는 상투적인 표현으로 마치는 구문이 반복적으로 나온다. 한글 성경은 상투적 표현이 다 같은 단어로 되어있는 것처럼 보이나 히브리어 성경은 모두 세 가지 방식으로 되어있다. 그것은 '말하다'라는 뜻인 '아말'(אמר)이라는 동사가 27번, '말' 또는 '말씀'이라는 뜻인 '너움'(נאם)이라는 명사가 21번, '말'이라는 뜻인 '다발'(דבר)이라는 명사가 1번 등 모두 49번이 나온다. 그러나 그 의미는 다 같이 하나님의 말씀이라는 뜻이다. 그런데 모두 49번이 나오는 이 표현은 흥미롭게도 7개씩 연속적으로 나타난다. 이것을 림버그(Limburg 1987, 218)가 다음과 같이 도표로 정리했다. 여기서 진한 글자(볼드체) 아모스 3:1은 '다발'(דבר)이고, 기울여 쓴 글자(이태릭체)는 '너움'(נאם)이고 나머지는 '아말'(אמר)이지만 한글로 동사는 '말하다', 명사는 '말'이다.

1:1-2	1:3-2:16	3:1-15	4:1-13	5:1-6:14	7:1-8:3	8:4-9:15
	1:3, 5	**3:1**	*4:3*	5:3	7:3	*8:9*
	1:6, 8	3:1	*4:5*	5:4	7:6	*8:11*
	1:9, 11	*3:10*	4:6	5:16	7:8	9:7
	1:13, 15	3:11	4:8	5:17	7:15	*9:8*
	2:1, 3	3:12	4:9	5:27	7:17	*9:12*
	2:4, 6	3:13	4:10	6:8	8:2	*9:13*
	2:11, 16	3:15	4:11	6:14	8:3	9:15

이 구분에서 아모스서의 서두인 아모스 1:1-2을 첫 번째 구분으로 본다면 전체가 7개 문단으로 되어있을 뿐만 아니라 각 문단도 7개의 하나님 말씀 문구로 짜여 있음을 볼 수 있다.

아모스 3:1; 4:1; 5:1의 "이 말을 들으라"라는 문구는 세 개의 문단을 유도한다. 이 문단 안에 7개의 하나님 말씀 문구가 나타난다. 이러한 하나님 말씀 문구는 문단을 구분하는 데 도움을 준다. 그리고 이 책의 많은 부분이 한 단락 안에 7개의 내용을 담고 있다. 예를 들면 다음과 같다. 아모스 2:6-7은 이방 민족들에 대한 죄 7개를 지적한다. (i) 의인을 판다, (ii) 가난한 자들을 판다, (iii) 힘없는 자를 짓밟는다, (iv) 연약한 자의 길을 굽게 한다, (v) 성적인 죄를 짓는다, (vi) 전당잡은 옷 위에 눕는다, (vii) 벌금으로 얻은 포도주를 마신다. 아모스 2:14-16의 그 형벌 역시 7개다. (i) 빠른 자도 도망할 수 없고, (ii) 강한 자도 자기 힘을 쓸 수 없고,

(iii) 용사도 자기 목숨을 구할 수 없고, (iv) 활을 가진 자도 설 수 없고, (v) 발이 빠른 자도 피할 수 없고, (vi) 말 타는 자도 자기 목숨을 구할 수 없고, (vii) 마음이 굳센 자도 벌거벗고 도망간다(Limburg 1987, 219).[3]

또 이 책에서 7개의 내용이 열거된 후 절정에 해당하는 진술이 나온다. 이를 '7 더하기 절정'이라고 할 수 있고 단순하게 '7+1'이라고 할 수 있다. 예를 들면 다음과 같다. 아모스 3:3-8의 7개의 수사적 질문에 이어 아모스 3:7을 삽입구로 해설한 후에 절정에 해당하는 수사적 질문이 나온다. (i) 두 사람이 … 어찌 동행하겠으며? (ii) 사자가 … 부르짖겠으며? (iii) 젊은 사자가 … 소리를 내겠느냐? (iv) 새가 … 어찌 치겠으며? (v) 덫이 … 어찌 튀겠느냐? (vi) 나팔이 울리는데 … ? (vii) … 재앙이 어찌 임하겠느냐? 그리고 절정에 해당하는 수사적 질문은 "사자가 부르짖은즉 누가 두려워하지 아니하겠느냐 주 여호와께서 말씀하신즉 누가 예언하지 아니하겠느냐?"(암 3:8) 그리고 정의를 위한 유명한 부름인 아모스 5:21-24에도 약간 다른 형태이긴 하지만 7가지가 나온다. 그것은 (i) 절기, (ii) 성회, (iii) 번제, (iv) 소제, (v) 화목제, (vi) 노랫소리, (vii) 비파 소리다. 이후에 "오직 정의를 물 같이, 공의를 마르지 않는 강 같이 흐르게 할지어다"(암 5:24)가 온다. 아모스는 이 책을 시작하면서 이스라엘 주변에 있는 7개 나라에 심판을 말한 다음에 절정에 해당하는 진술인 이스라엘 자체에 대한 신탁을 말한다(Limburg 1987, 220-221).

이러한 점들로 보아 저자가 이 책을 쓸 때 우연히 쓰다 보니 이렇게 구분되었다고 보기보다는 의도적이라고 보아야 한다. 이것은 저자가 이 책을 쓸 때 전체를 치밀하게 구성하고 썼다는 것이다. 림버그(Limburg 1987, 218-219)는 이 구성이 갖는 의미를 성경에 숫자 7이 갖는 상징적인 의미인 완전함에 의미를 두고 7구분으로 된 전체 책을 여호와께서 주신 권위있는 메시지로 보여주려는 것으로 설명했다. 그러나 신탁의 신빙성이 잘 짜인 시적인 구조에 있는 것은 아니다(참조. 암 1:9-10, 11-12).

아모스는 이러한 구조 외에도 다양한 비유와 풍자, 문학적 기법 등을 사용했다. 아모스는 그가 말하고자 하는 바인 신탁을 절정으로 유도하기 위해 구조와 반복을 사용하는 구조적인 기술과 능력을 보여준다(Niehaus 1992, 323). 예를 들면

---

3 이 외에도 아모스 5:8-9; 8:4-8 등이 있다.

이스라엘 주변국인 일곱 나라의 죄와 그 죄에 대해 심판을 선언할 때 아모스는 이스라엘에 대한 심판의 말씀을 절정에 가서야 한다. 주변국에 대한 심판은 '지리적 교차대구법'(geographical chiasmus)을 이루고 있다. 북동쪽의 아람(암 1:3-5), 남서쪽의 블레셋(암 1:6-8), 북서쪽의 두로(암 1:9-10), 남동쪽의 에돔, 암몬, 모압(암 1:11-2:3), 그리고 북쪽 이스라엘(암 2:6-16)로 가기 전에 초점을 남쪽 유다(암 2:4-5)에 맞춘다(Niehaus 1992, 323). 이렇게 말하므로 더 긴박감을 더해간다(Ryken 1993, 342). 또한 이들의 죄가 많음을 표현하기 위해 '서너 가지'(암 1:3, 6, 9, 11, 13; 2:1, 4, 6)라는 문학적 장치를 사용한다. 성경에서 종종 발견되는 어떤 수 x와 그 수에다 1을 더한 x, x+1의 형태는 문학적 장치의 하나로 많은 수를 나타내기 때문이다(Roth 1962, 301, 311).

이외에도 아모스는 신탁(神託)을 전달하기 위해 직유, 은유, 별칭, 잠언, 짧은 내러티브, 조롱, 직설적인 저주, 이상, 조롱, 대화, 아이러니, 풍자, 패러디 등의 상당히 다양한 문학적 기교들을 사용하기 때문에 선지자들이 사용한 양식들의 모임이나 다름없다(Ryken 1993, 342). 아모스는 수사의문문(암 3:3-6), 어구의 반복(암 3:4, 8) 등을 사용하기도 하고 청중들을 호명함으로 그들의 주의를 집중시키기도 한다(암 3:1; 4:1; 5:1).

이 책의 문학적 구조에서 특이한 점은 언약법에 따른 소송 형식으로 메시지를 전달한다는 것이다. 니하우스(Niehaus 1992, 319)는 고대 근동에서 발견된 조약 문서와 아모스의 언약법에 따른 소송을 서로 비교했다.

고대 근동 조약	언약법에 따른 소송
종주(영주)에 대한 소개	원고/심판자에 대한 소개
역사적 서언	역사 회고
규정	고소
증인 소환	증인 소환
맹세(= 순종 요구에 대한 반응)	회개 요구
복/저주	저주 법령에 따른 심판

아모스가 하나님께 받은 말씀인 신탁을 전하는 양식이 이와 유사하다. 니하우스(Niehaus 1992, 319-320)는 아모스서에 세 부분이 있다고 했다. 그것은 아모스 1:3-5; 3:1-15; 5:18-27이다. 이 중에 아모스 3:1-15의 소송 구조는 다음과 같다.

- 원고/심판자에 대한 소개(암 3:1a)

- 피고에 대한 소개(암 3:1a)

- 고소(암 3:2)

- 언약법에 따른 소송이 정당함(암 3:3-8)

- 증인 소환(암 3:9a)

- 고소(암 3:9b-10)

- 심판(암 3:11-15)

이러한 문학적 구조와 특징은 아모스서를 이해하는 일에 도움을 준다. 특히 이 책의 문학적 구조는 문단을 구분하는 일에 도움을 준다. 그리고 7개의 내용을 열거한 후 절정에 해당하는 진술이 나오는 '7 더하기 절정', 즉 '7+1'의 형태는 메시지의 핵심이 어디에 있는지 보여준다(Limburg 1987, 220-221). 이 책의 문학적 구조를 다음과 같이 구분할 수 있다.

1. 서론(암 1:1-2)
2. 주변국들에 대한 심판 예언(암 1:3-2:16)
3. 언약에 따른 고소 1(암 3:1-15)
4. 언약에 따른 고소 2(암 4:1-13)
5. 언약에 따른 고소와 심판 예언(암 5:1-6:14)
6. 선지적 환상(암 7:1-8:3)
7. 이스라엘의 심판과 회복에 대한 예언(암 8:4-9:15)

III. 주제와 기록 목적

아모스가 문학적 구조와 다양한 문체와 문학적 특징을 통해 보여주고자 한 것은 이스라엘이 하나님과 맺은 언약을 어겼다는 것이다. 스튜어트(2011, 527)가 지적했듯이 아모스가 책망하는 죄목은 이스라엘이 시내산에서 하나님과 맺은 언약에서 정의한 죄목들이다. 또한 아모스가 예언하고 있는 징벌들은 오경에 기록된 저주 목록과 일치한다. 회복에 대한 약속 역시 레위기와 신명기에 기록된 약속들과 일치한다. 이로 보아 이 책의 주제는 이스라엘이 언약 백성으로서 합당한 삶을 살지 못함을 책망하며 언약 백성답게 정의를 물 같이 흐르게 해야 한다는 것이다.[4] 이 주제를 중심으로 아모스는 하나님께 받은 신탁을 문학적으로 정교하게 구성했다.

이 책은 "여호와께서 이와 같이 말씀하시되"라는 말로 시작하고 "여호와께서 말씀하셨느니라"라는 상투적인 표현으로 마치는 구문이 반복적으로 나온다. '말하다'라는 뜻인 '아말'(אמר)이라는 동사가 27번, '말' 또는 '말씀'이라는 뜻인 '너움'(נאם)이라는 명사가 21번, '말'이라는 뜻인 '다발'(דבר)이라는 명사가 1번 등 모두 49번이 나오고 전체 문단을 구성했다는 것은 하나님의 말씀을 반드시 들어야 함을 보여준다. 아모스는 이스라엘이 들어야 할 내용을 언약법에 따라 죄를 지적하고 그에 따른 심판을 이스라엘에 선언한다. 이로 보아 이 책의 기록 목적은 언약 백성이 언약법에 따라 살지 않으면 거기에 따른 심판이 따른다는 것을 보여주어 언약 백성의 신분에 합당한 삶이 중요하다는 것을 보여주려는 것이다.

이 책은 이러한 주제와 목적을 중심으로 몇 가지 중요한 신학적 메시지를 보여준다.

1. 하나님의 주권과 심판

아모스는 여호와를 북이스라엘만 아니라 이 땅 모든 나라 위에 계신 주권자로 묘사한다(스튜어트 2011, 528-529). 허바드(Hubbard 1989, 108-109)는 하나님의 주권과 통치를 네 가지 차원에서 설명했다. 첫째, 개인적, 신적 차원에서 하나님은 심판에 대한 모든 권한을 가지고 계신다(암 1:4; 3:2, 14; 9:4). 둘째, 창조의 차원에서 하나님은 악한 이스라엘을 심판하기 위해 땅을 일어나게 하신다(암 8:8; 9:1, 5). 셋째, 도덕적 인과관계 차원에서 하나님은 이스라엘이 행한 악한 행동에 대해 적절하게 벌을 받게 하신다(암 3:11; 5:11). 넷째, 역사적 차원에서 하나님은 세상의 열방을 심판의 대상일 뿐만 아니라 심판의 도구로 사용하신다. 하나님은 열방을 들

---

4 림버그(2004, 137)는 "오직 정의를 물 같이, 공의를 마르지 아니하는 강 같이 흐르게 할지어다"(암 5:24)를 아모스의 핵심이라고 했다.

어 이스라엘을 침략하게 하시며(암 3:11), 이스라엘 군대와 백성을 심판하신다(암 5:3; 6:9-10).

이스라엘은 일반적으로 '여호와의 날'을 그들의 나라가 변호를 받는 날, 용사이신 하나님이 이스라엘의 적들에게 심판하시는 날로 보았다. 아모스는 이 개념을 뒤집어 여호와의 날을 이스라엘에 대한 심판을 의미했으며 용사이신 하나님이 이 백성을 심판하시는 날이라고 했다(Dillard & Longman 1994, 383-384). 그런데도 하나님은 이스라엘을 회복하실 것이라는 신탁으로 마친다(암 9:11-15). 이것은 이스라엘의 행위와 능력 때문이 아니라 전적으로 하나님의 주권적인 은혜에 근거해 있음을 보여준다. 동시에 이들을 통해 메시아를 보내신다는 약속을 실현하실 것임을 보여준다.

2. 우상숭배

아모스 당시 이스라엘과 유다에 우상숭배는 널리 퍼져 있었다. 우상숭배는 이스라엘이 율법을 지키지 아니하는 중요한 요인이었다(암 2:4, 8; 5:5, 26; 7:9-13; 8:14).[5] 고대 세계에서 신들을 볼 수 있도록 새겨 만든 형상인 조상(彫像)이 그들을 돕는다고 생각하는 경향을 받아들였다(스튜어트 2011, 533). 여로보암 1세가 단과 벧엘에 만든 금송아지 형상은 고대 세계가 보편적으로 행하던 방식의 우상숭배로 나아간 것처럼 보인다(참조. 왕하 14:24).

그렇다고 이스라엘이 하나님을 섬기는 예배 행위를 버린 것은 아니었다. 그들은 희생제물로 제사하고 있었고(암 4:4-5; 5:21-26) 절기를 지키고 있었다(암 8:5). 그러나 그들은 종교행위는 행하고 있었으나 그 의식이 갖는 본질인 하나님을 사랑하고 그의 계명을 순종하지 못함으로 제사장 나라로서 사명을 감당하지 못했다.

---

5 아모스 2:4에 '거짓 것'은 원문은 '그들의 거짓스러운 일'(키저베이헴, כִּזְבֵיהֶם ‹ כָּזָב + הם)로 난외주에 번역한 것처럼 '우상'이라고 번역할 수 있다. 아모스 2:8의 '그들의 신전'은 '그들의 신들의 집'(베이트 엘로헤이헴, בֵּית אֱלֹהֵיהֶם)으로 역시 우상을 섬기는 곳을 말한다.

3. 사회적 정의

아모스 선지자가 사역하던 여로보암 2세 시대는 정치적이고 군사적인 성공에 따른 번영이 있었던 때이고 이스라엘에 부유한 상류층을 만들어 내었다(암 3:12, 15; 6:4-6). 그러나 이들은 사회적 정의를 왜곡하고 가난하고 힘없는 자들을 고통스럽게 했다(암 2:6-7; 4:1; 5:11; 8:4). 이때 아모스는 언약 백성으로서 개인과 공동체의 생활에서 언약 관계의 윤리적인 측면을 많이 강조했다. 특히 부유한 계층의 사람들, 정직하지 못한 상인들, 부패한 관리들, 기회주의적인 재판관들, 거짓 제사장들(암 4:1; 6:1, 4; 7:8-9)에 대하여 언약법에 근거해 고소했다. 그런데도 당시 이스라엘은 아모스의 말을 듣지 않음으로 아모스는 하나님이 심판하실 수밖에 없음을 선포한다(암 9:1-4). 이것은 이스라엘이 언약 백성으로서 사회적 정의를 이루어야 심판을 면하고 복된 미래를 예견할 수 있다는 것이다. 이 책에서 하나님을 섬기는 삶은 성전 안에 머무는 생활만이 아니고 사회생활의 모든 영역을 포함하고 있음을 보여준다. 하나님을 섬기는 생활은 통합적(integral)이다. 참된 믿음은 사회 전 영역에 나타나야 한다.

이러한 사상은 신약에서도 많이 볼 수 있다. 그 가운데 야고보서는 믿음과 행위와의 관계를 많이 다룬다. 야고보는 경건을 고아와 과부를 그 환란 중에 돌아보고, 또 자기를 지켜 세속에 물들지 아니하는 것이라고 정의했다(약 1:27). 이 정의를 볼 때 경건의 자태는 두 부분으로 나누어 볼 수 있다. 하나는 적극적인 의미로 고아와 과부들에게 실제적인 도움을 주라는 것이고, 또 하나는 소극적으로 세속에 물들지 말라는 것이다. 하나님께서 받으시는 경건의 참된 모습은 세속의 관습에 물들지 아니한 깨끗한 삶의 자태를 유지하면서도, 도움이 필요한 자들의 요청을 거절하지 않고 실제적인 도움을 베푸는 것으로 표현할 수 있다.

IV. 내용

내용 구조
1. 서론(암 1:1-2) 2. 주변국들에 대한 심판 예언(암 1:3-2:16) 3. 언약에 따른 고소 1(암 3:1-15) 4. 언약에 따른 고소 2(암 4:1-13) 5. 언약에 따른 고소와 심판 예언(암 5:1-6:14) 6. 선지적 환상(암 7:1-8:3) 7. 이스라엘의 심판과 회복에 대한 예언(암 8:4-9:15)

1. 서론(암 1:1-2)

이 표제에서 아모스는 자신의 신분, 출신 그리고 그가 사역한 시대를 보여준다.

내용 분해

(1) 표제 : 저자와 역사적 배경(암 1:1)
(2) 심판의 서론적 선포(암 1:2)

내용 해설

(1) 표제 : 저자와 역사적 배경(암 1:1)

이 표제는 짧지만 저자인 아모스가 어떤 사람이며, 어떤 역사적 배경에서 사역했는지를 보여준다.

① 저자(암 1:1)

아모스는 드고아 출신의 목자였다(암 1:1). 여기서 '목자'라고 번역된 단어는 직업을 가리키는 통상적인 단어인 '로에'(רעה)를 쓰지 않고 '노케이드'(נקד)라는 단어를 썼다. 이는 열왕기하 3:4에 "모압 왕 메사는 양을 치는 자라"라고 했을 때도 사용한 단어이다. 크레이기(Cragie 1982, 29-33)는 우가릿어에서 이 단어와 같은 어근의 단어를 볼 때 아모스는 대규모 목축업자였거나 가축 중개인으로 보인다고 했다. 아모스 당시 직업적인 선지자 가운데 한 사람인 아마샤가 아모스를 벧엘에서 생계를 유지하기 위하여 예언한다고 비난한 바가 있었다. 그때 아모스는 자신은 고향에 내려가면 생계에 대하여 걱정할 필요가 없기 때문에 먹고 살기 위하여 예언하는 것이 아니라 하나님께서 직접 부르셔서 예언한다는 사실을 강조했다(암 7:14-15). 그때 아모스는 자신을 '목자'라고 소개할 때 '보케이르'(בוקר)라는 단어를 썼고 또한 '뽕나무를 재배하는 자'라고 했다(암 7:14). 이로 보아 아모스는 땅을 소유한 사람이고 부유한 목장을 경영하는 자였던 것 같다.[6] 그러나 전통적으로 아모스를 양치기였으며 과수원 일꾼으로 가난하고 착취당하는 사회계층의 사람으로 본다(Dillard & Longman 1994, 376). 아모스가 아마샤와의 논쟁에서 자신의 신분을 밝히는 것으로 보아 그는 직업적인 선지자가 아니라 당시 역사적 상황에서 하나님의 일을 예언하는 자로 부르심을 받았다는 것을 알 수 있다.

② 역사적 배경(암 1:1)

아모스는 여로보암 2세가 다스리던 북쪽 이스라엘의 정치, 사회, 종교적인 상황을 배경으로 기록되었다. 아모스 1:1에 "이스라엘에 대하여 이상으로 받은 말씀"이라고 했다. 그리고 이 책의 전체 문맥에서 사마리아(암 3:9, 12; 4:1; 6:1; 8:14), 벧엘(암 3:14; 4:4; 5:5, 6; 7:3), 이스라엘의 집(암 5:1, 3, 25; 6:1, 14), 야곱(암 7:2, 5; 9:8), 그리고 직접, 간접으로 표현하고 있는 언급들은 북쪽 이스라엘에 주어진 말씀임을 알게 한다. 그리고 이스라엘 내의 어떤 특정한 집단만을 말하고 있는 것이 아니라 전체 이스라엘을 대상으로 말한다.

이 책에서 아모스 선지자가 사역하던 역사적 연대는 세 가지 방법으로 표현되

---

6 성경에 나타난 이러한 정보로 보아 맥콘빌(2009, 307)도 아모스는 부유한 사람이었음을 보여준다고 했다.

어 있다. 두 가지는 유다와 이스라엘을 통치하던 왕들과 연관되어 있다. 첫 번째로 유다 왕 웃시야(주전 792–740)를 언급한다. 그는 52년 동안 유다를 다스렸다(왕하 15:1–2; 대하 26:1–3). 두 번째로는 이스라엘 왕 여로보암 2세(주전 793–753)를 언급한다.[7] 세 번째로는 '지진 전 2년'이라는 한 사건을 언급한다. 이 지진은 모든 사람이 기억할 수 있는 사건으로 스가랴 14:5에 "유다 왕 웃시야 때에 지진을 피하여 도망하던 것같이 하리라"라고 했다. 하지만 지진의 연대를 정확히 확정할 수 없다. 스튜어트(2011, 541–542)는 가장 이른 연대로 주전 767년부터 웃시야가 죽기 2년 전인 주전 742년까지를 제안했다. 그가 이른 연대를 주전 767년으로 본 것은 웃시야의 아버지 아마샤(주전 796–767)가 죽은 해가 그때이고 그 이전에는 아마샤와 함께 통치했기 때문이다. 아마샤는 북 왕국 이스라엘 요아스 2년에 유다의 왕이 되었으나 요아스와의 전쟁에서 패하여 요아스가 죽을 때까지 이스라엘 감옥에 있었다(왕하 14:13). 그래서 웃시야는 아마샤가 감옥에 있었던 주전 791년부터 그의 아버지와 함께 통치했고, 아마샤가 죽은 주전 767년부터 단독으로 통치했다(틸레 1990, 85). 그래서 적어도 아모스는 주전 767년부터 그가 죽기 2년 전인 742년 어간에 사역했음을 알 수 있다.

이때 이스라엘과 유다는 다윗과 솔로몬 시대 이후 가장 번영한 시대였다. 군사적으로도 크게 성공하여 영토는 확장되었다(왕하 14:25; 대하 26:6–8). 이때 북 왕국의 수도인 사마리아에는 부유한 계층이 성장하여 부자들은 겨울에 지낼 집과 여름에 지낼 집을 가지고 있었고 최고급의 문화생활을 즐겼다(암 6:4–6). 하지만 이 시대가 그렇게 오래 가지 못할 것이라는 암시가 아모스의 메시지 곳곳에 나타난다(암 3:11; 5:3, 27; 6:7–14; 7:9, 17; 9:4). 왜냐하면 이 책에는 한마디 언급도 없지만 앗수르가 세력을 확장하여 두 왕국은 그 세력의 지배 아래 들어갈 것이기 때문이다(Dillard & Longman 1994, 376; Hubbard 1989, 150).

아모스는 큰 지진이 일어나기 2년 전에 예언했다. 아모스가 전한 말씀 중 어떤 부분은 언약에 따른 저주를 선언하는 수단으로 지진을 예언한 것처럼 보인다(암 3:14–15; 6:11; 9:1, 9). 스가랴 14:5이 말하고 있듯이 이스라엘 백성은 이 지진을 하

---

7 열왕기하 14:23에 보면 여로보암 2세는 유다 왕 아마샤 15년에 왕이 된 것으로 기록되어 있다. 그의 41년 간의 통치는 여호아스(= 요아스)가 섭정한 주전 793/2년에 시작된다. 섭정으로 시작한 해는 즉위년으로 부르지 않고 통치 첫해로 계산하기에 실제 통치 기간은 40년(주전 793–753)이 된다(틸레 1990, 158).

나님의 심판으로 여겼다. 아모스가 '지진 전 이년에'라고 한 것은 그가 그 지진을 '보았다'라는 것에 대한 증명이다(스튜어트 2011, 544).

(2) 심판의 서론적 선포(암 1:2)

이 절을 구성하고 있는 시적 평행법은 책 전체의 서론 역할을 한다(스튜어트 2011, 546-547). 아모스는 이 평행법을 통해 이스라엘에 대한 여호와의 말씀은 심판의 말씀이라는 것과 불순종하는 백성들에게 언약에 따라 심판하실 것을 선포했다.

아모스는 평행법으로 "여호와께서 시온에서부터 부르짖으시며 예루살렘으로부터 소리를 내시리니"라고 했다. '부르짖으시며'라는 표현은 은유적인 표현으로 마치 사자가 포효하는 이미지다(암 3:4; 사 5:29). 사자는 동물을 공격할 때 부르짖는 것이 아니라 공격하여 쓰러뜨린 다음에 부르짖는다. 아모스 선지자가 이 표현을 사용한 것은 이미 여호와의 심판이 시작되었다는 것을 의미한다. 이 점은 히브리어 성경의 시제에도 나타난다. NIV나 NASB 등의 영어 성경은 현재형으로 번역했다.

그런데 왜 하나님의 심판이 시온, 곧 예루살렘에서부터 임한다고 말했을까? 그것은 예루살렘을 여호와의 궤가 있는 곳, 곧 여호와께서 거하시는 처소로 이해하기 때문이다(시 9:11; 76:2). 시온과 예루살렘은 같은 의미다(사 24:23; 31:9; 욜 3:16). 그리고 솔로몬이 성전을 건축한 후에 하나님이 이곳에 임재하시며 이스라엘이 명령을 지킬 때 복을 주실 것이지만 법도를 버리면 벌하실 것이라고 말씀하셨기 때문이다(왕상 9:1-9). 그래서 여호와께서 시온에서부터 부르짖으신다는 것은 이스라엘이 언약을 지키지 못한 일에 대해 하나님이 심판하신다는 뜻이다.

하나님이 심판하시는 내용도 평행법으로 목자의 초장이 마르고 갈멜산 꼭대기가 마를 것이라고 했다. 이것은 하나님이 비와 이슬을 금하신다는 것이다. 이는 진노의 표시다(사 5:6; 19:7; 42:15). 아모스도 심판의 표시로 하나님이 비를 금하시는 것을 말한다(암 4:7-8).

2. 주변국들에 대한 심판 예언(암 1:3-2:16)

이 문단은 이스라엘 주변 7개국에 대한 심판을 선언한 후 그 형벌이 타당함을 느끼게 한 후 이들과 같거나 더 심한 죄를 지은 이스라엘에 대한 심판을 선언함으로 그 심판이 타당함을 논증하는 방식으로 기록하고 있다. 그리고 아모스의 중요한 구조적 특징 가운데 하나인 '7 더하기 절정', 즉 '7+1'의 방식으로 이스라엘의 죄와 그 죄에 대한 심판이 타당함을 설명한다. 그리고 이 문단은 예외적으로 아모스 1:9-10과 11-12을 제외하고 "여호와께서 이와 같이 말씀하시되"와 "여호와께서 말씀하셨다"라는 문구가 시작과 끝을 이룬다.[8] 그러나 이 문단은 이 문구가 모두 14개 나온다. 이것은 아모스가 전하는 메시지가 여호와의 말씀임을 강조한다.

이 문단에서 아모스는 이들의 죄가 많음을 표현하기 위해 '서너 가지'(암 1:3, 6, 9, 11, 13; 2:1, 4, 6)라는 문학적 장치를 사용한다. 어떤 수 x와 그 수에다 1을 더한 x, x+1의 형태는 성경에 많이 발견된다. 이것은 문학적 장치의 하나로 많은 수를 나타낸다(Roth 1962, 301, 311). 이것은 여기에 언급된 나라들의 죄악이 적지 않음을 보여준다. 주변국 각 나라에 대해 심판하시는 내용 구조는 다음과 같은 8개의 평행 구조로 되어있다.

> A 여호와께서 이렇게 말씀하셨다.
> B 서너 가지 죄로 말미암아 그 벌을 돌이키지 아니할 것이다.
> C 벌의 선포
> D 여호와께서 말씀하셨다.

이 문단에서 아모스는 이스라엘 주변국인 일곱 나라의 죄와 그 죄에 대해 심판을 선언할 때 이스라엘에 대한 심판의 말씀을 절정에 가서야 한다. 주변국에 대한 심판은 '지리적 교차대구법'(geographical chiasmus)을 이루고 있다. 북동쪽의 아람(암 1:3-5), 남서쪽의 블레셋(암 1:6-8), 북서쪽의 두로(암 1:9-10), 남동쪽의 에돔,

---

[8] 아모스 1:9-10과 11-12에 마치는 부분에 예외적으로 "여호와께서 말씀하셨다"라는 문구가 없는 것은 이 문단이 '7+1'의 구조이기에 의도적으로 7개씩 맞추기 위한 것으로 보인다.

암몬, 모압(암 1:11–2:3), 그리고 북쪽 이스라엘(암 2:6–16)로 가기 전에 초점을 남쪽 유다(암 2:4–5)에 맞춘다(Niehaus 1992, 323).

내용 분해

(1) 아람의 죄와 그에 대한 심판(암 1:3–5)

(2) 블레셋의 죄와 그에 대한 심판(암 1:6–8)

(3) 두로의 죄와 그에 대한 심판(암 1:9–10)

(4) 에돔의 죄와 그에 대한 심판(암 1:11–12)

(5) 암몬의 죄와 그에 대한 심판(암 1:13–15)

(6) 모압의 죄와 그에 대한 심판(암 2:1–3)

(7) 유다의 죄와 그에 대한 심판(암 2:4–5)

(8) 이스라엘의 죄와 그에 대한 심판(암 2:6–16)

내용 해설

(1) 아람의 죄와 그에 대한 심판(암 1:3–5)

아모스는 다메섹의 서너 가지 죄를 지적하며 심판을 선포한다. 다메섹(Damascus)은 아람의 수도였다(사 7:8). 아람은 유프라테스강 아래 지역으로 헬라어로 수리아라고 부른다. 다윗 시대에는 이스라엘이 크게 부흥하여 이곳에 수비대를 두기도 하였고, 조공을 받기도 했다(삼하 8:6). 그러나 솔로몬 시대에 그의 범죄 때문에 하나님은 르손(Rezon)을 일으키기도 하셨다(왕상 11:9–11, 23–25). 이때부터 아람은 오랜 세월 동안 이스라엘을 괴롭혔다.

이 아람의 죄는 철 타작기로 타작하듯 길르앗을 압박한 일이다(암 1:3). 이 사건은 어떤 사건을 반영하고 있는가? 이 사건은 이스라엘의 왕 예후(왕하 10:32–33)와 여호아하스가 통치할 때(왕하 13:1–7) 아람 왕 하사엘과 그의 아들 벤하닷이 침공한 사건을 염두에 둔 것으로 보인다. '철 타작기로 타작하듯이'라는 것은 비유적인데 곡식을 떨기 위해 철 이빨로 만든 타작 기계로 타작하듯이 군대를 동원하여 백성들을 친 것을 말한다. 이에 대해 열왕기하 13:7에 이렇게 기록했다.

> 아람 왕이 여호아하스의 백성을 멸절하여 타작 마당의 티끌 같이 되게 하
> 고 마병 오십 명과 병거 열 대와 보병 만 명 외에는 여호아하스에게 남겨
> 두지 아니하였더라.

하나님은 아람의 이러한 죄를 심판하실 것이라고 하시며 구체적으로 하사
엘의 집에 불을 보내고 벤하닷의 궁궐을 사를 것이고 아람 백성이 사로잡혀 '기
르'(קִיר)에 이를 것이라고 하셨다(암 1:4-5). 하사엘은 하나님이 엘리야에게 그에게
기름을 부으라고 하셨고 후에 엘리사가 그에게 기름부어 왕이 된 사람이다(왕상
19:15-16; 왕하 8:12-13). 이 하사엘의 아들이 벤하닷 3세다. 이 예언대로 아하스의
청을 들은 앗수르 왕 티글랏빌레셀은 아람의 수도 다메섹을 멸하고 백성을 잡아
'기르'(קִיר)로 이주시키고 아람 왕 르신을 잡아 죽였다(왕하 16:9).

(2) 블레셋의 죄와 그에 대한 심판(암 1:6-8)

아모스는 가사의 서너 가지 죄를 지적하며 심판을 선포한다. 가사는 블레셋의
대표적인 도시 가운데 하나로 블레셋은 가사 외에 에스글론, 아스돗, 에그론, 가
드 등 모두 다섯 개의 도시로 이루어진 나라다(수 13:3; 삼상 6:17). 성경에서 블레셋
의 도시들을 말할 때 맨 먼저 가사를 언급하고 있다(수 11:22; 13:3; 렘 47:5).

블레셋의 죄는 '모든 사로잡은 자'를 에돔에 넘겼다는 것이다(암 1:6). 이것은 포
로를 노예로 팔았다는 뜻이다. 블레셋뿐만 아니라 두로도 사람을 잡아 에돔에 넘
겼다(암 1:9). 이로 보아 당시 에돔에 노예시장이 형성되어 사람을 사고팔았던 것
으로 보인다(욜 3:4-6). 하나님은 그의 백성을 노예로 판 일을 그대로 둘 수 없으셨
다. 율법에 이러한 종류의 죄는 사형에 해당한다(출 21:16).

이러한 블레셋의 악한 행동에 대해 하나님은 가사에 불을 보내시고, 블레셋
다섯 부족인 아스돗, 아스글론, 에그론을 치실 것이다(암 1:7-8). 물론 그 심판이
역사 가운데 단번에 이루어진 것은 아니나 웃시아 왕 때(대하 26:6-7)와 히스기야
왕 때(왕하 18:8)에 크게 파괴되었고 애굽과 바벨론의 느부갓네살에 의해 거의 완

전히 파괴되었다.

(3) 두로의 죄와 그에 대한 심판(암 1:9-10)

아모스는 두로의 서너 가지 죄를 지적하며 심판을 선포한다. 두로는 시돈과 함께 페니키아의 중요한 도시국가다. 두로는 두 개의 도시로 이루어져 있었는데 하나는 섬이고 하나는 해변에 걸쳐 있었다(겔 27:4). 두로는 상업과 무역을 중심한 도시국가로 지중해 연안의 모든 국가와 무역하여 큰 부를 이루고 있었다(겔 27:2-9, 24-25, 33).

이 두로의 죄는 형제의 계약을 기억하지 아니하고 모든 사로잡은 자를 에돔에 넘긴 일이다(암 1:9). '형제의 계약'이란 고대 근동에서 조약을 맺었다는 뜻으로 상대 국가를 '형제'라고 불렀다(왕상 9:13). 이스라엘과 두로와의 조약은 다윗 시대와 솔로몬 시대에 성전을 건축할 때다(삼하 5:11; 왕상 9:10-13). 두로의 죄는 오늘날 자기 이익을 위해 국가 간의 조약이나 개인 간의 약속을 지키지 않는 현상과 다를 바 없다. 약속을 어기는 것은 타락한 사람의 전형이다(롬 1:31; 딤후 3:4). 국가 간의 약속이나 사람과 사람 간의 약속을 중요하게 생각해야 한다. 이러한 두로에 대해 하나님은 불을 보내어 그 궁궐들을 사를 것이라고 하셨다(암 1:10).

(4) 에돔의 죄와 그에 대한 심판(암 1:11-12)

아모스는 에돔의 서너 가지 죄를 지적하며 심판을 선포한다. 에돔은 야곱의 형제인 에서의 후손들이다. 출애굽 당시에 모세는 에돔 왕에게 이스라엘을 가리켜 '당신의 형제'라고 부르며 지나가도록 요청했으나 에돔은 칼로 막으며 그의 땅을 지나가지 못하게 했다(민 20:14-21; 삿 11:17). 이때 하나님은 에돔과 다투지 말라고 하시며 이들을 가리켜 '너희 동족'이라고 하셨다(신 2:4).

그런데도 이 에돔은 칼로 그의 형제를 쫓아가며 긍휼을 버리며 항상 맹렬히 화를 내었다(암 1:11). 이 점을 요엘 선지자도 지적한 바 있고 유다가 바벨론의 공격을 받을 때 바벨론을 도운 일도 있다(욜 3:19; 옵 1:10-11; 애 4:21-22).

하나님은 이러한 에돔에 대해 데만에 불을 보내고 보스라의 궁궐들을 사를 것이라고 하셨다(암 1:12). '데만'은 에돔의 도성 중의 하나로 종종 에돔과 동의어로 사용되었다(렘 49:20; 겔 25:13; 옵 1:9). 그리고 보스라는 당시 에돔의 수도로 에돔과 동의어로 사용되었다(사 34:6; 63:1; 렘 49:22). 그래서 데만에 불을 보내고 보스라의 궁궐을 사른다는 것은 하나님이 철저하게 멸망시키겠다는 뜻이다.

(5) 암몬의 죄와 그에 대한 심판(암 1:13-15)

아모스는 암몬의 서너 가지 죄를 지적하며 심판을 선포한다. 암몬은 아브라함 시대에 소돔과 고모라가 심판당할 때 겨우 구원받은 롯의 두 딸 가운데 작은딸이 낳은 아들이 그 조상이다(창 19:30-38). 암몬은 아브라함의 조카 롯의 후예였기 때문에 하나님은 암몬이 차지하고 있는 땅을 기업으로 주시지 않았다(신 2:19; 삿 11:15). 그런데도 암몬은 모압과 연합하여 이스라엘을 저주하기도 하고(신 23:4-6), 사사 시대에는 18년 동안 이스라엘을 지배하며 학대하기도 했다(삿 10:8).

이 암몬의 죄는 자기 지경을 넓히고자 하여 길르앗의 아이 밴 여인의 배를 가른 일이다(암 1:13). 길르앗은 이스라엘의 북쪽 지역에 있는 땅으로서 북쪽으로는 아람(수리아)과 남쪽으로는 암몬과 경계를 이루고 있었다. 사사 시대에도 암몬족은 길르앗을 침공하여 18년 동안 이스라엘을 지배했다(삿 10:8). 그리고 길르앗에 있는 사람을 죽이되 아이를 밴 여인까지 죽였다는 것은 이들의 야만적이고 잔인한 행동을 그대로 보여준다. 이들은 왜 이러한 행동을 했는가? 그것은 그들의 지경을 넓히고자 하는 것이다. 이러한 일은 우리나라의 역사나 세계 역사에서 끊임없이 일어났던 일일 뿐만 아니라 개인들도 자기의 이익을 위해 거짓과 중상모략과 사람을 해하기도 한다.

하나님은 이런 암몬에 대해 전쟁의 날에 외침과 회오리바람의 날에 폭풍으로 랍바성에 불을 놓아 그 궁궐들을 사르고, 그들의 왕과 지도자들은 사로잡혀 갈 것이라고 하셨다(암 1:14-15). 암몬의 멸망에 대해 에스겔 선지자도 예언했다(겔 25:5-7). 암몬은 바벨론에 의해 멸망했으며 주전 6세기에 대다수 주민이 멸절되었다(Landers 1989, 111-113).

(6) 모압의 죄와 그에 대한 심판(암 2:1-3)

아모스는 모압의 서너 가지 죄를 지적하며 심판을 선포한다. 모압은 암몬과 같은 기원을 가지고 있다. 모압은 소돔과 고모라가 멸망할 때 겨우 구원을 받은 롯과 그의 두 딸 가운데 첫 번째 딸에서 난 아들이 그 조상이다(창 19:37). 모압은 지형학적으로 염해 오른쪽 아래에 위치해 비교적 비옥한 농경지와 목축지를 가지고 있었다. 모압 왕 발락은 이스라엘이 가나안에 들어가기 전에 바알 브올의 선지자 발람을 통하여 이스라엘을 저주하려고 했다(민 22-24; 수 24:9). 이 일이 실패하자 바알 브올의 선지자 발람은 이스라엘 백성을 모압의 신 바알 브올에 초청하여 음행하게 하여 이스라엘 백성 2만 4천명이 죽었다(민 25:9; 31:16). 사사 시대에는 모압 왕 에글론이 통치할 때 주변에 암몬과 아멜렉 자손들과 동맹을 맺어 이스라엘을 침략하여 18년 동안 이스라엘을 괴롭게 했다(삿 3:12-30). 다윗왕 시대에는 모압을 완전히 정복하여 조공을 바치게 했다(삼하 8:2; 대상 18:2, 11). 아합왕 때에 모압 왕 메사는 새끼양 10만과 수양 10만 마리의 털을 조공으로 바쳤다(왕하 3:4). 그러나 모압은 아합이 죽은 후에 이스라엘을 배반했다(왕하 3:5).

이 모압의 죄는 에돔 왕의 뼈를 불살라 재를 만들었다는 것이다(암 2:1). 이 죄를 지적하는 것은 다른 나라와 차이점이 있다. 다른 나라는 언약 백성인 유다와 이스라엘에 행한 악한 행동과 결부되어 있으나 여기서는 악을 많이 행한 에돔 왕에 대한 잔인한 행동 때문이다. 이것이 왜 심판의 이유가 되는 죄인지 구체적인 설명이 없다. 스튜어트(2011, 568)는 뼈를 재로 만든 것은 부활에 참여하는 기회를 막고 영원히 죽기를 바라는 행위로 보았다. 오스왈트(2014, 1683)는 모압의 죄가 이스라엘이나 유다가 아니라 에돔에 대한 죄였다는 사실은 이 심판이 인종이 아니라 보편적인 하나님의 정의에 바탕을 두었기 때문이라고 보았다. 하나님은 이 모압에 대해 불을 보내어 그리욧 궁궐을 사르고, 요란함과 외침과 나팔 소리, 곧 전쟁의 소용돌이 속에서 죽을 것이라고 하셨다(암 2:2-3). 이 말씀대로 모압은 바벨론의 느부갓네살에 의해 완전히 멸망당했다(요세푸스 2006, X-ix-7).

(7) 유다의 죄와 그에 대한 심판(암 2:4-5)

아모스는 유다의 서너 가지 죄를 지적하며 심판을 선포한다. 지금까지 아모스는 이스라엘 주변국의 죄와 그에 대한 심판을 선포했다. 이제 카메라의 초점을 언약 백성에게 맞추되 북 왕국 이스라엘에게 맞춘다. 앞의 주변국 여섯 나라의 죄를 지적하는 것과 결정적인 차이점은 하나님과 맺은 언약에 근거해 죄와 그에 대한 심판을 선포한다는 것이다. 유다가 범한 죄는 그들이 여호와의 율법을 멸시하여 그 율례를 지키지 아니하고 그들의 조상들이 따라가던 거짓 것에 미혹되었다는 것이다(암 2:4). 여기 '거짓 것'(카잡, כָּזָב)은 우상을 의미한다. 그런데 '그들의 조상들이 따라가던'이라는 표현을 쓴 것은 언약의 백성이 긴 역사 동안 여호와께 신실하지 못하고 우상을 숭배했음을 의미한다. 이것이 큰 죄가 되는 이유는 하나님과 맺은 언약 때문이다(참조. 신 28:15-68). 언약 백성은 하나님을 사랑하고 섬기는 방법이면서 언약 속에 내포된 복을 누리는 방법인 율법을 지켜야 한다. 하나님은 이 유다에게도 불을 보내어 예루살렘 궁궐을 사르실 것이라고 하셨다(암 2:5). 이 말씀대로 주전 586년에 바벨론은 예루살렘의 성전과 궁궐을 불사르고 백성들을 포로로 잡아갔다(왕하 25:9-11).

(8) 이스라엘의 죄와 그에 대한 심판(암 2:6-16)

아모스는 이 문단에서 드디어 그가 생각하고 있었던 목표에 이르렀다. 아모스서의 문학적 특성 가운데 하나가 7개의 내용이 열거된 후 절정에 해당하는 진술이 나오는 '7 더하기 절정', 곧 '7+1'의 구조다. 이것은 앞의 주변국에 죄와 그에 대한 심판을 선포하는 일의 절정이 이스라엘의 죄와 그에 대한 심판에 있음을 보여준다.

① 이스라엘의 죄(암 2:6-8)

여기에 이 책의 구조적 특징 가운데 하나로 한 단락에 7개의 내용을 담고 있다. 여기서 아모스가 나열하는 이스라엘의 죄목은 7가지다.

(ⅰ) **은을 받고 의인을 파는 일(암 2:6a)** : 이 말씀은 문자 그대로 돈을 받고 죄 없는 사람을 종으로 판다는 뜻이다. 이것은 재판관이 뇌물을 받고 불의한 재판을 하여 죄를 짓지 않았음에도 불구하고 종으로 팔려가게 하는 것을 말한다.

(ⅱ) **가난한 자를 신 한 켤레 값으로 파는 일(암 2:6b)** : 신 한 켤레로 궁핍한 자를 팔았다는 것은 가난한 자들을 헐값에 팔았다는 뜻이다. 어떤 사람이 신 한 켤레에 해당하는 빚을 졌다. 율법에 어떤 사람이 가난하여 빚을 갚지 못하면 채주에게 빚진 만큼 종으로 봉사할 수 있었다. 종으로 판다고 해도 언약 백성은 애굽에서 구속받은 것을 기억하고 품꾼처럼 여겨야 한다. 그리고 이스라엘 백성을 종으로 삼아서는 안 된다(참조. 레 25:39-44; 왕하 4:11). 그러나 아모스 당시 이스라엘은 가난하고 궁핍한 자들이 빌린 돈을 갚지 못한다고 하여 종으로 팔았다.

(ⅲ) **힘없는 자를 짓밟는 일(암 2:7a)** : 이스라엘은 힘없는 자를 짓밟았다. 개역개정판에서 "힘없는 자의 머리를 티끌 먼지 속에 발로 밟고"라고 번역했다. 아모스 2:6의 '가난한 자'(엡욘, אֶבְיוֹן)는 주로 물질적인 가난에 역점을 두고 있다. 그러나 아모스 2:7의 '힘 없는 자'(달림, דַּלִּים < דַּל)는 비천하고 고통받는 신분에 있는 사람에 강조점이 있다. NEB성경은 전자를 '생활이 어려운 사람'(the destitute)이라고 번역했고, 후자를 '비천한 사람'(the poor)이라고 번역했다. 그런데 힘없는 자의 머리를 '티끌 먼지 속에 발로 밟고'라고 했다. '밟다'라는 동사는 히브리어로 '샤아프'(שׁאַף)인데 KJV가 번역한 것처럼 '탐내다'라는 뜻도 있고 NIV가 번역한 것처럼 '멸시하다', '짓누르다'라는 뜻도 있다. 전자로 번역한다면 힘없는 자의 머리에 있는 티끌까지도 착취하려는 탐심을 보여주지만 후자로 번역한다면 가난한 자의 비천한 상태를 보고 더욱 멸시하여 천대한다는 뜻이다.

(ⅳ) **연약한 자의 길을 굽게 하는 일(암 2:7b)** : 연약한 자의 길을 굽게 했다는 것은 앞의 '힘없는 자'와 평행을 이루는 말로 볼 때 사회적 약자를 말한다. 아모스의 이 말은 사회적 약자들이 바르게 가려는 길을 왜곡시키는 행위로 연약한 자들의 재판을 공정하게 다루지 않는 일을 의미한다(출 23:6-8; 림버그 2004, 153).

(ⅴ) **성적으로 부도덕한 일(암 2:7c)** : 이스라엘은 성적으로 부도덕한 일을 행함으로 하나님의 거룩한 이름을 더럽혔다. 아모스는 아버지와 아들이 '한 젊은 여인에게 다녔다'라고 했다. '한 젊은 여인'(하나아라, הַנַּעֲרָה)은 단순히 젊은 여자가 아니라 정관사와 결합된 것으로 보아 NIV와 NASB처럼 '동일한 여자'로 보아야 한다. 이

경우는 아들이 아버지의 아내를 취한 행동을 말한다(신 22:30; 27:20). 성적으로 부도덕한 일은 하나님이 쫓아내신 가나안족의 풍속일 뿐만 아니라 거룩하신 하나님과 교제하는 행동이 아니다(레 20:23, 26).

(vi) **우상을 숭배하고 가난한 사람들을 배려하지 않는 일(암 2:8a)** : 아모스는 당시 이스라엘의 죄를 그림을 그리듯이 설명해 준다. 이스라엘은 모든 단 옆에서 전당잡은 옷 위에 누웠다(암 2:8a). 여기 '전당잡은 옷'은 몸을 감을 수 있는 겉옷을 말한다. 때로 이들에게 있어서 이 옷은 이불처럼 사용되기도 했다. 그래서 율법은 만일 이웃의 옷을 전당잡거든 해가 지기 전에 그에게 돌려보내라고 하며 그 이유를 그 몸을 가릴 것이 겉옷뿐이고 이 옷을 입고 자기 때문이라고 했다(출 22:26-27). 신명기 24:13에서는 해가 지기 전에 돌려주는 행동을 가리켜 하나님 앞에서 의로운 행동이라고 했다. 그러나 이스라엘은 돌려주지 않았을 뿐만 아니라 모든 단 옆에서 전당 잡은 옷 위에 누웠다.

(vii) **그들의 신전에서 벌금으로 받은 포도주를 마신 일(암 2:8b)** : 율법에는 몇몇 범죄의 경우 남에게 부당하게 입힌 손해를 보상하기 위해 벌금을 부과하였다(출 21:22; 신 22:19). 그런데 여기서의 '벌금'은 불의한 법령을 만들어 가난한 자들을 불공평하게 판결하여 받은 것으로 보인다(사 10:1-2). 그리고 '모든 단'과 '그들의 신전'은 이교적인 예배를 암시하고, 신전에서 행해지는 술 잔치는 가나안 종교의 특성을 보여준다(스튜어트 2011, 572). 이것은 우상을 숭배하면서 가난한 사람을 배려하지 않고 착취했음을 의미한다.

② 역사 가운데 베푸신 하나님의 사랑(암 2:9-12)

아모스는 이스라엘의 죄를 지적한 후에 그 죄를 짓는 것이 타당하지 않다는 것을 말하기 위해 하나님이 그들을 위해 역사 가운데 어떤 은혜를 베푸셨는지를 설명한다. 아모리 사람은 일반적으로 가나안에 거하는 부족들을 대표하는 표현으로 사용되었다. 아모리 사람들이 강하다는 것을 말하기 위해 그 키는 백향목 높이와 같고 강하기는 상수리나무 같다고 했다(암 2:9). 이 표현대로 가나안에 살던 사람들은 거인족이 많았고 강했다. 이스라엘 백성들이 가나안에 들어가기 전에 정탐꾼들을 보내었을 때 이 사람들을 보고 "거기서 본 모든 백성은 신장이 장대한 자들이며 거기서, 또 네피림 후손 아낙 자손 대장부를 보았나니"(민 13:32-33)라고 했다. 하지만 하나님은 비유적인 표현으로 그 위의 열매와 그 아래의 뿌리를 진멸했다고 하셨다. 이것은 이 나라가 다시 일어설 수 없도록 완전히 뿌리까지 뽑았다는 뜻이다(참조. 수 24:15-18).

또 아모스는 하나님이 애굽 땅에서 인도하여 40년 동안 광야 생활을 거쳐 지금 사는 아모리 땅에 정착하기까지 역사 가운데 보여주신 사랑도 말한다(암 2:10; 참조. 신 2:7; 29:5). 선지서에서 자주 이 역사를 강조하는 목적은 하나님이 이들에게 보여주신 크고 놀라운 사랑을 상기시켜서 하나님의 백성으로서 합당한 삶을 살도록 하기 위함이다.

또 아모스는 이스라엘 자손들 가운데 선지자들과 나시르 사람을 일으킨 사실도 말한다(암 2:11). 아모스가 선지자와 나시르 사람을 평행으로 쓴 것은 하나님의 백성들 가운데 구별된 자들로서 하나님을 섬기기 위해 부름을 받은 자임을 말한다. 그들은 구별된 자들의 표시로서 머리를 깎지 않았고 포도주를 입에 대지 않았다(민 6:1-21). 하나님이 이들을 세우신 것은 그의 거룩한 백성으로 살도록 주신 은혜요 사랑이다. 그런데 이들에게 포도주를 마시게 하고 선지자에게 예언하지 말라고 했다(암 2:12). 이는 하나님께 구별된 자로서 사명을 다하지 못하게 했다는 뜻이다.

③ 하나님의 심판(암 2:13-16)

아모스는 하나님이 베푸신 사랑을 잊어버리고 언약 백성으로서는 해서는 안 될 악한 행동에 대해 심판을 선언한다. 아모스는 그림 언어로 곡식단을 가득히 실은 수레가 흙을 누름같이 하나님이 이스라엘을 누를 것이라고 했다(암 2:13). 여기 '누르다'(우크, פוק)라는 동사는 '찢다', '가르다'라는 단어로 보고 2년 뒤에 있을 지진으로 해석하기도 한다(Smith 1989, 91). 그러나 이 동사는 무거운 짐을 실은 마차가 누르는 것과 같은 의미로 이해하는 것이 자연스럽다(스튜어트 2011, 575). 하나님이 심판하실 때 아무도 피할 수 없음을 강조하기 위해 7가지를 말한다. (i) 빨리 달음박질하는 자도 도망할 수 없으며, (ii) 강한 자도 자기 힘을 낼 수 없으며, (iii) 용사도 자기 목숨을 구할 수 없으며, (iv) 활을 가진 자도 설 수 없으며, (v) 발이 빠른 자도 피할 수 없으며, (vi) 말 타는 자도 자기 목숨을 구할 수 없고, (vii) 용사 중에 굳센 자도 그날에 벌거벗고야 도망할 것이다(암 2:14-16). 이렇게 아모스가 의

도적으로 7가지를 기술한 것은 아무도 하나님의 심판을 피할 수 없음을 말하기 위한 것이다.

3. 언약에 따른 고소 1(암 3:1-15)

이 문단에서 아모스는 이스라엘이 하나님의 복과 은혜를 받은 백성으로서 하나님과 맺은 언약을 버린 일에 대해 고소한다. 언약 백성으로서 살아야 할 삶의 특징을 상실하였기 때문에 마땅히 하나님의 심판을 받아야 한다는 점을 기록하되 재판장에게 기소하고 재판장은 심판을 선언하는 형식으로 기록한다.

내용 분해

(1) 역사적 배경(암 3:1-2)
(2) 심판에 대한 소송이 정당함을 확증함(암 3:3-8)
(3) 심판을 선포함 : 증인, 기소, 심판(암 3:9-15)

내용 해설

(1) 역사적 배경(암 3:1-2)

아모스는 '들으라'라는 말로 이스라엘을 언약에 따라 고소한다. '들으라'라고 말하는 서론적 형식(참조. 창 4:23; 49:2; 출 18:19; 신 4:1; 6:4 등)은 중요한 메시지가 주어지고 있음을 보여주는 신호다(스튜어트 2011, 579). 아모스서에서 이 형식은 네 번 나타난다(참조. 암 4:1; 5:1; 8:4). 아모스는 하나님과 이스라엘의 관계에 어떤 역사적 배경이 있는지 몇 가지로 설명하신다. 첫째, 이스라엘을 가리켜 '하나님이 애굽에서 인도하여 올리신 모든 족속'이라고 했다. 이것은 이스라엘이 애굽에서 종으로 고통할 때 하나님이 애굽에서 구원해 내신 족속이라는 것이다. 둘째, 하나님과 이스라엘과의 관계를 '나와 너희'(I & You)로 표현한다. 하나님은 "내가 땅의 모든 족속 가운데 너희만 알았나니"(암 3:2)라고 하셨다. 이것은 하나님과 이스라엘이 언약 관계를 맺고 있다는 것이다. 출애굽한 후 시내산에서 언약을 맺을 때 하나님은 "세계가 다 내게 속하였나니 너희가 내 말을 잘 듣고 내 언약을 지키면 너희는 모든 민족 중에서 내 소유가 되겠고, 너희가 내게 대하여 제사장 나라가 되며, 거룩한 백성이 되리라"(출 19:5-6)라고 하셨다. 땅의 모든 족속 가운데 하나님은 이스라엘 백성들과만 언약을 맺으셨다.

이스라엘 백성이 어떤 민족인지 그 역사적 배경을 설명한 의도는 무엇인가? 그것은 그들 자신이 누구이며, 하나님이 그들을 위해 무슨 일을 하셨으며, 그들이 어떻게 응답하면서 살아야 할 것인지 기억하게 하려는 것이다(림버그 2004, 159).

(2) 심판에 대한 소송이 정당함을 확증함(암 3:3-8)

이 문단은 아모스서의 특징적인 문학적 구조 가운데 하나인 '7 더하기 절정'의 구조로 되어있다. 아모스는 운문으로 된 원인과 결과 형태로 된 7개의 수사적인 질문(암 3:3-6)과 산문으로 된 삽입구(암 3:7)와 운문으로 된 절정(암 3:8)의 형태로 말한다. 이 질문은 아모스가 전하는 심판에 대한 소송이 정당함을 확증하기 위한 것이다. 7가지의 수사적 질문은 다음과 같다.

ⅰ 두 사람이 뜻이 같지 않은데 어찌 동행하겠느냐?

ⅱ 사자가 움킨 것이 없는데 어찌 수풀에서 부르짖겠느냐?

ⅲ 젊은 사자가 잡은 것이 없는데 어찌 굴에서 소리를 내겠느냐?

ⅳ 덫을 땅에 놓지 않았는데 새가 어찌 거기 치이겠느냐?

ⅴ 잡힌 것이 없는데 덫이 어찌 땅에서 튀겠느냐?

ⅵ 성읍에서 나팔이 울리는데 백성이 어찌 두려워하지 아니하겠느냐?

ⅶ 여호와의 행하심이 없는데 재앙이 어찌 성읍에 임하겠느냐?

아모스는 왜 7개의 수사적 질문을 던지는가? 그 이유를 아모스 3:7에서 설명한다.[9] 그것은 여호와께서는 자기의 비밀을 그의 종 선지자에게 알리지 않고는 결코 행하심이 없기 때문이다. 그래서 앞의 7개의 질문은 여호와께서 경고하시는 일에 대해 합당하게 응답해야 한다는 것이다. 이 7개의 수사적 질문의 요지는 어떤 특정한 행동에 대해 즉각적이고 자동적인 반응이 생겨난다는 것이다. 경고음이 들리고 사자의 부르짖는 소리를 듣게 되면 어떤 반응을 보일까? 이러한 수사적 질문에 이어 아모스의 메시지의 절정에 해당하는 두 개의 수사적 질문으로 "사자가 부르짖은즉 누가 두려워하지 아니하겠느냐 주 여호와께서 말씀하신즉 누가 예언하지 아니하겠느냐?"라고 한다면 듣는 청중의 대답은 무엇일까? "누구나 예언할 것이다"라고 대답할 것이다(림버그 2004, 161). 이 구조가 보여주는 것은 아모스가 하나님이 말씀하시는데 자신은 그 하나님의 말씀에 따라 소송을 걸 수밖에 없다는 것이다.

하나님은 소돔과 고모라를 멸하실 때도 아브라함과 롯에게 그 계획을 알려 주셨고 출애굽 시대에 애굽에 임한 재앙도 먼저 모세와 아론에게 미리 말씀해 주셨다. 하나님이 그의 선지자들을 통해 미리 말씀하시는 것은 경고의 말씀을 듣고 회개하면 구원을 받을 수 있는 길을 열어 주시기 위함이다.

(3) 심판을 선포함 : 증인, 기소, 심판(암 3:9-15)

이 문단에서 아모스는 증인을 세워 기소하고 심판을 선언한다. 아모스는 증인으로 아스돗의 궁궐과 애굽 땅 궁궐을 세워 그들에게 사마리아 산들에 모여 그 성 중에 일어나고 있는 일을 보라고 했다(암 3:9). 여기 '아스돗'은 블레셋의 도시다. 70인역은 이를 '앗수르'(Ἀσσυρίοις)로 해석하여 번역했는데 이는 서기관이 잘못 쓴 것으로 보았기 때문이다. 아스돗의 궁궐이든, 앗수르의 궁궐이든 다 악한 권력층이고 애굽의 궁궐 역시 악한 권력층을 의미한다. 아모스는 이스라엘을 기소하면서 이들을 증인으로 세워 사마리아 성 중에 일어나고 있는 큰 요란함과 학대함을 보라고 했다. '큰 요란함'(머후모트 라보트, מְהוּמֹת רַבּוֹת)은 전쟁과 같은 매우 당

---

9 히브리어 본문은 이 절 앞에 '키'(כִּי)라는 접속사가 있다. 이것은 '왜냐하면'이라고 번역되지만 NIV, NASB 등은 'surely'라고 번역했다. 이 단어는 의문문 다음에 오면 대개 '그럼요'라는 뜻이다.

황스러운 상태를 말한다(참조. 신 7:23; 28:20; 삼상 5:9 등). 이 용어는 '평강', '안전'과는 정반대의 상황을 나타내는 것으로 권력자들의 폭력에서 누구도 안전하지 않은 여건임을 암시한다. '학대함'(아슈킴, עֲשׁוּקִים)은 상대적으로 힘있는 사람이 힘없는 사람을 통제하는 것을 말한다(스튜어트 2011, 592–593). 그리고 사마리아 궁궐에서 포학과 겁탈을 쌓는 자들이 바른 일 행할 줄 모른다고 했다(암 3:10). '포학과 겁탈'(하마스 와쇼드, חָמָס וָשֹׁד)은 중언법(重言法)으로(렘 6:7; 20:8; 사 60:18 등) 정의와 공의의 반대되는 개념으로 쓰인다. '포학'(하마스, חָמָס)은 주로 사람에 대한 폭력을 내포하고(참조. 욥 16:17; 렘 51:35 등) '겁탈'(쇼드, שֹׁד)은 주로 재산에 대한 폭력을 내포한다(참조. 호 10:14; 미 2:4). 이 두 용어를 통해 사람과 재산에 대한 폭력의 모든 범위를 포함한다(스튜어트 2011, 593; Smith 1995, 79).

아모스는 왜 이스라엘의 주변국이며 그들 스스로 이방인이라고 생각하는 사람들을 증인으로 채택했는가? 이것은 단순히 수사학적인 기교만이 아니라 이스라엘의 죄악이 더 심하고 하나님의 심판을 받아야 마땅하다는 것을 보이기 위함이다.

아모스는 이방 나라 권력층이 목격한 대로 큰 요란함과 학대함이 있는 이스라엘에 땅 사면에 대적이 있어 힘을 쇠하게 하고 궁궐을 약탈할 것이라고 했다(암 3:11). 이 대적은 당시 시대 상황에서 앗수르를 말한다. 아모스는 앗수르로 말미암아 목자가 사자 입에서 양의 두 다리나 귀 조각을 건져냄과 같이 사마리아에서 침상 모서리에나 걸상의 방석에 앉은 이스라엘 자손이 건져냄을 입을 것이라고 했다(암 3:12). 일반 백성이 돗자리 위에 자거나 바닥에 앉는 것과 비교해 보면 사마리아에서 '침상 모서리나 걸상의 방석에 앉았다'라는 것은 이들이 사마리아의 부유층임을 의미한다. 하지만 이들이 사자 입에서 양의 두 다리나 귀 조각을 건져냄과 같다고 했을 때 이것은 사마리아 부유층들이 앗수르의 공격에 시체 일부분만 남게 될 것을 의미한다. 오스왈트(2014, 1685)는 '건져냄을 입으리라'라는 말씀을 소수의 남은 자가 있을 것으로 보았으나 사자 입에서 건짐을 받은 두 다리가 살아있다고 할 수 있겠는가? 이러한 심판에 대한 말씀은 모압 언약인 신명기 28:49–52에 예언되어 있다. 따라서 아모스의 메시지는 언약의 말씀에 따라 저주하고 있는 내용임으로 이 문단의 전체 제목은 '언약에 따른 고소'라고 할 수 있다.

이제 하나님은 그들이 목격한 일에 대하여 "너희는 듣고 야곱의 족속에게 증언하라"(암 3:13)라고 하셨다. 여기 2인칭 복수 명령법인 '듣고'와 '증언하라'라는 동사의 주어가 누구인지 명시하지 않는다. '너희'는 법정 소송 절차와 관련된 어법인 보아 단순히 청중을 말하고, 판결하시는 분은 하나님이다(스튜어트 2011, 595). 어떤 내용을 증언해야 하는가? 하나님이 이스라엘의 죄를 보응하는 날에 벧엘의 단을 벌하시고 제단의 뿔을 꺾어 땅에 떨어트리시고 겨울 궁과 여름 궁과 상아 궁들을 파괴하신다(암 3:14-15). 벧엘은 이스라엘이 남북으로 나누어질 때 여로보암이 금송아지를 이곳에 만든 곳으로 북 이스라엘의 종교적 중심지 역할을 했다(왕상 12:27-33). '뿔'은 성경에서 능력과 권위를 상징하는 것으로 사용되었다(신 33:17; 삼상 2:1, 10; 시 75:10). 그래서 제단 뿔을 꺾는다는 것은 이스라엘의 잘못된 종교 생활을 완전히 뿌리 뽑아 버릴 것이라는 뜻이다. 겨울 궁과 여름 궁은 왕들이 가지고 있었던 궁들로(렘 36:22) 계절에 따라 이 궁들을 소유했다는 것은 왕들이 부유하고 사치했다는 것이다. 상아 궁은 상아로 치장된 궁을 말하는 것으로 아합왕 때 지었다. 이는 이스라엘 왕들이 부유했고 사치했음을 보여준다(왕상 22:39). 하지만 하나님은 이스라엘의 죄를 보응하시는 날에 이 모든 것을 치실 것이다.

아모스의 이 예언은 언제 성취되었는가? 벧엘의 단이 무너진 것은 요시야 왕 때이다(왕상 13:1-3; 왕하 23:15-16; 호 10:5, 15). 그리고 이스라엘의 부유함과 사치를 상징하던 여름 궁과 겨울 궁과 상아로 치장된 궁들이 파괴된 것은 앗수르에 의해 멸망한 주전 722년이다(왕하 17:6). 이 모든 일의 근원은 이스라엘이 언약 백성으로의 정체성을 상실한 데 있다(림버그 2004, 161-163).

4. 언약에 따른 고소 2(암 4:1-13)

이 문단은 중요한 메시지를 전하는 신호인 '들으라'라는 말로 시작하며 언약의 말씀에 따라 이스라엘 백성들을 기소하는 내용 가운데 두 번째 부분이다. 아모스는 사회적 약자들에게 범한 죄(암 4:1-3)와 종교적인 죄(암 4:4-5)를 설명한 다음에 이스라엘이 회개하도록 언약에 따라 다양하게 징계하셨으나 돌아오지 않는 모습을 회고하며(암 4:6-11) 심판을 피할 수 없음을 선언한다(암 4:12-13).

내용 분해

(1) 사회적인 죄에 대한 기소(암 4:1-3)

(2) 종교적인 죄에 대한 기소(암 4:4-5)

(3) 과거 심판에 대한 역사적 회고(암 4:6-11)

(4) 심판의 확실함(암 4:12-13)

내용 해설

(1) 사회적인 죄에 대한 기소(암 4:1-3)

아모스는 "바산의 암소들아 이 말을 들으라"(암 4:1a)라고 하면서 그들의 죄를 지적했다. 바산은 기름진 땅과 목초지가 있었기 때문에 품질 좋은 소와 양으로 유명한 지역이었다(신 32:14; 겔 39:18). 바산의 암소들이 주는 이미지는 무엇인가? 그들은 사마리아의 권세 있고 부유한 부인들이다. 바산의 암소가 부유한 부인을 상징하는 말인 것은 이 말과 대구가 되는 표현이 '가장'이기 때문이다. 그들은 힘 없는 자를 학대하며 가난한 자를 압제하며 그들의 가장에게 술을 가져오게 하여서 함께 마시자고 했다(암 4:1b). 바산의 암소라는 이미지로 묘사된 부유한 부인은 기름지고 육질이 좋은 바산의 암소처럼 겉으로 보기에 잘 먹어서 윤기가 흐르지만 사회적 약자들을 압제하면서 가장에게 술을 가져오라고 하며 향락을 즐겼다.

하나님은 자신의 거룩함을 두고 맹세하시며 사람이 갈고리로 그들을 끌어가며 낚시로 남은 자들을 끌어갈 것이라고 하셨다(암 4:2). 아모스는 그들을 바산의 암소들이라는 표현과는 대조적으로 갈고리에 끌려가는 모습으로 묘사한다. 침략자들이 뚫은 성의 무너진 데를 통해 하르몬으로 던져질 것이다. 여기 '하르몬'(하르모나, הַהַרְמוֹנָה)이 무엇을 의미하는지 분명하지 않으나 북쪽에 있는 헤르몬산 쪽으로 포로가 되어 앗수르로 끌려가는 것으로 예상할 수 있다(림버그 2004, 166).

(2) 종교적인 죄에 대한 기소(암 4:4-5)

아모스는 사회적인 죄에 대해 기소한 후 종교적인 죄에 대해 기소한다. 여기서 아모스의 구조적 특징 가운데 하나인 7개의 명령형 동사를 사용한 후 절정을 더하는 '7 더하기 절정', 곧 '7+1'의 형식이 나타난다(Limburg 1987, 220). 그것은 벧엘에 (i) 가서, (ii)범죄하며, (iii) 죄를 더하며, (iv)아침마다 희생을 (드리며), (v) 삼일마다 십일조를 드리며, (vi) 수은제로 드리며, (vii) 낙헌제를 소리내어 선포한 것이다(암 4:4-5a). 아모스는 이를 지적하고 난 뒤에 "이것은 너희가 기뻐하는 바니라"(암 4:5b)라고 했다. 여기에 '기뻐하다'라는 동사는 히브리어 성경에서 언약의 용어인 '사랑하다'(아합, אהב)라는 동사다. 그런데 언약에 따른 명령으로 하나님을 사랑하고 이웃을 사랑하는 것이 아니다(스튜어트 2011, 606). 그들이 행한 종교 행위의 동기는 사람들의 칭송과 그 공동체 안에서 자기 만족감을 성취하려는 욕심에 있었다(림버그 2004, 170).

(3) 과거 심판에 대한 역사적 회고(암 4:6-11)

이 문단에서 아모스는 하나님이 과거 역사에서 어떤 재앙들을 주셨으며 그 목적이 무엇인지 상기시킨다. 이 문단에서 이스라엘의 가장 심각한 문제는 하나님이 이스라엘에게 회개할 기회를 주셨음에도 이스라엘이 그렇게 하지 않았다는 것이다. 이 문단의 중심 메시지는 인생의 여러 가지 다양한 상황에서 여호와가 원인이시며 그 모든 상황을 주신 목적은 자기 백성을 돌이키시려는 것이다(모티어 2015, 1100). 이 문단은 하나님이 주신 재앙과 그 재앙을 주신 목적인 후렴구 "너희가 내게로 돌아오지 아니하였느니라 여호와의 말씀이니라"라는 6개의 '재앙 + 후렴구'로 되어있다.

첫째, 하나님은 이스라엘 모든 성읍에서 이를 깨끗하게 하며 각 처소에서 양식이 떨어지게 하셨다(암 4:6). '이를 깨끗하게 하다'라는 말씀은 음식을 먹지 못했다는 뜻이다. NIV는 이 말을 의역하여 '빈 위'(empty stomachs)라고 번역했다. 이 말씀의 평행구인 각 처소에서 양식이 떨어졌다는 말씀을 통해서도 이 의미를 알 수 있다. 이 말씀의 의미는 하나님이 기근이나 여러 가지 재앙들을 주어서 양식이 떨어지게 하셨다는 것이다. 이 역시 언약에 따른 저주다(참조. 신 28:23-24; 왕상 18:2; 왕하 4:38).

둘째, 하나님은 추수하기 석 달 전에 비를 멈추어 어떤 성읍에는 비를 내리고 어떤 성읍에는 내리지 않게 하셨다. 그래서 어떤 성읍은 땅이 말랐고, 두세 성읍 사람은 물을 마실 수 없었다(암 4:7-8). 가나안에서 추수한다고 할 때 보리를 기준으로 한다면 첫 번째 달부터인데 현대력으로 하면 3-4월이다. 보리를 추수하기 석 달 전은 열 번째 달로서 현대력으로 하면 12월에서 1월을 말한다. 이 기간에 곡식이 여문다(Bruce 1980, 177). 그런데 이 기간에 비가 오지 않는다면 곡식이 여물지 못하고 마른다. 어떤 지역은 비가 오지 않아 곡식이 마르고, 어떤 지역은 마실 물조차 없는 기근과 기갈의 상태가 되었다.

셋째, 하나님은 풍재와 깜부기 재앙으로 쳤으며, 팥중이로 동산과 포도원과 무화과나무와 감람나무를 먹게 하셨다(암 4:9). '풍재'는 보리같은 작물에 드는 병으로서 이삭이 새까맣게 되는 병을 말하기도 하고, 병충해 같은 것이 생겨서 곡식을 말라버리게 하는 고사병(blight)을 말하기도 한다. '깜부기'는 식물이 곰팡이로 인하여 마르게 되는 노균병(mildew)이다. '팥중이'는 메뚜기의 일종으로 곡식의 가지와 잎을 먹음으로 치명적인 손상을 준다. 당시 농경문화에서 소득원이라는 것은 곡물에 의존하였는데 이들은 그 모든 소득원에 치명적인 손상을 주었다. 오늘날로 말하면 공장이나 경영하는 사업과 노동을 제공하고 받는 수입에 결정적인 해를 주었다는 것이다.

넷째, 하나님은 전염병을 보내서 애굽에서 한 것처럼 하셨다(암 4:10a). 이것은 출애굽 당시 10가지 재앙 가운데 있었던 괴질이나 전염병을 말한다(출 9:3, 15). 전염병은 오늘날에도 생명을 해하는 큰 위험 요소다.

다섯째, 하나님은 칼로 너희 청년을 죽였고 말들을 노략하게 하며 진영의 악취로 코를 찌르게 하셨다(암 4:10b). 이것은 전쟁으로 젊은 용사들이 죽게 되고 말들과 마병들은 빼앗기거나 사로잡혔으며 그들의 진영은 죽은 자로 말미암은 시체들이 풍기는 악취로 코를 찌르게 되었다는 뜻이다.

여섯째, 하나님은 그들의 성읍 무너뜨리기를 소돔과 고모라를 무너뜨림같이 하셨고 불붙는 가운데서 빼낸 나뭇조각같이 되게 하셨다(암 4:11).

이 문단에서 언급한 재앙들은 모두 이스라엘 백성들이 하나님의 언약 백성으

로서 책임을 다하지 못한 일에 대한 심판의 일부분이다(참고. 신 28:15-68). 하나님
이 이러한 재앙을 주신 목적은 하나님께 회개하고 돌아오게 하려는 것이다(암 4:6,
8, 9, 10, 11). 오늘날에도 하나님은 자기 백성들이 회개하고 돌아오게 하시려는 목
적으로 자연재해나 경제적인 문제 등을 사용하신다.

(4) 심판의 확실함(암 4:12-13)

하나님은 이스라엘에게 역사 가운데 보낸 재앙을 통해 행하실 것이기 때문에
하나님 만나기를 준비하라고 하셨다(암 4:12). 왜 만나기를 준비해야 하는가? 그
이유는 만군의 하나님은 산들을 지으며 바람을 창조하며 자기 뜻을 사람에게 보
이며 아침을 어둡게 하며 땅의 높은 데를 밟는 분이시기 때문이다(암 4:13). 이 말
을 하는 것은 하나님은 심판하실 능력이 있는 분이실 뿐만 아니라 그 일을 확실히
행하실 것이기 때문에 하나님 만나기를 준비해야 한다는 것을 보여주기 위함이
다. 하나님 만나기를 준비해야 한다는 것은 회개해야 한다는 뜻으로 리차드 백스
터(2008, 66)는 회개의 중요성에 대해 다음과 같이 의미있는 말을 했다.

> 경고의 말씀을 듣고도 생각하기를 질색하고, 어리석은 우유부단함과 자기
> 사랑으로 가득 차 말씀을 좀처럼 믿으려고 하지 않는다. 당신이 이 진리를
> 믿지 않으려고 해도 그 무게가 당신 뒤를 끝까지 추적해 회개할 그날까지
> 줄곧 괴롭힐 것이다. 그래도 믿지 않는다면 하나님의 심판이 임할 그날 결
> 국 눈으로 보고 믿게 되겠지만 때는 늦고 말 것이다.

5. 언약에 따른 고소와 심판에 대한 예언(암 5:1-6:14)

이 문단에 아모스의 구조적 특징인 7개의 하나님의 말씀 문구가 나타나고(암
5:3, 4, 16, 17, 27; 6:8, 14), 아모스 3:1과 4:1과 같이 5:1도 중요한 메시지를 전한다
는 신호 기능을 가진 '들으라'라는 말로 이 문단을 시작한다. 이 문단은 이스라엘
에 대한 애가(암 5:1-17), 거짓 소망에 대한 경고(암 5:18-27), 거짓 안전에 대한 경
고(암 6:1-14)로 구성되어 있다.

내용 분해

(1) 이스라엘에 대한 애가(암 5:1-17)

(2) 거짓 소망에 대한 경고(암 5:18-27)

(3) 거짓 안전에 대한 경고(암 6:1-14)

내용 해설

(1) 이스라엘에 대한 애가(암 5:1-17)

이 문단은 아모스 5:1-3의 이스라엘에 대한 '애가'(키나, קִינָה)로 시작하고 슬픔 가운데 있는 이스라엘을 묘사함으로 마친다(암 5:16-17). 이 문단은 교차대칭구조로 구성되어 있다(Waard 1977, 176).[10]

A 애가(암 5:1-3)

　　B 생명에 대한 권고(암 5:4-6)

　　　　C 고소 이유(암 5:7)

　　　　　　X 여호와에 대한 찬송시(암 5:8-9)

　　　　C′ 고소 이유(암 5:10-13)

　　B′ 생명에 대한 권고(암 5:14-15)

A′ 애가(암 5:16-17)

이 구조에서 '애가'(암 5:1-3, 16-17)는 여호와가 1인칭 화자가 되어 말하고, '생명에 대한 권고'와 '고소 이유'와 '여호와에 대한 찬송시'는 아모스가 화자가 되어 말한다. 이 구조의 핵심은 아모스가 여호와의 위대하심을 소개하고 그를 찾을 것을 권고하는 내용이다(암 5:8-9). 그리고 애가(암 5:1-3, 16-17)와 생명에 대한 권고(암 5:4-6), 14-15)와 고소 이유(암 5:7, 10-13)가 짝을 이루고 있다.

---

10 기본 구조는 De Waard에게서 가져왔으나 그 이후 이 연구가 더 발전된 보편적 양식으로 바꾸었다. 스미스(Smith 1989, 96), 박철우(2011, 178) 등도 이 구조로 보았다.

① 애가(암 5:1-3, 16-17)

하나님은 "들어라 … 이스라엘 족속아"라는 말로 시작하며 '애가'라고 했다. 애가는 사람이 죽을 때 그 사람을 애도하기 위하여 부른 노래다(삼하 1:17; 겔 28:12; 대하 32:25). 하나님은 이스라엘을 '처녀 이스라엘'이라고 불렀다. 이 표현은 여호와 하나님의 신부로서 특별한 관계에 있기에 아름다운 미래가 열려 있음을 상징적으로 나타낸다. 그런데 하나님은 이러한 이스라엘이 엎드려지고 던져져도 일으킬 자가 없다고 하셨다(암 5:2). 이스라엘의 운명이 더 처참한 것은 천 명이 나가던 성읍에는 백 명만 남고 백 명이 나가던 성읍에는 열 명만 남는다는 것이다(암 5:3). 전체 1/10만 살아남을 것이다. 하나님은 가장 번창하던 시기에 전혀 있을 것 같지 않은 상황을 말씀하셨다. 아모스가 이 말씀을 전한 이후 만 2년 뒤에 대지진이 일어나기도 했다. 벨드깜프(Veldkamp 1977, 148, 152)는 이 문단의 제목을 "산 송장"이라고 붙였다.

하나님은 아모스 5:2-3에서 묘사한 심판을 아모스 5:16-17에서 반복하신다. 사람이 모든 광장에서 울겠고, 모든 거리에서 '슬프도다 슬프도다'라고 하겠고, 농부를 불러다가 애곡하겠고 울음꾼을 불러다가 울게 할 것이며, 모든 포도원에서도 울 것이라고 하셨다. 이것은 온 땅이 장례행렬로 가득하게 된다는 것이다. 사람들이 많이 죽을 것이기 때문에 장례를 지내는 것을 직업으로 가진 사람들이 모자라서 농부들까지도 장례하는 일에 동원될 것이다. 기쁨을 주는 포도원에서도 슬픔을 줄 것이다. 이는 여호와께서 그들 가운데로 지나가실 것이기 때문이다. "하나님이 그들 가운데 지나가신다"라는 표현은 출애굽 사건에서 익숙한 표현으로 여호와께서 심판하신다는 뜻이다(출 11:4-7; 12:12-13).

하나님이 왜 애가로 지은 이 말을 통해 그들의 미래에 일어날 일을 보여주시는가? 그것은 현재의 삶의 방식을 바꾸도록 하기 위함이다.

② 생명에 대한 권고(암 5:4-6, 14-15)

아모스는 하나님의 말씀을 전하고는 이 상황에서 생명을 얻을 수 있는 방법이 무엇인지 권고한다. 먼저 여호와께서 화자가 되어 이스라엘에게 "나를 찾으라 그리하면 살리라"라고 하시며(A) 벧엘과 길갈과 브엘세바로 가지 말라(B)고 하셨다(암 5:4-5). 그리고 아모스가 화자가 되어 다시 "너희는 여호와를 찾으라 그리하면 살리라"(A')라고 권고하며 여호와가 불을 요셉의 집과 벧엘에 보낼 것(B')이라고 했다(암 5:6). A-B-A'-B' 구조는 이 말씀의 중요성을 강조한 것이다.

벧엘은 야곱이 처음으로 돌단을 쌓은 이래 여로보암 1세가 정치적인 목적으로 금송아지를 만들었던 곳이며, 이후 우상 숭배의 중심지가 되었다(왕상 12:26-33; 암 3:14). 길갈도 우상숭배의 중심지였다(암 4:4; 호 9:15; 12:11 등). 이곳은 원래 이스라엘이 가나안에 들어온 이후 처음으로 진을 쳤던 곳이고(수 5:2-12) 엘리야와 엘리사 시대에는 선지학교가 있었던 곳이다(왕하 2:1; 4:38). 브엘세바는 유다 남쪽에 있는 지역으로 아브라함이 처음으로 단을 쌓으며 여호와의 이름을 불렀던 곳이다(창 21:33). 또한 여호와께서 이삭과 야곱에게 나타나셨던 곳이기도 하다(창 26:24; 46:11). 이 세 곳의 공통점은 과거의 역사적 사실을 상기시키는 기념적인 장소였다는 것이다. 그런데 역사적으로 중요한 장소가 다 우상 숭배의 중심지가 바뀌었다. 그래서 길갈은 사로잡히겠고 벧엘은 비참하게 될 것이다. 여기서 브엘세바가 빠진 것은 이곳이 유다 지역이기 때문이다. 이것은 북 이스라엘이 멸망할 것을 보여준다.

이 문단에서 아모스가 강조하고자 하는 메시지는 무엇인가? 그것은 여호와를 찾는 일은 생명을 얻는 일이나 이 권고를 버리면 비참한 결과를 초래한다는 것이다. 그러면 생명을 얻기 위해 하나님을 찾는다는 것은 구체적으로 무엇을 의미하는가? 그것은 교차대칭구조로 말하는 아모스 5:14-15에서 보여준다. 그것은 선을 구하고 악을 구하지 않는 것이다. 아모스는 생명을 얻는 구체적인 방법도 두 번 반복한다. 악을 미워하고 선을 사랑하고 성문에서 공의를 세우는 일이다. 당시 '성문'은 단순히 성안으로 출입하는 문으로서의 역할만이 아니라 성문 양쪽에 좌석을 만들고 장로들이 앉아서 회의를 하며 재판을 집행하는 장소로 사용되었다(신 21:19; 22:15; 25:7; 룻 4:1-2; 욥 5:4; 31:21). 그런데 이곳에서 장로나 재판관은 뇌물을 받고 궁핍한 자들을 억울하게 했다. 그러나 그들은 그곳에서 공의를 세워야 한다. 그러면 하나님이 그들과 함께하실 것이고 요셉의 남은 자들을 불쌍히 여기실 것이다(암 5:15). 이로 보아 하나님을 찾는 일은 교회당 안에서 이루어지는 의식적인 활동에만 제한된 것이 아니라 사회 전 영역에서 윤리적인 삶으로 나타나야 함을 알 수 있다.

③ 고소 이유(암 5:7, 10-13)

아모스는 이스라엘에 대해 고소하기를 "정의를 쓴 쑥으로 바꾸며 공의를 땅에 던지는 자들아"(암 5:7)라고 했다. '정의'로 번역된 히브리어 '미쉬파트'(מִשְׁפָּט)는 정당한 법률적 행위, 법정에서의 공정함, 사회적 정의를 의미하고, '공의'로 번역된 '처다카'(צְדָקָה)는 경건함과 예절 바름을 포함하는 의로움을 나타내지만 두 단어는 유사한 의미로 사용된다(스튜어트 2011, 621). 그런데 이스라엘은 정의를 쓴 쑥으로 바꾸었고 공의는 땅에 버렸다.[11]

이 행위에 대해 교차대칭구조로 된 아모스 5:10-13에서 구체적으로 보여준다. 이 말씀 역시 교차대칭구조로 되어있다(Niehaus 1992, 419; 박철우 2011, 191).

  A 성문에서 책망하고 정직하게 말하는 자 싫어함(암 5:10)
      B 구체적인 죄의 고소(암 5:11a)
          X 하나님의 심판(암 5:11b)
      B' 구체적인 죄의 고소(암 5:12)
  A' 성문에서 지혜자가 잠잠함(암 5:13)

이 구조로 볼 때 성문, 곧 올바른 법을 집행해야 할 곳에서 책망하는 자를 미워하며, 정직하게 말하는 자를 싫어한다(암 5:10). 이것은 올바른 통치행위를 원하지 않는다는 것이다. 그래서 지혜자가 잠잠할 수밖에 없다(암 5:13). 그래서 이스라엘은 이곳에서 힘없는 자를 짓밟고, 부당한 세금을 받고, 의인을 학대하고 뇌물을 받고 가난한 자를 억울하게 한다(암 5:11a, 12). 아모스는 이스라엘의 이러한 행위를 고발한다.

이러한 불의 때문에 그들은 다듬은 돌로 집을 건축했으나 거기 거주하지 못할 것이고 아름다운 포도원을 가꾸었으나 거기에 나오는 포도주를 마시지 못할 것이다(암 5:11b). 당시에 벽돌로 집을 짓는 것이 일반화되었으나 이들은 힘없는 자들을 학대하고 억울하게 하여 잘 다듬은 돌로 지었으나 거기에 살지 못할 것이

---

11 개역개정판이 '쓴 쑥으로 바꾸다'라고 번역한 히브리어 단어를 '위로 던지다'라고 번역하여 '땅에 던지다'와 평행을 이루는 것으로 볼 수 있다(Niehaus 1992, 418; 스튜어트 2011, 614, 621). 70인역은 '위로'라고 번역했다.

고, 아름다운 포도원을 가꾸었으나 거기에서 나온 포도주를 마시지 못할 것이다. 오늘날 문화에 비유하면 이것은 힘없는 자들을 억울하게 하여 얻은 돈으로 저축한다든지, 주식을 산다든지, 사업을 확장하나 그 유익을 보지 못한다는 뜻이다. 이는 아모스가 고발한 이스라엘의 죄에 여호와께서 심판하실 것이기 때문이다.

④ 여호와에 대한 찬송시(암 5:8-9)

아모스는 이 메시지의 핵심으로 여호와가 어떤 분이신지 소개한다. 그는 여호와를 묘성과 삼성을 만드시며, 사망의 그늘을 아침으로 바꾸시고 낮을 어두운 밤으로 바꾸시며 바닷물을 불러 지면에 쏟으시는 분으로 설명한다(암 5:8). 묘성은 여러 개의 별들이 떼를 이루고 있는 것이고 삼성은 70인역에서 '오리온'(Ωριων)이라고 번역했다. 여호와에 대한 이러한 설명은 하나님은 우주를 창조하신 분이시고 통치하시는 분이라는 것이다. 이 여호와께서 강한 자에게 갑자기 패망이 이르게 하시고 패망이 산성에 이르게 하신다(암 5:9). '산성'은 군사적인 목적을 위해 구축해 놓은 곳을 말한다. 하지만 강한 자가 아무리 요새를 구축하고 자신이 안전하다고 생각하여도 천지를 창조하시고 통치하시는 여호와께서 그를 심판하실 것이다. 이 말씀은 악을 버리고 선을 행하는 자에게는 큰 위로가 되지만 선을 버리고 악을 행하는 자에게는 큰 경고가 될 것이다.

(2) 거짓 소망에 대한 경고(암 5:18-27)

이 문단에서 아모스는 여호와의 날이 이스라엘에게 밝고 영광스러운 구원의 소망을 주는 날이 아니라 피할 수 없는 심판의 날임을 선포한다(암 5:18-20). 그리고 이날이 심판의 날이 될 수밖에 없는 이유를 선포한다(암 5:21-27).

① 여호와의 날에 대한 경고(암 5:18-20)

아모스는 이스라엘에게 화를 선포하며 그들이 오기를 사모하는 여호와의 날이 어둠이요 빛이 아니라고 했다(암 5:18). 구약성경에는 '여호와의 날'이라는 표현이 많이 나타난다(사 2:12; 13:6-16; 욜 2:28-32 등). 이스라엘 백성들은 이날을 하나님이 원수들을 심판하시고 완전한 하나님 나라를 이루어주시는 날로 이해했다.

아모스는 이들에게 여호와의 날을 비유적으로 어둠이요 빛이 아니라고 했다. 그러면서 이날이 심판의 날임을 그림 언어로 "마치 사람이 사자를 피하다가 곰을 만나거나 혹 집에 들어가서 손을 벽에 대었다가 뱀에게 물림 같도다"라고 했다. 여기에 사자, 곰, 뱀이라는 이미지를 가지고 여호와의 날에 일어날 상황이 도무지 피할 수 없는 상황이 될 것이라고 말한다. 어떤 사람이 사자를 만나게 피했다고 생각했으나 곰을 만났고 그 곰을 피해 어떤 집에 들어가 벽에 손을 기대고 있었는데 뱀이 그를 물어 버렸다. 이 비유는 이스라엘이 기다리는 여호와의 날이 그들의 생각과 달리 심판의 날이며 이를 피할 수 없다는 것이다.[12]

② 거짓 종교와 우상숭배에 대한 기소와 심판(암 5:21-27)

아모스는 왜 여호와의 날이 어둠이요 빛이 아닌지 그 이유를 설명한다. 그 이유를 여호와가 화자가 되어 말하는 방식으로 설명하되 이 책의 구조적 특징 가운데 하나인 '7 더하기 절정', 곧 '7+1'의 형식으로 설명한다(Limburg 1987, 220). 여호와는 당시 이스라엘이 행하는 7가지 종교 행위를 기뻐하지 아니하신다고 하셨다. 7가지 종교 행위는 (i) 절기, (ii) 성회, (iii) 번제, (iv) 소제, (v) 화목제, (vi) 노랫소리, (vii) 비파 소리다(암 5:21-22). 여기 '절기'는 이스라엘의 3대 절기인 유월절, 칠칠절, 장막절로 이스라엘의 성년 남자이면 누구나 다 예루살렘에 가서 이 절기를 지켜야 한다(출 23:14-17; 34:18-24). 이 절기에 번제와 소제와 화목제를 드렸고 찬송도 있었다(대상 16:41-42; 23:5, 25:1-31). 이 모두는 하나님이 제정하시고 명한 절기요, 모임이요, 제사제도다. 그런데도 하나님은 이 모든 행위를 기뻐하지 않으신다. 오늘날로 말하면 모든 예배와 교회생활을 기뻐하지 않으신다는 것이다.

그 이유는 7개의 내용 이후에 주신 절정의 메시지에 있다. 그것은 "오직 정의를 물같이 공의를 마르지 않는 강같이 흐르게 할지어다"(암 5:24)라는 말씀이다. '정의'는 히브리어로 '미쉬파트'(מִשְׁפָּט)인데 재판, 판단, 심판, 통치, 공의 등으로 번역되는데 일반적으로 하나님의 통치행위를 말한다. '공의'는 히브리어로 '처다카'(צְדָקָה)인데 의, 정의로 번역되지만 두 용어는 같은 의미를 다르게 표현한 것이

---

12 이에 대해 잘못 해석하는 사례도 있다. 곰과 사자를 난관들, 벽을 인간의 마음이라고 해석하고 독사가 숨어 있는 부실한 벽이란 자신의 성격 중에서 잘못된 부분을 말한다고 해석한다(주서택 2000, 39). 이것은 본문의 의도와 관계없이 행하는 독단적이고 주관적인 영해다.

다. 정의를 행한다는 것은 하나님이 그들을 위해 행하신 것들에 대해 올바르게 응답하는 것을 의미한다. 그 응답은 십계명에 잘 표현되어 있다. 십계명의 구조는 하나님이 행하신 일(출 20:2)을 상기시킨 다음에 이스라엘 백성에게 기대되는 응답을 개관하는 형식(출 20:3-17)으로 되어 있다(림버그 2004, 176). 그래서 이스라엘이 정의와 공의를 행하는 것은 율법을 지키는 것을 의미한다. 하지만 이스라엘은 율법을 왜곡시키거나 부당하게 시행하여 사회 정의를 이루지 못했다.

하나님은 정의를 물같이, 공의를 강같이 '흐르게 할지어다'라고 하셨다. '흐르게 하다'(가랄, גלל ‹ גלל)라는 동사는 재귀태, 미완료 형으로 계속적이고 역동적인 성격을 지니고 있다. 림버그(2004, 175)는 아모스가 생각하는 정의는 정적인 개념이 아니라 파도처럼 밀려오면서 모든 더러운 것을 깨끗이 쓸어버리는 거센 물줄기 같다고 했다.

아모스는 이 말을 한 후에 수사의문문으로 광야 사십 년을 지내는 동안에 희생과 소제를 드렸느냐고 질문한다(암 5:25). 이 질문에 대한 대답은 '아니오'이다. 이렇게 질문한 것은 그들의 제사가 하나님이 함께하시는 절대적 조건이 아니라는 것이다(박철우 2011, 206). 그들은 더 중요한 정의를 행하고 인자를 사랑하는 일을 버렸다(참조. 미 6:8). 그래서 이스라엘은 당시 섬겼던 식굿과 기윤과 우상을 지고 갈 것이다(암 5:26). '식굿'(סכות)과 '기윤'(כיון)은 바벨론의 별 신으로 이들을 지고 간다는 것은 그들이 섬기는 우상들이 오히려 큰 짐이 될 것이라는 뜻이다. 그 결과 이스라엘은 '다메섹 밖으로' 곧 앗수르로 사로잡혀 갈 것이다(암 5:27).

(3) 거짓 안전에 대한 경고(암 6:1-14)

이 문단에서 아모스는 이스라엘 지도층의 죄를 고발하고(암 6:1-7) 그 죄에 대해 심판을 선포한다(암 6:8-14).

① 이스라엘의 자기만족에 대한 화 선포(암 6:1-7)

아모스는 백성의 머리인 지도자들에게 화를 선포한다. 특히 그 지도자들을 가리켜 "시온에서 교만한 자와 사마리아 산에서 마음 든든한 자 곧 백성들의 머리인 지도자들"(암 6:1)이라고 했다. '시온에서 교만한 자'는 남쪽 유다를 말한다. 아모스는 주변국들과 비교하면서 이들에게 갈레로 건너가고 거기서 큰 하맛으로 가고 또 블레셋 사람의 가드로 내려가라고 하였다. 그리고 "너희가 이 나라들보다 나으냐 그 영토가 너희 영토보다 넓으냐"(암 6:2)라고 했다. '갈레'는 도시국가 가운데 하나고(사 10:9), '하맛'은 수리아 북부 오른테스 강변에 있는 작은 도시국가다. '가드'는 아모스 시대에 유다에 예속되어 있었다(왕하 12:27; Bright 1981, 258). 이 점을 이해한다면 이 질문은 번역하기도 어렵고 해석학도 어렵다. 이 질문에 대해 기대되는 대답은 '예'가 되든지 '아니오'가 되어야 한다. 개역개정판처럼 "너희가 이 나라들보다 나으냐 그 영토가 너희 영토보다 넓으냐"라고 번역한다면 '예'라고 대답해야 한다. 그러나 히브리 성경의 원문은 NIV와 NASB처럼 "그들이 너희 나라들(유다와 이스라엘)보다 나으냐 그들의 영토가 너희 영토보다 넓으냐"라고 번역하는 것이 좋다. 그러면 그 답은 '아니오'이다. 이렇게 본다면 이 수사적 질문은 유다와 이스라엘은 다른 나라들보다 큰 복을 받았음에도 불구하고 언약 백성으로서 책임을 다하지 못하고 있다는 것이다.

그런데 이들은 흉한 날이 멀다 하고 포악한 자리로 나아간다(암 6:3). '흉한 날'은 형벌과 심판의 날이다. 이날을 '멀다'라고 생각했다. 이 '멀다'(나다, נָדָה)라는 단어는 '생각하기를 거부한다'라는 뜻도 있고, '제거하다', '치우다' 등의 뜻도 있다(BDB 622). 당시 지도자들은 이날을 고려하지 않았기 때문에 사치하고 포악한 자리로 나아갈 수밖에 없었다. 지도자들이 사치하고 방종했다는 것을 7개의 동사를 사용하여 '7 더하기 절정'의 방식으로 표현한다. (i) 상아상에 누우며, (ii) 침상에서 기지개 켜며, (iii) 송아지를 취하여 먹고, (iv) 헛된 노래를 지절거리며, (v) 악기를 제조하며, (vi) 포도주를 마시며, (vii) 귀한 기름을 몸에 바른다(암 6:4-6a). '기름을 바르다'라는 것은 NIV가 번역한 것처럼 몸에 좋은 로션을 바른다는 뜻이다. 그러면서 지도자들은 요셉의 환난에 대해서는 근심하지 아니한다(암 6:6b). 이는 당시 지도자들이 사치와 쾌락을 즐겼으나 국가의 운명에 대해서는 걱정하지 않았다는 것이다. 이에 대해 아모스는 지도자들이 침상에서 기지개 켜며, 술 마시고 방종하게 행동하는 일들이 그치게 될 것이라고 했다(암 6:6b).

② 교만과 불의에 대한 심판(암 6:8-14)

아모스는 이스라엘 지도자들의 죄악에 대해 만군의 하나님이 '당신을 두고'

맹세하신 내용을 전했다(암 6:8a). 이 표현은 아모스서에서 세 번 나오는데(암 4:2; 6:8; 8:7), 이는 하나님이 당신의 전 존재를 걸고 반드시 그가 말씀하신 것을 이루신다는 뜻이다. 하나님은 '야곱의 영광'을 싫어하시며, 그 궁궐들을 미워하시기 때문에 그들을 반드시 원수에게 넘기실 것이다(암 6:8). 여기 '영광'은 일반적으로 이해하고 있는 단어가 아니라 히브리어로 '가온'(גָּאוֹן)으로 교만, 자만심 등으로 번역할 수 있다. 그래서 하나님은 만약 한 집에 열 사람이 남는다고 해도 다 죽을 것이고, 심지어 그 집에 사람이 있느냐고 물으면 '잠잠하라'라고 말하게 될 것이라 하셨다(암 6:9-10). 여기 '잠잠하라'라는 말은 히브리어로 의성어인데 '하스'(הַס)라는 말로 '쉬-'(הַסֵּה)라는 말로 밖으로 소리가 나지 않게 하라는 뜻이다. 이것은 하나님의 이름을 부르며 곡을 하지 말라는 것으로 이스라엘이 당할 처참한 상황을 잘 보여준다. 그러면서 '보라'라고 하시며 여호와께서 명하심으로 큰 집이나 작은 집이나 가리지 않고 파괴될 것이라고 했다(암 6:11).

아모스는 당시 이스라엘이 행한 일이 상식 밖의 일임을 말하기 위해 평행법으로 된 두 가지 수사의문문으로 질문한다. 그것은 "말들이 어찌 울퉁불퉁한 바위[13] 위에서 달리겠으며 소가 어찌 바다를 갈 수 있겠느냐?"[14]이다. 상식적으로 말이 울퉁불퉁한 길을 달릴 수 없다. 역시 소가 바다를 갈 수 없다. 그런데 하나님의 백성은 정의를 쓸개로 바꾸고 공의를 쓴 쑥으로 바꾸어 버렸다.[15] 그리고 '허무한 것'을 기뻐하며 "우리 힘으로 우리 뿔들을 취하지 아니하였느냐"라고 말했다(암 6:13). 여기 '허무한 것'은 정의를 쓸개로 바꾸며 공의를 쓴 쑥으로 바꾸는 것을 의미한다. 그리고 그들의 힘으로 뿔들을 취했다고 했다. 여기 '뿔들'은 히브리어로 '카르나임'(קַרְנַיִם)으로 다메섹으로 가는 길에 있는 도시인 '카르나임'을 정복했다는 뜻이다(Niehaus 1992, 447). NIV 성경도 이렇게 번역했다. 이스라엘의 이러한 교만한 행동에 대해 하나님은 한 나라를 일으켜 북쪽 하맛 어귀에서부터 남쪽 아라바

---

13 개역개정판의 '바위'는 히브리어로 '셀라'(סֶלַע)인데 말이 달릴 수 없는 '울퉁불퉁한 바위'(rocky crag)를 말한다.

14 개역개정판은 "소가 어찌 거기서 밭 갈겠느냐"라고 번역했지만 원문은 필사상 오류가 생긴 본문으로 보고 문맥적으로 이해해야 한다. 원문은 'יַחֲרוֹשׁ בַּבְּקָרִים'이다. 개역개정판과 NIV 번역은 히브리어 본문의 בַּ을 대명사접미사로 보고 '소들'이라고 이해했다. 그러나 이것을 '얌'(יָם)으로 읽는다면 '바다'가 된다. 그렇다면 "소로 바다를 갈겠느냐?"라고 번역해야 한다.

15 아모스 5:7의 해설을 참조하라.

시내까지 학대하게 할 것이라고 하셨다(암 6:14). 여기에 언어유희를 사용한 아이러니가 있다. 언약 백성인 이스라엘은 정의를 시행하지 못하고 힘없고 가난한 자들을 학대했다. 이제 하나님이 한 나라를 일으키시고, 그들이 이스라엘을 학대할 것이다. 그 한 나라는 앗수르다.

5. 선지적 환상(암 7:1-9:15)

아모스는 아모스 3:1-6:14까지 언약에 따라 이스라엘의 죄를 고소하며 그 죄를 지적하고 하나님의 심판을 선포했다. 이 문단에서 아모스는 하나님이 이스라엘의 미래에 대해 보여주신 연속되는 다섯 가지 환상(암 7:1-3; 4-6; 7-9; 8:1-3; 9:1-4)을 통하여 이스라엘 백성들에게 경고한다. 특이한 점은 이 환상이 다음과 같은 평행 구조로 구성되어 있다는 것이다. A-B가 같은 구조이며 C-D가 같은 구조다. 그리고 C와 D 사이에 아마샤와의 대결이 들어있다.

A 첫 번째 환상 : 메뚜기(암 7:1-3)

  a 여호와께서 환상을 보여주심(7:1-2a)

  b 아모스의 중보사역(7:2b)

  c 여호와께서 뜻을 돌이키심(7:3)

B 두 번째 환상 : 불(암 7:4-6)

  a 여호와께서 환상을 보여주심(7:4)

  b 아모스의 중보사역(7:5)

  c 여호와께서 뜻을 돌이키심(7:6)

C 세 번째 환상 : 다림줄(암 7:7-9)

  a 여호와께서 환상을 보여주심(7:7)

  b 여호와께서 아모스에게 물으심(7:8a)

  c 아모스의 대답(7:8b)

  d 여호와의 설명(7:8c-9)

D 네 번째 환상 : 여름 과일(암 8:1-3)

  a 여호와께서 환상을 보여주심(8:1)

b 여호와께서 아모스에게 물으심(8:2a)

c 아모스의 대답(8:2b)

d 여호와의 설명(8:2c–3)

이 환상들을 중심으로 아모스는 첫 번째부터 세 번째 환상을 통해 심판의 긴급성을 알리고(암 7:1–9), 아마샤와의 대결을 통해 심판이 확실함을 보여주며(암 7:10–17), 네 번째 환상을 통해 심판의 끔찍함을 보여준다(암 8:1–14). 그리고 다섯 번째 환상을 통해 심판과 구원의 양면을 함께 보여준다(암 9:1–15).

내용 분해

(1) 첫 번째부터 세 번째 환상 : 메뚜기, 불, 다림줄(암 7:1–9)

(2) 아마샤의 도전과 아모스의 응답(암 7:10–17)

(3) 네 번째 환상(여름 과일)과 심판의 끔찍함(암 8:1–14)

(4) 다섯 번째 환상(제단 곁에 서신 하나님)과 구원(암 9:1–15)

내용 해설

(1) 첫 번째부터 세 번째 환상 : 메뚜기, 불, 다림줄(암 7:1–9)

이 문단은 여호와께서 첫 번째 환상부터 세 번째 환상까지 보여주시고, 그 환상에 대해 아모스가 응답하고 해설하는 방식으로 기록되어 있다.

① 첫 번째 환상 : 메뚜기(암 7:1–3)

여호와께서 아모스에게 보여주신 첫 번째 환상은 왕이 풀을 벤 후 풀이 다시 움 돋기 시작할 때에 주께서 메뚜기를 지으시매 메뚜기가 땅의 풀을 다 먹은 것이다(암 7:1–2a). 여기서 풀은 잡초나 목초지의 개념이 아니라 밭의 작물을 의미한다. NIV 성경은 작물(crop)이라고 번역했다. 이 재앙은 하나님의 심판으로 오는 것이다(신 8:38, 42). 이 환상은 백성들이 먹을 것이 없어 고통하게 된다는 것이다.

아모스는 이 환상을 보고 "주 여호와여 청하건대 사하소서 야곱이 미약하오니 어떻게 서리이까?"(암 7:2b)라고 하며 기도했다 하나님은 아모스의 중보기도를 들으시고 그 뜻을 돌이키셨다(암 7:3). 아모스의 중보기도는 모세의 기도(출 32:12, 14), 바울의 기도(행 20:31) 등과 같은 것이다.

② 두 번째 환상 : 불(암 7:4-6)

여호와께서 아모스에게 불이 큰 바다를 삼키고 육지까지 먹으려는 두 번째 환상을 보여주셨다(암 7:4). 이 환상은 첫 번째 환상보다 훨씬 정도가 심하다. 아모스는 이 환상을 보고 첫 번째 환상을 본 후와 동일하게 "주 여호와여 청하건대 사하소서 야곱이 미약하오니 어떻게 서리이까?"(암 7:5)라고 기도했다. 하나님은 아모스의 중보기도를 들으시고 이것도 이루지 아니하실 것이라고 하셨다(암 7:6).

③ 세 번째 환상 : 다림줄(암 7:7-9)

여호와께서 아모스에게 다림줄을 가지고 쌓은 담 곁에 주께서 손에 다림줄을 잡고 서신 세 번째 환상을 보여주셨다(암 7:7). 여호와께서 아모스에게 무엇을 보는지 물으시자 아모스는 다림줄이라고 대답했다(암 7:8a). 그러자 여호와께서 다림줄을 자기 백성 이스라엘 가운데 두고 다시 용서하지 아니하시고 이삭의 산당들이 황폐되며 이스라엘의 성소들이 파괴되고 칼로 여로보암의 집을 치리라고 하셨다(암 7:8b-9). 다림줄은 건축자들이 벽을 쌓을 때 바르게 쌓기 위하여 실 끝에 추를 달아 수직으로 늘어뜨리는 도구다. 이 다림줄은 기존의 벽돌이 잘 고정되어 있는지 아니면 헐어야 할지 시험하는 데도 사용된다. 주께서 다림줄을 잡고 서셨다는 것은 심판하시겠다는 신호다(참조. 왕하 21:13). 여기 이스라엘의 성소는 우상을 숭배하는 곳을 말한다(Niehaus 1992, 457). 그리고 여로보암이 죽은 후 그의 아들 스가랴가 왕이 되었는데, 주전 752년에 살룸에 의해 죽임을 당함으로 칼로 여로보암의 집을 치리라고 한 예언이 성취되었다(왕하 15:8-12).

(2) 아마샤의 도전과 아모스의 응답(암 7:10-17)

이 문단은 아모스가 이스라엘이 심판을 받게 될 환상을 보여주자 이에 대해 벧엘의 제사장 아마샤가 당시 여로보암 왕에게 아모스를 고발하는 내용과 아마샤가 아모스에게 벧엘에서 예언하지 말라고 하자 이에 대해 아모스가 응답하는 내용을 담고 있다.

① 아마샤의 고소(암 7:10-11)

아모스가 선포하는 말을 들은 벧엘의 제사장 아마샤는 왕에게 아모스가 왕을 모반한다고 고발했다. 아모스가 한 말인 여로보암은 칼에 죽겠고 이스라엘은 사로잡혀 그 땅에서 떠나겠다는 말을 전했다(암 7:10-11). 아모스가 하나님이 여로보암의 집을 치신다고 한 것(암 7:9)은 여로보암 개인을 칼로 죽인다는 것이 아니라 이스라엘이나 혹은 여로보암 2세의 왕조가 망한다는 것으로 보아야 한다. 그래서 아마샤가 여로보암이 칼에 죽을 것이라고 아모스가 예언했다고 말한 것은 근거가 없다(스튜어트 2011, 668).

아마샤가 제사장으로 있었던 벧엘은 여로보암 1세가 솔로몬의 아들 르호보암과 관계를 끊은 주전 931년경에 예루살렘과의 왕래를 끊기 위하여 금송아지를 만들었던 곳이다. 이때 산당을 짓고 레위 사람이 아닌 보통사람으로 제사장을 세웠고 하나님이 정하신 절기를 임의대로 바꾸었다(왕상 12:26-33; 13:33-34). 아마샤를 벧엘의 제사장이라고 소개하는 것은 그는 레위인이 아니고 북 왕국 왕들의 정치적 목적을 위해 세움을 받은 자라는 것이다.

② 아마샤의 도전(암 7:12-13)

아마샤는 아모스를 왕에게 고발한 후에 그에게 유다 땅으로 도망하여 가서 거기서 떡을 먹으며 거기서 예언하고 다시는 벧엘에서 예언하지 말라고 하였다. 그리고 그 이유를 벧엘은 왕의 성소요 왕의 궁궐이기 때문이라고 했다(암 7:12-13). 그가 아모스에게 유다 땅에서 '떡을 먹으라'(אֱכָל לֶחֶם)라고 했을 때 '떡'은 제유법(synecdoche)으로 사람이 살아가는 일에 필요한 모든 것을 나타낸다. 그래서 이 말은 생계를 위해 유다에서 예언하라는 뜻이다. 아마샤는 벧엘의 산당을 중심으로 거짓 예언하며 생계를 유지하는 사람이었다. 그리고 아마샤는 벧엘을 '왕의 성소요 왕의 궁궐'이라고 했다. 이것은 평행구로 왕이 있는 곳을 신격화시켰음을 의미한다. 이로써 그는 자신이 왕의 꼭두각시임을 스스로 밝혔다.

③ 아모스의 책망과 예언(암 7:14-17)

아마샤의 도전에 대해 아모스는 자신은 선지자가 아니고 선지자의 아들도 아니라고 했다(암 7:14). 그리고 아모스는 자신을 목자요 뽕나무를 재배하는 자라고 했다. 여기에 사용된 '목자'는 통상적으로 사용하는 '로에'(רעה)가 아니라 '보케에르'(בוקר)이고, 아모스 1:1에서는 '노케이드'(נקד)라는 단어를 썼다. 그리고 열왕기하 3:4의 "모압 왕 메사는 양을 치는 자라"라고 했을 때도 '보케에르'(בוקר)를 썼다. 그렇다면 아모스는 땅을 소유한 사람이고 부유한 목장을 경영하는 자였다고 볼 수 있다(맥콘빌 2009, 307). 그러나 전통적으로 아모스를 양치기요, 과수원 일꾼으로 가난하고 착취당하는 사회계층의 사람으로 보았다(Dillard & Longman 1994, 376). 아모스가 아마샤의 논쟁에서 이러한 용어를 쓴 것은 자신은 생계를 위해 일하는 직업적인 선지자가 아니라 농경업을 하는 사람이라는 것이다(Niehaus 1992, 463). 하지만 그는 하나님이 자신을 불러 이스라엘에 대해 예언하라고 하셨기 때문에 예언한다고 했다(암 7:15).

아모스는 자신이 어떤 사람인지 밝힌 후에 아마샤에게 그가 이스라엘에 대하여 예언하지 말라고 했기 때문에 그와 이스라엘이 어떤 벌을 받게 될 것인지 선포했다. 곧 아마사의 아내는 성읍 가운데 창녀가 될 것이고 그의 자녀들은 칼에 죽을 것이고 벧엘의 제사장으로 축적한 모든 땅은 나누어질 것이고 더러운 땅에서 죽을 것이고 이스라엘은 그의 땅에서 떠날 것이다(암 7:16-17).

(3) 네 번째 환상(여름 과일)과 심판의 끔찍함(암 8:1-14)

아모스는 그가 본 네 번째 환상인 여름 과일 환상을 보고 그 의미를 설명해 준 다음에 이스라엘이 범한 죄를 열거한 후에 끔찍한 심판이 있을 것을 선포한다.

① 네 번째 환상 : 여름 과일(암 8:1-3)

이 문단에서 여호와께서는 세 번째 환상인 다림줄 환상과 같은 구조로 여름 과일 한 광주리를 보여주시고(암 8:1) 아모스에게 무엇을 보는지를 물으셨다(암 8:2a). 그리고 아모스가 대답했다(암 8:2b). 그런 다음 여호와께서 그 환상이 어떤 의미인지 설명해 주셨다(암 8:2c-3). 이 환상 자체로는 아주 서정적이고 한 폭의 정물

화를 보는듯한 느낌을 받는다. 이스라엘의 여름 과일은 포도와 무화과로 잘 익은 과일을 의미한다. 그런데 이 환상을 주신 여호와께서는 자기 백성 이스라엘의 끝이 이르렀기에 용서하지 않으시고 궁전의 노래가 애곡으로 변할 것이고 시체가 곳곳에 많아 잠잠히 그 시체들을 버릴 것이라고 설명해 주셨다(암 8:2-3). 여름 실과는 히브리어로 '카이츠'(קַיִץ)고 '끝'이라는 단어는 '케이츠'(קֵץ)다. 어근이 같은 단어를 사용하여 잘 익은 과일이 광주리에 담겨 있으나 곧 끝이 될 것을 보여준다. 이 환상을 통해 아름다운 열매를 기대하였으나 열매를 맺지 못함으로 버림을 받은 것처럼 이스라엘이 버림을 받게 될 것을 보여준다.

② 아모스의 마지막 고소(암 8:4-14)

이 단락은 중요한 메시지를 전한다는 신호 기능을 가진 '들으라'라는 말로 시작한다. 아모스서에서 이 말씀과 함께 네 번 나타나는데 모두 언약에 따라 고발하는 내용이다. 이 단락은 이스라엘의 불의한 행동을 지적하고(암 8:4-6), 하나님의 심판을 선언하며(암 8:7-10), 그 심판의 결과(암 8:11-14)를 말하는 구조로 구성되어 있다.

a. 이스라엘의 불의한 행동(암 8:4-6)

아모스는 이스라엘의 불의한 행동을 다시 열거한다. 아모스는 이스라엘을 가리켜 가난한 자를 삼키며 힘없는 자를 망하게 하는 자들이라고 불렀다(암 8:4). 당시 이스라엘 백성들은 가난하고 힘없는 자들을 학대하고 착취했다. 언약 백성인 이스라엘은 율법에 따라 이들을 도와야 한다(신 15:11). 그런데 당시 탐욕에 젖은 사람들은 오늘날과 같이 약하고 불리한 조건에 있는 사람들을 희생시키고, 약육강식의 무서운 이기적인 사회로 변질시켰다.

아모스는 이들의 악한 행동을 이 책의 구조적 특징인 '7 더하기 절정'의 형식으로 기록한다. (i) 월삭이 언제나 지나서 우리가 곡식을 팔며, (ii) 안식일이 언제 지나서 우리가 밀을 내게 할꼬, (iii) 에바를 작게 하고, (iv) 세겔을 크게 하여 거짓 저울로 속이며, (v) 은으로 힘없는 자를 사며, (vi) 신 한 켤레로 가난한 자를 사며, (vii) 찌꺼기 밀을 팔자 했다(암 8:5-6). 이에 대해 절정으로 여호와께서 야곱의 영광을 두고 맹세하시며 그들의 악한 행동을 절대로 잊지 않고 심판하실 것을 말씀하신다(암 8:7-8).

당시 이스라엘의 종교적 타락의 모습은 월삭과 안식일을 대하는 태도에서 잘 나타난다. 이날은 물건을 사고팔고 할 수가 없었다(레 23:3; 느 10:31). 그런데 이들은 월삭과 안식일을 지키며, 하나님을 경배하는 일에는 관심이 없이 이날이 속히 지나서 장사하기를 기다렸다. 이것은 이들의 종교의식이 형식적이었음을 잘 보여준다. 이 점에 대해 고든 케디(1990, 131)는 의미 있게 비꼬았다.

> 이스라엘 백성들이 적어도 안식일이 끝날 때까지 기다렸다는 것은 기특하다! 주일을 대하는 현대의 그리스도인들에게는 그러한 애교(?)도 찾아보기 힘들다.

이러한 종교적 타락은 도덕적 타락으로 이어졌다. 에바를 작게 하고 세겔을 크게 하자고 했다. 에바는 양을 측정하는 단위고 세겔은 무게를 측정하는 단위다. 요즘 사용하는 말로 바꾸면 표시용량이나 무게, 또는 상품 제원을 속인다는 것이다. 이 일은 공동체의 질서와 정의를 파괴하는 일이었기 때문에 모세 율법에 금하고 있는 것이다(레 19:35-36; 신 25:13-15; 겔 45:9-10; 호 12:7; 잠 11:1; 20:23). 신 한 켤레로 가난한 자를 산다는 것은 가난한 자가 신 한 켤레의 빚을 졌을 경우 그 빚을 갚지 못한다고 하여 노예로 삼는 것을 말한다. 그들은 탐욕에 젖어 사람의 인격과 생명을 중요하게 생각하지 않았다. 심지어 찌꺼기 밀을 팔았다. 이것은 자기 이익을 얻기 위해 사람에게 해로운 것까지도 팔았다는 것이다.

b. 하나님의 심판(암 8:7-10)

아모스는 이 일에 대해 하나님은 잊지 않으시고 심판하실 것이라고 했다(암 8:7). 이 심판으로 말미암아 땅이 떨고 그 땅에 사는 사람들이 애통하고 온 땅이 강의 넘침 같이 애굽 강 같이 뛰놀다가 낮아질 것이다(암 8:8-9). 아모스는 하나님의 심판에 대해 아모스서의 기술 특성 가운데 하나인 '7 더하기 절정'의 형식으로 심판을 기술한다. 곧 하나님이 (i) 해를 대낮에 지게 하시어, (ii) 백주에 땅을 캄캄하게 하시며, (iii) 절기를 애통으로, (iv) 노래를 애곡으로 변하게 하며, (v) 굵은 베로 허리를 동이게 하시며, (vi) 모든 머리를 대머리가 되게 하시며, (vii) 독자의 죽음으로 말미암아 애통하듯 하게 하실 것이다(암 8:10). 그 절정으로 하나님은 결국 곤고한 날과 같게 하실 것이다(암 8:10b). 굵은 베로 허리를 동인다는 말은 슬픔을 표현하는 말이고(삼하 3:31; 렘 4:8; 48:37), 머리를 대머리되게 한다는 표현은 털을 밀어 극한 슬픔을 표현하는 방법이다(욥 1:20; 사 3:24; 15:2; 22:12; 미 1:16).

c. 심판의 결과(암 8:11-14)

아모스는 언약 백성으로서의 삶의 특징을 버린 일로 인하여 하나님이 심판하신 결과가 어떤 것인지 설명한다. 여호와의 날이 이르게 되면 하나님이 기근을 땅에 보내실 것이다. 그런데 그 기근의 특성은 양식이 없어 주림이 아니며 물이 없어 갈함이 아니요 여호와의 말씀을 듣지 못한 기갈이다(암 8:11). NIV 성경은 여호와께서 보내시는 기근의 의미를 좀 더 분명하게 표현하기 위해 '대시'(—)로 연결했다. 말씀이 없는 기근은 하나님과의 교제가 단절되는 것을 의미한다. 하나님의 백성에게 하나님과의 관계가 단절되고, 말씀이 없는 상태는 가장 고통스러운 일이다. 하나님의 말씀이 들려지지 않는 고통에 대해 아삽의 시인 시편 74:9에 이렇게 말했다.

> 우리의 표적이 보이지 아니하며 선지자도 다시 없으며 이런 일이 얼마나
> 오랠는지 우리 중에 아는 자가 없나이다.

이 상태가 얼마나 극심한 것인지에 대해 사람이 이 바다에서 저 바다까지 북쪽에서 동쪽까지 비틀거리며 여호와의 말씀을 구하려고 해도 얻지 못할 것이라고 했다(암 8:12). 심지어 건강하고 힘이 넘쳐 잘 견딜 수 있는 젊은이까지도 하나님의 말씀을 듣지 못할 것이다(암 8:13). 이뿐만 아니라 사마리아의 죄된 우상을 두고 맹세하는 북쪽 단에 있는 우상 숭배자와 남쪽 브엘세바에서 우상 숭배하는 자들이 심판을 받을 것이다(암 8:14; 참조. 호 8:5-6; 왕상 12:28-30).

(4) 다섯 번째 환상(제단 곁에 서신 하나님)과 구원(암 9:1-15)

이 문단에서 아모스는 그가 본 다섯 번째 환상을 보여주고 하나님이 이스라엘

의 죄악을 심판하실 것이지만 여전히 이들을 통해 작정하신 다윗의 무너진 장막을 어떻게 회복하실 것이지를 보여준다

① 다섯 번째 환상 : 제단 곁에 서신 하나님(암 9:1-4)

아모스가 본 마지막 다섯 번째 환상은 앞의 네 가지 환상과 구조 면에서 다르다. 가장 큰 특징은 아모스의 중보기도와 아모스에게 묻는 내용이 없이 하나님이 제단 곁에 서셔서 하나님이 직접 심판하시는 모습을 환상으로 보여주셨다는 것이다. 주께서 '제단 곁에' 서셨다고 할 때 이 제단이 예루살렘 성전에 있는 제단인지, 아니면 아모스 8:14에 언급한 사라리아와 단과 브엘세바에 있는 제단인지 명확하지 않다. 주께서 제단 곁에 서셔서 심판하신다. 여기에는 아모스는 여호와를 1인칭 화자인 '내가', '내 손'이라는 표현을 사용하여 아모스서의 구조적 특성인 '7 더하기 절정'의 형식으로 심판을 선언한다. 여호와께서 기둥 머리를 쳐서 문지방을 움직이게 하라고 하셨다. 그리고 하나님은 (i) '내가' 남은 자를 칼로 죽이고, (ii) 도망가도 '내 손'이 거기서 붙잡아 내고, (iii) 스올로 들어가도 '내가' 붙잡아 낼 것이고, (iv) 하늘로 올라가도 '내가' 붙잡아 내릴 것이고, (v) 숨을지라도 '내가' 찾아낼 것이고, (vi) 바다 밑에 숨을지라도 '내가' 뱀을 명하여 물게 할 것이고, (vii) 원수에게 사로잡혀 가도 '내가' 칼을 명하여 죽이게 할 것이라고 하셨다. 그리고 절정으로 '내가' 그들을 주목하여 화를 내리지 않을 것이라고 하셨다(암 9:1-4; Limburg 1987, 221). 여호와를 '내가'라는 1인칭으로 사용한 것은 여호와께서 주권적으로 심판하심을 보여주기 위함이다. 그리고 이 심판이 철저함을 평행법과 '스올', '하늘', '갈멜산', '바다' 등의 은유를 사용하여 보여준다. 이 환상은 하나님이 심판하실 때 장소적으로 어떤 곳에 숨는다고 할지라도, 또는 권력이나 돈을 이용하여 숨는다고 할지라도 하나님은 다 찾아내어서 철저하게 심판하신다는 것이다.

② 우주와 세상 역사를 통치하시는 하나님(암 9:5-7)

이 단락에서 아모스는 하나님이 심판하실 때 아무도 피할 수 없음을 강조하기 위해 하나님이 어떤 분이신 지를 설명한다. 아모스는 제단 곁에 서 계신 만군의 하나님 여호와는 땅을 녹게 하여 그 땅에 속한 사람들을 애통하게 하시는 분이시며, 땅이 하수의 넘침 같이 솟아오르고, 애굽 강 같이 낮아지게 하시는 분이시다.

또 그의 궁전을 하늘에 세우시고 궁창의 기초를 땅에 두시고, 바닷물을 불러 땅에 쏟으시는 분이시다(암 9:5-6). 이러한 표현은 오늘날 지진과 화산 폭발과 쓰나미 등을 보고 듣는 자들에게 생소하지 않다. 하나님은 우주를 통치하시는 분이시기 때문에 그가 아모스를 통해 말씀하신 것을 반드시 이루실 것이다.

아모스는 하나님이 우주를 통치하실 뿐만 아니라 세상 나라의 역사도 주장하시는 분이심을 설명한다. 하나님은 이스라엘에게 구스 족속 같지 아니하냐고 하셨다. 구스족은 아프리카 북부의 에디오피아 사람들을 일반적으로 말하는데 피부가 검은 것이 특색이다(렘 13:23). 구스족과 이스라엘 백성이 다를 바가 없다고 하신 것은 이스라엘이 구스족과 다를 바 없지만 이스라엘은 하나님이 구속해 내신 특별한 민족임을 강조하려는 것이다. 그리고 블레셋을 갑돌(Crete)로부터(참조. 렘 47:4; 습 2:5), 메소포타미아에 위치한 기르(Kir)로부터 아람을 건국하게 했다고 하셨다. 블레셋은 갑돌에서 이주해 와서 족장시대에 이미 가나안의 그랄에 영토를 점령하여 살고 있었다(창 21:32-34). 이를 말하는 목적은 구스족과 다를 바 없는 이스라엘을 애굽에서 구원하여 나라를 건국하게 한다든지, 갑돌에서 블레셋 사람을 이주시켜 나라를 건국하게 한다든지 세상의 역사를 하나님이 배후에서 통치하신다는 것이다.

③ 하나님의 심판과 은혜(암 9:8-10)

아모스는 이 단락에서 하나님께서 나라의 흥망성쇠와 역사의 운명을 결정하신다는 것을 말씀하신 이유를 설명한다. 하나님은 "보라 주 여호와의 눈이 범죄한 나라를 주목하노니 내가 그것을 지면에서 멸하리라 그러나 야곱의 집은 온전히 멸하지는 아니하리라"(암 9:8)라고 하셨다. 이는 이스라엘이 범죄함으로 말미암아 하나님의 심판을 받는다고 할지라도 남아서 구원받는 사람도 있다는 것이다. 왜? 그것은 이스라엘과 맺은 언약 때문이다(신 4:30-31). 이를 더 강조하기 위해 중요한 내용이 나온다는 신호 기능인 '보라'라고 하면서 이스라엘 족속을 만국 중에서 체질하기를 곡식을 체질함 같이 하려니와 그 한 알갱이도 땅에 떨어지지 아니할 것이라고 하셨기 때문이다(암 9:9). 하나님은 범죄한 이스라엘을 심판하실지라도 그가 택한 자들을 구원하신다. 이것이 은혜다. 하지만 하나님은 곡식을 체질하여 알곡과 쭉정이를 가려내듯이 이스라엘 중에서 쭉정이를 가려내어 심판하실 것이다(암 9:10).

④ 이스라엘의 회복(암 9:11-15)

이 단락에서 아모스는 이스라엘의 회복에 대해 예언한다. 허바드(Hubbard 1991, 236)는 아모스 9:10에서 9:11의 전환은 이 책 전체에서 가장 갑작스럽고 놀랍다고 했다. 심판의 칼이 회복의 삽으로 바뀐다고 했다. 이 단락은 다윗의 장막이 회복되는 약속(암 9:11-12)과 그리스도 안에서 성취되기 시작하는 하나님 나라에 대해 설명한다(암 9:13-15). 이 책의 핵심은 이스라엘에 대한 심판이 최종적인 것이 아니라 이를 통해 궁극적으로 복이 찾아오도록 계획하셨다는 것이다(오스왈트 2014, 1694).

a. 다윗의 장막이 회복되리라는 약속(암 9:11-12)

하나님이 화자가 되어 그날에 다윗의 무너진 장막을 일으킬 것이라고 하셨다(암 9:11). 여기서 '그날'은 언제인가? 그날은 그리스도가 오심으로 시작하여 재림으로 완성되는 날을 말한다. 그러면 '다윗의 무너진 장막'(수카트 다위드 한노페레트, סֻכַּת דָּוִיד הַנֹּפֶלֶת)은 무엇인가? '다윗의 장막'은 일반적으로 이해하고 있는 장막이 아니다. 여기서 '장막'에 사용된 히브리어 단어 '수카트'(סֻכָּה)는 '천막'을 의미한다. 이 표현은 구약성경에서 여기에만 나온다. 이것은 이스라엘의 범죄로 말미암아 무너진 다윗의 집 전체가 보잘것없는 상태가 되었음을 보여주는 은유적 표현이다. 그래서 다윗의 무너진 장막을 일으키고 허물어진 것을 일으켜 세운다는 것은 다윗의 집이 무너져 보잘것없는 상태가 되었어도 하나님이 회복시키신다는 약속이다. 왜냐하면 다윗의 무너진 장막은 장차 그리스도 안에서 완성될 하나님 나라를 예표하기 때문이다.

하나님이 왜 다윗의 무너진 장막을 일으켜 세우시는가? 그 목적은 그들이[16] 에돔의 남은 자와 하나님의 이름으로 일컫는 만국을 기업으로 얻게 하려는 것이다(암 9:12).[17] 에돔과 만국을 언급한 것은 지형적으로 이스라엘의 가장 가까운 나라

---

16 아모스 9:12의 '그들'이 다윗의 장막을 받는다면 단수가 되어야 하나 집단이나 모임을 의미한다면 복수가 될 수 있다. 여기서 '그들은' 이스라엘의 남은 자를 포함한 회복된 이스라엘로 본다면 복수가 될 수 있다.

17 아모스 9:12의 히브리어 본문은 목적절을 유도하는 '러마안'(לְמַעַן)이라는 접속사로 시작한다.

로부터 가장 먼 나라에 이르기까지 모든 사람과 민족을 통칭하는 '양극 대칭적 표현'이다(류호준 1999, 484). 하나님이 다윗의 무너진 장막을 일으켜 세우시는 목적은 이스라엘의 회복만이 아니라 하나님 나라를 이루려는 것이다. 이 나라에는 이스라엘과 이방인의 차이가 없어지고 주의 이름으로 부르심을 받은 모든 사람이 들어갈 수 있다.

특히 예루살렘 공회에서 이방인들도 복음을 듣고 주를 찾고 그 나라에 들어갈 수 있다는 것을 말하기 위해 아모스 9:11-12을 신약성경 사도행전 15:16-18에서 인용한다. 이로 보아 다윗의 무너진 장막을 일으킨다는 것은 이스라엘이 죄를 범해 제사장 나라로서 책임을 다하지 못했어도 그리스도 안에서 회복시키고, 에돔의 남은 자와 주의 이름을 부르는 만국을 포함하는 하나님 나라의 회복을 의미한다.

b. 그리스도 안에 성취되기 시작하는 하나님 나라(암 9:13-15)

이 단락에서 아모스는 중요한 내용이 있음을 보여주는 신호 기능이며 주의를 집중시키는 역할을 하는 '보라'라고 하면서 그리스도 안에 성취되기 시작하는 하나님 나라를 보여준다. 날이 이르면 파종하는 자가 추수하는 자의 뒤를 이으며 포도를 밟는 자가 씨 뿌리는 자의 뒤를 이으며 산들은 단 포도주를 흘리며 작은 산들은 녹을 것이다(암 9:13). 이것은 당시 농경문화에서 결실하는 그림으로 물질적으로 풍요하게 될 것을 보여준다.

그리고 하나님은 그의 백성이 사로잡힌 곳에서 돌이켜 황폐한 성읍을 건축하여 거주하며 포도원을 가꾸고 그 포도주를 마시며, 과원을 만들고 그 열매를 먹으며 그들의 땅에서 다시 뽑히지 않을 것이라고 하셨다(암 9:14-15). 이 말씀을 문자적으로 이해하면 바벨론 포로에서 돌아온 자들은 성읍을 건축하고 영원히 물질적인 풍요를 누리며 산다는 뜻이다. 그러나 역사적으로 볼 때 스룹바벨의 인도로 돌아온 자들이 성전을 건축하고 느헤미야의 인도로 성벽을 건축하여 이 예언은 부분적으로 성취되었다. 그러나 그 후에 예수님이 세상에 오셨을 때 로마가 지배하였고, 지금까지도 갈등이 있다. 그렇다면 문자적으로 국가적 이스라엘을 통해서 이 예언이 성취되는 것은 아니다. 이 약속을 누리고 성취해야 할 대상은 포로기로부터 미래까지 이어지는 모든 성도로 보아야 한다(스튜어트 2011, 707).

그래서 여기서 묘사되는 때는 그리스도가 오심으로 시작된 신약시대와 그리스도의 재림으로 시작될 새 하늘과 새 땅의 영광에서 절정에 이르게 되는 시대다(케디 1990, 153). 물론 이 예언을 문자적으로 보고 범죄한 이스라엘이 멸망하지만 다시이 땅으로 돌아와서 기름진 옥토가 될 것이라고 보기도 한다. 하지만 이 예언은 이스라엘 국가가 문자적으로 지상에서 영구히 세워진다는 뜻은 아니다(케디 1990, 155). 이것은 교회가 그리스도가 오심으로 성취되기 시작하는 하나님 나라를 그리스도의 재림으로 완성될 때까지 이루어가야 할 사명임을 보여준다. 그리고 이책의 전체 문학적 구조가 보여주듯이 하나님이 말씀하셨기에 이 모든 일을 하나님이 주도적으로 이루실 것이다.

V. 구속사적 의미

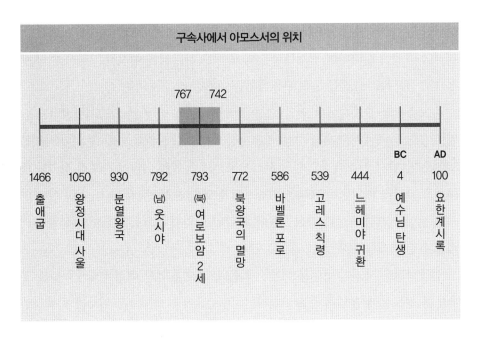

아모스서는 유다 왕 웃시야(주전 792-740)와 이스라엘 왕 여로보암 2세(주전 793-753) 시대의 구속사를 기록한다. 웃시야의 아버지 아마샤(주전 796-767)는 이스라엘의 왕 요아스 2년에 유다의 왕이 되었으나 요아스와의 전쟁에서 패하여 요아스가죽을 때까지 이스라엘 감옥에 있었다(왕하 14:13). 웃시야는 아마샤가 감옥에 있었던 주전 791년부터 그의 아버지와 함께 통치했고 아마샤가 죽은 주전 767년부터

단독으로 통치하였다. 그래서 아모스서는 웃시야가 단독으로 통치하기 시작한 주전 767년부터 웃시야가 죽기 2년 전인 742년 어간의 구속사를 기록한다.

아모스서의 구속사에서 하나님은 이스라엘과 언약을 맺으시고 이들과 동역하며 하나님의 작정을 이루심을 보여주셨다. 이를 하나님은 '땅의 모든 족속' 가운데 이스라엘만 아셨다고 표현하셨다(암 3:2). 그래서 이스라엘은 하나님과 맺은 언약의 말씀에 따라 살아야 한다. 그런데도 이스라엘은 언약을 거부하고 우상을 숭배하고 언약 백성으로서 살아야 할 삶과 특권을 버렸다. 그래서 하나님은 그들과 맺은 언약에 따라 심판하실 것이다. 아모스가 책망하는 죄목은 이스라엘이 시내산에서 하나님과 맺은 언약에서 정의한 죄목들이고, 그가 예언하고 있는 징벌들 역시 언약에 기록된 저주 목록과 일치한다. 회복에 대한 약속 역시 레위기와 신명기에 기록된 약속들과 일치한다. 이것은 하나님이 이스라엘이 언약 백성으로 사는 삶을 버릴 때 엄중하게 심판하시는 분이심을 보여주신 것이다. 그런데도 하나님은 이스라엘을 회복하실 것이라는 신탁으로 마친다(암 9:11-15). 이것은 비록 이스라엘이 범죄하여 징계를 받는다고 해도 하나님은 여전히 그들을 언약 백성으로 삼으시고 그들을 통해 구원계획을 이루실 것을 보여준다.

아모스서의 구속사에서 언약 백성인 이스라엘은 언약 백성으로 합당하게 살지 못하면 하나님과 교제할 수 없고 제사장 나라로서 사명을 다할 수 없다는 것을 보여준다. 당시 이스라엘은 언약 백성으로서의 특성을 버리고 사회적 정의를 왜곡하고 가난하고 힘없는 자들을 고통스럽게 했다(암 2:6-7; 4:1; 5:11; 8:4). 이때 아모스는 언약 백성의 삶의 방식 가운데 하나인 사회적 정의를 이루어야 심판을 면하고 복된 미래를 기대할 수 있다고 했다.

신약성경은 사회적 정의를 이루는 일을 구약시대 언약 백성에게만 아니라 구속받은 성도에게 동일하게 요구한다. 신약성경에서 스데반은 이스라엘 백성이 광야에서 사십 년간 희생과 제물로 하나님을 섬기지 못했다고 하면서 사도행전 7:42-43에서 아모스 5:25-26의 말씀을 인용했다.

> 하나님이 외면하사 그들을 그 하늘의 군대 섬기는 일에 버려두셨으니 이는 선지자의 책에 기록된 바 이스라엘의 집이여 너희가 광야에서 사십 년간 희생과 제물을 내게 드린 일이 있었느냐 몰록의 장막과 신 레판의 별을 받

들었음이여 이것은 너희가 절하고자 하여 만든 형상이로다 내가 너희를 바
벨론 밖으로 옮기리라 함과 같으니라

스데반이 이 말씀을 인용한 것은 언약 백성이 마땅히 하나님을 예배하지 못하
고, 합당하게 살지 못했음을 지적하기 위함이다. 그런데도 스데반이 이를 인용한
것은 그리스도가 오심으로 구약시대에 온전히 지키지 못한 법을 지키고 성도들
도 다 지키는 것이 가능하다는 것을 강조하기 위함이다. 그리고 예루살렘 공회에
서 이방인도 주를 찾을 수 있음을 말하기 위해 야고보는 사도행전 15:16-17에서
아모스 9:11-12을 인용했다.

이후에 내가 돌아와서 다윗의 무너진 장막을 다시 지으며 또 그 허물어진
것을 다시 지어 일으키리니 이는 그 남은 사람들과 내 이름으로 일컬음을
받는 모든 이방인들로 주를 찾게 하려 함이라 하셨으니

이 인용의 핵심은 그리스도가 오신 후에 무너진 다윗의 장막을 다시 짓고 그들
을 통하여 남은 자들과 주의 이름으로 일컬음을 받는 이방인들이 주를 찾게 된다
는 것이다. 이로 보아 하나님은 비록 당시 이스라엘이 범죄하여 제사장 나라로서
이방을 구원하는 일을 하지 못했다 할지라도 이스라엘을 통해 그리스도를 보내
어 다윗의 집을 회복하여 하나님 나라를 세우신다는 것을 보여준다.

오바댜

Obadiah

SUMMARY

오바댜

—⊷◦ℰ◦⊷—

오바댜서의 제목은 다른 선지서들과 같이 선지자 '오바댜'(עֹבַדְיָה)의 이름을 따라 붙인 것이다. 이 이름의 뜻은 '여호와의 종'이라는 뜻이다. 오바댜서는 구약성경 가운데 제일 짧다. 이 책은 에돔의 죄에 대한 책망과 심판에 관한 내용을 주로 다룬다(옵 1:1-16). 이와 더불어 유다가 포로에서 해방되고 장차 구원받은 자들이 시온산에서 온 세상을 통치하게 될 미래에 대해서도 말한다(옵 1:17-21).

I. 저자와 역사적 배경

오바댜서의 표제는 "오바댜의 묵시라"라고 짧게 기록함으로 저자가 '오바댜'라고 밝힌다. '오바댜'라는 이름은 구약성경에서 매우 흔한 이름이다(왕상 18:3-16; 대상 3:21; 7:3; 8:38; 9:16; 12:9; 27:19; 대하 17:7; 34:12; 스 8:9; 느 10:5; 12:25). 그의 아버지의 이름이나 출신지나 언제 사역했는지에 대한 어떤 정보도 없다.

책의 기록 연대와 역사적 배경을 파악하기 위해서는 내적 자료를 검토해야 한다. 요엘서, 나훔서, 하박국서 등과 같이 책의 표제에 나오는 선지자에 대해 거의 정보를 제공해 주지 않기 때문이다. 오바댜가 언제 사역했는지에 대해 두 가지 지배적인 견해가 있다. 하나는 유다의 여호람 시대(주전 848-841)라고 본다. 이때 에돔이 유다에게서 독립하고(대하 21:8-10) 블레셋과 아라비아 동맹군과 연합하여 예루살렘을 침략했기에 심판의 대상이 된다고 보았기 때문이다(신득일 2012, 503-504). 또 하나는 유다가 바벨론에 의해 멸망한 주전 586년 이후라고 추정한다. 그 근거는 이 책에서 예루살렘의 함락을 과거의 사건으로(옵 1:11), 에돔의 멸망을 미래의 사건으로(옵 1:15-16) 제시하고 있기 때문이다(라베 2014, 1695). 이뿐만 아니라 에돔이 유다의 패망을 기뻐하고 약탈하며 도망한 자를 막은 것에 대해 하나님이 책망하신 내용을 기록하고 있기 때문이다(옵 1:12-14). 또 오바댜 1:1-6은 예레미야 49:9-10, 14-16과 단어와 표현 면에서 약간 변형되었으나 매우 유사하다. 그래서 예레미야서가 먼저인지 아니면 오바댜가 먼저인지 논의도 있었다.[1] 이 두 견해 가운데 예루살렘이 멸망한 주전 586년 이후로 보는 것이 타당하다. 이 때를 에돔이 예루살렘의 멸망을 기뻐했던 시기로 본다. 다른 성경의 기록들 역시 에돔이 유다의 멸망을 기뻐하고 바벨론과 공모했다고 말하기 때문이다(시 137:7; 렘 49:7-22; 애 4:21-22; 겔 25:12-14; 35:5-6 등).

에돔은 모압 남쪽으로 염해 남동쪽에 자리 잡고 있었다. 그곳은 아라바의 동쪽 산악지대로 담홍색의 페트라 성이 발견된 곳이다(Taylor 1969, 225). 에돔의 기원은 이삭이 리브가에게서 낳은 쌍둥이 아들인 야곱의 형 에서다(창 25:21-26; 36:1-43). 다윗은 에돔을 정복하여 유다의 봉신으로 두었고, 여호사밧 때까지 봉신으로 있었다(삼하 8:1-14; 왕상 22:47). 그러나 여호사밧의 아들 여호람 때에 유다를 배반하고 독립했다(왕하 8:20-22). 그 후 에돔은 지나친 복수심을 품고 유다 족속을 원수로 대했다(암 1:11; 겔 25:12). 에돔은 예루살렘이 바벨론에 의해 멸망당할 때 유다의 멸망을 기뻐했다(옵 1:11-14; 시 137:7).

II. 문학적 구조와 특징

이 책의 일반적인 문학 장르는 주로 운문 형식으로 될 예언이다. 이 예언은 짧아도 다른 선지서와 같이 심판과 구원의 형태로 구성되어 있다. 그리고 오바댜는 운문의 특징인 평행법과 이미지와 풍자(satire)를 사용하여 메시지를 전달한다. 오바댜서는 다음과 같은 구조로 되어있다.

1. 표제(옵 1:1a)
2. 에돔의 심판(옵 1:1b-14)
3. 여호와의 날(옵 1:15-21)

---

[1] 칼빈(Calvin 1986, 418-419)은 오바댜 주석의 서문에서 예레미야와 오바댜가 동시대였는지 아니었는지 노력을 기울일 필요가 없다고 했다. 그가 이렇게 말한 것은 당시 성경을 해석하는 일에 있어서 역사적인 관심보다 교리적인 부분에 치중했기 때문으로 보인다.

III. 주제와 기록 목적

이 책의 문학적 구조로 보아 주제는 하나님은 유다를 대적하고 여호와의 날에 악을 행하는 에돔을 심판하심으로 하나님의 공의를 보여주어 유다를 위로하려는 것임을 알 수 있다.

이 책이 비록 짧아도 기록 목적을 한두 가지로 제한할 수 없고 중요한 몇 가지를 생각해 볼 수 있다. 첫째, 이스라엘을 대적했던 에돔은 그가 행한 악으로 심판을 받으나 이스라엘의 마지막은 보존되고 높임을 받게 되리라는 사실을 보여주려는 것이다(Stuart 1987, 408). 일반적으로 이방 나라에 대한 신탁은 비록 심판에 대한 어휘들로 가득할지라도 하나님의 백성들을 위한 희망의 메시지를 암시적으로 가지고 있다. 이런 종류의 신탁은 이스라엘이 하나님이 심으시는 꽃과 같이 다시 꽃을 피우게 되는 길을 여는 시간을 내다보고 있다. 오바댜의 메시지는 이와 같은 구조로 구성되어 있다. 에돔의 마지막 운명은 모든 악한 자들이 맞이하는 죽음이다. 반면에 하나님의 백성들의 마지막 상급은 풍성한 삶이다. 이것이 오바댜가 그의 원래 청중들에게 의미했던 말씀이고, 또한 이 말씀은 우리에게도 의미가 있다(Stuart 1987, 408).

둘째, 이방 나라에 대한 신탁이 대개 그러하듯이 오바댜에게 주신 신탁도 여호와가 이스라엘만 통치하시는 분이 아니라 모든 나라와 지역의 하나님이심을 보여주려는 것이다. 하나님은 이방 나라의 역사를 정하시며 그의 뜻을 그의 선지자에게 계시하시는 분이다(Dillard & Longman 1994, 389).

셋째, 에돔에 대한 신탁은 "너를 축복하는 자들에게는 내가 복을 내리고 너를 저주하는 자들에게는 내가 저주하리니 땅의 모든 족속이 너로 말미암아 복을 얻을 것이라"(창 12:3)라는 아브라함 언약이 이스라엘 역사에 작동되고 있음을 보여준다(Dillard & Longman 1994, 389). 이것은 단순히 국가적인 이스라엘 때문이 아니라 아브라함의 자손을 통해 오실 그리스도를 어떻게 대하느냐에 따라 복과 저주가 결정된다는 것이다.

넷째, 오바댜서는 "세상의 나라가 우리 주와 그리스도의 나라가 되어 그가 세세토록 왕 노릇하시리로다"(계 11:15)라고 말할 수 있는 나라가 됨을 보여준다(Niehaus 1993, 541). 오바댜의 메시지가 "나라가 여호와께 속하리라"(옵 1:21)라는 말씀으로 끝맺고 있기 때문이다.

IV. 내용

<table>
<tr><td>

내용 구조

1. 표제(옵 1:1a)
2. 에돔의 심판(옵 1:1b–14)
3. 여호와의 날(옵 1:15–21)

</td></tr>
</table>

1. 표제(옵 1:1)

오바댜서의 표제는 "오바댜의 묵시라"라고 짧게 기록함으로 저자가 '오바댜'임을 밝힌다.[2] '오바댜'(עֹבַדְיָה)라는 이름은 '여호와의 종'이라는 뜻이다. 그에 관한 정보는 이 기록 외에 없다. '묵시'(하존, חָזוֹן)라는 말은 성경에서 하나님의 말씀과 '묵시'(= 이상)가 같은 의미로 사용되기도 하고(삼상 3:1) 선지자가 '본'(하자, חָזָה) 말씀으로 사용되기도 한다(사 2:1). 넓은 의미로 묵시는 하나님께 받은 계시를 말한다. 이는 오바댜가 전하는 말씀이 반드시 들어야 할 신적인 권위를 가지고 있다는 것이다(Niehaus 1993, 511).

2. 에돔의 심판(옵 1:1b-14)

이 문단에서 오바댜는 하나님이 에돔을 어떻게 심판하실 것인지 전체적인 그림을 그려주고 풍자 형식으로 선언한다.

---

2 이 표제에 대한 더 자세한 논의는 이 책의 서론인 "저자와 역사적 배경"을 참조하라.

내용 분해

(1) 에돔에 대한 심판(옵 1:1b-9)

(2) 에돔의 죄(옵 1:10-14)

내용 해설

(1) 에돔에 대한 심판(옵 1:1b-9)

오바댜는 여호와께서 에돔에 대해 하신 말씀임을 소개하며 메시지를 시작한
다(옵 1:1b). 그는 '우리'가 여호와께로 말미암아 소식을 들었는데 그 소식은 사자
가 나라들 가운데 보내심을 받고 나라들이 일어나 에돔과 싸우라는 것이다(옵
1:1c). 여기서 '우리'가 오바댜를 포함한 선지자들을 말하는 것인지 아니면 다른
선지자들을 말하는 것인지 분명하지 않다. 그러나 오바댜가 보여주고자 하는 것
은 하나님이 에돔을 심판하시기 위해 사자를 나라들 가운데 보내어 일어나 에돔
과 싸우게 하셨다는 것이다. 이것은 하나님이 에돔을 심판하시는 방법이 나라들
을 사용하신다는 것이다.[3]

하나님은 에돔을 나라들 가운데 매우 작게 하여 멸시를 받게 하실 것이다(옵
1:2). 이것은 영토와 영향력이 매우 작아져서 멸시를 받는다는 뜻이다. 이 벌이
확실히 성취될 것을 강조하기 위해 '(작게) 하다'라는 동사를 선지적 과거로 썼다
(Stuart 1987, 417). 에돔은 그 마음이 교만해져서 그가 사는 곳이 높은 곳에 있는 바
위(틈)에 살고 있어서 "누가 능히 나를 땅에 끌어내리겠느냐?"라고 했다(옵 1:3).
'바위'라는 단어는 원문에 '셀라'(סֶלַע)인데 아라바 동쪽에 있는 에돔의 수도이다.
오늘날 페트라로 알려진 이곳은 남동쪽 외에 어떤 곳도 접근할 수 없다(Niehaus
1993, 516). 이러한 지형학적 위치는 에돔을 교만하게 했다.

그러나 하나님은 풍자적으로 에돔이 독수리처럼 높이 오르고 별 사이에 깃들
일지라도 거기에서 끌어내실 것이다(옵 1:4). 이미 과거 역사에서 하나님이 유다

---

3 '에돔'에 대해 이 책 서론인 "저자와 역사적 배경"을 참조하라.

왕 아마샤(주전 796-767)와 함께 하심으로 아마샤가 이곳을 정복한 바가 있다(왕하 14:7). 하나님은 두 개의 수사의문문을 던지며 도둑이나 강도가 와도 필요한 만큼만 가져가고, 포도를 따는 자가 와도 다 따지 않고 얼마쯤 남기지 않겠느냐고 하셨다(옵 1:5). 이 말씀을 하신 후에 하나님은 그런데 "네가 어찌 그리 망했는가? 어찌 수탈당하고 어찌 감춘 보물을 다 빼앗겼는가?"라고 비꼬며 말씀하셨다(옵 1:6). 그리고 하나님은 에돔이 스스로 지각이 있다고 생각하고 주변의 강대국과 약조를 맺었으나 그 나라들이 오히려 에돔을 속이고 함정에 빠지게 할 것이라고 비꼬셨다(옵 1:7). 욥은 우스 사람으로 나홀의 맏아들의 이름이기도 하지만(창 22:20-24) 에돔의 후손으로 볼 수 있다(창 36:28). 우스와 에돔은 같은 지역이다(애 4:21). 욥의 친구인 엘리바스는 지혜의 도시로 알려진 에돔의 남부지역인 데만 사람이다(렘 49:7). 이러한 배경을 볼 때 에돔은 지혜가 있다고 생각하고 여러 나라와 조약을 맺었으나 오히려 그들로부터 배신을 당하게 될 것이다. 그래서 오바댜는 하나님이 정하신 날에 에돔에서 지혜 있는 자를 멸하지 않겠느냐고 했다(옵 1:8). 그리고 그는 에돔의 대표적인 도시인 '드만'(= 데만)을 부르며 에서의 산에 있는 사람은 다 죽임을 당할 것이라고 했다(옵 1:9).

(2) 에돔의 죄(옵 1:10-14)

에돔은 왜 심판을 받아야 하는가? 오바댜 1:10에 일반적인 이유를 제시한다. 그것은 그가 이스라엘의 형제임에도 불구하고(신 2:1-8; 23:7) 형제 국가인 이스라엘에게 행한 '포학' 때문이다. '포학'은 원문에 '하마스'(חָמָס)로 모든 폭력적인 행동을 의미한다. 에돔은 이방인(= 바벨론)이 예루살렘을 침공하여 그의 재물을 빼앗아가던 날에 '멀리 서서' 방관했다(옵 1:11). 오바댜는 에돔이 유다가 패망한 날에 행한 해서는 안 될 일을 8가지 기술했다.[4] 그것은 방관했으며, 기뻐했으며, 입을 크게 벌려 약탈했으며, 환난 날에 성문에 들어갔으며, 고난을 방관했으며, 재물에 손을 대었으며, 도망하는 자를 막았으며, 원수들에게 넘긴 것이다(옵 1:12-14).

---

4   오바댜는 에돔이 해서는 안 될 일을 일반적인 금지를 나타내는 'לֹא + 미완료'가 아니라 구체적이고 개별적인 상황을 말하는 8개의 금지 구문 'אַל + 미완료'로 표현했다.

3. 여호와의 날(옵 1:15-21)

이 문단에서 오바댜는 에돔의 죄에 대해 심판하실 것을 말하면서 범위를 넓혀 '여호와의 날'에 하나님이 만국을 심판하실 때 함께 에돔을 심판하실 것과[5] 하나님이 자기 백성 이스라엘을 회복하여 만국을 다스리는 권세를 주실 것을 말한다.

내용 분해

(1) 이방 나라의 심판과 시온의 구원(옵 1:15–18)
(2) 주의 나라가 세워짐(옵 1:19–21)

내용 해설

(1) 이방 나라의 심판과 시온의 구원(옵 1:15–18)

오바댜는 여호와께서 만국을 심판하실 여호와의 날이 가까웠기에 이날에 에돔이 행한 대로 심판을 받을 것이라고 했다(옵 1:15). 그리고 그들이 하나님의 성산에서 마신 것 같이 만국인이 마심으로 본래 없던 것 같이 될 것이라고 했다(옵 1:16). 에돔이 유다에게 행했던 악한 일을 그들이 계속 당하여 본래 없던 것 같이 그들의 머리에 돌려질 것이다. 기회주의적인 공격자이며 약탈자가 공격을 받을 것이고 약탈을 당할 것이다(Stuart 1987, 420). 구약의 선지자들은 에돔에 대해 심판을 예언했다(겔 25:12–14; 렘 49:7–22; 애 4:21–22; 욜 3:19; 암 9:12; 옵 1:10ff 등). 언제 이 일이 일어났는가? 역사적으로 보면 주전 3–4세기에는 나바티아인들에 의해 정복되었고, 주전 164년 유다 마카비에 의해 정복당했다(마카비 1서 5:65).

여호와의 날에 에돔을 포함하여 만국이 심판을 받아도 시온산은 피할 곳이 될 것이고, 야곱 족속은 이곳에서 기업을 누릴 것이다(옵 1:17). 그리고 야곱은 불이

---

5 개역개정판은 "여호와께서 만국을 벌할 날이 가까웠나니"라고 번역했으나 "여호와의 날이 만국에 가까웠다"(카로브 욤—아도나이 알—콜—하고임, קָרוֹב יוֹם־יְהוָה עַל־כָּל־הַגּוֹיִם)라고 번역하여 선지서의 중요 단어인 '여호와의 날'(יוֹם־יְהוָה)을 드러내야 한다.

되고 에서는 지푸라기가 되어 그 불이 지푸라기에 붙어 다 사르므로 에서 족속에 남은 자가 없을 것이다(옵 1:18).

(2) 주의 나라가 세워짐(옵 1:19-21)

오바댜는 네겝, 에서의 산, 평지, 블레셋, 북쪽의 에브라임 들과 사마리아의 들, 동쪽의 길르앗, 가나안(= 두로와 시돈)에 속한 사르밧[6] 등의 지명을 언급하며 유다가 이 땅을 회복할 것이라고 했다. 그리고 예루살렘에서 사로잡혔던 자들, 곧 '스라밧'에 있는 자들은 네겝을 얻을 것이다(옵 1:19-20). '스라밧'은 메디아(Media) 북서쪽에 있는 지역으로 본다(NBD 1980, 1160). 이것은 바벨론 제국이 통치하는 곳을 넘어 더 멀리서도 돌아온다는 것이다(Stuart 1987, 421).

오바댜는 구원받은 자들이 시온산에 올라와 에서의 산을 심판할(= 다스릴) 것이며 나라가 여호와께 속하리라고 했다(옵 1:21). 여기서 에돔은 구원받은 성도들이 다스리는 세상을 상징한다(Niehaus 1993, 541; Baker 1988a, 43). 이렇게 말하는 것은 종말론적인 영역을 확대하는 것이다. 특히 오바댜의 메시지를 "나라가 여호와께 속하리라"(버하이타 라도나이 함머루카, וְהָיְתָה לַיהוָה הַמְּלוּכָה)라고 마침으로 하나님 나라가 세워져 하나님이 온 세상을 다스리실 것을 보여준다. 그러므로 사도 요한이 본 것처럼 "세상의 나라가 우리 주와 그리스도의 나라가 되어 그가 세세토록 왕 노릇하시리로다"(계 11:15)라고 말할 수 있는 나라가 될 것이다(Niehaus 1993, 541). 아멘.

---

6 '사르밧'은 시돈 남쪽에 있는 도시로 베니게(Phoenician) 지역이다. 이곳은 두로와 시돈을 말한다.

V. 구속사적 의미

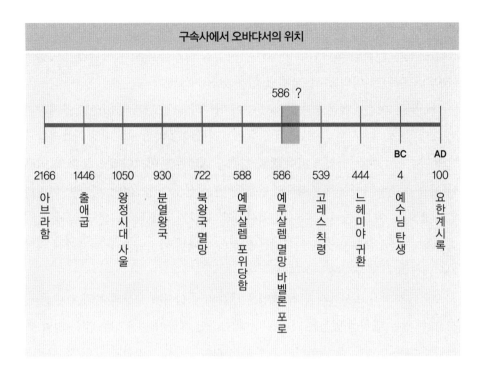

오바댜서는 요엘서, 나훔서, 하박국서 등과 같이 오바댜가 사역하던 시기를 명시하지 않기에 구속사의 위치는 내적 정보를 어떻게 해석하느냐에 따라 달라질 수 있다. 가장 타당한 내적 정보는 주전 586년에 있었던 예루살렘의 함락을 과거의 사건으로(옵 1:11), 에돔의 멸망을 미래의 사건으로(옵 1:15-16) 제시하고 있고, 에돔이 유다가 패망을 기뻐하고 약탈한 일들을 기록하고 있다는 것이다(옵 1:12-14). 그러므로 오바댜서는 주전 586년부터 포로기 초반부의 구속사를 기록하고 있다.

오바댜서의 구속사에서 하나님은 이스라엘을 대적하고 악을 행했던 에돔을 심판하시나 택한 백성 이스라엘을 지키시어 그들을 통해 작정하신 구원을 이루시는 분이심을 보여준다. 에돔의 마지막 운명은 멸망이나 하나님의 백성들의 마지막 운명은 풍성한 삶이다. 이는 전적으로 야곱을 선택하신 하나님의 은혜다. 역사적으로 야곱과 에서, 이스라엘과 에돔 간의 관계는 오랜 역사를 갖고 있다. 말라기 시대 포로에서 돌아온 이스라엘 백성들이 하나님의 사랑에 대해 회의가 생겼을 때 "내가 야곱을 사랑하였고 에서는 미워하였으며"(말 1:2-3)라고 했다. 이후 신약 시대 이두메(에돔)인 헤롯이 유대 땅에 탄생하신 예수님을 죽이려고 했다(마 2:16). 하나님이 야곱을 택하신 것은 그가 태어나기도 전이다(창 25:23). 사도 바울은 구원은 전적인 하나님의 은혜라는 사실을 강조하기 위해 하나님이 야곱을 사랑하고 에서를 미워했다는 말씀을 인용했다(롬 9:13).

하나님은 이스라엘만 통치하시는 분이 아니라 모든 나라의 역사를 통치하시어 그의 뜻을 이루시는 분이다. 나아가 아브라함에게 약속하신 대로 아브라함과 그의 자손을 대하는 방식에 따라 복과 저주를 내리는 분이시다(참조. 창 12:3). 이러한 이유로 구속사에서 아브라함의 유업을 받은 성도는 동일하게 중요한 의미가 있다(갈 3:16, 29). 나아가 오바댜의 메시지가 "나라가 여호와께 속하리라"(옵 1:21)라는 말씀으로 끝맺는 것은 하나님은 완전한 하나님 나라를 이루실 때까지 역사 가운데 일하시는 분임을 보여준다.

오바댜서의 구속사에서 언약 백성은 세상의 중심이며 세상의 복과 저주를 결정할 수 있는 위치에 있음을 보여준다. 왜냐하면 에돔이 벌을 받는 것은 언약 백성인 유다가 멸망할 때 기뻐하고 조롱한 결과이듯이 아브라함과 그의 자손을 대하는 방식에 따라 저주와 복을 받기 때문이다(참조. 창 12:3). 그리고 오바댜의 메시지가 "나라가 여호와께 속하리라"(옵 1:21)라는 말씀으로 끝맺는 것은 "세상의 나라가 우리 주와 그리스도의 나라가 되어 그가 세세토록 왕 노릇하시리로다"(계 11:15)라고 말할 수 있는 나라가 될 때까지 하나님이 자기 백성을 지켜주심을 확신케 하려는 것이다(참조. Niehaus 1993, 541).

요나

Jonah

요나

-•εἰ϶•-

이 책의 제목은 책의 중심인물인 '비둘기'라는 뜻을 가진 '요나'(יוֹנָה)의 이름이다.[1] 요나서에 기록된 사건들은 사람들에게 많이 알려져 있다. 그 가운데 요나가 하나님 말씀을 거역하고 도망가다가 하나님께서 큰 풍랑을 보내셔서 바다에 던져졌다는 이야기와 바다에 던져진 요나를 큰 물고기가 삼켰는데 사흘 만에 다시 살아난 이야기는 언제 들어도 재미있고 흥미로운 이야기다. 불행하게도 이 이야기의 역사성을 둘러싼 논쟁으로 말미암아 이 책의 문학적 아름다움과 신학적 중요성이 가려지기도 했다(Dillard & Longman 1994, 391). 그리고 요나서를 선지서 문맥에서 보지 않고 요나가 니느웨에 복음을 전하러 간 이야기에 메시지의 비중을 두어서 선교적인 이야기로 간주하기도 한다. 물론 요나서에 선교적 메시지도 있다. 하지만 이 책의 핵심은 아니다. 이 책의 핵심은 독자가 누구며 이를 기록한 목적이 무엇인지 아는 일과 연관되어 있다. 이 책에 기록된 메시지는 니느웨가 아니라 북 왕국 이스라엘을 위한 것이다. 이는 선지자 사역의 핵심인 언약과 밀접한 연관이 있다는 것이다. 그리고 특이한 점은 선지자가 자신이 받은 말씀을 기록하지 않고 저자가 선지자의 삶에서 일어난 사건을 기록하고 있다는 것이다.

I. 저자와 역사적 배경

1. 저자

책 제목이 저자와 동일시할 수 없다 할지라도 전통적으로 스불론 땅에 있는

---

[1] 흥미롭게도 동시대 선지자인 호세아는 에브라임을 '어리석은 비둘기 같다'라고 했다(호 7:11).

가드헤벨 사람 아밋대의 아들 선지자 요나로 본다(욘 1:1; 참조. 수 19:10, 13; 왕하 14:25). 그러나 엘리야와 엘리사 내러티브와 유사하다는 점에서 주전 8세기의 선지자에 관한 기록을 담은 선지적 계열에서 온 것으로 볼 수도 있다(Wilson & Stek 2002, 1387).

2. 역사적 배경

요나는 이스라엘의 왕 여로보암 2세(주전 782-753)가 통치하던 시대에 활동하던 선지자였다. 그는 나사렛 북동쪽 스불론 땅 가드헤벨 사람이었고, 이스라엘은 하나님이 요나에게 하신 말씀과 같이 이스라엘 영토를 회복하기도 했다(왕하 14:25). 이때 이스라엘은 큰 번영을 누렸다. 이는 당시 여로보암 2세가 여로보암 1세의 악한 길에서 떠나지 않았음에도 하나님이 이스라엘을 불쌍히 여겨 구원해 주셨기 때문이다(왕하 14:26-27). 요나가 사역할 당시 앗수르는 우랄투 지역의 산지 족속에게 점령당한 채 티글랏-빌레셀 3세(주전 745-727)가 권력을 잡을 때까지 서쪽으로 세력을 확장하지 못했다(Vangemeren 1990, 146). 요나 당시의 앗수르 왕이 누구인지 알 수 없다. 그러나 주전 8세기에 이스라엘은 앗수르가 역사상 가장 강력한 제국이 되어 북 왕국 이스라엘을 정복하고 그 백성들을 포로로 잡아가리라고 생각하지 못했을 것이다. 그리고 그들은 하나님이 앗수르에 은혜를 베푸시고 이스라엘에 심판을 내리실는지 깨닫지 못했다(Vangemeren 1990, 146). 요나가 북 왕국 여로보암 시대에 사역한 점을 고려하면 그는 이사야(사 1:1), 호세아(호 1:1), 아모스(암 1:1), 미가(미 1:1) 선지자들보다는 이른 시대이지만 주전 722년에 이스라엘이 앗수르에 멸망된 사건과 연관된 시대에 사역한 선지자임을 알 수 있다.

이러한 역사적 배경에서 쓰인 요나서는 역사성에 대해 많은 논란이 있었다. 여기에는 몇 가지 이유가 있다. 첫째, 요나가 물고기 뱃속에서 사흘 동안 있었어도 살아남은 사건, 박넝쿨이 비정상적으로 자란 일, 짐승까지 베옷을 입은 일 등은 단순한 역사기록이라기보다 풍자고 인물이나 사건들도 상징적으로 보았기 때문이다.[2] 둘째, 이야기 배후에 도덕성을 가지고 있는 하나의 '비유'나 한 역사적 상황에서 발생한 사건을 다듬어 종교적 진리를 전달하는 '미드라쉬'(Midrash) 같은 것으로 보았기 때문이다. 이것은 요나서를 어떤 도덕적 교훈을 주기 위해 창작된 작품으로 보았다는 것이다. 셋째, 저자가 독자들이 이 책을 역사기록으로 이해하도록 의도하지 않았다고 보았기 때문이다. 예를 들면 니느웨 왕의 이름을 언급하지 않고 제국의 이름인 앗수르가 아니라 수도 이름 니느웨를 언급한다(참조. Hill & Walton 1991, 383-384; Dillard & Longman 1994, 392-393; 불록 2001, 54-58 등).

요나서가 지닌 이러한 특징을 무시할 수는 없다. 그래서 이 책이 어떤 종류의 글인지 장르(genre)가 무엇인지 밝혀야 한다. 책의 장르를 어떻게 보느냐 하는 것은 본문을 해석하는 일의 중요성과 연관되어 있다(Alexander 1988, 69). 요나서의 장르에 대해 역사, 교훈, 우화, 풍자, 미드라쉬, 비유 등으로 보기도 하나 반게메렌(Vangemeren 1990, 147)은 비유적 힘을 가진 역사서라고 보았다. 그는 비유가 비역사적일 필요가 없다고 하면서 그 이유를 비유의 목적이 지혜로운 삶을 제시하려는 관점에 있기 때문이라고 했다. 그리고 알렉산더(Alexander 1988, 77)는 요나서를 교훈적 역사(didactic history)라고 보았다. 우리는 요나서를 선지자 요나에 대한 역사적 설명으로 믿는다. 가장 큰 이유는 예수님이 마태복음 12:39-41과 누가복음 11:29-30에 요나서를 인용하셨기 때문이다. 예수님의 요나서 인용에서 니느웨의 회개와 남방 여왕에 대한 언급은 열왕기상 10:1-10에서 입증되었듯이 요나가 역사적 인물임을 입증한다. 만일 니느웨의 회개가 역사적이 아니라면 그 시대를 향한 예수님의 정죄는 아무런 효과를 얻지 못할 것이다(불록 2001, 53-54).

II. 문학적 구조와 특징

요나서는 다른 선지서와 달리 하나님의 말씀을 받아 전하는 것이 아니라 엘리야, 엘리사와 같이 요나의 삶에 있었던 사건을 내러티브 형식의 산문으로 기록하였다. 이야기는 줄거리를 따라 형성되는데 요나서는 그 전개가 빠르고 단순하며 이야기가 복잡하거나 무겁지 않다(불록 2001, 58).

---

2 송병현(2009, 14-15)은 역사라기보다는 풍자라고 보았다.

요나서는 일곱 개의 단락으로 구분할 수 있다. 이렇게 구분하는 근거는 평행적으로 나타나는 요나에게 주신 첫 번째 명령과 두 번째 명령(욘 1:1; 욘 3:1), 그 명령의 순종 여부로 말미암아 나타나는 현상(욘 1:4-17; 3:5-10), 요나의 기도(욘 2:1-10; 4:1-3) 등이다. 그리고 이 평행 구조의 초점은 하나님과 요나의 대화와 그 대화의 결론으로 하나님이 던진 수사학적 질문이다(욘 4:4-11). 그 질문은 하나님은 니느웨에 있는 사람들과 가축들도 아끼신다는 것이다.

A 요나에게 주신 첫 번째 명령과 요나의 불순종(욘 1:1-3)

B 요나의 불순종에 대한 결과(욘 1:4-17)

C 요나의 기도(욘 2:1-10)

A′ 요나에게 주신 두 번째 명령과 요나의 순종(욘 3:1-4)

B′ 요나의 순종에 대한 결과(욘 3:5-10)

C′ 요나의 기도(욘 4:1-3)

D 하나님과 요나의 대화(욘 4:4-11)

이 구분을 볼 때 저자는 역사를 평행 구조와 대조의 효과를 통해 핵심 주제를 전달한다. 저자는 이 구조를 통해 불순종하는 요나와 순종하는 요나를 대조적으로 보여준다(맥콘빌 2009, 353). 또 죄를 회개하며 자신의 구원을 위해 기도하는 요나와 하나님이 니느웨를 구원하신 일을 불평하는 요나를 대조적으로 보여준다.

특이한 점은 저자가 이 책에서 몇 가지 주도어(Leitwort)를 의도적으로 반복한다는 것이다(Dillard & Longman 1994, 393). 주도어는 핵심 단어라고 부를 수도 있는데 이 주도어는 한 본문에서 현저하게 반복되는 단어나 단어의 어근을 말한다. 이러한 반복은 본문의 의미를 파악하는 장치다(Alter 1981, 93). 요나서에서 주도어는 여러 개가 있다. 첫째, '일어나다'(쿰, קום)라는 동사가 6번 나온다(욘 1:2, 3, 6; 3:2, 3, 6). 하나님은 요나에게 '일어나' 니느웨로 가서 외치라고 하셨으나 '일어나' 다시스로 도망갔다(욘 1:2, 3). 바다에 풍랑이 일 때 선장이 그에게 '일어나' 네 하나님께 구하라고 했다. 요나가 물고기 뱃속에서 나왔을 때 하나님은 그에게 '일어나' 니느웨로 가라고 하셨고 요나는 '일어나' 니느웨로 갔다(욘 3:2-3). 요나가 선포한 심판의 말을 듣고 왕은 보좌에서 '일어나' 왕복을 벗고 굵은 베옷을 입고 재 위에 앉

앉다(욘 3:6). 이 단어는 자리에서 일어나는 행동을 의미하나(참조. 창 24:54) 명령법은 다른 동사아 연결하여 신속한 응답을 요구할 때 사용된다(Alexander 1988, 98). 요나가 가서 외치는 일과 도망가는 일과 하나님께 구하는 일이나 왕이 재 위에 앉는 행동이 신속하게 응답해야 함을 보여준다.

둘째, '크다'(가돌, גָּדוֹל)라는 단어는 14번 나온다(욘 1:2, 4×2, 10, 12, 16; 1:17; 3:2, 3, 5, 7; 4:1, 6, 11). '큰 성읍'(욘 1:2; 3:2; 4:11), '큰 바람'(욘 1:4), '큰 폭풍'(욘 1:12), '크게 두려워하다'(욘 1:16), '큰 물고기'(욘 1:17), '매우 싫어하고'(욘 4:1), '크게 기뻐하다'(רָעַע 4:6) 등이다. 이는 요나가 직면해야 할 상황과 감정의 정도 등을 묘사한다. 셋째, '예비하다'(마나, מָנָה)라는 단어는 4번(욘 1:17; 4:6, 7, 8) 나온다. 하나님이 '큰 물고기를 예비하다'(욘 1:17), '박넝쿨을 예비하다'(욘 4:6), '벌레를 예비하다'(욘 4:7), '동풍을 예비하다'(욘 4:8) 등이다. 이는 하나님이 온 세상을 통치하시는 주권사상을 묘사한다. 넷째, '내려가다'(야라드, יָרַד)는 4번 나온다(욘 1:3×2, 5; 2:6). '욥바로 내려가다'(욘 1:3), '다시스로 가려고'(욘 1:3), '배 밑층으로 내려가다'(욘 1:5), '산의 뿌리까지 내려가다' 등이다. 이 단어는 요나가 하나님을 떠나는 모습과 곤경에 빠지는 모습을 보여준다.

III. 주제와 기록 목적

이 책의 문학적 구조를 통해 저자는 마지막에 하나님과 요나의 대화에 초점이 있음을 보여준다. 이 대화의 결론에 요나에 대한 여호와의 선포는 선지적 메시지를 요약해 준다(욘 4:10-11). 이 결론적 구절에 따르면 여호와는 모든 피조물에도 관심을 가지시고 자비를 베푸시는 분이심을 보여준다(Vangemeren 1990, 149). 이것은 이 책의 중요한 주제임에 틀림이 없다. 하지만 저자인 요나가 주전 8세기 이사야, 아모스, 호세아, 미가 선지자와 동시대 선지자이고 1차 독자가 언약 백성인 이스라엘이라면 이것이 핵심 주제가 될 수 없다. 선지자는 언약의 말씀에 따라 심판과 위로의 메시지를 전파하고 언약과 관련하여 미래를 전망한 사람들이다(Goldsworthy 1987, 77-86). 언약에 이스라엘이 하나님을 배반할 때 임할 많은 심판을 열거하는 가운데 백성이 아닌 자로 그들에게 시기가 나게 할 것이라고 했다(신 32:21). 요나가 니느웨에 하나님의 말씀을 전파하고, 니느웨 사람들이 그 말씀을 듣고 회개할 때 하나님이 자비를 베푸시는 것을 통해 언약 백성들에게 시기심이 생겨 하나님의 자비를 구하게 하려는 것이다(Vanderwaal 1979f, 52–55). 그러므로 이 책의 주제는 이방인들도 하나님의 말씀을 듣고 죄를 회개할 때 하나님이 그들에게 자비를 베푸셨다면 언약 백성이 회개할 때 하나님이 그들에게 자비를 베풀지 아니하시겠느냐는 것이다.

저자는 이 중심 주제를 중심으로 몇 가지 목적을 가지고 기록했다. 첫째, 이스라엘이 니느웨가 선지자의 말을 듣고 회개했던 것처럼 회개한다면 하나님이 자비를 베푸시는 분임을 보여주려는 것이다. 당시 이스라엘의 죄악에 대해 동시대 선지자인 호세아는 이스라엘이 주를 안다고 말은 하지만 실제로는 우상을 섬기고 거짓 저울로 속였다고 했다(참조. 호 8:2; 12:7–8). 이 상황에서 하나님은 요나를 니느웨로 보내 범죄한 그들에게 심판이 임할 것이라고 전파하게 하셨다. 이것은 죄를 범한 이스라엘을 위한 메시지로 그들도 회개하면 하나님이 자비를 베푸신다는 것이다(Vanderwaal 1979f, 52–53).

둘째, 여호와는 모든 피조물에도 관심을 가지시고 자비를 베푸시는 분이심을 보여주려는 것이다. 두 개의 평행 구조로 된 요나서의 초점은 하나님과 요나의 대화와 그 대화의 결론으로 하나님이 던진 수사적 질문이다(욘 4:4–11). 그 질문의 핵심은 하나님은 니느웨에 있는 사람들과 가축들도 아끼신다는 것이다. 이 관점은 열방을 향한 사명을 성취하는 촉매 역할을 할 수 있다(Vangemeren 1990, 149). 특히 이 책의 결론 부분에서 저자는 하나님이 니느웨 백성에게도 관심이 있음을 강조함으로 이스라엘의 민족주의적인 견해를 고쳐야 할 필요가 있음을 보여준다(Baldwin 1993, 546). 하나님은 유대인이나 이방인이나 죄를 회개하고 구원받기를 원하신다. 알렉산더(Alexander 1988, 83)는 전통적인 입장에서 요나서는 유대인이 회개하도록 쓰인 책으로 보지만 이는 요나서 4장을 바르게 보지 못했다고 보았다.

IV. 내용

내용 구조

1. 요나에게 주신 첫 번째 명령과 요나의 불순종(욘 1:1-3)

2. 요나의 불순종에 대한 결과(욘 1:4-17)

3. 요나의 기도 1(욘 2:1-10)

4. 요나에게 주신 두 번째 명령과 요나의 순종(욘 3:1-4)

5. 요나의 순종에 대한 결과(욘 3:5-10)

6. 요나의 기도 2(욘 4:1-3)

7. 하나님과 요나의 대화(욘 4:4-11)

1. 요나에게 주신 첫 번째 명령과 요나의 불순종(욘 1:1-3)

이 문단에서 저자는 하나님의 말씀이 요나에게 임하여 니느웨에 대해 심판을 선포하게 하셨으나 그가 배반하여 반대 방향으로 도망가는 장면을 설명한다.

내용 분해

(1) 요나에게 주신 첫 번째 명령(욘 1:1-2)
(2) 첫 번째 명령에 대한 요나의 불순종(욘 1:3)

내용 해설

(1) 요나에게 주신 첫 번째 명령(욘 1:1-2)

하나님의 말씀이 아밋대의 아들 요나에게 임하여 일어나 큰 성읍 니느웨로 가서 외치라고 하셨다. 그 이유는 그 악독이 하나님 앞에 상달되었기 때문이다(욘

1:1-2). 하나님은 요나에게 '일어나' 큰 성읍 니느웨에 대해 외치라고 하셨다. '일어나다'라는 단어는 자리에서 일어나는 행동을 의미하나(참조. 창 24:54) 명령법은 다른 동사와 연결하여 신속한 응답을 요구할 때 사용된다(Alexander 1988, 98). 요나는 신속하게 하나님의 명령에 순종해야 했다.

요나가 신속하게 하나님 말씀을 전해야 할 대상인 니느웨는 '큰 성읍'이다. 이는 그가 전해야 할 대상인 니느웨의 상황을 보여준다. 니느웨는 사마리아 북동쪽에서 885킬로미터 지점인 티그리스강 동쪽에 있는데 오늘날 이라크 지역이다. 여로보암 2세 당시 역사기록에 따르면 앗수르의 수도가 아니었음에도 불구하고 사흘 동안 걸을 만큼 큰 도시인 것으로 보인다(욘 3:3). 하지만 큰 도시였음에도 그 악독이 하나님 앞에 상달될 정도로 컸기에 하나님이 심판할 것이라고 작정하셨다. 하나님은 요나에게 니느웨에 대한 심판의 메시지를 전하게 하셨다(참조. 욘 3:4).

(2) 첫 번째 명령에 대한 요나의 불순종(욘 1:3)

하나님의 명령에 신속하게 응답해야 할 요나는 여호와의 얼굴을 피하려고 '일어나' 다시스로 도망하려고 욥바로 내려갔고 마침 다시스로 가는 배가 있어 신속하게 뱃삯을 주고 배에 올랐다(욘 1:3). 그는 하나님의 명령에 신속하게 응답하기보다 도망가는 일에 신속했다. 욥바(현재 Jaffa)는 사마리아에서 약 56킬로미터 지점에 있고 여기서 다시스는 지금 스페인 남부에 있는 다데소스(Tartessos)로 본다면 약 4,023킬로미터 지점에 있다.[3]

요나는 왜 불순종했는가? 그는 하나님이 언약을 배반한 이스라엘을 흔들어 깨우시기로 계획하신 사실을 알았을 것이다. 그는 율법을 아는 이스라엘의 선지자로서 율법 가운데 신명기 32:21에 말씀하신 대로 하나님을 버리고 우상을 숭배할 때 하나님이 그의 백성이 아닌 자로 시기가 나게 하시고 어리석은 민족으로 그들의 분노를 일으켜 징계하실 것을 알았을 것이다. 이는 요나가 니느웨에 가서 심판

---

3 다시스는 야완의 아들 가운데 한 명으로 나온다(참조. 대상 1:7). 이 도시에 대한 설명은 알렉산더
   (Alexander 1988, 99-100)의 책을 참조하라.

을 선언한 후에 하나님이 심판하시지 않자 불평하는 말을 통해서도 알 수 있다.

> 요나가 매우 싫어하고 성내며 여호와께 기도하여 이르되 여호와여 내가 고
> 국에 있을 때에 이러하겠다고 말씀하지 아니하였나이까 그러므로 내가 빨
> 리 다시스로 도망하였사오니 주께서는 은혜로우시며 자비로우시며 노하기
> 를 더디하시며 인애가 크시사 뜻을 돌이켜 재앙을 내리지 아니하시는 하나
> 님이신 줄을 내가 알았음이니이다(욘 4:1-2)

2. 요나의 불순종에 대한 결과(욘 1:4-17)

이 문단에서 저자는 요나가 하나님의 명령에 불순종하고 신속하게 도망가자 하나님이 그가 탄 배에 풍랑을 보내심으로 일어나는 일을 묘사한다.

내용 분해

(1) 큰 폭풍을 보내신 하나님(욘 1:4-6)
(2) 제비로 요나의 죄를 지적하신 하나님(욘 1:7-10)
(3) 큰 폭풍을 그치게 하신 하나님(욘 1:11-17)

내용 해설

(1) 큰 폭풍을 보내신 하나님(욘 1:4-6)

요나가 하나님의 뜻을 거역하고 자기 생각대로 니느웨와 정반대 방향인 다시스로 가자 하나님은 바다 위에 큰 바람을 보내셨다. 이에 배가 깨어지게 되자 사공들은 두려워서 각각 자기 신을 부르고 배를 가볍게 하려고 물건을 바다에 버렸다(욘 1:4-5a). 여기서 저자는 '큰 바람', '큰 폭풍' 등 '크다'라는 핵심 단어를 사용하여 그 정도가 심하고 큰 위험에 빠진 것과 더불어 자기 신을 부르기도 하고 물

건을 바다에 던짐으로 상황이 매우 심각함을 보여준다. 그러나 요나는 배 밑층에 내려가 깊이 잠이 들었다(욘 1:5b). 여기서도 핵심 단어인 '내려가다'를 사용하여 하나님을 떠난 요나의 모습을 강조한다.

이때 그 배의 선장이 깊이 잠든 요나에게 와서 "일어나서 네 하나님께 구하라" 라고 했다. 선장이 "네 하나님께 구하라"라고 했지만 하나님에 대한 지식이 없기 에 '신'이라고 번역해야 한다. NIV와 NASB는 소문자 'god'으로 번역했다. 이것 은 사람들은 누구나 신을 찾는 본성을 가지고 있음을 보여준다. 선장은 요나에게 '일어나서' 구하라고 했다. 저자가 신속한 응답을 요구하는 이 책의 핵심 단어 가 운데 하나인 '일어나라'라는 단어를 사용한 것은 상황이 긴박하다는 것이다.

(2) 제비로 요나의 죄를 지적하신 하나님(욘 1:7-10)

이 상황에서 사공들은 제비를 뽑아 이 재앙이 누구로 말미암아 임했는지 알아 보자고 하여 제비를 뽑았는데 제비가 요나에게 뽑혔다(욘 1:7). 제비를 뽑는 일은 구약성경에 익숙한 일이라 할지라도(참조. 수 7:16-21; 삼상 14:40-42; 잠 16:33) 이스 라엘에게 한정된 일이 아니라 고대 근동 나라에 흔히 있는 일이었다(참조. 느 10:34; 에 3:7; 행 1:26). 하나님은 제비가 불순종한 요나에게 뽑히게 하셨다. 요나도 그 사 실을 알았을 것이다. 사공들이 요나에게 이 재앙이 누구 때문에 임했는지 묻고 생업이 무엇인지 물었다. 그러자 요나는 자신은 히브리 사람이고 바다와 육지를 지으신 하늘의 하나님을 경외하는 자인데 자신이 여호와의 얼굴을 피해 도망했 기 때문에 이러한 일이 발생했다고 말했다(욘 1:9-10).

(3) 큰 폭풍을 그치게 하신 하나님(욘 1:11-17)

요나가 자신의 죄 때문에 재앙이 임했다고 말해도 바다는 점점 세차게 일어 나거나 솟아올랐다. 그러자 무리는 어떻게 해야 바다가 잔잔해지겠느냐고 했고 요나는 이 모든 재앙이 자기 때문에 일어났기 때문에 자신을 바다에 던지면 바 다가 잔잔할 것이라고 말했다(욘 1:11-12). 그러나 사람들은 힘써 노를 저어 육지 로 가고 했으나 바다가 점점 더 흉용하므로(= 매우 세차게 일어나므로) 죄를 그들에게 돌리지 말라고 하며 요나를 들어 바다에 던지자 바다가 뛰노는 것이 그쳤다(욘 1:13-15).

배에 탄 사람들은 살아계신 하나님을 구체적인 역사현장에서 체험했다. 이를 통해 그들은 요나가 섬기는 하나님이 그의 말대로 바다와 육지를 지으신 분이심을 알고 여호와를 심히 두려워하며 여호와께 제물을 드리고 서원했다(욘 1:16). 이것은 요나의 신앙고백과 그 역사현장에 보이신 하나님의 임재를 보고 보인 반응이다.

그런데 요나 한 사람이 하나님께 범죄하였는데 왜 이 배에 탄 사람들이 재산을 잃고 고통을 받게 되는가? 이것은 세상의 운명이 성도가 어떻게 사느냐 하는 문제와 밀접하게 연관되어 있음을 보여준다. 사회의 안전은 성도의 삶에 달려있다.

사람들이 요나를 바다에 던졌으나 하나님은 큰 물고기를 예비하셔서 삼키게 하셨으므로 요나는 밤낮 삼 일을 물고기 뱃속에 있었다(욘 1:17). 여기서 저자는 핵심 단어 '예비하다'를 사용해 하나님이 이 특별한 사건을 섭리하셨음을 알게 한다. 예수님이 이 세상에서 하늘나라의 복음을 전파하셨을 때 서기관들과 바리새인들이 그 말씀을 듣지 않고 예수님에게 표적을 요구했다. 그때 예수님은 요나의 표적밖에 보일 것이 없다고 하시며 인자도 밤낮 사흘 동안 땅속에 있을 것이라고 하셨다(마 12:38-40). 당시 예수님이 요나의 표적을 사용하신 것은 예수님의 십자가 죽으심과 부활을 말한 것이다. 이것은 예수님이 십자가에서 죽으시고 부활하신 사건이 예수님이 그리스도가 되심을 증명하는 표적이 되듯이 당시 요나의 표적은 요나가 전파하는 하나님이 어떤 분이신지 증명하는 표적이 되었을 것이다.

3. 요나의 기도 1(욘 2:1-10)

이 문단에서 요나의 기도는 하나님이 그를 큰 폭풍에서 구원해 주신 일에 대한 감사의 찬송이다(수누키얀 1991, 145).

내용 분해

(1) 요나의 기도(욘 2:1-9)

(2) 큰 물고기가 요나를 토해냄(욘 2:10)

내용 해설

(1) 요나의 기도(욘 2:1-9)

요나의 기도는 시 형식으로 된 운문이다. 여기에 기록된 히브리 시는 두 번째 행에서 첫 번째 행과 관련된 단어와 구의 반복의 형태를 취한 평행법으로 되어있다.

요나가 스올의 뱃속에서 받는 고난으로 말미암아 주께 부르짖었을 때 주께서 들으시고 응답하셨다(욘 2:1-2). '스올의 뱃속'이라는 표현은 지옥의 고통을 상징적으로 말한다. 스올은 최후 심판 때에 악인이 있게 될 지옥을 의미하기 때문이다.

주께서 그를 바다에 던져 주의 파도와 큰 물결이 그의 위에 넘치고 주의 목전에서 쫓겨났다 할지라도 그는 성전을 바라보았다(욘 2:3-4). 성전을 바라본다는 것은 하나님이 임재해 계시는 예루살렘 성전이나 하늘 처소를 바라보는 것으로 거기에서 구원이 온다고 믿었다는 것이다. 요나는 물이 그의 영혼까지 둘렀고, 바다풀이 그의 머리를 감싸 산의 뿌리까지 내려갔으나 주께서 그의 생명을 구덩이에서 건지셨다(욘 2:5-6). '산의 뿌리'는 바다 깊은 곳을 의미한다.

요나는 그의 찬양 마지막에 요나 2:2과 같이 그의 영혼이 피곤할 때 여호와를 생각했더니 그의 기도가 성전에 미쳤다고 했다(욘 2:7). 그의 기도가 성전에 미쳤다는 것은 성전에 임재해 계시는 하나님이 응답하셨다는 뜻이다. 그래서 요나는 거짓되고 헛된 것을 숭상하는 자들은 그들에게 베푸신 은혜를 버렸으나 자기는 주께 제사를 드리며 서원을 갚을 것이라고 했다(욘 1:8-9). 이러한 대조를 통해 그의 기도를 들으시고 구원해 주신 하나님을 섬기는 일이 어떤 결과를 가져오게 하는지를 보여준다.

(2) 큰 물고기가 요나를 토해냄(욘 2:10)

하나님은 큰 물고기에 명하여 요나를 육지에 토하게 하셨다(욘 2:10). 이 육지가 어디를 말하는지 불확실하나 팔레스틴 해변일 것이다. 큰 물고기는 지중해의 물고기로 니느웨는 티그리스강 동쪽 내륙이기 때문이다. 이것은 요나가 비록 그의 명령을 배반했다 할지라도 하나님이 그에게 다시 사명을 맡기실 것을 암시한다.

4. 요나에게 주신 두 번째 명령과 요나의 순종(욘 3:1-4)

이 문단에서 저자는 하나님의 말씀이 요나에게 두 번째 임하여 니느웨에 대해 심판을 선포하게 하셨고 요나가 그 말씀에 순종하는 장면을 설명한다.

내용 분해

(1) 요나에게 주신 두 번째 명령(욘 3:1-2)
(2) 두 번째 명령에 대한 요나의 순종(욘 3:3-4)

내용 해설

(1) 요나에게 주신 두 번째 명령(욘 3:1-2)

하나님의 말씀이 첫 번째 요나에게 임했던 것처럼 두 번째로 요나에게 임했다 (욘 3:1; 참조. 욘 1:1). 여호와께서 요나에게 일어나 저 큰 성읍 니느웨로 가서 하나님이 명령을 그들에게 선포하라고 하셨다(욘 3:2). 여기서 이 책의 핵심 단어 가운데 하나인 '일어나라'라고 하시며 신속하게 응답할 것을 요구하셨다.

(2) 두 번째 명령에 대한 요나의 순종(욘 3:3-4)

요나는 첫 번째 하나님의 명령을 들었을 때와 달리 신속하게 일어나 니느웨로 갔다. 니느웨는 사흘 동안 걸을 만큼 큰 성읍이었다(욘 3:3). 여기에 이 책의 핵심 단어인 '일어나다'와 '크다'가 함께 나타난다. 이는 요나가 큰 물고기 뱃속에서 구원을 받은 후 순종하는 일에 신속했음을 보여준다. '일어나다'라는 명령법 동사는 다른 동사와 연결하여 신속한 응답을 요구할 때 사용된다(Alexander 1988, 98). '크다'라는 단어는 요나가 사역해야 할 니느웨가 큰 성읍이었음을 말한다. 요나는 사마리아에서 약 885킬로미터(550마일) 떨어진 티그리스강 동쪽에 있는 니느웨까지 한 달 이상의 기간이 걸렸을 것이다. 요나는 그 먼 길을 걸어 도착한 후에 하루 동안 외치며 사십 일이 지나면 니느웨가 무너질 것이라고 했다(욘 3:4). 이 기간은 니느웨에 심판이 임하기 전에 하나님이 회개할 기회를 주시기 위한 은혜의 기간이었을 것이다(수누키얀 1991, 159).

5. 요나의 순종에 대한 결과(욘 3:5-10)

이 문단에서 저자는 요나가 하나님의 명령에 따라 심판의 메시지를 전했을 때 니느웨에 나타난 결과를 묘사한다.

내용 분해

(1) 백성들의 회개(욘 3:5)
(2) 니느웨 왕의 회개와 행동(욘 3:6-9)
(3) 뜻을 돌이키신 하나님(욘 3:10)

내용 해설

(1) 백성들의 회개(욘 3:5)

요나의 말을 듣고 니느웨 사람들은 예기치 않은 반응을 보였다. 그들은 하나님을 믿고 회개의 외적인 표시로 금식했고(참조. 삼상 7:6; 느 1:4 등) 사회적 신분이 높은 사람이나 낮은 사람이나 굵은 베옷을 입었다(참조. 왕상 21:27; 느 9:1; 에 4:1-4 등). 그들이 하나님을 믿었다고 할 때 히브리어 원문은 '믿는다'(헤에민, הֶאֱמִין)에 전치사(버, בְּ)가 결합한 형태인데 단순히 어떤 사람이 말한 것을 믿었다기보다는 인격적으로 하나님을 신뢰했다는 것을 의미한다(Alexander 1988, 121).

(2) 니느웨 왕의 회개와 행동(욘 3:6-9)

이 일이 니느웨 왕에게 들려 왕이 보좌에서 일어나 왕복을 벗고 굵은 베옷을 입고 재 위에 앉았다(욘 3:5-6). 이 책의 대표적인 핵심 단어인 '일어나다'라는 단어와 결합하여 신속하게 왕복을 벗고 회개했음을 보여준다. 특이한 것은 왕이 사람이든지 짐승이든지 다 굵은 베옷을 입고 회개하라고 명하며 각기 악한 길과 손으로 행한 강포에서 떠나라고 명령했다. 그러한 행동에 대해 하나님이 뜻을 돌이키시고 멸망하지 않게 하실 것을 누가 알겠느냐고 했다(욘 3:7-9).

그런데 그들이 정말로 회개했는지 의문을 제기하기도 한다. 그들이 정말로 회개했다면 왜 앗수르가 요나가 사역한 시점을 기준으로 보아 약 40년 뒤인 주전 722년에 침략하여 북 왕국 이스라엘을 멸망시켰는지에 대해 의문을 품을 수 있다.[4] 그러나 예수님이 심판 때에 니느웨 사람들이 일어나 이 세대 사람을 정죄할 것이라 하시며 그 이유를 그들이 요나가 전한 말을 듣고 회개하였는데 요나보다 더 큰 이가 와서 전하는 데도 믿지 않기 때문이라고 하셨다(마 12:38-45; 눅 11:24-32). 이것은 니느웨 사람들이 회개가 얼마나 오래 계속되었는지 알 수 없으나 참된 회개였음을 알게 한다.

(3) 뜻을 돌이키신 하나님(욘 3:10)

니느웨 왕이 예상한 대로 하나님은 그들의 악한 길에서 떠나 돌이켜 떠난 것을 보시고 뜻을 돌이켜 내리리라 말씀하신 재앙을 내리지 않으셨다(욘 3:10). 이것이 회개의 결과다. 회개는 새로운 삶의 출발점이다.

6. 요나의 기도 2(욘 4:1-3)

이 짧은 문단에서 저자는 하나님이 니느웨를 멸하시지 않자 요나가 보인 반응과 그가 한 기도 내용을 기록한다.

---

4 이 외에도 여러 이유를 들어 니느웨의 회개가 사실이 아니었다는 많은 이유를 제시하기도 한다. 이에 대해 알렉산더(Alexander 1988, 124-125)를 참조하라. 그는 결론적으로 이스라엘 역사에서 회개가 지속적이지 못했듯이 앗수르도 지속적이지 못했고 아합이 나봇의 일로 회개했고 이 일로 용서받은 것과 유사하다고 보았다(왕상 21:27-29).

내용 분해

(1) 요나의 분노(욘 4:1)
(2) 요나의 기도(욘 4:2-3)

내용 해설

(1) 요나의 분노(욘 4:1)

요나는 하나님이 니느웨에 전한 말씀대로 벌하지 않으심을 보고 매우 싫어하고 성을 내었다. 여기서 이 책의 핵심 단어 가운데 하나는 '크다'(가돌 גָּדוֹל)라는 단어를 사용해서 그의 감정 상태가 니느웨 성읍이나 큰 폭풍처럼 컸음을 보여준다.[5]

(2) 요나의 기도(욘 4:2-3)

요나는 하나님께 기도하며 그가 고국에 있을 때 여호와께서 이렇게 하실 것을 알고 다시스로 도망 갔다고 말했다. 이뿐만 아니라 그는 주께서는 은혜로우시고 자비로우시며 노하기를 더디하시며 인내가 크사 뜻을 돌이켜 재앙을 내리지 아니하는 하나님이신 줄을 알았기 때문에 다시스로 도망갔다고 했다(욘 4:1-2). 요나의 이 행동은 아이러니다. 하나님의 이 은혜와 인애가 자기에게 베풀어졌을 때 요나는 감사함으로 충만했지만(욘 2:8) 니느웨 백성에게 베풀어졌을 때 그는 분노로 충만했다(푸타토 2014, 1708). 이를 이스라엘의 민족주의적인 견해라고 보기도 한다(Baldwin 1993, 546). 심지어 요나는 하나님께 자기 생명을 거두어가라고 하며 사는 것보다 죽는 것이 낫다고 했다(욘 4:3). 요나는 하나님이 과거에 자기 생명을 구덩이에서 건져주신 것을 감사했지만(욘 2:6) 아이러니하게도 하나님이 니느웨에 똑같은 은혜를 베푸셨을 때 자기 생명을 거두어가기를 희망했다.

---

5   개역개정판에은 '크다'라는 단어를 '매우'라고 번역했다.

7. 하나님과 요나의 대화(욘 4:4-11)

이 문단은 이 책의 구조에서 볼 때 결론에 해당한다. 여기서 저자는 하나님을 이스라엘뿐만 아니라 모든 피조물에도 관심을 가지고 계신 분으로 설명한다.

내용 분해

(1) 여호와의 질문과 요나의 행동(욘 4:4-5)

(2) 박넝쿨과 벌레와 동풍을 예비하신 하나님(욘 4:6-8)

(3) 하나님의 설명(욘 4:9-11)

내용 해설

(1) 여호와의 질문과 요나의 행동(욘 4:4-5)

하나님은 니느웨에 재앙이 임하지 않는 것을 보고 화내는 요나에게 "네가 성내는 것이 옳으냐?"라고 질문하셨다(욘 4:4). 요나는 성읍에서 나가 성읍 동쪽에 앉아 자기를 위해 초막을 짓고 그 성읍에 무슨 일이 일어나는가를 보려고 그 그늘에 앉았다(욘 4:5). 요나의 이 행동은 하나님이 심판하신다고 믿고 기다렸음을 보여준다. 안타깝게도 요나는 자신이 불순종의 대가로 죽을 수밖에 없었으나 하나님의 은혜로 구원받은 사실을 까맣게 잊고 있었다(수누키얀 1991, 156).

(2) 박넝쿨과 벌레와 동풍을 예비하신 하나님(욘 4:6-8)

이때 하나님은 박넝쿨을 예비해 주셨다. 이는 그의 머리에 그늘이 지게 하여 그의 괴로움을 면하게 하기 위함이셨다. 요나는 하나님이 예비해 주셨는지 알지 못하고 박넝쿨로 말미암아 크게 기뻐하였다(욘 4:6). 이튿날 새벽에 하나님은 벌레를 예비하여 새벽에 그 박넝쿨을 갉아먹게 하심으로 시들었다(욘 4:7). 그리고 하나님은 뜨거운 동풍을 예비하셨고 해가 요나의 머리에 쪼이매 그가 혼미해져

스스로 죽기를 구했다(욘 4:8).

여기에 이 책의 핵심 단어인 '예비하다'라는 동사가 세 번 사용되었다. 하나님이 큰 물고기(욘 1:17)를 예비하셨을 때는 요나를 구원하시기 위함이고, 박넝쿨(욘 4:6)과 벌레(욘 4:7)와 동풍(욘 4:8)을 예비하신 것은 요나를 가르치시기 위함이다. 이를 통해 하나님은 우주와 자연까지 섭리하시는 분임을 보여준다.

(3) 하나님의 설명(욘 4:9-11)

하나님은 요나가 박넝쿨로 말미암아 성내자 "네가 이 박넝쿨로 미암아 성내는 것이 옳으냐"라고 질문하시자 요나는 "내가 죽기까지 할지라도 옳으니이다"라고 대답했다(욘 4:9). 이에 대해 하나님은 요나에게 그가 수고하지도 아니하였고 하룻밤에 났다가 하룻밤에 말라버린 이 박넝쿨을 네가 아꼈다면 하물며 이 큰 성읍 니느웨에는 좌우를 분변하지 못하는 자가 십이만여 명이고 가축도 많은데 어찌 내가 아끼지 않겠느냐는 수사적 질문을 던지셨다(욘 4:10-11). 이 질문에 대해 저자는 요나가 아무런 대답이 없는 채로 남겨두어 이 책의 독자들이 스스로 대답하게 하였다.

하나님이 요나에게 하신 수사적 질문의 핵심은 하나님은 니느웨에 있는 사람들과 가축들도 아끼신다는 것이다. 이 관점은 열방을 향한 사명을 성취하는 촉매 역할을 할 수 있다(Vangemeren 1990, 149). 특히 이 책의 결론 부분에서 저자는 하나님이 니느웨 백성에게도 관심이 있음을 강조함으로 이스라엘은 그들의 민족주의적인 견해를 고쳐야 할 필요가 있음을 보여준다(Baldwin 1993, 546). 이 결론 부분에서 여호와는 모든 피조물에도 관심을 가지시고 자비를 베푸시는 분이심을 보여주셨다. 그리고 자기 백성 이스라엘이 말씀에 순종하고 종교적 거짓을 내어버리고 하나님의 전 우주적인 사랑과 은혜를 제한하지 않기를 원하심을 보여주셨다(수누키얀 1991, 161-162).

V. 구속사적 의미

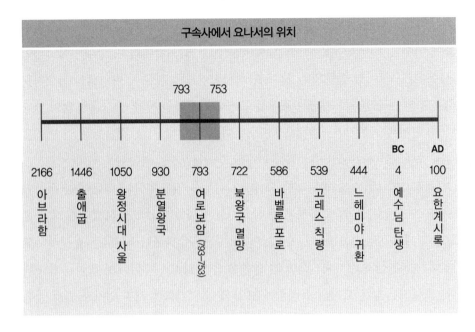

요나서에서 요나가 어느 시대에 하나님의 말씀을 전했다는 기록은 없다. 전통적으로 요나서를 요나가 썼다고 믿는다면 역사서에 기록된 것처럼 그는 북 왕국 여로보암 2세(주전 793–753) 때에 활동한 선지자다(참조. 왕하 14:25). 그러므로 요나서는 북 왕국 이스라엘이 앗수르에 멸망하기 전인 주전 793–753년의 구속사를 담고 있다. 이 시대의 구속사에서 이사야, 호세아, 아모스, 미가 선지자가 활동했다.

요나서의 구속사에서 하나님은 일차적으로 자기 백성 이스라엘이 회개하고 제사장 나라로 살기를 원한다는 것을 보여주셨다. 이는 하나님이 언약을 배반할 때 그들에게 어떤 벌이 임할 것인지 말씀하신 대로 그 벌 가운데 하나인 이방인에게 복을 주어 그들이 시기심이 생기고 분노하게 만드셨기 때문이다.

> 그들이 하나님이 아닌 것으로 내 질투를 일으키며 허무한 것으로 내 진노를 일으켰으니 나도 백성이 아닌 자로 그들에게 시기가 나게 하며 어리석은 민족으로 그들의 분노를 일으키리로다(신 32:21).

이 말씀은 요나가 니느웨에 하나님의 말씀을 전파하고 그 말씀을 듣고 회개할 때 하나님이 자비를 베푸시는 것을 통해 언약 백성들에게 시기심이 생겨 하나님의 자비를 구하게 하려는 것임을 알게 한다(Vanderwaal 1979f, 52-55).

그리고 하나님은 모든 피조물에도 관심을 가지고 자비를 베푸시는 분이심을 보여주신다(Vangemeren 1990, 149). 하나님과 요나의 대화 마지막에 하나님이 요나에게 수사적인 질문으로 "네가 … 하룻밤에 말라버린 이 박넝쿨을 아꼈거든 하물며 이 큰 성읍 니느웨에는 좌우를 분변하지 못하는 자와 … 가축도 많이 있나니 내가 어찌 아끼지 아니하겠느냐"라고 하셨다(욘 4:10-11). 하나님은 이 말씀을 통해 유대인이나 이방인이나 죄를 회개하고 구원받기를 원하심을 보여주셨다.

그리고 하나님은 당시 니느웨 사람이 하나님을 믿도록 요나 때문에 큰 폭풍이 일어나게 되었음을 알게 하시고 큰 물고기를 예비하여 삼키게 하셨다가 밤낮 삼 일을 있게 하셨다(욘 1:11-17). 예수님이 이 세상에서 하늘나라의 복음을 전파하셨을 때 서기관들과 바리새인들이 그 말씀을 듣지 않고 예수님에게 표적을 요구했다. 그때 예수님은 요나의 표적밖에 보일 것이 없다고 하시며 인자도 밤낮 사흘 동안 땅속에 있을 것이라고 하셨다(마 12:38-40). 이 일은 예수님의 십자가 죽으심과 부활을 의미한다. 예수님이 십자가에서 죽으시고 부활하신 사건이 예수님이 그리스도가 되심을 증명하는 표적이 되듯이 당시 요나의 표적은 하나님이 어떤 분이신지 증명하는 표적이 되었으리라!

이 구속사에서 저자는 언약 백성인 이스라엘이 죄를 회개해야 구원을 받아 택한 백성이며 제사장 나라로 살 수 있음을 보여준다. 그리고 이방인인 니느웨가 회개할 때 하나님의 자비를 얻은 것처럼 누구든지 하나님의 말씀을 듣고 회개하면 구원을 얻을 수 있음을 보여준다. 특히 구약의 이스라엘은 이러한 사건을 듣고도 회개하지 않아 북 왕국 이스라엘은 주전 722년에 앗수르에 남 왕국 유다는 주전 586년에 바벨론에 포로로 잡혀갔다. 이로 보아 회개하지 않으면 그가 구원 받은 백성이라도 제사장 나라로 사명을 다하기보다는 이방인 가운데 수치를 당할 수 있음을 알 수 있다.

예수님이 심판 때에 니느웨 사람들이 일어나 이 세대 사람을 정죄할 것이라 하시며 그 이유를 그들은 요나가 전한 말을 듣고 회개하였는데 이 세대는 요나보다 더 큰 이가 와서 전하는 데도 믿지 않기 때문이라고 하셨다(마 12:38-45; 눅 11:24-32). 이것은 니느웨 사람들이 회개할 때 구원받았음을 암시한다. 니느웨 사람들

이 요나의 전도를 듣고 회개하였을 때 하나님의 은혜를 입게 되었다면 오늘 우리
가 주님의 말씀을 듣고 회개할 때 하나님의 은혜를 받게 되지 않겠는가?

미가

Micah

미가

—◦⌒◦—

미가는 주전 8세기 남 유다를 중심으로 사역한 선지자로 당시 유다 사회의 구석구석을 살피고 유다가 언약의 말씀을 배반하고 우상숭배(미 1:7; 5:12-14)와 사회적 불의(미 2:1-2, 8-11; 3:1-3, 8-11; 6:10-12; 7:2-3)를 행하였음을 지적하고 심판을 선포했다. 또 한편으로 미가는 유다가 하나님의 택한 백성이기에 그들을 통해 메시아를 보내실 것과 그 메시아가 이루실 새로운 나라를 선포했다(미 2:12-13; 4:1-4; 5:2-9). 이러한 형태의 메시지는 선지자들의 일반적 형태이기도 하지만 이 책에서 그것이 더 두드러지게 나타난다.

I. 저자와 역사적 배경

1. 저자

미가서는 미가 선지자가 요담(주전 750-735)[1]부터 히스기야(주전 715-686) 시대까지 받은 신탁을 기록하고 있다(미 1:1). 미가(מִיכָה)라는 이름은 '미카엘'(מִיכָאֵל)이나 '미카야'(מִיכָיְהוּ)의 단축형이다. 이 두 이름의 뜻은 "주와 같은 신이 어디 있으리이까?"이다(참조. 미 7:18). 이 미가는 이사야 선지자와 같은 시대에 사역했다. 미가서의 표제인 미가 1:1과 예레미야서에서 유다 장로들이 예레미야를 변호하기 위해 미가 선지자가 히스기야 시대에 한 말을 상기시킨 말이 이를 뒷받침해 준다(참조. 렘 26:18).

---

1 열왕기하 15:33에 웃시야의 아들 요담이 유다 왕이 되어 16년을 다스렸다고 기록되어 있다. 요담은 주전 750-735년 기간 동안 다스렸으나 그의 아버지 아사랴의 남은 통치 기간인 주전 750-740년 기간을 함께 다스렸다(Vannoy 2002a, 553).

호세아와 요엘은 가문을 소개하고(호 1:1; 욜 1:1) 아모스는 직업을 소개한 것(암 1:1)과는 달리 미가는 그의 출신지인 모레셋 사람이라고 소개한다. 모레셋은 예루살렘 남서쪽으로 약 40킬로미터 떨어진 느린 경사지(세펠라)에 있다. 이는 그의 가문이 대단하지 않거나 다른 도시(아마도 예루살렘)에서 사역했기 때문으로 보인다.

2. 역사적 배경

미가는 요담(주전 750-735), 아하스(주전 735-715), 히스기야(주전 715-686) 시대에 사역한 선지자다. 이 시대는 앗수르와 밀접한 연관이 있다. 미가 선지자가 사역하기 이전에 앗수르는 티글랏-빌레셀 3세(주전 745-727)가 권력을 잡을 때까지 서쪽으로 세력을 확장하지 못했다(Vangemeren 1990, 146). 그러나 티글랏-빌레셀 3세 이후 세력을 확장하여 앗수르는 이스라엘 왕 베가(주전 740-732) 시대에 하솔과 갈릴리 등을 점령했다(왕하 15:29). 유다 왕 아하스는 베가와 아람의 르신이 공격해 왔을 때 앗수르의 티글랏-빌레셀에게 조공을 바치고 이들을 치게 하였고 티글랏-빌레셀을 만나러 가서 거기에 있는 제단을 모방하여 만들어 예루살렘 성전에 두고 거기서 제사를 드리기도 했다(왕하 16:10-16). 티글랏-빌레셀 이후 살만에셀 5세(주전 727-722), 사르곤 2세(주전 722-705), 산헤립(주전 705-681) 등이 있었다.

미가가 사역하던 시기의 유다 왕들과 앗수르가 세력을 확장하던 시기가 같다. 앗수르의 살만에셀은 주전 722년에 북 왕국 이스라엘을 멸망시켰고 사르곤 때인 주전 714년부터 산헤립 때인 주전 701년까지 앗수르는 유다의 대부분 지역을 점령하고 그 땅을 황폐화시켰다(Waltke 1988, 592). 남 왕국 유다를 중심으로 사역했던 미가와 이사야는 같은 시대 북 왕국 호세아와 아모스처럼 북 왕국 이스라엘의 멸망을 예언했다(미 1:6). 그러나 미가와 이사야는 호세아와 아모스와 달리 주전 732년 르신(주전 740-732) 치하의 아람(수리아)이 멸망하는 것과 주전 722년에 북 왕국 이스라엘이 멸망하는 것을 목격했다. 또 이들은 티글랏-빌레셀(주전 745-727), 살만에셀 5세(주전 727-722), 사르곤 2세(주전 722-705), 산헤립(주전 705-681) 등의 호전적인 통치자들이 지배할 때 앗수르가 번영하는 것을 목격했다. 앗수르는 주전 539년에 고레스에게 점령당하기 전까지 이후에도 100년 이상 고대 근동 지역을 지배했다.

미가의 선지자 사역의 많은 부분에 역사적 배경을 제공했다고 생각되는 사건은 주전 701년 예루살렘 포위 시의 산헤립의 공격이다. 산헤립의 정벌 기간에 도시들이 많이 파괴되었으나 가장 심했던 곳은 라기스다(참조. 미 1:13). 이것은 미가가 선포한 예언이 성취된 것을 보여준다. 당시 산헤립은 라기스에서의 승리를 기념하기 위해 라기스 전투상황을 기록에 남겼다(Pritchard 1969, 287-288). 그러나 앗수르의 기록물에는 그 군사적 행동의 결과가 어떻게 되었는지 나타나지 않는다. 월턴(Hill & Walton 1991, 391)은 그 이유를 앗수르 군대 18만5천 명이 하나님의 천사들에 의해 다 죽임을 당했기 때문이라고 했다(왕하 19:35).

미가가 히스기야 시대에 어떻게 했는지 보여주는 또 한 증거는 예레미야 26:16-19이다. 예레미야가 당시 예루살렘이 멸망할 것이라고 예언하자 제사장들과 선지자들이 예레미야를 죽이려 했을 때 고관들과 백성들이 미가가 히스기야 당시 한 말과 그 말을 들은 히스기야의 행동을 상기시켰다. 미가가 히스기야 당시 시온은 갈아엎은 밭이 되고 예루살렘은 무더기가 된다고 했다(렘 26:18; 참조. 미 3:15). 히스기야는 이 말을 듣고 하나님을 두려워하여 하나님께 간구함으로 하나님께서 그들에게 선언한 재앙을 돌이키셨다.

미가가 사역하던 시기에 유다는 정치적인 격동기요 사회적으로도 많이 부패했다. 시장에서 거래가 공평하고 공정하게 이루어지지 못했다. 지도자들은 타락했고(미 3:9-12) 백성들도 도덕적으로 많이 부패했다(미 7:1-6). 이것이 미가가 불의와 거짓 종교를 비난하고 책망한 사회적 배경이다.

II. 문학적 구조와 특징

미가서의 문학적 구조를 파악하는 일은 쉽지 않다. 그것은 하나로 연결된 책에 독립적인 신탁들이 연결된 것처럼 보이기 때문이다(Waltke 1993, 594). 그럼에도 대개 미가 1-2장, 3-5장, 6-7장으로 분류한다. 그것은 세 단락이 모두 '들어라'(שִׁמְעוּ 〈 שָׁמַע)라는 명령법 동사[2]와 심판에 관한 선언(미 1:2-2:11; 3:1-12; 6:1-7:6)으로 시작하고 소망에 관한 신탁(미 2:12-13; 4:1-5:15; 7:7-20)으로 끝을 맺기 때문

---

2 '들어라'라는 명령법은 문단의 시작에도 나타나지만 미가 3:9; 6:2, 9에도 나타난다.

이다(Willis 1969, 191-214). 그렇다고 각 단락이 항상 이 구조로 되어있는 것은 아니다. 심판과 소망에 관한 신탁이 잡동사니처럼 뒤죽박죽되어 있으나 청중들의 입장에서 이해한다면 이 반복은 효과적이다(Vangemeren 1990, 151). 그래도 큰 그림으로 이 책의 문학적 구조를 분석하면 심판과 구원이 반복되는 세 개의 순환구조로 되어있다(Waltke 1988, 594; Barker & McComiskey 2002, 1395).

1. 순환구조 1 : 심판과 구원(미 1:2-2:13)
2. 순환구조 2 : 지도자들의 기소와 백성의 소망(미 3:1-5:15)
3. 순환구조 3 : 심판과 구원(미 6:1-7:20)

미가서는 대부분 운문(시)으로 되어있고 약간의 산문이 포함되어 있다. 이 책에서 운문의 특징인 평행법, 언어유희, 표제어 사용,[3] 선지 형식의 말 등을 사용한다(Vangemeren 1990, 151). 문체에 있어서 이사야와 유사하다. 두 선지자 다 강한 어조와 많은 이미지를 사용한다(미 1:4-5, 7; 2:4, 6, 11; 3:2-3; 4:3-4, 12-13; 5:1). 둘다 위협적인 심판과 정의를 말하면서도 부드러움을 보여준다.

미가서를 읽을 때 문학적 구조와 어떤 특징들과 문학적 장치 등을 사용하는지 이해하는 것은 중요하다. 신학적 주제와 문학적 구조는 밀접하게 연관되어 있기 때문이다(Hill & Walton 1991, 342).

III. 주제와 기록 목적

이 책의 문학적 구조와 특징을 살펴본 바와 같이 이 책은 다양한 형태로 된 선지적 말씀으로 이루어진 것처럼 보이나 크게 심판과 소망의 말씀으로 분류될 수 있다(Waltke 1993, 594). 이로 보아 주제는 하나님의 심판과 구원이다(Barker & McComiskey 2002, 1395). 하나님은 자기 백성의 죄로 말미암아 심판하시지만 동시에 언약에 신실하신 분이시기에 그들을 구원하는 분이시다.

저자는 이 책에서 '너', '이제' 그리고 '들어라'라는 표제어를 사용했다. 이는 언

---

3 표제어에 대해 예를 들면 '너'(אַתָּה, 미 4:8; 5:2; 6:14, 15), '이제'(עַתָּה, 미 4:9, 10, 11; 5:4; 7:4, 10), '들어라'(שִׁמְעוּ), 미 1:2; 3:1, 9; 6:1, 2, 9) 등이다.

약 백성인 유다가 이제 선지자가 선포하는 심판과 구원에 관한 말씀을 듣고 회개하고 언약 백성다운 삶을 살게 하려는 것이다. 월튼(Hill & Walton 1991, 392)은 미가서는 선지서 가운데 저자의 목적을 구체적으로 밝힌 책 가운데 하나라고 하면서 그 목적을 "오직 나는 여호와의 영으로 말미암아 능력과 정의와 용기로 충만해져서 야곱의 허물과 이스라엘의 죄를 그들에게 보이리라"(미 3:8)라는 말씀으로 이해했다. 저자는 이 책에서 고발과 심판을 반복함으로 이를 보여준다. 그의 메시지에서 백성들과 지도층의 불의를 지적했다(미 2:1-2; 3:1-3, 9-11; 6:10-11). 이에 대한 회개 없이는 하나님의 은혜를 받기는커녕 언약 백성이며 제사장 나라로서의 사명을 감당할 수 없기 때문이다.

이 책의 기록 목적을 이 한 가지로 제한할 수 없다 할지라도 저자는 이 책에서 이 주제와 기록 목적을 중심으로 다양한 신학적 주제를 제시하고 있다.

1. 심판

미가서에서 저자는 주로 유다와 이스라엘의 죄에 대한 하나님의 심판에 관심을 기울이고 있다. 이스라엘과 유다는 하나님과 맺은 언약을 배반함으로 하나님의 진노를 불러일으켰다. 그들은 각종 사회적 범죄를 저질렀다. 예를 들면 음란하게 행동하고, 그들의 힘으로 사회적 약자들을 괴롭게 하고 탈취했으며, 지도자들은 백성들의 가죽을 벗기고 살까지 발라 그들의 사리사욕을 채웠고, 불의한 재물을 얻고 거짓을 일삼음으로 경건한 자들과 정직한 자들이 사라졌다(미 2:1-2, 8; 3:1-4, 9-11; 6:10-12; 7:2-4). 그리고 그들은 군마와 병거를 믿었고 점쟁이와 우상을 섬겼다(미 5:10-14).

하나님은 이스라엘과 유다의 죄에 대해 정죄하시고 심판하실 것이라고 하셨다(미 1:6-7; 2:3; 3:12; 6:13-16). 하나님이 이스라엘과 유다를 심판하시는 기준은 무엇인가? 그것은 하나님이 이스라엘을 애굽에서 구원해 내시고 자기 백성과 맺으신 언약이다. 이스라엘이 하나님의 말씀을 듣고 모든 명령을 지켜 행하면 언약에 약속된 복을 받을 것이다(신 28:1-14). 그러나 이스라엘이 하나님의 말씀을 순종하지 아니하고 모든 명령을 지켜 행하지 않으면 저주를 받을 것이다(신 28:15-68). 미가 선지자는 이스라엘과 유다가 이 언약법에 따라 사는 일에 어떻게 실패했는지를 보여준다.

2. 회복

미가 선지자는 심판이라는 주제를 현저하게 많이 말하기는 하지만 또 한편으로 회복에 대해서도 말한다. 각 단락이 심판에 관한 선언(미 1:2–2:11; 3:1–12; 6:1–7:6)으로 시작하고 소망에 관한 신탁(미 2:12–13; 4:1–5:15; 7:7–20)으로 끝을 맺는다(Willis 1969, 191–214). 하나님은 사마리아와 예루살렘을 심판하심으로 그의 나라를 시작하신다(미 1:6–7; 2:3; 3:12; 6:13–16). 이것은 선지적 역설이다! 그러나 선지자의 환상은 사마리아와 예루살렘을 넘어 세상의 모든 나라로 확장된다(미 7:13, 16–17). 심판의 날은 모든 나라에 대한 진노의 표현으로 하나님은 이 땅에 하나님 나라를 세우고자 심판 가운데 나타나실 것이다(Vangemeren 1990, 154).

미가는 새로운 시대에 대해 반복해서 말했다(미 2:12–13; 4:1–8; 7:7–20). 미가 선지자가 말하는 새 시대는 하나님 나라와 메시아가 오시는 시대다. 선지자는 포로 회복부터 만물을 회복할 때까지 하나님과 이스라엘과의 유기적 관계에 대해 증거했다. 이 회복은 포로기의 남은 자들에게 하나님이 은혜를 베푸시는 일과 더불어 시작된다(미 2:12; 4:7; 5:7–8; 7:18). 게다가 유대인의 회복은 이방인의 회복과도 연관되어 있다(미 7:12–13).

어떻게 이 회복이 이루어지는가? 선지자는 자기 당대의 이스라엘과 유다에 심판과 회복의 신탁들을 전하기는 했지만 직접적인 역사적 상황을 초월한 말씀을 사용했고, 그렇게 함으로 그의 독자들을 보다 먼 미래로 인도했다(Dillard & Longman 1994, 402). 그중 하나가 베들레헴에서 이스라엘을 다스릴 자가 나온다는 것이다(미 5:2). 선지자는 이 왕이 누구며 언제 올 것인지에 대해 말하지 않았으나 마태복음에서 대제사장과 백성의 서기관들이 미가 5:2의 말씀을 인용하여 메시아가 베들레헴에서 태어나실 것이라고 말했다(마 2:5–6). 이것은 이스라엘이 미가의 이 신탁에서 다윗과 같은 통치자를 기대했음을 보여준다. 예수님이 베들레헴에서 탄생하심으로 미가가 예언했던 왕이 구체적으로 누구인지 알게 되었다.

미가는 미가 4:1–4에서 회복과 관련하여 '끝날에' 있게 될 일에 대해서도 말한다. 하나님의 산이 산들의 꼭대기에 굳게 서고, 세상 모든 민족이 하나님을 경배하기 위해 올 것이며, 메시아가 오셔서 민족들 사이의 일을 통치하심으로 다시는 전쟁을 연습하지 않을 새로운 시대를 열 것이라고 했다.[4] 이 이상은 재림 때 완전히 회복됨을 보여주기도 하지만 그리스도 안에서 구속받은 성도들은 이 땅에서 적극적으로 주의 재림 때까지 하나님의 말씀을 전파함으로 회복해 가야 할 책임이 있음도 보여준다.

3. 언약에 대한 책임

미가는 이 책에서 유다와 이스라엘이 언약에 대해 어떤 책임이 있는지 설명했다. 미가는 당시 여느 선지자들처럼 하나님이 언약 백성에게 요구하시는 것이 무엇인지 알고 있었다. 그것은 미가 6:8에 강조한 포괄적인 신학으로 사회 공의의 개념과 입술로만 부르짖는 왜곡된 종교적 경건의 개념을 바꾼 것이다(불록 2001, 166).

> 사람아 주께서 선한 것이 무엇임을 네게 보이셨나니 여호와께서 네게 구하
> 시는 것은 오직 정의를 행하며 인자를 사랑하며 겸손하게 네 하나님과 함
> 께 행하는 것이 아니냐 (미 6:8)

당시 이스라엘은 하나님의 진노를 종식시키고 관계를 회복하기 위해 하나님께 어떻게 경배하며 무엇을 드려야 할 것인지 질문했으나 미가는 여호와께서 구하시는 것은 합당한 삶을 사는 것이라고 했다. 그것은 정의를 행하며 인자를 사랑하며 겸손하게 하나님과 함께 하는 것이다.

---

4 이 미래에 대해 역사적 전천년설자들은 재림 이후에 주님이 천년 동안 다스리는 천년왕국 시대라고 본다 (수누키얀 1991, 196-197; 한정건 2006, 92).

Ⅳ. 내용

내용 구조
1. 첫 번째 순환구조 : 심판과 구원(미 1:2–2:13)
2. 두 번째 순환구조 : 지도자들의 기소와 백성의 소망(미 3:1–5:15)
3. 세 번째 순환구조 : 심판과 구원(미 6:1–7:20)

1. 첫 번째 순환구조 : 심판과 구원(미 1:2-2:13)

이 문단에서 미가는 사마리아와 유다에 대한 하나님의 심판(미 1:2–16)과 유다 땅에서 일어나는 악한 자들의 행동에 대해 심판(미 2:1–11)을 선언한다. 그럼에도 불구하고 미가는 하나님이 자기 양 떼들을 보호하고 인도하신다는 약속도 선언한다(미 2:12–13).

내용 분해

(1) 표제(미 1:1)
(2) 이스라엘과 유다의 죄에 대한 심판(미 1:2–7)
(3) 유다가 받은 심판에 대한 미가의 애통(미 1:8–16)
(4) 악한 자들의 죄에 대한 심판(미 2:1–5)
(5) 거짓 선지자들의 악행(미 2:6–11)
(6) 하나님의 구원(미 2:12–13)

내용 해설

(1) 표제(미 1:1)

이 표제에서 보듯이 이 책은 미가 선지자가 요담(주전 750-735)부터 히스기야(주전 715-686) 시대까지 받은 신탁으로 사마리아와 예루살렘에 관한 묵시다(미 1:1). 미가(מִיכָה)라는 이름은 '미카엘'(מִיכָאֵל)이나 '미카야'(מִיכָיְהוּ)의 단축형이다. 이 두 이름의 뜻은 "주와 같은 신이 어디 있으리이까?"이다(참조. 미 7:18).[5] 미가는 요담(주전 750-735), 아하스(주전 735-715), 히스기야(주전 715-686) 시대에 사역한 선지자다. 이 시대에 메소포타미아에서는 앗수르의 호전적인 티글랏-빌레셀 3세(주전 745-727), 살만에셀 5세(주전 727-722), 사르곤 2세(주전 722-705), 산헤립(주전 705-681) 등이 왕으로 있었다. 미가는 그의 출신지인 모레셋 사람이라고 소개한다. 이는 호세아와 요엘은 가문을 소개하고(호 1:1; 욜 1:1) 아모스는 직업을 소개한 것(암 1:1)과는 다르다. 모레셋은 예루살렘 남서쪽으로 약 40킬로미터 떨어진 느린 경사지(세펠라)에 있다. 이는 그의 가문이 대단하지 않거나 다른 도시(아마도 예루살렘)에서 사역했기 때문으로 보인다.

(2) 이스라엘과 유다의 죄에 대한 심판(미 1:2-7)

이 문단은 이 책의 주요 표제어인 '들어라'(שִׁמְעוּ < שָׁמַע)라는 명령법 동사로 시작하면서 하나님이 성전에서 증언하실 것이기에 백성들과 땅과 거기에 있는 모든 것을 불러 그들에게 자세히 들으라고 했다(미 1:2). 여기서 유다와 이스라엘은 피고인이고 땅과 거기에 있는 모든 것은 배심원이며 하나님은 증인이시다.[6] 특히 하나님이 성전에서 증언하신다. 성전은 하늘 성소의 지상 분원으로 하나님이 임재하시는 장소이기 때문이다(참조. 출 25:8, 22).

하나님은 그의 처소에서 나오시고 강림하사 땅의 높은 곳, 곧 산들을 밟을 때 불 앞의 밀초 같고 비탈로 쏟아지는 물 같았다(미 1:3-4). 이는 야곱의 허물과 이스라엘의 죄 때문인데 좀 더 구체적으로 왕들이 있는 사마리아와 산당처럼 되어버린 예루살렘 때문이다(미 1:5). 하나님이 심판하신 땅의 높은 곳은 사마리아와 예루살렘을 가리킨다.

---

5 이 표제에 관해 더 자세한 부분은 책의 서론인 "저자와 역사적 배경"에 있다.
6 월키(2015, 1133)는 "너희에게 대하여(against) 증언하시되"라는 말씀에 근거하여 백성들만이 아니라 땅과 거기에 있는 모든 것을 피고인으로 보았다.

하나님은 우선적으로 사마리아를 무더기와 포도 심을 동산 같게 하실 것이고 그들이 섬겼던 새긴 우상(= 목상)을 깨뜨리고 음행(= 기생)의 값으로 얻은 모든 것을 불사르실 것이다(미 1:6-7).

(3) 유다가 받을 심판에 대한 미가의 애통(미 1:8-16)

미가 선지자는 사마리아의 멸망에 대한 신탁을 듣고 애통하되 들개같이, 타조같이 애통한다. 이는 사마리아의 상처는 고칠 수 없는데 그 고통이 유다와 예루살렘 성문에 이르렀기 때문이다(미 1:8-9). 미가는 미가 1:10-15에서 유다의 성읍 가운데 11개 성읍의 이름을 사용한 언어유희와 대조를 통해 유다가 직면할 재앙을 보여준다.

- 가드(גַּת)는 블레셋 도시다. 가드에 '알리지'(나가드, נָגַד) 말라는 것은 유다의 수치로 말미암아 주변 나라들이 즐거워하지 못하게 하라는 뜻이다.
- 베들레아브라(בֵּית לְעַפְרָה)는 문자적으로 '티끌의 집'이라는 뜻인데 여기에 유사한 발음을 가진 '티끌'(아파르, עָפָר)에 굴렀다는 것은 '티끌에 앉았다'라는 말과 같은 뜻으로 심판의 슬픔을 표현할 때가 된다는 뜻이다.
- 사빌(שָׁפִיר)은 즐거움이란 뜻인데 심판 날에 '벗은 몸'에 '수치'를 무릅쓰고 나가게 된다는 뜻이다.
- 사아난(צַאֲנָן)은 '나오다'라는 단어의 발음과 유사한데 이는 심판 날에 주민이 두려워 '나오지'(יָצָא) 못하게 된다는 뜻이다.
- 벧에셀(בֵּית הָאֵצֶל)은 '보호의 집', '곁에 있는 집' 등의 뜻인데 심판 날에 이름과 반대로 '의지할 곳'이 없게 된다는 뜻이다.
- 마롯(מָרוֹת)은 '쓰라리다', '쓰다'라는 뜻이나 유사한 발음을 사용하여 심판 날에 이 도시가 복을 바라나 '재앙'(라아, רַע)이 임할 것이라는 뜻이다.
- 라기스(לָכִישׁ)는 '준마'(레케쉬, רֶכֶשׁ)를 의미하는 단어와 발음이 유사하다. 아이러니하게 백성들은 싸우기 위해 말에 병거를 채우는 것이 아니라 도망가기 위해 말에 병거를 채우라는 뜻이다.
- 가드모레셋(모레셋 가트, מוֹרֶשֶׁת גַּת)은 '약혼한 자'(머오라사, מְאֹרָשָׂה)를 의미하는 단

어와 연관시켜 '작별하는 예물'을 받게 될 것을 말하며 앞으로 있게 될 슬픔을 표현한다.

- 악십(אכזיב)은 이스라엘 왕이 악십을 기대했으나 유사한 발음을 사용하여 이 도시 사람들이 오히려 이스라엘 왕을 '속일'(악집, אכזב) 것이라는 뜻이다.
- 마레사(מרשה)는 '박탈하다', '쫓아내다' 등의 뜻으로 새로운 정복자인 '소유할 자'(הירש)가 유다의 소유권을 박탈하고 쫓아낸다는 뜻이다(Waltke 1988, 155).
- 아둘람(עדלם)은 다윗이 사울에게 쫓길 때 숨었던 장소(삼상 22:1; 삼하 23:13) 이스라엘의 영광이 적대적인 왕에 의해 그 땅에서 쫓겨나 포로가 된다는 뜻이다(Waltke 1988, 155-156).

미가는 다양한 언어유희를 통해 유다에 임할 재앙을 말한 뒤에 머리털을 깎아 독수리처럼 하라고 했다(미 1:16). 머리털을 민다는 것은 슬픔을 표현하는 말이다 (욥 1:20; 사 3:24; 렘 7:29; 16:6; 겔 27:31) 왜 머리털을 밀어야 하는가? 그것은 유다가 사로잡혀갈 것이기 때문이다. 이 예언대로 북 이스라엘은 주전 722년에 남 유다는 주전 586년에 포로로 끌려갔다.

(4) 악한 자들의 죄에 대한 심판(미 2:1-5)

미가는 침상에서(= 밤에) 죄를 꾀하며 악을 꾸미고 날이 밝으면 그들 손에 힘이 있으므로 그것을 행하는 자들에게 화를 선포한다(미 2:1). '그들 손에 힘이 있다'라는 것은 자신들이 꾸민 악한 일을 행할 수 있는 권세와 능력이 있다는 것이다. 그들은 다른 사람의 밭과 집과 사람과 산업을 탐하여 강탈했다(미 2:2). 하나님은 이들에게 재앙을 내려 교만하게 다니지 못하게 하실 것이고, 사람들은 그들이 슬픔 가운데 행할 넋두리를 조롱하듯 노래를 부를 것이다(미 2:3-4). 그리고 그들 가운데 여호와의 회중에서 분깃에 줄을 댈 자가 없을 것이다(미 2:5). 이것은 언약 백성으로서 누릴 모든 약속에서 제외된다는 뜻이다.

(5) 거짓 선지자들의 악행(미 2:6-11)

이 문단에서 선지자라는 단어는 사용하지 않아도 거짓 선지자들의 행동과 백성들이 선지자들에게 듣고 싶은 것이 무엇인지 알게 한다. 거짓 선지자들은 미가를 포함한 선지자들에게 "예언하지 말라 이 일들에 대해 예언하지 말라 수치가 (우리에게) 임하지 않을 것이다"라고 말했다.[7] 이 말로 보아 참된 선지자들은 하나님이 죄에 대해 심판하신다고 말한 것처럼 보인다. 야곱 족속은 거짓 선지자들이 "여호와의 영이 성급하시냐 그의 행위가 이러하시다 하겠느냐"라고 한 말을 들었다(미 2:7a).[8] 참 선지자들이 하나님이 당시 앗수르를 사용해 심판하실 것이라고 말했음에도 거짓 선지자들은 하나님이 심판하시는 분이 아니라 노하기를 더디하시고 인자와 성실이 많으신 분으로만 말했다.

이에 대해 미가 선지자는 하나님의 말씀이 정직하게 행하는 자에게 유익하다고 말했다(미 2:7b). 그런데 근래 하나님의 백성이 마치 원수같이 일어나 전쟁을 피해 지나가는 자들의 겉옷을 탈취하고 부녀들을 그들의 즐거운 집에서 쫓아내고 자녀들에게서 하나님의 영광을 영원히 빼앗았다(미 2:8-9). 하나님은 이들을 반드시 멸하리라고 하셨다(미 2:10). 이 상황에서 미가는 사람이 허망한 거짓말로 "내가 포도주와 독주에 대해 예언하리라"라고 하면 그 사람이 선지자가 될 것이라고 조롱했다. '포도주와 독주'를 단순히 음주로, 판단력을 흐리게 하는 것으로 보기도 하나(삿 13:7; 삼상 1:15) 풍요를 상징하는 관용어로도 쓰인다(신 14:26; 29:6). 여기서는 풍요를 말한다. 이는 당시 백성들은 참 선지자가 죄를 범한 자들에게 임할 심판을 말하면 듣지 않고 거짓 선지자들이 풍요에 대해 말하면 그들을 선지자로 여겼다는 것이다.

---

7 미가 2:6의 원문은 "알-탈티푸 얄티푼 로-얄티푸 라에일레 잇삭 커림모트" (אַל־תַּטִּפוּ יַטִּיפוּן לֹא־יַטִּפוּ לָאֵלֶּה לֹא יִסַּג כְּלִמּוֹת)다. 이 번역 자체가 쉽지 않으나 NIV처럼 "너희는 예언하지 말라 이 일들에 대해 예언하지 말라 수치가 (우리에게) 임하지 않을 것이다"라고 번역하는 것이 좋다.

8 개역개정판이 '이르기를'(הָאָמוּר)이라고 번역한 단어는 '말하다'(אָמַר)의 수동태 분사형으로 '듣기를'이라고 번역해야 한다.

(6) 하나님의 구원(미 2:12-13)

미가 선지자는 앞에서 이스라엘의 죄악과 그로 말미암은 심판을 예언한 것과 대조적으로 이 문단에서 소망의 빛을 예언한다. 하나님은 이스라엘의 남은 자를 모아 초장의 양 떼같이 모아 보호하시고 먹이심으로 그들을 즐겁게 하실 것이다(미 2:12). 그리고 이스라엘의 목자 되신 하나님은 그들 앞에 올라가시고 닫힌 성문을 깨트리시고 그들 앞에서 그들을 인도하실 것이다(미 2:13). 지상의 왕들은 실패했으나 하늘의 왕은 승리하실 것이다(Waltke 1993, 161). 이 일은 언제 일어날 것인가? 아직 세상에서 일어난 일이 없다. 그래서 이 일이 천년왕국 시대에 일어날 일로 보기도 한다(수누키얀 1991, 188). 하지만 바벨론에서 돌아오게 하심으로 이 일을 시작하시고, 그리스도 안에서 그 왕의 통치를 경험하게 하시고, 재림 시에 완전히 일어나게 될 것이다.

2. 두 번째 순환구조 : 지도자들의 기소와 백성의 소망(미 3:1-5:15)

앞의 문단에서는 미가가 주로 이스라엘의 죄와 그 죄에 대한 심판에 대해 주로 말하고 회복을 짧게 말했으나 이 문단에서는 심판보다 회복에 대해 주로 말한다. 이 문단에서 미가는 유다의 타락한 지도자들과 거짓 선지자들의 죄악과 그에 대한 심판을 선포하고(미 3:1-12), 시온의 회복에 대한 약속(미 4:1-13)과 그 약속의 성취(미 5:1-15) 등에 대해 차례로 설명한다.

내용 분해

(1) 지도자들의 죄악과 그에 대한 심판(미 3:1-12)

(2) 시온의 회복에 대한 약속(미 4:1-13)

(3) 약속의 성취(미 5:1-15)

내용 해설

(1) 지도자들의 죄악과 그에 대한 심판(미 3:1-12)

이 문단에서 미가는 우두머리들, 통치자들, 선지자들, 제사장들 등 소위 힘과 권력을 가진 자들의 죄와 그들이 받을 벌에 대해 말한다.

① 통치자들의 본분과 그들의 죄악(미 3:1-4)

하나님은 이스라엘 통치자들에게 이 책의 주요 표제어인 '들어라'라고 하시며 그들에게 정의를 아는 것이 그들 본분이 아니냐고 수사적 질문을 하셨다(미 3:1). 정의를 아는 것은 율법에 따라 선과 악을 판단할 능력이 있다는 것이다. 그럼에도 그들은 율법을 무시하고 고기를 먹는 것처럼 백성들의 살과 뼈를 발라 먹었다(미 3:2-3). 그래서 그들이 위험한 상황에 직면하여 부르짖어도 하나님은 응답하지 않으실 것이다(미 3:4).

② 거짓 선지자들(미 3:5-8)

백성을 유혹하는 거짓 선지자들은 그들의 이에 물것이 있으면 평강을 외치나, 그 입에 무엇을 채워주지 아니하는 자에게 전쟁을 준비한다(미 3:5). 이는 거짓 선지자들이 자기에게 유익을 주는 자에게는 평강을 선포하고, 유익을 주지 아니한다고 생각하는 자에게는 전쟁으로 싸워야 할 대상으로 여긴다는 것이다. 이런 유형의 목회자는 오늘날 너무 많다. 선지자의 생명은 하나님과 교제하며 그의 말씀을 듣고, 그가 하나님께 구할 때 응답을 받는 일이다. 그래서 하나님은 거짓 선지자들에게 응답하시지 않는다(미 3:6-7). 그러나 미가는 이런 종류의 선지자와 달리 여호와의 영으로 말미암는 능력과 정의와 용기로 충만해져서 이스라엘의 죄를 그들에게 보일 것이라고 했다(미 3:8).

③ 지도자들의 죄악에 대한 하나님의 심판(미 3:9-12)

미가는 당시 지도자들을 가리켜 정의를 미워하고, 정직한 것을 굽게 하는 자들이라고 했다(미 3:9). 정치 지도자들은 뇌물을 위해 판결하고, 제사장은 삯을 위해 교훈하며, 선지자는 돈을 위해 점을 치면서도 뻔뻔스럽게도 여호와께서 우리 중에 계시기에 재앙이 임하지 않을 것이라고 말했다(미 3:10–11). 여기서 '점을 치다'(카삼, קָסַם)라는 단어는 점을 치는 것을 의미하기도 하나(삼상 15:23; 28:8) 여기서는 좋은 말이나 행운을 빌어준다는 뜻이다. 미가는 이들로 말미암아 시온은 갈아 엎은 밭이 될 것이라고 했다(미 3:12). 이것은 시온이 파괴된다는 뜻이다.

(2) 시온의 회복에 대한 약속(미 4:1-13)

이 문단에서 미가는 앞의 단락과 달리 이스라엘의 구원과 회복에 대해 말한다. 여기서 미가는 다가올 하나님 나라에 대해 말한다. 이는 거의 모든 선지자들이 다루는 주제이다.

① 이스라엘의 회복과 하나님 나라의 이상(미 4:1-4)
이 단락에서 미가는 이스라엘의 회복과 더불어 하나님 나라의 이상을 보여준다. 이 단락에서 미가 4:1–3은 이사야 2:2–4과 거의 같다. 미가는 이 일이 '끝날에'(버아하리트 하야밈, בְּאַחֲרִית הַיָּמִים) 일어날 일이라고 했다. 이 표현은 메시아의 초림부터 재림까지를 의미하는 것으로 보인다. 이는 신약성경에서 이 단어를 초림과 재림을 포함하는 의미로 쓰기 때문이다(행 2:17). 이날에 여호와의 전의 산이 산들의 꼭대기에 서며, 민족들이 그리로 몰려갈 것이다(미 4:1). '여호와의 전의 산'은 지형적인 의미가 아니라 하나님이 임재하시는 성전을 말한다. 많은 이방 사람들이 여호와의 전에 가며 이유를 말하기를 "오라 우리가 여호와의 산에 올라가서 야곱의 하나님의 전에 이르자 그가 그의 도를 가지고 우리에게 가르치실 것이니라 우리가 그의 길로 행하리라"라고 했다. 이는 율법이 시온에서 나오고 여호와의 말씀이 예루살렘에서 나올 것이기 때문이다(미 4:2). 이것은 여호와가 이스라엘의 지도자들과 달리 율법에 따라 이스라엘만 아니라 이방 사람을 판결할 것이기 때문이다. 그래서 무리가 전쟁하는 칼을 쳐서 보습을 만들고, 창을 쳐서 낫을 만들 것이며 다시는 칼을 들고 서로 치지 않을 것이다(미 4:3). 칼과 창은 전쟁에 쓰는 도구이고 보습과 낫은 경작 도구다. 이 경작 구로 각 사람이 포도나무 아래와 무화과나무 아래 앉을 것이고 아무도 그들을 두렵게 할 자가 없을 것이다(미

4:4). 이는 여호와께서 시온에서 통치한 결과다. 특히 '포도나무 아래와 무화과나무 아래 앉는다'라는 표현은 평화와 번영과 메시아 시대의 이상적인 나라의 모습을 보여주는 이미지다(참조. 왕상 4:25; 슥 3:10; 요 1:50).

그러면 이스라엘이 회복되고 시온에 민족들이 몰려오는 것은 언제인가? 전천년설자들은 이때를 천년왕국 시대로 본다(수누키얀 1991, 196-197). 그러나 이 이상은 역사 가운데 아직 완전하게 일어나지 않았고 언제 일어날 것인지 모르지만 주님이 재림하실 때까지 성도가 이루어야 할 하나님 나라를 보여준다.

② 이스라엘의 회복에 대한 약속(미 4:5-13)

미가는 하나님 나라의 이상을 보여준 후에 좀 더 구체적으로 이스라엘의 회복에 대해 말한다. 미가는 만민이 각각 자기 신의 이름을 의지하여 행하나 이스라엘은 여호와의 이름을 의지하여 행할 것이라고 했다(미 4:5). 이에 대해 여호와께서 쫓겨난 자들을 모아 시온산에서 영원까지 다스릴 것이라고 하셨다(미 4:6-7). 그리고 하나님은 시온의 산을 가리켜 양 떼의 망대요 딸 시온의 산이라고 부르며 예루살렘의 나라가 돌아올 것이라고 하셨다(미 4:8). '딸 시온'과 '딸 예루살렘'은 예루살렘을 의인화한 것이다. 여기서 '이전 권능'과 '딸 예루살렘의 나라'는 동격으로 하나님이 예루살렘을 통치하실 것을 말한다.

이어서 미가는 하나님이 통치하시는 나라로 회복될 때까지 겪어야 할 과정에 대해 말한다. 미가는 "이제 네가 어찌하여 부르짖느냐?"라고 말하며 이스라엘에 왕이 없고 모사가 없어졌기 때문에, 곧 이스라엘이 멸망하였기에 해산하는 여인처럼 고통함인지 질문하고 그 고통을 견디라고 했다. 그러면 여호와께서 이스라엘을 바벨론에서 구원해 내실 것이라고 했다(미 4:9-10).

이스라엘이 고통할 때 많은 이방 사람들이 시온을 쳐서 시온이 더럽혀지기를 원하지만 그들은 여호와의 뜻과 계획을 알지 못한다. 왜냐하면, 여호와께서 곡식 단을 타작 마당에 모음 같이 이스라엘을 모으실 것이기 때문이다(미 4:11-12). 이뿐만 아니라 하나님이 이스라엘을 강성케 하여 여러 백성을 쳐서 깨뜨리고 이스라엘은 그들의 탈취물을 구별하여 온 땅의 주이신 여호와께 돌릴 것이다(미 4:12-13). 미가는 이 일이 언제 일어날 것인지 밝히지 않는다. 이를 말세에 일어날 아마겟돈 전쟁(계 16:16; 참조. 계 19:19)으로 보고 메시아가 그의 왕국을 세우기 위해 다시 오실 때 일어날 일로 보기도 한다(수누키얀 1991, 202).

(3) 약속의 성취(미 5:1-15)

이 문단에서 미가는 하나님은 자기 백성이 큰 위기에 빠졌을 때 메시아가 베들레헴에 오신다는 약속을 통해 그들이 특별한 민족임을 상기시키고, 반드시 그들을 구원하실 것을 말한다.

① 유다의 위기(미 5:1)

미가는 예루살렘에게 "딸 군대여 너는 떼를 모을지어다"라고 했다. 미가는 '딸'을 예루살렘을 지칭하는 표현으로 써 왔다(미 4:8, 10, 13). '딸 군대'(바트-거두드, בַת־גְּדוּד)라는 말은 '군대의 딸'로 군대에 포위된 예루살렘을 말하고, 그런 그에게 '너는 떼를 모을지어다'(티트고더디, תִּתְגֹּדְדִי)라고 말했지만 이는 예루살렘이 군대를 소집할 능력이 없음을 보여주는 언어유희다(오커 & 매거리 2014, 1719). 이 사건은 주전 701년 히스기야 때 앗수르의 산헤립 군대가 예루살렘을 포위했을 때를 말하는지 아니면 바벨론이 유다를 포위했을 때를 말하는지 분명하지 않다. 여기서 "막대기로 이스라엘 재판자의 뺨을 치리로다"라고 한 말씀은 포위된 유다 왕이 당할 치욕을 비유적으로 말한 것이다.

② 메시아의 탄생과 그의 통치(미 5:2-13)

이 위기 상황에서 미가는 유다 족속이 비록 작을지라도 베들레헴 에브라다에서 이스라엘을 다스리는 왕이 나올 것이라고 했다. 특히 그 왕의 근본은 '상고에, 영원에 있다'라고 했다(미 5:2). 이것은 베들레헴에서 나올 왕은 영원 전부터 영원히 계시는 신적인 존재임을 말한다. 이 왕은 그리스도로 유대 땅 베들레헴에 태어나셨다(마 2:1). 대제사장과 서기관들은 미가 5:2을 메시아에 대해 말하는 것으로 이해했다(마 2:3-6). 그러므로 하나님은 여인이 이 아이를 해산할 때까지 이스라엘을 붙여 두시고 그 후에 남은 자가 이스라엘 자손에게 돌아올 것이다(미 5:3). 이것은 메시아가 오실 때까지 이스라엘은 고통하지만 남은 자가 돌아와 그의 통치를 받는다는 뜻이다. 그러면 당시 위기 가운데 있었던 이스라엘에게 이 말씀은 어떤 의미가 있는가? 이스라엘은 비록 위기 가운데 있었으나 때가 되면 이스라엘을 다스릴 왕이 와서 그들을 구원할 것이기에 그들은 특별한 민족이며 구원을 받으리라는 희망을 가졌을 것이다.

미가는 베들레헴에 태어나실 왕이 통치하심으로 어떤 결과가 있게 될 것인지 설명한다. 오실 왕은 여호와의 능력으로 목자가 양을 돌보듯이 백성을 돌볼 것이고, 그의 통치는 창대하여 땅끝까지 미치게 될 것이다(미 5:4). 이 왕은 평강이 될 것이다. 그는 앗수르 사람들이 이스라엘 땅에 들어와 궁들을 밟을 때 일곱 목자와 여덟 군왕을 일으켜 그들을 쳐서 앗수르 땅을 황폐하게 하고 이스라엘을 건져낼 것이다(미 5:5-6). 여기서 '일곱 목자와 여덟 군왕'을 일으킨다는 것은 히브리 문학적 장치 가운데 하나로 어떤 수 x와 그 수에다 1을 더한 x, x+1의 형태인데 많은 수를 나타낸다(Roth 1962, 301, 311). 이들은 새 왕이 세우는 이스라엘의 지도자들을 말한다. 이들이 앗수르 땅을 황폐하게 하고 이스라엘을 건져낼 것이다.

오실 왕의 통치를 받는 남은 자들은 여호와께서 내리는 이슬과 단비 같아서 사람을 기다리지 아니할 것이다(미 5:7). 이슬이나 단비가 농작물을 자라게 하듯이 새 왕이 자라게 할 것이고, 또 사람에 의존함이 없거나 사람의 행함과 관계없이 새 왕이 남은 자들에게 은혜를 베푸신다는 것이다. 이뿐만 아니라 남은 자들은 수풀의 사자 같이 많은 나라를 정복하고 이스라엘의 원수들을 진멸할 것이다(미 5:9). 그리고 그 날이 이르면 여호와께서 안으로는 이스라엘의 우상을 제거하여 정결하게 하실 것이고(미 5:9), 밖으로는 순종하지 아니한 나라를 벌하실 것이다(미 5:10-15).

그러면 새 왕이 와서 통치하는 시대는 언제인가? 전천년설자들은 그리스도께서 통치하시는 천년왕국에서 일어날 일로 보았다(수누키얀 1991, 205). 이 점을 완전히 무시할 수 없으나 구속사적 진전과정에서 완전하지 않았다 할지라도 그리스도의 재림 때까지 일어날 수 있는 일로 보아야 한다. 미가가 사역하던 시기에 앗수르가 북 왕국 이스라엘을 멸망시켰고, 히스기야 시대에 앗수르의 산헤립이 유다 주변 성읍을 다 정복하고 예루살렘을 포위하기도 했다. 이러한 상황에서 이 말씀은 일차적으로 이루어졌다. 하지만 이 신탁의 내용으로 보아 앗수르만 아니라 모든 시대 하나님의 백성들을 대적하는 자들과 나라를 말하기에 그리스도 오심 이후의 시대까지 내다보고 있다. 그러므로 이 신탁을 들었을 당시 이스라엘은 위로가 되었을 것이고 동시에 더 넓은 그림에서 그들을 통해 원수를 진멸하고 하나님이 이슬처럼 단비처럼 은혜 베푸시는 새로운 나라를 이루실 것을 보고 그들이 특별한 민족임을 알게 되었을 것이다.

3. 세 번째 순환구조 : 심판과 구원(미 6:1-7:20)

미가가 첫 번째 문단에서는 심판을 주로 말했고 두 번째 문단에서는 구원을 주로 말했다면 이 세 번째 문단에서는 심판과 구원을 균형있게 다룬다. 이 문단은 재판정에서 하나님이 원고가 되시고 동시에 재판관이 되셔서 당시 그들의 죄를 드러내시고 심판을 선언하시는 내용(미 6:1-16), 이스라엘의 죄에 대한 미가의 애곡(미 7:1-6), 구원의 하나님을 바라보는 내용(미 7:7-13), 미가의 기도와 찬양(미 7:14-20) 등을 차례로 설명한다.

내용 분해

(1) 재판정에 선 이스라엘(미 6:1-16)

(2) 이스라엘의 죄에 대한 미가의 애곡(미 7:1-6)

(3) 구원의 하나님을 바라보는 미가(미 7:7-13)

(4) 미가의 기도와 찬양(미 7:14-20)

내용 해설

(1) 재판정에 선 이스라엘(미 6:1-16)

이 문단에서 미가는 재판정에서 하나님이 원고와 재판관으로, 산들을 증인과 배심원으로, 이스라엘을 피고로 세우고, 이스라엘이 왜 심판을 받아야 하는지를 설명한다.

① 하나님의 변론(미 6:1-5)

이 문단에서 미가는 이 책의 주요 표제어인 '들어라'(쉼우, שִׁמְעוּ ⟨ שָׁמַע)라는 명령법으로 시작한다. 여호와께서 미가에게 두 번이나 반복하여 산과 작은 산들을 불러 여호와의 변론을 듣게 하라고 하셨다(미 6:1-2). 왜 산들을 부르는가? 그것은 하나님이 변론하시는 일에 증인과 배심원으로 세우기 위함이다. 이들을 증인과 배심원으로 세우는 이유는 하나님이 이스라엘과 언약을 맺을 때 하늘과 땅을 증인으로 세웠기 때문이다(신 31:1; 수 24:27). '변론'(리브, רִיב)이라는 단어는 선지자들이 법적인 소송을 할 때 자주 쓰는 표현이다(사 3:13; 렘 2:9; 호 2:4). 하나님이 자기 백성 이스라엘과 변론하시며 하나님은 "내가 무엇을 네게 행하였으며, 무슨 일로 너를 괴롭게 하였느냐"라고 하셨다(미 6:3). 오히려 하나님은 많은 일들 가운데 네 가지 사건을 기억하면 하나님이 공의롭게 행하셨음을 그들이 알 것이라고 하셨다. 그 네 가지 사건은 애굽에서 속량하신 일, 모세와 아론과 미리암을 보내어 그들을 인도하게 하신 일, 광야에서 모압 왕 발락이 꾀할 때 발람이 그에게 말한 것, 싯딤에서 길갈까지의 일 등이다(미 6:4-5). 발락이 꾀한 것은 발람을 불러 이스라엘을 저주하려고 한 것으로 오히려 하나님은 발람을 통해 이스라엘이 복 받은 민족임을 보여주셨다(민 22-24장). 싯딤은 발람의 계략으로 이스라엘이 음행하여 2만4천 명이 죽은 장소이면서 이스라엘이 요단을 건너기 전에 유숙했던 장소다(민 25:1-9; 수 3:1). 길갈은 이스라엘이 요단강을 건넌 후 할례를 행하고 유월절을 지키던 곳이고, 만나가 그쳤던 장소이기도 한다(수 5:2-12). 여기서 싯딤에서 길갈까지의 일을 기억하라는 것은 요단강을 기적적으로 건너 길갈에 도착한 역사를 기억하라는 것이다. 애굽에서 속량하신 사건부터 가나안에 정착하기까지의 역사를 회고하면 하나님이 이스라엘을 위해 얼마나 공의롭게 행하셨는지 알 수 있다.

② 하나님이 구하시는 것(미 6:6-8)

하나님의 변론을 들은 이스라엘은 하나님께 어떻게 해야 하겠는가? 당연히 여호와를 경배해야 한다. 이에 대해 미가는 먼저 번제물로 일 년 된 송아지를 가지고 그 앞에 나아갈 것인지 질문한다(미 6:6). 이것은 제물을 드리는 일 자체를 부정하는 것이 아니라 순종이 없는 제물과 제사는 의미가 없다는 것을 보여주려는 것이다. 이어서 과장법으로 책망하며 천천의 수양이나 만만의 강물 같은 기름을 기뻐하시겠는지, 아니면 자기 허물을 위해 맏아들이나 자기 몸을 드리면 될 것인지 수사적 질문을 던진다(미 6:7). 그 대답은 부정적 대답으로 '아니오'이다(Barker & McComisky 2002, 1401). 하나님은 많은 제물을 요구하시는 것도 아니고 모압의 전형적인 제사인 인신 제사는 더더욱 아니다(참조. 레 18:21; 20:2-5; 왕하 16:3).

그러면 하나님이 원하시는 제사는 무엇인가? 미가는 주께서 구하시는 것은 정의를 행하며, 인자를 사랑하고, 겸손하게 하나님과 함께 행하는 것이 아니냐는 수사적 질문을 던졌다(미 6:8). 여기서의 대답은 '예'이다. 그리고 '하나님과 함께 행하는 것'(לֶכֶת עִם־אֱלֹהֶיךָ)은 에녹이 '하나님과 동행하더니'(창 5:24)라는 표현과 같은 것으로 믿음으로 사는 것을 의미한다. 제사제도는 하나님과 교제하는 방편으로 주신 것이지만 이 제사는 정직과 공의와 진실을 겸비하지 않으면 하나님과 교제할 수 없다(참조. 시 15:1-5).

③ 하나님의 심판(미 6:9-16)

미가는 이제 재판관이신 하나님께서 언약에 따라 재판한 결과 어떤 죄를 지었고 그 죄에 대해 선고하신 내용을 차례로 설명한다. 그들은 하나님을 경외하는 것이 지혜임에도 하나님을 경외하지 않음으로 그들에게 하나님의 매(= 몽둥이)가 예비되었다(미 6:9). 그들은 불의한 방법으로 부를 축적하고 마른 곡물을 재는 단위인 에바를 축소하고 부정한 저울을 사용했다(미 6:10-11). 이는 오늘날 표시된 정량을 속이거나 표준이나 불법으로 부를 축적하는 모든 행위를 말한다. 부자들은 폭력을 행하고 주민들은 거짓을 말한다(미 6:12).

하나님은 이 죄를 지적하시며 언약에 따라 하나님도 이스라엘을 쳐서 병들게 하고 먹어도 배부르지 못하고 항상 속이 비게 하실 것이다(미 6:13-14a; 참조. 레 26:26; 신 28:20). 감추어도 보존되지 못하겠고 보존된 것은 칼에 붙이실 것이다(미 6:14b; 참조. 레 26:16-17; 신 28:33). 이것은 힘써 모아 두었던 것은 적들에게 빼앗기게 된다는 뜻이다. 씨를 뿌려도 추수하지 못하고 포도를 밟아도 술을 마시지 못하게 하실 것이다(참조. 6:15; 참조. 신 28:39-40). 이 모든 일은 오므리의 율례와 아합의 예법을 지키기 때문이라고 하셨다(미 6:16a).[9] 이것은 바알을 숭배한 일이다(왕상 16:31). 그래서 하나님은 이스라엘을 황폐케 하고 그 주민을 사람들의 조소 거리로 만들 것이라고 하셨다(미 6:16b). 이 말씀대로 미가가 살던 시대인 주전 722년에 북 왕국은 앗수르에 의해 멸망했고, 남 유다는 주전 701년에 앗수르에 의해 유다는 큰 고통을 받았다(왕하 18:13-16). 그리고 그의 시대와 멀어도 주전 586년에 바벨론에 의해 멸망했다.

(2) 이스라엘의 죄에 대한 미가의 애곡(미 7:1-6)

미가는 '재앙이로다'(אַלְלַי)라는 감탄사로 자신과 이스라엘에게 미칠 재앙을 생각하며 탄식한다(미 7:1a). 이 단어는 욥기 10:15에서 욥이 자기에게 죄가 있으면 화가 있기를 바란다고 할 때 쓰였다. 미가가 이 단어를 쓴 것은 이스라엘의 죄 때문에 자신과 이스라엘에게 미칠 화를 생각하기 때문이다. 마치 여름 과일을 딴 후와 포도를 거둔 후 과일과 포도가 없는 것 같이 경건하고 정직한 자들이 없다(미 7:1b-2a). 다 사람을 죽이려고 매복하고 두 손으로 부지런히 악을 행하며 지도자와 재판관은 뇌물을 구한다. 심지어 권세자는 재판관과 결탁하여 그들의 욕심을 채우고 백성들을 착취한다(미 7:2-3). 가장 선한 자라도 가시 같고 가장 정직한 자라도 찔레 울타리보다 더하다(미 7:4a). 이것은 선하고 정직한 자가 없다는 뜻이다.

그 결과 파수꾼들, 곧 선지자들이 예언한 날이 임하여 혼돈 가운데 빠져 이웃, 친구, 배우자 심지어 자기 집안사람마저 원수가 되었다(미 7:5b-6). 이것은 심판 때에 사회적 관계와 가족 관계가 다 해체된다는 것이다.[10]

(3) 구원의 하나님을 바라보는 미가(미 7:7-13)

미가는 사람들이 다 선하지 못하고 정직하지 못하여 심판을 받는다고 해도 자신은 그 상황에서 구원의 하나님을 바라본다고 했다. 이는 그의 하나님이 귀를

---

9 북 왕국 이스라엘은 오므리 이전에는 여로보암의 죄를 따랐으나 오므리가 정권을 차지하며 자기 아들 아합이 이세벨과 결혼함으로 이때부터 여로보암의 죄와 더불어 바알을 섬기게 되었다.

10 미가 7:5-6이 마태복음 10:21, 34-36에 거의 동일하게 있어도 예수님이 인용하신 것으로 보기 어렵다.

기울이실 것이기 때문이다(미 7:7). 그리고 그는 대적들에게 기뻐하지 말라고 했다. 왜냐하면, 비록 어둠 가운데 있을지라도 여호와께서 자기의 빛이 되심을 믿었기 때문이다(미 7:8). 그는 주께서 마침내 회복하실 때 전에 "네 하나님이 어디 있느냐?"라고 하는 자들이 거리의 진흙같이 밟힐 것인데 그는 그것을 지켜볼 것이라고 했다(미 7:9-10). 이것은 하나님이 대적들을 다 심판하신다는 것이다.

이제 미가는 "네 성벽을 건축하는 날"에 있게 될 일을 말하며 그날에 지경이 넓어질 것이라고 했다(미 7:10). 여기에 '네'는 2인칭 여성 단수로 시온이나 시온에 속한 땅을 말한다. 그리고 그날에는 앗수르에서 애굽 성읍들까지, 애굽에서 강까지, 이 바다에서 저 바다까지, 이 산에서 저 산까지의 사람들이 "네게로 돌아올 것"이라고 했다(미 7:11-12). 여기서 '네'는 2인칭 남성 단수인데 '네'가 누구를 말하는지 명확하지 않다. 하지만 여기서 '네'는 문법적으로 미가 5:2에서 약속하신 메시아로 보는 것이 가장 적절하다(Simundson 1996, 588). 그리고 돌아오는 사람이 포로에서 돌아오는 이스라엘 백성을 말하는 것인지 아니면 그곳에 임재해 계시는 여호와께 율법을 배우기 위해 오는 순례자인지도 분명하지 않다. 월키(Waltke 1988, 205; 1992, 757-758)는 이날을 종말론적인 날로 보고 미가 당시 앗수르 침입이라는 어둠 이후에 빛이 스며드는 것이 부분적으로 실현되는 것이며 나아가 택함 받은 자들이 구원을 얻는 것을 강조하는 것으로 보았다. 한편 그 땅은 그 주민의 행위의 열매로 말미암아 황폐하게 될 것이라고 했다(미 7:13). 이 본문 역시 이해하기 어렵다. 그 땅이 어디를 말하는지 불분명하기 때문이다. 전체가 종말론적이라면 시온 외에 있는 지역을 말하는 것으로 보아야 한다(기동연 2017, 166; 오커 & 매거리 2014, 1723).

(4) 미가의 기도와 찬양(미 7:14-20)

이 문단에서 미가는 하나님께 기도하고, 그 기도에 하나님이 응답하시고, 미가가 하나님의 응답을 듣고 찬양하는 내용으로 신탁을 마무리한다. 미가는 양들을 인도하는 지팡이로 주의 백성을 먹이시되 바산과 길르앗에서 먹여달라고 기도했다(미 7:14). 바산과 길르앗은 요단 동편 지역으로 목축에 적합한 곳이다(참조. 민 32:1; 신 32:14; 암 4:1 등). 그래서 이 기도는 주의 백성을 기름진 바산과 길르앗처럼 번영과 평화를 누리게 해 달라는 의미다.

하나님은 이스라엘이 애굽에서 나올 때와 같이 그들에게 이적을 보이실 것이라고 하셨다(미 7:15). 또 이때 여러 나라가 이를 보고 자기의 세력을 부끄러워하며 뱀처럼 티끌을 핥으며, 벌레처럼 좁은 구멍에서 나와서 두려워하며 여호와께 돌아올 것이다(미 7:16-17).

미가가 이 복되고 영광스러운 미래에 대한 약속을 듣고 수사적인 질문으로 "주와 같은 신이 어디 있으리이까?"(미-엘 카모카, מִי־אֵל כָּמוֹךָ)라고 했다(미 7:18a). 이 표현은 미가(מִיכָה) 자신의 이름의 뜻이기도 하다. 그리고 미가는 하나님이 어떤 분이신지 설명한다. 하나님은 남의 허물을 사유하시며, 인애를 기뻐하시므로 진노를 오래 품지 아니하시고, 자기 백성의 죄악을 발로 밟으시고, 그들의 죄악을 깊은 바다에 던지시는 분이시다(미 7:18b-19). 하나님은 옛적에 그들의 조상에 맹세하신 대로 야곱과 아브라함, 곧 그의 후손들에게 성실과 인애를 베푸실 것을 찬양했다(미 7:20). 이것은 하나님이 아브라함(창 12:1-3; 15:8-21; 17:1-21; 18:18 등)과 야곱(창 28:13-15; 35:11)에게 약속하신 대로 그들을 통해 메시아를 보내시고 하나님 나라를 이루실 복된 미래를 바라보았다는 것이다.

하나님이 미가에게 보여주신 약속대로 하나님은 미가 시대에 그들을 앗수르의 손에서 구원해 주셨다. 무엇보다 하나님은 그리스도를 죽은 자 가운데 일으키시고 모든 민족으로부터 영적 자손을 주심으로 아브라함에게 한 약속을 지키셨다(참조. 롬 4:17; 갈 3:6-29). 그래서 택함을 받은 자는 모든 시련 가운데서 이 비교할 수 없으신 하나님을 계속 의지해야 한다(Waltke 1988, 207). 할렐루야!

V. 구속사적 의미

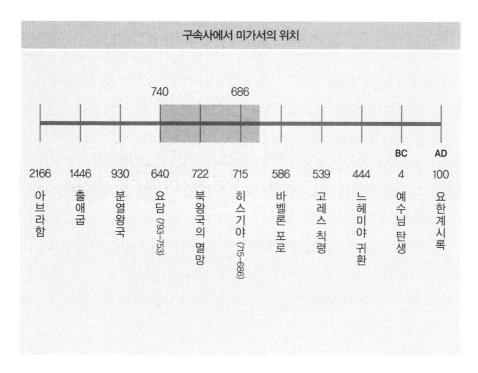

미가서는 미가가 요담(주전 750-735)부터 히스기야(주전 715-686) 시대까지 사역한 시대의 구속사를 기록하고 있다(미 1:1). 이 시대에 하나님은 진노의 막대기로 앗수르의 티글랏-빌레셀 3세(주전 745-727), 살만에셀 5세(주전 727-722), 사르곤 2세(주전 722-705), 산헤립(주전 705-681) 등을 사용하셨다. 미가서는 이 역사를 목격하면서 이 책에 기록된 메시지를 전했다.

미가서의 구속사에서 하나님은 당시 언약 백성인 이스라엘과 유다의 삶에 개입하여 미가 선지자를 통해 이스라엘과 유다의 죄를 지적하시고 심판하실 것을 반복하여 말씀하셨다(미 2:1-2; 3:1-3, 9-11; 6:10-11 등). 그리고 이스라엘과 유다의 죄에 대해 정죄하시고 심판하실 것이라고 하셨다(미 1:6-7; 2:3; 3:12; 6:13-16). 이 것은 이스라엘과 유다가 구속사에서 천하 만민이 구원을 얻는 축복의 통로가 되어야 할 언약 백성으로서 그 사명을 다할 수 없다고 보았기 때문이다.

미가서의 구속사에서 하나님은 이스라엘과 유다에 심판을 선언하셨음에도 미가 선지자를 통해 새로운 시대에 대해 반복해서 말씀해 주셨다(미 2:12-13; 4:1-8;

7:7-20). 선지자가 말하는 새 시대는 하나님 나라와 메시아가 오시는 시대다. 이 회복은 일차적으로 포로기의 남은 자들에게 하나님이 은혜를 베푸시는 일과 더불어 시작된다(미 2:12; 4:7; 5:7-8; 7:18). 그리고 이들의 회복을 통해 이방인들도 회복하실 것이다(미 7:12-13). 이 회복의 구체적인 증거로 베들레헴에서 이스라엘을 다스릴 자가 나온다고 했다(미 5:2). 미가는 이 왕이 누구며 언제 올 것인지에 대해 말하지 않았으나 예수님이 베들레헴에서 탄생하심으로 예수님이 선지자가 예언했던 왕임을 알게 되었다(마 2:5-6). 이것은 하나님이 구속사에서 그의 약속을 주권적으로 이루시지만 자기 백성을 통해 이루심을 보여준다. 그리고 하나님은 끝날에 모든 나라가 하나님을 경배하는 완전한 평화의 시대가 될 것을 약속하셨다(미 4:1-5). 하나님은 이 약속도 역사 가운데 이루실 것이다(미 4:1-5).

이 구속사에서 하나님은 언약 백성이 정의를 행하며 인자를 사랑하며 겸손하게 하나님과 함께 행함으로 언약 백성다운 삶을 살기를 원하심을 보여준다(미 6:8). 이 삶이 전제되지 않으면 구속사에서 하나님과 교제할 수 없고 제사장 나라로서의 사명을 책임있게 감당할 수 없기 때문이다. 이스라엘과 유다는 이를 받아들이지 않음으로 주전 722년에 북 왕국 이스라엘은 앗수르에 정복당하고 남 왕국 유다는 주전 586년에 바벨론에 정복당했다.

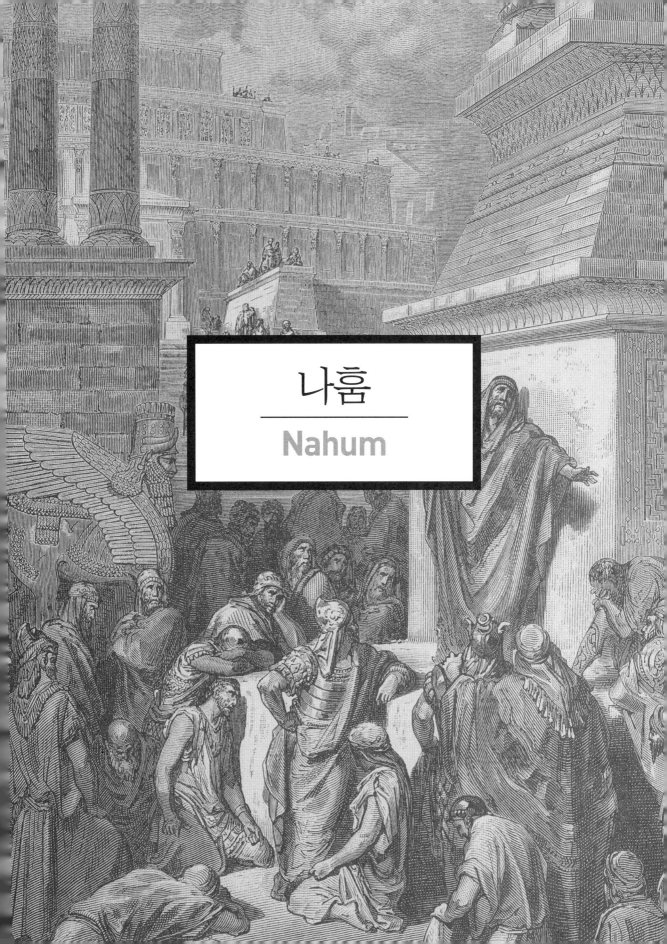

나훔

Nahum

나훔

—◦၄၀—

요나가 여로보암 2세(주전 793-752년) 때에 하나님의 말씀을 전하자 니느웨 사람들이 그 말씀을 듣고 회개함으로 구원을 얻은 바 있다. 약 100년이 흐른 후 선지자 나훔이 니느웨의 포악과 탈취와 우상숭배에 대해 하나님의 심판을 선포했다. 나훔서 전체의 핵심은 니느웨에 대한 심판이지만 이스라엘을 위로하기 위한 것이다. 이에 덧붙여 나훔은 하나님이 역사와 모든 민족의 주가 되시며 그들의 운명을 결정하는 분이심을 선포한다.

I. 저자와 역사적 배경

1. 저자

이 책의 저자는 책의 표제에 기록된 것처럼 나훔(ם‎וחנ)이다. 그의 이름은 '위로하다'(ם‎חנ)라는 동사에서 왔다. 나훔에 관해 그가 엘고스 사람이라고 하지만 그 위치가 어딘지도 확실하지 않다. 현재 티그리스강 주변에 있는 모술(Mosul)에서 북쪽으로 80㎞ 떨어진 알-쿠쉬(Al-Qush)로 보기도 하고 현재 벧-구브린(Beth-Gubrin)으로 보기도 하며 심지어 갈릴리 가버나움을 '나훔의 마을'로 보기도 하나 분명한 증거는 없다(참조. Vangemeren 1990, 162; 맥콘빌 2009, 378).

2. 역사적 배경

나훔서가 나훔이 니느웨의 심판에 대해 받은 묵시라면 이 책의 역사적 배경은 니느웨가 주전 612년에 바벨론과 그 동맹국들에 의해 멸망 당하기 이전이다. 그리고 나훔은 주전 663년에 아수르바니팔(주전 669-627)이 애굽의 북부 주요 도시인 노아몬(테베)을 점령한 사실(나 3:8-9)을 알고 있었다(Smith 1984, 63).

역대기에 따르면 앗수르는 예루살렘을 공격하여 므낫세 왕(주전 697-642)을 쇠사슬로 결박하여 바벨론으로 잡아갔다(대하 33:10-13). 니느웨의 멸망은 바벨론과 그 동맹국들의 군사 동맹으로 이루어졌고 주전 627년에 아수르바니팔이 사망함으로 앗수르는 급격하게 힘이 약화되어 주전 612년에 니느웨가 함락되므로 그 절정에 달했다(Pritchard 1969, 304-305). 앗수르는 전쟁에서 매우 잔인하게 행동했고 그 잔인성의 절정이 앗수르 제국의 마지막 왕이었던 아수르바니팔(주전 669-627)이었다(Livingston & Barker 2002, 1405). 그리고 앗수르는 정복한 나라의 민족성 자체를 말살하기 위해 국가 정책으로 정복한 백성을 그들의 제국으로 이주시켰다(참조. 왕하 17:24-33). 주전 612년에 니느웨가 함락되고 앗수르의 남은 세력들이 주전 605년 갈그미스 전투에서 느부갓네살에 의해 완전히 멸망함으로 나훔이 전한 말씀대로 성취되었고, 이로 말미암아 하나님의 주권이 증명되었다. 그러므로 나훔의 역사적 배경은 주전 663년에 아수르바니팔이 애굽의 노아몬(테베)을 정복한 이전 어느 시점부터 니느웨가 함락된 주전 612년 이전까지 될 수 있다.

II. 문학적 구조와 특징

나훔서의 표제에서 밝힌 것처럼 이 책은 나훔이 니느웨에 대한 경고로 받은 묵시다(나 1:1). 나훔이 받은 신탁은 시로 되어있다. 반게메렌(Vangemeren 1990, 164)은 "나훔서는 구약성경에서 가장 뛰어난 시 작품 가운데 하나다"라고 했다. 시로 되었다는 것은 나훔이 히브리의 시의 특성인 평행법과 다양한 이미지와 단어나 구를 많이 반복하는 것을 이해해야 한다는 것이다. 이 외에도 나훔은 알파벳 이합체, 은유, 두운법, 반어법, 대조 등을 사용했다. 그리고 앗수르에 대한 하나님의 심판과 자기 백성을 긍휼히 여기시는 일에 대해 풍부한 문학적 묘사로 시각적 생동감을 느끼게 했다.

이 책은 표제(나 1:1)에 이어 첫 번째 문단에서 질투하시고 보복하시는 하나님이 얼마나 위대하시고 능력이 많으신 분이신지 소개한 다음에 하나님의 심판과 유다의 구원 그리고 니느웨의 멸망에 대한 예고를 다양한 이미지로 설명한다.

1. 표제(나 1:1)

2. 질투하시며 부복하시는 하나님(나 1:2-8)

3. 악의 멸망과 유다의 구원(나 1:9-2:2)

4. 니느웨의 멸망 예고 1(나 2:3-13)

5. 니느웨의 멸망 예고 2(나 3:1-19)

III. 주제와 기록 목적

나훔은 이 책에서 다양한 문학 기교를 통해 니느웨의 죄악에 대한 심판을 눈앞에서 보듯이 예고한다. 앗수르는 역사적으로 티글랏빌레셀 3세(주전 745-727)부터 아수르바니팔(주전 669-627)까지 주변국을 점령하고 야만적인 행동을 자행했다. 앗수르는 심한 고문으로 피부를 벗기거나 산채로 태워 죽이거나 신체 일부를 절단하거나 얼굴의 일부는 자르는 등 상상할 수 없는 흉악한 일을 자행했다(Saggs 1984, 243-68). 역사적으로 살만에셀(주전 727-722)과 사르곤(주전 722-705)은 북 왕국 이스라엘을 멸망시키고 백성들을 포로로 잡아갔으며 산헤립(주전 705-681)은 히스기야 시대에 유다 모든 지역을 점령하고 예루살렘을 포위한 바가 있다(왕하 18:13-17). 역대기에 따르면 므낫세(주전 697-642) 때에 앗수르는 므낫세의 범죄 때문이기는 하나 예루살렘을 공격하여 므낫세를 쇠사슬로 결박하여 바벨론으로 잡아갔다(대하 33:10-13).

나훔은 이러한 앗수르의 행동을 알고 니느웨의 죄에 대해 심판을 예고하기 전에 먼저 하나님을 질투하시며 보복하시는 하나님으로 소개한다(나 1:2). 여기서 질투와 보복을 같은 개념으로 쓰고 있다. 질투는 성경에 하나님이 이스라엘과 언약을 맺었을 때부터 나타나는 개념으로 하나님은 자기 백성이 다른 신을 섬기면 질투하시는 분이시다(출 20:5). 그러나 원수들이 실족하여 자기 백성을 고통스럽게 할 때 보복하시는 분으로 나타난다(신 32:35). 나훔이 하나님을 이렇게 소개하는 것은 이 책의 주제를 소개하기 위함이다. 책의 주제는 하나님은 세상의 모든 역사와 나라를 통치하는 분이시지만 악을 행하고 자기 백성을 고통스럽게 하는 나라에 질투하시며 진노하시는 분이라는 것이다(참조. 사 10:6-12).

나훔은 이 주제와 함께 하나님이 앗수르가 행한 악한 행동에 대해 니느웨에 그들이 행한 악한 행동에 대해 심판을 선언하심으로 유다로 하여금 그들이 어떤 존재인지 알고 그 존재에 합당한 삶을 살아야 함을 가르치기 위해 이 책을 썼다(나 2:1-2). 그리고 나훔은 여호와께서 이스라엘의 하나님만이 아니라 온 역사와 우주를 통치하는 분이심과 더불어 악한 자를 심판하시나 자기에게 피하는 자에게 산성이심을 보여주려는 것이다(나 1:7).

나훔은 책의 주제와 목적을 중심으로 몇 가지 중요한 신학적 메시지도 보여준다.

1. 하나님의 주권

나훔은 니느웨에 대한 심판을 선언하면서 하나님이 어떤 분이신지 소개한다. 나훔은 하나님을 자기 백성을 위해 질투하시며 보복하시는 분으로 설명하면서 동시에 그 일을 능히 수행할 수 있는 능력이 있을 뿐만 아니라 온 세상을 통치하시는 분으로 설명한다. 하나님은 인간의 한계를 초월하여 회오리바람과 광풍을 거느리고 바다와 강을 말려 바산과 갈멜을 시들게 하는 분이시다(나 1:3-4). 이 하나님은 자기 백성을 구원할 능력이 있을 뿐만 아니라 자기와 자기 백성의 대적들과 모든 이방 나라를 진멸할 능력이 있는 분이시다. 그리고 이방 나라에 대한 신탁은 구약 예언의 중요한 특징이다. 그 신탁은 하나님 통치의 보편성을 보여주며 그 심판이 모든 나라에 임한다는 것을 보여준다. 만약 하나님이 온 세상의 주가 아니셨다면 하나님은 이스라엘을 선택하고 돌볼 수 없었을 것이다. 또 이방 나라들이 이스라엘에 대적하게 함으로 이스라엘을 심판하거나 그 이방 나라로부터 이스라엘을 구원할 수 없었을 것이다(맥콘빌 2009, 381). 나훔이 하나님의 주권을 강조하는 목적은 하나님이 환란 날에 산성이 되심으로 자기에게 피하는 자를 능히 구원하실 수 있는 분이심을 보여주기 위함이다.

2. 하나님의 질투와 열심

하나님의 진노는 두 면을 가지고 있는데 그것은 질투와 열심이다. 하나님의 질투는 자기 백성을 위해 니느웨에는 분노하심으로 나타나고, 반면에 하나님의 열심은 하나님께 피난처를 구하는 자들에게는 보호하시고 옹호하심으로 나타난다. 하나님은 자신의 이름과 땅에 있는 자신의 나라를 위해 질투하시기 때문에 그의 왕권을 반대하는 어떤 것도 용납하지 않으신다(Vangemeren 1990, 166). 하나님의 백성은 태풍의 눈 속에 있다. 그들은 그들을 사랑하고 평화의 메시지로 위로하는 하나님의 보호하심을 받는다(나 1:15-2:2). 하나님은 진노하심으로 자기 백성을 위해 열심을 내시고 그들을 보호하신다. 나훔은 하나님의 열심의 두 면을 제시한다. 그것은 파멸과 구원, 진노와 은혜, 복수와 선하심이다(Vangemeren 1990, 167). 하나님의 질투는 자기 백성을 향한 적극적인 사랑의 표현이다.

IV. 내용

내용 구조

1. 표제(나 1:1)
2. 질투하시며 보복하시는 하나님(나 1:2-8)
3. 니느웨의 멸망과 유다의 구원(나 1:9-2:2)
4. 니느웨의 멸망 예고 1(나 2:3-13)
5. 니느웨의 멸망 예고 2(나 3:1-19)

---

1. 표제(나 1:1)

이 글의 표제에서 저자는 "니느웨에 대한 경고 곧 엘고스 사람 나훔의 묵시의 글"이라고 했다. 여기에서 이 글의 저자가 누구며 어떤 성격의 글인지 설명한다. 저자는 나훔(נחום)이다. 그의 이름은 '위로하다'(נחם)라는 동사에서 왔다. 그리고 이 글에서 '경고'(맛사, משׂא)라는 용어는 하나님이 말씀을 맡긴다는 의미의 '신탁'(神託, oracles)으로 번역되었다. '묵시로 받았다'(하자, חזה)라는 것은 하나님의 계시를 받았다는 뜻이다. 하나님이 니느웨에 주신 계시지만 이 글을 읽는 1차 독자가 언약 백성이라면 한편으로는 그들에게 경고하고 또 한편으로 그들을 위로하기 위한 것이다.

2. 질투하시며 보복하시는 하나님(나 1:2-8)

이 문단은 부분적인 알파벳 이합체시로 되어있고, 여기에서 나훔은 하나님이 어떤 분이심을 묘사한다.

내용 분해

(1) 질투하시며 보복하시는 하나님(나 1:2-3)

(2) 하나님의 권능(나 1:4-6)

(3) 하나님께 피하는 자와 하나님의 대적(나 1:7-8)

내용 해설

(1) 질투하시며 보복하시는 하나님(나 1:2-3)

하나님은 질투하시며 보복하시는 하나님을 거스르는 자에게 보복하시는 분이다(나 1:2). 하나님은 노하기를 더디 하시며 권능이 크시나 벌 받을 자를 결코 내버려 두시지는 않는다(나 1:3). '더디 하다'라는 말과 '권능'은 평행을 이룬다. 하나님은 무엇이든 할 수 있는 큰 권능이 있음에도 인내하며 회개할 기회를 주시는 분임을 보여준다.

(2) 하나님의 권능(나 1:4-6)

나훔은 하나님의 권능을 설명하되 회오리바람과 광풍과 바다를 꾸짖으시고 강을 말리심으로 자연 세계의 변화를 일으키시는 초월적 능력을 지니신 분으로 설명한다(나 1:3-5). 이런 하나님이 진노하시면 누가 능히 감당할 수 있겠는가(나 1:6)? 이런 수사적 질문은 쌍방이 이미 답을 알고 있다고 가정하고 듣는 이로 하여금 이 토론에 참여하도록 하기 위함이다(Baker 1988, 29).

(3) 하나님께 피하는 자와 하나님의 대적(나 1:7-8)

나훔은 하나님의 권능을 설명하면서도 하나님은 선하시며 환난 날에 산성이 되시기에 자기에게 피하는 자들을 아신다고 했다(나 1:7). 반대로 하나님은 자기 대적들을 흑암으로 쫓아내실 것이다(나 1:8). 이 메시지를 듣는 독자들은 어떤 선택을 해야 하겠는가?

3. 니느웨의 멸망과 유다의 구원(나 1:9-2:2)

이 문단에서 나훔은 니느웨를 2인칭으로 부르기도 하고, 유다를 2인칭으로 부르기도 하면서 니느웨의 멸망과 유다의 구원을 대조적으로 설명한다.

내용 분해

(1) 니느웨의 멸망(나 1:9-11)

(2) 유다의 구원(나 1:12-13)

(3) 니느웨의 멸망과 유다의 회복(나 1:14-2:2)

내용 해설

(1) 니느웨의 멸망(나 1:9-11)

이 문단에서 나훔은 앗수르를 '너희'라고 부르며 여호와께 대해 악을 꾀하는 자들이라고 했다. 그리고 그들을 엉클어진 덤불 같고 술을 마신 것 같고 마른 지푸라기처럼 탈 것이라는 등 다양한 이미지로 묘사하며 그들에게 심판을 선언한다(나 1:9-10). 그리고 그들 중에 여호와께 악을 꾀하는 한 사람이 나와 사악한 것을 꾀한다고 했다(나 1:11). 여호와께 악을 꾀하는 사람으로 앗수르 왕들을 말하는 것으로 보지만 특히 주전 701년에 유다를 침입한 산헤립으로 보기도 하고(Baker 1988, 31), 애굽을 정복하고 유다의 므낫세를 잡아간 아수르바니팔(주전 669-627)로 보기도 한다(Livingston & Barker 2002, 1407).

(2) 유다의 구원(나 1:12-13)

이 문단에서 나훔은 유다를 2인칭 '너'로 부르며 여호와의 말씀을 직접 인용 방식으로 유다에게 말한다. 하나님은 앗수르가 비록 강해도 반드시 멸절될 것이라고 하시며 전에는 유다를 괴롭혔으나 다시 괴롭히지 않고 오히려 유다에게 지운 앗수르라는 멍에를 깨뜨리실 것이라고 하셨다(나 1:12-13).[1] 이 말씀으로 보아 니느웨에 심판을 예고하신 것은 유다를 위한 것임을 알 수 있다.

(3) 니느웨의 멸망과 유다의 회복(나 1:14-2:2)

여호와께서 앗수르를 2인칭 '너'라고 부르며 앗수르와 그들이 섬긴 우상을 멸할 것이라고 하셨다(나 1:14). 그리고 하나님은 관심을 집중시키는 표현인 '볼지어다'라고 하시며 유다를 다시 2인칭으로 부르시며 유다 가운데 다시는 악인이 통행하지 않을 것이라고 하셨다(나 1:15). 하나님은 다시 앗수르를 2인칭으로 부르며 파괴하는 자가 앗수르를 치러 올라왔기에[2] 산성을 지키라고 권했다(나 2:1). 니느웨에게 산성을 지키라고 명한 것은 지켜도 소용이 없음을 비웃듯이 표현한 반어적인 말이다.[3] 한때 앗수르는 파괴하는 자였으나 이제 바벨론과 그 동맹군이 파괴하는 자가 되어 앗수르를 공격할 것이다. 이는 이스라엘의 회복을 위한 것이다. 약탈자인 앗수르가 이스라엘을 약탈하고, 생산수단인 포도나무 가지를 없이 하였기 때문이다(나 2:2).[4] 이처럼 앗수르에 의해 피폐해진 이스라엘은 앗수르의 멸망으로 회복된다.

---

1 원문에는 '유다에게'라는 표현이 없으나 문맥적으로 보아 유다에게 말한 것이다. NIV는 '오 유다여'(*O Judah*)를 넣어 번역했다.
2 당시에 일어나지 않은 일을 마치 일어난 것처럼 과거사로 기록한 것을 '선지적 과거'라고 한다. 이것은 장차 일어날 일의 확실함을 말하는 수사적 장치다.
3 표준새번역은 나훔 2장 1절을 "침략군이 너를 치러 올라왔다. 성을 지켜 보려무나. 길을 지켜 보려무나. 허리를 질끈 동이고 있는 힘을 다하여 막아 보려무나"라고 번역하였다.
4 개역개정판과 KJV는 '키'(כִּי)를 이유절로 번역하였고, NASB와 NIV는 양보절로 번역했다. 둘 다 가능한 번역이다.

4. 니느웨의 멸망 예고 1(나 2:3-13)

이 문단에서 나훔은 니느웨의 멸망에 대해 전쟁 장면을 묘사하듯이 설명한다.

내용 분해

(1) 파괴하는 자의 공격(나 2:3-4)
(2) 니느웨의 멸망(나 2:5-13)

내용 해설

(1) 파괴하는 자의 공격(나 2:3-4)

나훔은 '파괴하는 자'의 방패와 무기들과 진군 모습을 묘사한다. 여기서 '그'는 나훔 2:1의 파괴하는 자인 바벨론과 그 동맹국들이다(수누키얀 1991, 253).[5] 그의 용사들의 방패와 옷이 붉은색이다(나 2:3a). 이는 피가 묻어 그렇게 되었을 수도 있고 실제로 붉은색일 수도 있다. 파괴하는 자의 군대가 항오를 벌일 때 창이 요동하고 미친 듯이 거리를 번개처럼 빨리 달린다(나 2:3b-4).

(2) 니느웨의 멸망(나 2:5-13)

파괴하는 자의 공격에 대해 니느웨는 그의 존귀한 자를 불러 성벽을 방어할 것을 준비했으나 결국은 수문이 열리고 왕국이 소멸되며 왕후가 벌거벗은 모습으로 끌려갔다(나 2:6-7). 여기서 '그'는 앗수르를 말한다. '존귀한 자'(아디르, אדיר)를 NASB와 기동연(2017, 218)은 왕후와 왕자들로 보았고[6] NIV와 수누키얀(1991, 254)은 군대로 보았다. 둘 다 가능하나 이들이 달려가 성을 방비할 것을 준비했다고

---

5 기동연(2017, 217)은 '그'를 앗수르로 본다.
6 '존귀한 자'를 왕후와 왕자들로 본다면 나훔 2:3의 '그'는 앗수르가 되어야 한다.

보면 군대로 보는 것이 낫다. 그리고 '수문'은 티그리스강의 제방 근처에 있는 성문으로 보기도 하고 도시를 통과하는 코슬(Khosr)강으로 보기도 하나 확실하지 않다(수누키얀 1991, 254). 아마도 도시로 연결하는 운하나 수로 체계의 한 부분이었을 것이다. 성경의 자료 외에는 이에 대한 설명이 없고, 바벨론 연대기에도 이에 대한 설명이 없다(Pritchard 1969, 304-305).

수문이 열리고 왕궁이 소멸되자 모두 도망가니 '서라 서라'라고 해도 돌아보는 자가 없다(나 2:8). 니느웨는 이웃 나라를 침략하여 노략한 물건과 조공으로 받은 보물이 많았기에 나훔은 전리품으로 금과 은을 노략하라고 했다(나 2:9). 니느웨 주민은 공허하고 황폐하게 되었고 무릎이 서로 부딪히며 모든 낯이 빛을 잃었다(나 2:10). 이는 나라의 멸망으로 두려워하며 큰 고통 중에 있음을 보여준다. 근심은 얼굴의 빛을 잃게 한다.

나훔은 수사적 질문으로 "사자의 굴이 어디며 젊은 사자의 먹을 곳이 어디냐"라고 했다. 이는 한때 앗수르가 사자처럼 그가 가진 힘으로 수많은 먹이를 굴에 채워둠으로 풍족했으나 이제는 사자가 죽고 그 먹이도 다 잃은 것처럼 앗수르가 그렇게 되었기 때문이다(나 2:12). 이는 하나님이 젊은 사자를 칼로 멸할 것이고 노략한 것을 땅에서 끊으실 것이기 때문이다(나 2:13).

5. 니느웨의 멸망 예고 2(나 3:1-19)

이 문단에서 나훔은 니느웨의 멸망에 대해 격앙된 감정과 톤으로 말하나 이야기 초점이 심판의 사실로부터 심판의 이유 쪽으로 넘어간다(수누키얀 1991, 258).

내용 분해

(1) 니느웨의 멸망 이유(나 3:1-7)
(2) 니느웨의 멸망(나 3:8-19)

내용 해설

(1) 니느웨의 멸망 이유(나 3:1-7)

나훔은 니느웨를 "화 있을진저 피의 성이여"라고 부른다. '화 있을진저'라는 말은 큰 슬픔이나 임박한 심판을 말할 때 사용하는데 여기서는 후자다. '피의 성'이라고 부르는 것은 피로 물든 성이라는 뜻이다. 아수르바니팔 궁전에 발견된 벽화에 왕과 왕후가 엘람 왕의 잘린 머리를 달아놓고 잔치를 벌이는 장면이 있다(Robertson 1990, 100-101). 이뿐만 아니라 이 성에 거짓과 포악이 가득하고 탈취가 떠나지 아니한다(나 3:1). 나훔은 니느웨의 전쟁 장면을 보여주듯이 휙휙 하는 채찍 소리, 윙윙 하는 병거 바퀴 소리, 뛰는말, 달리는 병거, 충돌하는 기병, 번쩍이는 칼, 번개 같은 창, 죽임 당한 자의 떼, 주검의 큰 무더기, 무수한 시체 등의 표현을 통해 시각적 효과와 청각적 효과까지 묘사한다(나 3:3).

나훔은 앗수르가 이러한 일을 행한 이유를 비유적 언어로 음녀의 음행과 마술로 여러 나라를 미혹했기 때문이라고 했다(나 3:4). 왜 음녀와 마술이라는 비유적 언어를 사용해 앗수르의 죄를 지적하는가? 롱맨(Longman 1993, 815-816)은 성경에 음녀를 악한 자와 악한 성을 의미하는 이미지로 사용하기 때문이라고 하면서 많은 성경의 실례를 들었다(예, 잠 7:10-23; 겔 16, 23; 계 17 등). 마술(케쉡, כֶּשֶׁף)은 신의 뜻을 찾는 비밀스러운 기술을 말하는 것이다(Baker 1988, 37). 개역개정판은 이 단어를 무당, 술수, 주문 등으로 번역하였다(신 18:10; 왕하 9:22; 사 47:9, 12 등). 성경에 이를 금하는 것은 이 일을 신을 빙자하여 사람을 속이는 행위로 보기 때문이다. 그리고 앗수르는 왜 전쟁으로 사람을 죽였는가? 그것은 그들의 악과 거짓으로 땅을 넓히고 재물을 얻고자 하는 그들의 탐욕 때문이다. 나훔은 앗수르의 죄악을 지적한 다음 음녀와 마술 이미지를 사용하여 하나님이 그의 치마를 걷어 올려 수치를 드러내시고, 가증하고 더러운 것들을 그 위에 던져 구경거리가 되게 하실 것이며, 그런 지경에 이르러도 그를 위해 애곡하거나 위로할 자가 없을 것이라고 했다(나 3:5-7). 이것은 앗수르가 행한 악한 행위 때문이다.

(2) 니느웨의 멸망(나 3:8-19)

나훔은 니느웨의 멸망을 구체적으로 예고한다. 그는 니느웨가 멸망을 피할 수 없다는 것을 말하기 위해 그보다 더 강한 요새였던 애굽의 노아몬(=테베)과 비교하여 설명한다. 노아몬은 바다가 성루와 방어벽이 되었고 힘이 강했으며, 지금의 리비아인 붓과 루빔이 돕는 자가 되었어도 그는 포로로 잡혀갔고 아이들이 메어침을 당했고 권세자들은 결박당했다(나 3:8-10). 노아몬은 주전 663년에 아수르바니팔에 의해 정복되었고 당시 애굽의 왕은 디르하가(האהאכהרה)였다(Barker & Bailey 1999, 231-232).

나훔은 니느웨가 이와 유사한 운명에 처하게 될 것을 술 취한 자, 무화과나무에 익은 열매, 연약한 여인 등의 이미지로 설명했다(나 3:11-13). 그리고 니느웨에게 성이 에워싸일 것을 대비해 산성을 견고하게 하고 흙을 밟아 벽돌 가마를 수리하라고 하며, 거기서 불이 삼키고 칼이 베기를 느치가 먹는 것같이 할 것이라고 했다(나 3:14-15a). 이것은 니느웨가 어떤 방어책을 써도 하나님의 심판을 피할 도리가 없다는 뜻이다. 이뿐만 아니라 그 성에서 니느웨가 군사를 느치와 메뚜기처럼 많게 하였으나 느치와 메뚜기처럼 다 날아갈 것이다. 메뚜기는 앗수르의 방백과 장수를 뜻한다(나 3:15b-17).

나훔은 마지막으로 앗수르 왕을 부르며 목자와 귀족들과 백성들은 다 흩어지고 앗수르는 회복될 수 없을 뿐만 아니라 앗수르의 소식을 듣는 자가 다 손뼉을 칠 것이라고 했다. 이는 그들이 오랜 세월 동안 앗수르의 행패에 시달림을 받았기 때문이다(나 3:18-19). 나훔은 하나님이 앗수르의 모든 악행을 보시고 심판하신다는 메시지로 마친다. 이를 통해 악을 행한 자의 말로가 어떠한지 알 수 있고, 하나님이 자기 백성을 위해 질투하시며 진노하시는 모습을 통해 자기 백성을 향한 하나님의 마음을 읽을 수 있다.

V. 구속사적 의미

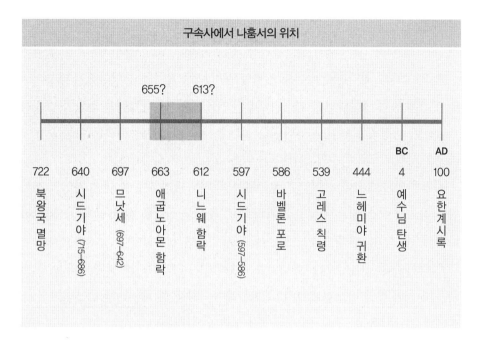

나훔서의 구속사는 적어도 주전 663년에 아수르바니팔(주전 669-627)이 애굽의 북부 주요 도시인 노아몬(테베)을 점령한 사실(나 3:8-9)이 포함되어야 한다. 그리고 나훔서가 니느웨의 심판을 예고한 것이라면 나훔서의 구속사에는 주전 612년이 포함되어서는 안 된다. 그렇다면 나훔서의 구속사는 주전 663년 노아몬 점령 이전부터 니느웨가 함락된 주전 612년 이전이다.

나훔서의 구속사에서 하나님은 유다만 아니라 세상의 모든 나라를 통치하시며 심판하시는 분이다. 하나님은 여로보암 2세(주전 793-753) 때에 요나를 니느웨에 보내시고 그가 전파한 메시지를 듣고 회개할 때 구원하시므로 그들도 구원받기를 원하심을 보여주신 바가 있다(욘 4:9-11). 그런데 약 100여 년이 지난 후에 심판하시는 것은 하나님이 자기에게 피하는 자들에게 환난 날에 산성이 되시나 하나님을 대적하는 자들에게 심판하시는 분임을 보여주기 위함이다. 그리고 하나님이 변함없이 이스라엘을 사랑하시고 이들을 통해 작정하신 바를 이루시는 분임을 보여주기 위함이다. 하나님이 니느웨에 심판을 선고하신 것은 이스라엘을 침략하여 압제하고 고통스럽게 했을 뿐만 아니라 북 왕국 이스라엘을 멸망시키고 남 유다마저 고통스럽게 하였기 때문이다. 이는 하나님이 이스라엘과 언약을 맺어 자기 백성으로 삼으셨고 이들을 통해 하나님이 작정하신 바를 이루실 것이기 때문이다. 하나님은 유다의 죄를 징계하시는 도구로 앗수르를 선택하셨으나 앗수르가 유다를 멸망시키기를 원하신 것은 아니다. 하나님이 앗수르를 심판하신 것은 그들의 죄악 때문이기도 하지만 자기 백성 유다를 사랑하셨기 때문이다(참조. 사 10:6-12). 하나님이 이스라엘을 고통스럽게 한 니느웨를 심판하신 것은 하나님이 여전히 유다를 사랑하심을 보여주시고 이들을 통해 메시아를 보내어 야곱의 영광을 회복하시기 위함이다(나 2:1-2).

나훔서의 구속사에서 언약 백성은 자신이 하나님의 사랑을 받는 자이고 제사장 나라로 부름을 받은 자임을 자각하고 그 존재에 합당한 삶을 살아야 한다. 하나님의 진노는 두 면을 가지고 있는데 그것은 질투와 열심이다. 성경에서 하나님의 백성이 다른 신을 섬기면 하나님은 질투하시는 분으로 나타난다(출 20:5). 그러나 원수들이 실족하여 하나님의 백성을 고통스럽게 할 때 하나님은 보복하시는 분으로 나타난다(신 32:35). 이런 면에서 보면 반게메렌(Vangemeren 1990, 167)이 말한 것처럼 하나님의 백성은 태풍의 눈 속에 있다. 특히 나훔서에서 하나님이 니느웨에 진노하신 것은 자기 백성을 위한 것이다. 이는 자기 백성이 하나님 앞에서 특별한 위치를 깨닫고 하나님을 의지하기를 원하시기 때문이다(나 1:7, 12). 자기 백성을 이처럼 사랑하시어 그들의 대적인 앗수르를 심판하신 하나님께서 그리스도 안에서 자기 백성이 된 자들을 모든 악한 자들과 마귀의 권세들까지 멸하시는 날까지 지키시고 보호하실 것이다. 할렐루야!

하박국

Habakkuk

S U M M A R Y

Ⅰ. 저자와 역사적 배경

Ⅱ. 문학적 구조와 특징

Ⅲ. 주제와 기록 목적

Ⅳ. 내용

   1. 표제(합 1:1)

   2. 하박국 선지자의 첫 번째 불평(합 1:2-4)

   3. 하나님의 첫 번째 대답(합 1:5-11)

   4. 하박국 선지자의 두 번째 불평(합 1:12-17)

   5. 하나님의 두 번째 대답(합 2:1-20)

   6. 하박국 선지자의 기도(합 3:1-19)

Ⅴ. 구속사적 의미

하박국

~•ᄋᎥᄋ•~

하박국은 크게 두 부분으로 구성되어 있다. 첫 번째 부분은 하박국이 묵시로 받은 경고이며(합 1:1-2:20), 두 번째 부분은 그 말씀에 대한 하박국의 응답으로 운문(= 시) 형식으로 된 기도다(합 3:1-19). 이 두 부분은 각기 다른 문학 장르로 기록되어 있다 할지라도 공통적인 주제를 다룬다. 그것은 "의인은 오직 믿음으로 말미암아 산다"(합 2:4; 3:17-19)라는 것이다.

I. 저자와 역사적 배경

1. 저자

책의 시작에 자신을 선지자로 소개하는 것은 선지서들 중에 하박국과 학개와 스가랴에서만 볼 수 있다. 하박국에 대해서는 그의 이름으로 된 이 책 외에는 거의 알 수가 없다. 이 책에 기록된 내용을 볼 때 그가 시대적으로 예레미야 선지자와 동시대의 선지자였고 언약신앙에 깊이 뿌리를 두고 있었던 사람이었다는 사실 외에는 알 수 없다. 전통적으로 이 책의 저자를 책의 제목 그대로 하박국으로 본다. 이는 이사야, 예레미야, 에스겔, 다니엘, 호세아 등과 같이 선지자의 이름으로 된 책들이 책명과 저자가 동일하기 때문이다.

외경 가운데 『벨과 용』(Bel and Dragon)의 헬라어 역본 표제에 하박국을 "레위 지파 여호수아의 아들"이라고 부르고 있다. 이 책에 하박국은 한 천사에 의해 유다에서 바벨론으로 옮겨져 사자굴에 갇힌 다니엘에게 어떻게 음식을 먹였는지 기록되어 있다. 하지만 이 이야기는 실제 역사기록이 아니기에 하박국에 대한 정보를 준다고 볼 수 없다.

2. 역사적 배경

일반적으로 이 책의 역사적 배경에 대해 하박국 1:6-11의 갈대아인이 침공하는 일과 하박국 1:2-4의 겁탈과 강포로 말미암아 율법이 해이하게 되는 일을 주요 근거로 삼는다.

개역개정판에서 갈대아 사람이라고 한 것은 히브리어 '카스딤'(כַּשְׂדִּים)을 70인역에서 Chaldaius(χαλδαιους)라고 번역한 데서 따른 것이다. 신 바벨론 제국은 나보폴라살(주전 625-605) 시대부터 세력이 강해졌다. 주전 612년에는 나훔 3장에서 예언한 대로 바벨론이 니느웨를 멸망시키므로 더욱 세력이 강해졌다. 주전 609년에 므깃도에서 요시야가 애굽의 바로 느고가 앗수르를 돕기 위해[1] 가는 길을 막다가 전사했다(왕하 23:29). 그러자 백성들은 여호아하스를 왕으로 세웠으나 애굽이 3개월 만에 폐하고 요시야의 아들 여호야김을 왕으로 세우고 여호아하스를 애굽으로 잡아갔다(왕하 23:30-35). 그 후 여호야김 4년인 주전 605년에 바벨론은 애굽과 그의 동맹국들을 수리아의 갈그미스(Carchemish)에서 물리침으로 그 세력이 절정에 달했다(렘 46:2). 이때 느부갓네살은 여호야김을 봉신(vassal)으로 세우고 다니엘과 왕족들과 귀족들을 포로로 잡아갔다(왕하 24:1; 단 1:1). 그런데 여호야김이 3년 동안 바벨론을 섬기다가 배반하자 느부갓네살이 직접 군대를 이끌고 와서 여호야김을 쇠사슬에 결박하여 바벨론으로 잡아갔다(대하 36:6). 그리고 그의 아들 여호야긴을 왕으로 세웠으나 석 달 뒤에 사람을 보내어 여호야긴과 에스겔을 위시한 자들과 왕족들과 용사 일만 명과 장인과 대장장이를 다 잡아갔다(왕하 24:8-17; 대하 36:10). 이때가 주전 598년이다. 하박국 선지자가 이 책에서 예언한 바벨론의 침공은 완전히 멸망한 주전 586년 이전에 605년과 598년에 두 차례에 걸쳐 이루어졌음을 알 수 있다.

그리고 하박국 1:2-4에 기록된 겁탈과 강포가 누구에 의한 것인지는 하박국의 역사적 배경을 결정하는 일에 중요한 역할을 한다. 그것은 앗수르에 의한 것인지 아니면 유다 내부에 의한 것인지의 문제다. 기동연(2017, 250-251)은 유다 내부의 만행이라면 요시야의 개혁 이전으로 보아 주전 618년 이전의 상황이라고

---

[1] 이 부분에 대해 이 시리즈의 역사서 열왕기하 23:29의 해설을 참조하라.

보아야 하고 앗수르에 의한 것이라면 아수르바니팔(Ashurbanipal 주전 668-627) 시대리고 보아야 한다며 결론을 내리지 않았다. 그러나 문맥적으로 볼 때 당시 앗수르의 만행을 보고 하박국이 하나님께 부르짖은 질문이 아니라 유다 내부에 행해진 폭력적인 행동에 대해 부르짖은 질문으로 보아야 한다. 유다 내부의 문제라면 요시야가 죽은 주전 609년부터다. 요시야가 개혁을 한 해는 성전에서 율법책을 발견한 그의 통치 18년인 주전 622년 전후다. 이 시기에 하박국이 말한 것처럼 율법이 해이해졌다고 보기 어렵다. 그러나 요시야가 죽은 이후부터 급격하게 정치적 상황과 종교적 상황이 달라졌다. 요시야가 죽은 후 마지막 왕인 시드기야 시대까지 하나님의 말씀이 무시되었다. 하박국은 유다 내부에 율법이 해이해져 온갖 악이 행해지는 것을 보고 하나님께 부르짖었다. 그때 하나님은 징계의 수단으로 갈대아 사람을 일으켰다고 하셨고, 하나님은 왜 할 때 하박국 선지자는 하나님이 왜 유다보다 악한 나라를 들어 징계하시는지 의문을 품었다. 이는 하박국이 바벨론의 야만성을 잘 알고 있었다는 것이다. 이러한 점들을 고려하면 이 책의 역사적 배경은 바벨론의 느부갓네살이 왕이 된 주전 605년 전후가 되어야 한다. 하박국이 선지자로 활동하였고 이 책의 역사적 배경으로 가장 적당한 시기는 유다 여호야김(주전 609-598) 시대다. 이 시기에 사역한 선지자로 예레미야, 스바냐가 있다.

II. 문학적 구조와 특징

하박국서의 표제에 "선지자 하박국이 묵시로 받은 경고"(합 1:1)라고 되어있다. 그런데 이 경고를 어떤 방식으로 논리를 전개하고 있는지를 아는 것은 메시지의 핵심을 이해하는 아주 중요한 부분이다. 이 책이 전하고자 하는 신학적 메시지와 문학적 구조는 밀접한 연관성을 가지고 있기 때문이다(Hill & Walton 1991, 342). 하박국 선지자가 그가 받은 묵시를 전달하기 위하여 사용한 논리 전개 방식은 선지자 하박국이 당시 유다의 상황을 보고 갈등하며 하나님께 질문하고, 하나님께서 그 질문에 대해 대답하시는 대화 형식이다. 그 구조는 A−B−A′−B′−C의 평행 구조를 이루고 있다.

표제(합 1:1)

A 하박국 선지자의 첫 번째 불평(합 1:2-4)

B 하나님의 첫 번째 대답(합 1:5-11)

A´ 하박국 선지자의 두 번째 불평(합 1:12-17)

B´ 하나님의 두 번째 대답(합 2:1-20)

C 하박국 선지자의 기도(합 3:1-19)

특히 마지막 부분인 "하박국 선지자의 기도"는 하박국 선지자가 당시 역사를 통치하시는 하나님의 방식에 대하여 갈등하며 하나님께 질문하였을 때 하나님의 답변을 듣고 믿음으로 응답하는 내용을 담고 있다. 이 기도를 통해 하박국은 하박국 2:4의 "의인은 믿음으로 말미암아 살리라"라는 말씀이 무엇을 의미하는지 설명한다.

III. 주제와 기록 목적

이스라엘 선지자들은 언약에 근거하여 죄를 책망하고 회개를 요구하기도 하였으며 또한 언약에 근거하여 미래를 전망하고 메시아가 오심으로 이루게 될 하나님 나라를 보여주었다(Goldsworthy 1987, 78). 이 사실을 확증하기 위하여 때로는 역사에서 일어날 일을 예언하고 그 예언이 역사 가운데 실제로 성취되는 것을 보게 하는 방식을 택하기도 한다.

하박국 선지자가 하나님의 계시를 전달하기 위하여 사용한 문학적 구조를 통하여 알 수 있는 신학적 주제는 하나님이 그의 역사를 통치하시는 방법을 보여주시고 그 방법을 믿는 자들은 믿음으로 살아야 한다는 것이다. 하나님은 하박국 선지자가 하나님의 법이 시행되지 않고 정의가 전혀 시행되지 않는 유다의 현실에 대하여 갈등하며 하나님께 질문하였을 때 하나님은 자신이 모든 역사의 현장을 다 보고 계시고 법에 따라 벌하신다는 것을 보여주셨다. 그런데 하나님께서는 언약을 버린 백성들을 벌하실 때 바벨론을 심판의 도구로 사용하실 것이라고 하셨다. 이러한 응답을 들은 하박국 선지자는 신학적이고 도덕적인 의문이 다시 일어나게 되었다. 그것은 하나님이 유다를 징계하기 위해 유다보다 더 악한 자를 심판의 도구로 사용할 수 있느냐는 것이다 (합 1:12-17). 그러나 하나님께서는 유다를 징계하기 위하여 택한 도구인 것은 사실이지만 그 일을 통하여 도덕적인 책임을 물으실 것이라고 말씀하셨다(합 2:5-20). 하나님은 이러한 역사통치방식을 통해 궁극적으로 하나님이 그의 작정을 이루신다는 것을 보여주셨다. 이 과정에서 하나님은 역사를 통치하시는 방법으로 선한 도구만 사용하시는 것이 아니라 악한 도구도 사용하여 그의 작정을 이루어 가신다는 것을 보여주셨다. 이를 반게 메렌(Vangemeren 1990, 169-170)은 '하나님의 자유와 공의'라고 했다.

이러한 하나님의 역사통치방식을 이해하게 된 하박국은 "의인은 그의 믿음으로 말미암아 산다"(합 2:4)라는 말씀을 믿고 여호와로 인하여 즐거워하고 구원의 하나님으로 인하여 기뻐하리라는 신앙고백으로 응답할 수밖에 없었다(합 3:16-19).

하박국서는 이러한 큰 주제를 중심으로 몇 가지 중요한 목적이 있음을 보여준다.

첫째, 언약 백성으로서 특권을 누리며 제사장 나라로서의 책임적인 삶을 살려면 주의 규례와 법도를 지키는 일이 중요하다는 사실을 보여주려는 것이다. 하나님은 유다가 언약 백성으로 죄를 범하는 것을 그냥 방관하지 않으시고 바벨론을 들어 벌하심으로 그 사실을 알게 해 주셨다.

둘째, 어떤 역사적 상황 가운데 있다고 할지라도 의인은 그의 믿음으로 말미암아 살 수 있다는 것을 보여주려는 것이다.

하박국서는 선지자가 하나님과 대화하는 방식으로 주제와 목적을 씨줄과 날줄로 세밀하게 엮어 역사를 통치하시는 하나님의 전체적인 그림을 보여주었다. 유다는 악한 행위로 인하여 심판을 받게 되지만 그 가운데서도 "의인은 그의 믿음으로 살게 될 것"(합 2:4)이라고 하신 말씀처럼 이후의 역사를 볼 때 하나님은 남은 자들이 돌아와서 언약적인 책무를 수행할 수 있는 은혜를 주셨다. 그리고 하나님은 심판의 도구로 사용하셨던 바벨론을 페르시아를 통하여 심판하셨다. 그래서 "물이 바다를 덮음같이 온 세상이 여호와를 인정하는 것이 세상에 가득하게 되리라"(합 2:14)라는 말씀처럼 완전한 하나님 나라도 때가 되면 하나님이 역사 가운데 이루실 것을 확신할 수 있다.

IV. 내용

> **내용 구조**
>
> 1. 표제(합 1:1)
> 2. 하박국 선지자의 첫 번째 불평(합 1:2–4)
> 3. 하나님의 첫 번째 대답(합 1:5–11)
> 4. 하박국 선지자의 두 번째 불평(합 1:12–17)
> 5. 하나님의 두 번째 대답(합 2:1–20)
> 6. 하박국 선지자의 기도(합 3:1–19)

1. 표제(합 1:1)

이 책의 표제에 저자는 "선지자 하박국이 묵시로 받은 경고라"라고 했다. '경고'(맛사, מַשָּׂא)라는 용어는 일반적으로 하나님이 말씀을 맡긴다는 의미의 '신탁'(神託, oracles)으로 번역된다. '묵시로 받았다'(하자, חָזָה)라는 것은 하나님의 계시를 받았다는 뜻이다. 하박국을 소개할 때 '그 선지자'(הַנָּבִיא)라는 표현은 하박국과 학개와 스가랴만 쓰이고 있는데 이 단어는 하박국이 성전에서 봉사하는 직업적인 선지자였다는 보여준다.

2. 하박국 선지자의 첫 번째 불평(합 1:2-4)

하박국은 당시의 시대적인 상황을 보면서 하나님이 응답하시지 않는 것을 보고 부르짖고 외쳐도 언제까지 응답하시지 않는지 하나님께 질문했다(합 1:2). 그는 당시 유대 사회에서 일어나고 있는 현상을 '죄악'(אָוֶן, iniquity), '패역'(עָמָל, wickedness), '겁탈'(שֹׁד, destruction), '강포'(חָמָס, violence), '변론'(רִיב, strife), '분쟁'(מָדוֹן, quarrel) 등으로 묘사했다(합 1:3). 우리말 번역이 어렵게 느껴지기도 하고 원문의 느낌과 차이가 있기는 하나 죄의 질이 나쁜 형태를 다 모아놓은 것처럼 보인다.

선지자의 질문은 이 상황에 대해 하나님이 왜 침묵하고 계시는지에 대한 것이다. 하박국은 하나님이 침묵하고 계심으로 율법이 해이해지고 정의가 시행되지 못하고 악인이 의인을 에워쌌으므로 정의가 왜곡되었다고 보았다(합 1:4). 여기 '해이하다'(צוב)라는 동사는 '무시하다'(ignore), '마비되다'(paralyze) 등으로 번역할 수 있다. 하박국이 이 표현을 쓴 것은 이스라엘이 언약 백성으로 지켜야 할 율법을 지키지 않았기에 그들이 제사장 나라로서 천하 만민이 구원을 얻는 축복의 통로로서 기능할 수 없다고 보았기 때문이다.

3. 하나님의 첫 번째 대답(합 1:5-11)

하나님은 하박국 선지자의 질문에 대해 한 예언으로 대답해 주셨다. 하나님은 그들의 생전에 한 가지 놀라운 일을 할 것이라고 하시고 사납고 성급한 백성인 갈대아 사람을 일으켰다고 하셨다(1:5-6). 하박국 1:5에 '여러 나라'는 갈대아를 말하는데 개역개정판, NIV, NASB 등은 '여러 나라'라고 번역했다. 문자적으로는 맞으나 문맥적으로 연결되지 않는다. 이것은 사본상의 문제가 있기 때문이다. 이 단어는 70인역처럼 '반역하는 백성'(treacherous people)으로 이해되어야 한다(Bruce 1993, 847). 바울은 이 말씀을 인용하면서 사도행전 13:40-41에서 '멸시하는 사람들'이라고 번역했고 70인역에 근거하여 '놀라고 놀랄지어다'를 '망할지어다'(αφανισθητε)라고 해석했다.

갈대아 사람들은 바벨론을 의미하는 말이다.[2] 하박국은 바벨론에 대해 '사납고 성급한' 백성이라고 했고 '땅이 넓은 곳으로 다니며 자기의 소유 아닌 거처를 점령하는' 사람이라고 했고 당당함과 위엄이 자기들에게 있다고 했다(합 1:6-7). 여기서 '당당함'의 원문은 '심판' 또는 '통치행위'를 의미하는 '미쉬파트'(משפט)다. 이것은 바벨론이 다른 나라의 영역을 침공할 때 어떤 정의와 법에 따른 것이 아니라 자기 자신의 판단기준에 따라 행한다는 뜻이다. 그들의 군마는 표범보다 빠르고 마병은 먹이를 움키려 하는 독수리의 날음 같다(합 1:8). 갈대아인들은 사람을 사로잡아 모래 같이 모을 것이고 모든 견고한 성들을 흙벽을 쌓아 점령한다(합

---

2 이에 대해 서론의 "저자와 역사적 배경"을 참조하라.

1:9-10). 또 그들은 자기들의 힘을 자기들의 신으로 삼는 자들이기에 지나치게 행하여 죄를 범하게 될 것이다(합 1:11). 이러한 죄는 세상에서의 위치가 자신이 행한 일을 통해 얻은 것으로 생각하는 힘 있는 자들에게 흔히 나타난다(Baker 1988, 54). 하나님은 율법이 해이해진 유다를 징계하기 위해 이러한 바벨론을 준비하셨다.

4. 하박국 선지자의 두 번째 불평(합 1:12-17)

이 문단에서 하박국은 그의 질문에 대한 하나님의 대답을 듣고 그에게 생긴 의문과 갈등을 하나님께 질문한다. 그는 자신이 믿고 교제하는 하나님을 "여호와 나의 하나님 거룩한 이시여"라고 부르며 만세 전부터 계시지 않느냐고 하나님께 수사적 질문을 드렸다. 하나님을 '거룩하신 이'로 부른 것은 하나님이 윤리적으로 지극히 완전하고 도덕적으로 깨끗하신 분이라는 뜻이다(Douglas 1980, 529-530). 이러한 질문과 더불어 "우리가 사망에 이르지 아니하리이다"라고 했다(합 1:12).[3] 그는 하나님이 유다를 심판하시고 경계하시기 위해 바벨론을 세우셨다는 것을 알고 있다. 그래서 이 말은 하나님이 비록 바벨론을 심판의 대행자로 세우셨다 할지라도 언약 백성은 멸망하지 않는다는 하박국의 신앙고백이다. 그런데 하박국은 하나님께 거룩하시고 눈이 정결하여 악을 차마 보지 못하시는 분이 어찌하여 거짓된 자들을 방관하시며 악인이 자기보다 의로운 자를 삼키는데도 잠잠하실 수 있는지 질문했다(합 2:13). 이 질문을 한 것은 그의 신앙고백과 나타난 현상이 달랐기 때문이다.

하박국은 어부가 물고기와 바다 생물[4]을 잡듯이 바벨론이 그물과 투망으로 유다와 여러 나라를 멸망시키고 그것으로 그들의 소득이 풍부해지는 것이 옳은지 질문했다(합 1:14-17). 그리고 하박국은 바벨론이 그물을 떨고는 계속하여 이 일을 하는 것이 옳은지 질문했다. 이 질문의 핵심은 하나님은 어찌하여 유다를 심판하실 때 하나님은 자유롭게 세상을 섭리하실 수 있으나 어떻게 악한 자들을 대리인

---

3 이 말씀은 원래 "당신은 죽지 않을 것이다"이다. NRSV가 이렇게 번역하였고, NEB는 "죽지 않는 분"(the immortal)이라고 번역했다. 70인역은 이 말씀을 "우리가 죽지 않을 것이다"라고 번역했고 개역개정판, NIV, NASB 등이 이에 근거하여 번역했다.

4 개역개정판이 '벌레'라고 번역한 것은 원문이 '레메스'(רֶמֶשׂ)로 땅에 기는 것으로도 번역이 가능하나 바다에 있는 종류의 생물로 보는 것이 문맥적으로 어울린다. NIV는 '바다 생물'(sea creatures)로 번역했다.

으로 사용할 수 있는지에 대한 질문이다.

5. 하나님의 두 번째 대답(합 2:1-20)

이 문단에서 하박국 선지자는 그의 질문에 대해 하나님이 어떻게 대답하실는지 기다렸고 그때 하나님이 대답하신 내용을 차례로 설명한다.

내용 분해

(1) 하박국이 하나님의 대답을 기다림(합 2:1)
(2) 하나님의 대답(합 2:2-20)

내용 해설

(1) 하박국이 하나님의 대답을 기다림(합 2:1)

하박국 선지자는 여호와의 응답을 기다리면서 '내 파수하는 곳에' 서며 '성루에' 서리라고 했다(합 2:1a). 이 말은 서로 같은 의미를 다르게 말한 것이다. 이 말은 모두 군대 용어이지만 선지자로서의 한 직무를 말한 것이다(참조. 사 21:8; 겔 33:7). 이는 하박국 선지자가 성전을 중심으로 봉사하는 자였기에 성전에서 기도함으로 기다렸다고 할 수 있다. 그는 자기의 질문에 대해 하나님이 어떻게 대답하실 것인지 보리라고 했다(합 2:1b). 그것은 하박국의 두 번째 질문에 대한 대답으로 거룩하신 하나님이 어떻게 악한 도구를 사용하실 수 있으며 그 악한 도구가 자기보다 선한 자를 심판하실 수 있는지에 대한 것이다.

(2) 하나님의 대답(합 2:2-20)

하나님은 선지자가 기대했던 대로 대답해 주셨다. 그 대답은 성경에서 가장 중요한 내용 가운데 한 부분인 믿음에 대한 것이다.

① 믿음과 인내를 요구하심(합 2:2-4)

하나님은 하박국에게 그가 주는 묵시를 기록하되 판에 명백히 새기되 달려가면서도 읽을 수 있게 하라고 하셨다(합 2:2). 이것은 누구나 쉽게 읽을 수 있게 하라는 뜻이다. 심지어 바쁜 일로 달려가는 자들도 쉽게 읽을 수 있게 하라고 하셨다. 그리고 이 묵시는 '정한 때'가 있고, 그 종말이 속히 이를 것이며, 결코 거짓되지 아니할 것이고, 비록 더딜지라도 반드시 응할 것이기에 기다리라고 하셨다(합 2:3). 이 말씀대로 바벨론은 주전 539년에 페르시아에 의해 멸망했다. 그러므로 우리는 역사의 전 과정을 하나님이 섭리하시고 다스리신다는 사실을 믿고 때로는 고통스럽고 힘들다고 할지라도 인내하며 기다려야 한다. 신약의 히브리서 저자는 하나님의 계획이 정하신 때에 반드시 이루실 것이기 때문에 성도는 인내하며 기다려야 한다는 것을 교훈하기 위해 히브리서 10:37에서 "잠시 잠깐 후면 오실 이가 오시리니 지체하지 아니하시리라"라고 했다.

이어서 하박국 선지자는 중요한 내용을 화면으로 보여주듯이 강조하는 감탄사인 '보라'(히네이, הִנֵּה)라고 하시며 "그의 마음은 교만하며 그 속에서 정직하지 못하나 의인은 그의 믿음으로 말미암아 살리라"(합 2:4)라고 했다. 여기서 하박국 선지자는 의인과 그의 마음이 교만하고 정직하지 못한 자를 서로 비교하고 있다. 그의 마음이 교만하고 정직하지 못한 자는 바벨론을 말한다. 여기서 '그의 마음'(납쇼, נַפְשׁוֹ)은 문자적으로 '그의 영혼'이라는 뜻이기도 하나 문맥에 따라 NIV처럼 '그의 욕망'(his desires)이라고 번역할 수 있다. 그리고 '교만하다'(아팔, עֻפְּלָה)라는 말은 '부풀어 있다'라는 의미다. 그리고 '정직하지 못하다'라고 하는 말은 '바로 세워져 있지 못하다'(로-야쉬라, לֹא־יָשְׁרָה)라는 말로도 번역이 가능하다. 이 의미에 따라 NIV는 "그는 부풀어져 있다. 그의 욕망이 바르지 않기 때문이다"(he is puffed up; his desires are not upright)라고 번역했다. 그런데 히브리서 저자는 이 말씀을 히브리서 10:38에서 70인역을 따라 약속이 성취되는 것이 더딤으로 인내하지 못

하고 믿음을 포기한 자에게 적용하여 "뒤로 물러가면 내 마음이 그를 기뻐하지
아니하리라"라고 했다. 그리고 의인은 '그의 믿음으로'(베에무나토, בֶּאֱמוּנָתוֹ) 말미암
아 살 것이라고 했다(히 2:4b). 히브리어 본문에서 이 말을 '그의 믿음으로'라고 번
역할 수도 있고 '그의 신실함으로'라고도 번역할 수 있다. 70인역은 '나의 신실
함으로'(ἐκ πιστεως μου) 살 것이라고 번역했다. 하지만 이 말씀을 인용한 로마서
1:17; 갈라디아서 3:11; 히브리서 10:38은 모두 개인의 믿음으로 보고 있다. 이
는 바벨론 침략으로 말미암아 이스라엘이 어려운 상황을 만나도 의인은 그가 가
진 개인적인 믿음으로 구원을 받는다는 것이다.

② 악인에게 임할 심판(합 2:5-20)

이 문단에서 하나님은 그의 마음이 교만하여 바르지 못한 자인 바벨론이 행한
악에 대해 내릴 심판을 다섯 가지로 설명해 주셨다. 하나님은 이들에게 내릴 심
판을 '화로다'(호이, הוֹי)라는 감탄사 5개로 두운법(alliteration)에 맞추어 설명하셨다
(합 2:6, 9, 12, 15, 19).[5] 이러한 형식은 문단 구분을 명확하게 알게 한다.

a. 바벨론의 죄(합 2:5-6a)

바벨론은 술을 즐기고 거짓되고 교만하고 가만히 있지 않는다. 성경의 다른
곳에서 바벨론을 술과 연관하여 설명하기도 한다(참조. 렘 51:7; 단 5:1-31). 쿰란 사
본에서는 '술'을 '재산' 또는 '재물'로 이해했다. 표준새번역이나 공동번역은 쿰란
사본을 근거로 '재산'과 '재물'로 번역했다. 이 문맥에서 책망을 받고 있는 것은 술
취함이 아니라 탐욕이기에 더 적절해 보이기도 한다. 특히 바벨론이 '가만히 있
지 아니한다'라고 한 것은 자기 나라에 만족하지 않고 다른 나라를 침략한다는 뜻
이다. 하나님은 그들의 탐욕에 대해 '스올처럼 그의 욕심을 넓히며'라고 했고 '사
망 같아서' 족한 줄을 모르고 여러 나라를 모은다고 했다(합 2:5). 스올이나 사망은
정원이 없다. 이러한 비유적인 표현을 쓴 것은 그의 영토를 넓혀 재물을 얻고자
하는 욕심이 끝이 없다는 것이다. 이러한 바벨론에 대해 무리가 속담과 조롱하는
시로 풍자할 것이다(합 2:6a). 후일에 신약성경의 저자들이 완전히 망하게 될 적그

---

5 개역개정판은 이 느낌을 살려 번역하지 못했다.

리스도를 바벨론이라고 부른 것을 이러한 관점에서 바라본다면 흥미로운 일이다 (참고. 계 14:8; 18:2, 10, 14-15, 21).

b. 노략자에 대한 화(합 2:6b-8)

하나님은 바벨론을 자기 소유 아닌 것을 모으는 자와 볼모 잡은 것으로 무겁게 만드는 자[6]라고 부르시며 그에게 화를 선포하셨다(합 2:6b). '자기 소유 아닌 것을 모으는 자'는 다른 사람이 소유하고 있는 것을 부당하게 차지하는 자를 의미한다. 볼모 잡은 것으로 무겁게 하는 자는 합법적인 것처럼 위장하여 빼앗는 것이다. '볼모 잡은 것'은 '무거운 담보물'(weight of pledges) 또는 '무거운 채무'(heavy debts)를 의미한다. 그래서 이 말씀의 실제적 의미는 담보 누적을 통한 강탈이다. 그러나 상황이 역전되어 바벨론을 억누를 자들이 일어나 바벨론이 노략을 당할 것이다. 이는 바벨론이 많은 사람의 피를 흘렸고 모든 주민에게 폭력을 행했기 때문이다(합 2:7-8).

c. 부당한 이익을 취하는 자에 대한 화(합 2:9-11)

하나님은 바벨론을 부당한 이익을 취하는 자라고 부르시며 그에게 화를 선포하셨다. 바벨론이 부당한 이익을 취하는 목적은 자기 집을 재앙에서 피하기 위해 높은 곳에 깃들이기 위함이다(합 2:9).[7] 그들은 부당한 이익을 취하여 마치 새가 안전을 위해 높은 곳에 둥지를 두듯이 그들의 집을 안전하게 두었고, 재앙에서 피하기 위해 부당한 이익을 취했다. 그러나 그들의 안전과 구원을 위한 목적으로 많은 민족을 멸하여 부당한 방법으로 이익을 취한 것이 오히려 그들에게 욕을 불렀다(합 2:10). 당시에는 자기의 집(나라, 백성)을 위하는 것 같았으나 오히려 그 일로 인하여 자기의 집을 부끄럽게 하는 일로 나타날 것이다. 그리고 담에서 돌이 부르고 집에서 들보가 응답할 것이다(합 2:11). 이는 그의 담과 집은 다른 나라의

---

6 개역개정판의 '무겁게 짐진 자'로 번역한 것은 오역이다. 이 단어는 사역형인 히필형 분사로 되어있기에 '무겁게 만드는 자'라고 번역해야 한다.

7 개역개정판은 재앙을 피하기 위한 목적으로 높은 데 깃들이려 하고 자기 집을 위한 목적으로 부당한 이익을 취하는 것으로 번역했다. 하지만 원문은 부당한 이익을 취하는 목적을 히브리어 어법에서 'ל + 부정사'(לָשׂוּם … לְהִנָּצֵל) 구문을 두 개 사용하여 하나는 높은 데 깃들이려는 것이고, 또 하나는 재앙을 피하기 위해서다.

집이나 재물을 약탈하여 지었거나 노예들과 포로들의 피로 쌓이고 지어진 것이기에 그 담의 돌과 집의 들보가 그의 악행을 증언한다는 뜻이다.

d. 폭력으로 일을 수행하는 사람에 대한 화 (합 2:12-14)

하나님은 바벨론을 피로 성읍을 건설하며 불의로 성을 건축하는 자라고 부르며 그에게 화를 선포하셨다 (합 2:12). 이는 바벨론 제국의 기초가 피와 불의로 세워졌다는 것을 의미한다. 그리고 하나님은 민족들이 불탈 것으로 수고하는 일과 나라들이 헛된 일로 피곤하게 되는 것이 모두 "만군의 여호와께로 말미암음이 아니냐"라고 말씀하셨다 (합 2:13). 이 말씀은 하나님께서 탈취한 재물로 자기 집과 나라를 부강하게 하는 민족들의 모든 수고를 '불탈 것'과 '헛된 일'이 되도록 정하셨다는 뜻이다. 왜냐하면 하나님이 역사를 섭리하여 궁극적으로 물이 바다를 덮음같이 하나님의 영광을 인정하는 것이 세상에 가득하게 하실 것이기 때문이다 (합 2:14).[8] 역사 세계에서 잠시 악이 세상을 지배하는 것처럼 보이나 마침내 하나님의 영광을 인정하고 하나님과 교제하는 새로운 세상으로 변환되는 것은 모든 성도의 꿈이다.

e. 음란한 자에 대한 화 (합 2:15-17)

하나님은 바벨론을 이웃에게 술을 마시게 하되 자기 분노를 더하여 그에게 취하게 하고 그 하체를 드러내려 하는 자라고 부르며 그에게 화를 선포하셨다 (합 2:15). 바벨론이 이웃에게 술을 마시게 한 목적은 그 하체를 드러내려는 것이다. 이것은 은유적인 표현으로 이웃들에게 강제적으로 술을 마시게 하여 자기의 성적 쾌락을 만족시키기도 하고 수치를 당하게 하기도 했다는 뜻이다. 그러나 하나님은 이런 바벨론에 대해 영광이 아니라 수치가 가득하기에 할례받지 아니한 것을 드러낼 것이라고 했다 (합 2:16). '할례받지 아니한 것을 드러내다'라는 말은 바벨론도 부끄러운 곳을 드러내게 된다는 뜻이다. 푸른 채소와 울창한 숲이 많은 것으로 알려진 레바논 (참고. 시 72:16; 호 14:5-7)과 짐승에게 행한 일 역시 그에게 돌

---

8 이사야 11:9에 동일한 말씀이 기록되어 있다. 차이점은 "여호와의 영광을 인정하는 것이 세상에 가득함이니라"라는 말씀이 "여호와를 아는 지식이 세상에 충만한 것임이니라"라고 되어있다는 것이다.

아갈 것이다(합 2;17). 이것은 바벨론이 인간에게 행한 폭력만이 아니라 생태학적인 파괴에 대해서도 정죄를 받는다는 것을 보여준다.

f. 우상 숭배자에 대한 화(합 2:18-20)

하나님은 바벨론을 부어만든 우상에게 일어나라고 하는 자라고 부르시며 그에게 화를 선포하셨다(합 2:18). 바벨론은 나무나 돌로 새긴 우상과 금속으로 부어서 만든 우상을 섬겼다(합 2:19). 하지만 이 우상은 말하지도 못하고 교훈을 베풀지도 못한다. 그러나 여호와께서 그의 성전에 계시기 때문에 온 땅은 그 앞에 잠잠해야 한다(합 2:20). 하나님은 성전에 임재해 계시고 자기 백성과 만나 교제하시며 그의 통치를 나타내신다(참조. 출 25:8; 40:33-35; 왕상 8:10-11; 시 80:1). 특히 그 앞에서 '잠잠하라'[9]라고 한 것은 성전에 임재해 계신 하나님께서 바벨론을 위시하여 온 세상을 심판하실 것이기 때문에 침묵하고 기다리면 하나님께서 판결해 주신다는 것이다.

하박국 선지자는 유다를 심판하기 위한 대행자로 유다보다 더 악한 바벨론을 사용한 일에 대해 하나님께 질문했고 하나님이 이 일에 대해 응답하셨다. 하나님의 말씀을 듣고 하박국은 어떤 반응을 보였을까? 그가 보인 반응은 하박국 3장에 시로 기록되어 있다. 그는 이 대답을 듣고 하나님이 정한 때가 있으며 하나님은 자유롭게 통치하시지만 동시에 공의로운 분이심을 알게 되었을 것이다.

6. 하박국 선지자의 기도(합 3:1-19)

이 문단은 하박국 선지자가 질문한 것에 대해 하나님으로부터 역사를 통치하시는 방법을 듣고 하박국이 기도로 응답하는 내용이다. 하박국의 기도는 시로 기록되었다. 이 노래에 세 번의 '셀라'가 나온다. 여기서는 단순히 악상부호가 아니라 믿어야 할 내용을 보여주는 '아멘'의 뜻이다.

---

9 개역개정판에 '잠잠할지니라'라고 번역한 말씀은 히브리어로 '하스'(הַס)인데 '쉬'(hush)를 의미하는 의성어다. 이 표현 자체가 대단히 사실적이고 시적이다.

내용 분해

(1) 표제(합 3:1)

(2) 하박국의 기도(합 3:2)

(3) 하나님의 임재와 능력(합 3:3-7)

(4) 자기 백성을 위해 싸우시는 전사이신 하나님(합 3:8-15)

(5) 하박국의 믿음(합 3:16-19)

내용 해설

(1) 표제(합 3:1)

이 시의 표제는 "시기오놋에 맞춘 선지자 하박국의 기도라"라고 되어 있다. '시기오놋'(שִׁגְיֹנוֹת)은 시편 7편의 표제인 '식가욘'(שִׁגָּיוֹן)의 복수형으로 같은 음조다. 이 용어가 '벗어나다', '이리 저리 헤맨다'라는 의미의 '샤가'(שָׁגָה)에서 왔다고 보고 열정적인(dithyrambic) 음조로 보기도 한다(Bruce 1993, 878). NASB는 '난외 주'에서 "a highly emotional poetic form"이라고 번역했다. 하박국 3:19b에 '수금에 맞춘'(with the stringed instruments) 노래라고 밝힘으로 이 시가 고음형태의 음조이거나 상당히 감정이 고조되어있는 음조의 노래라는 것을 알 수 있다.

(2) 하박국의 기도(합 3:2)

하박국 선지자는 주께 대한 소문을 듣고 놀랐다고 했다. '놀라다'라는 동사는 히브리어로 '야레이'(יָרֵא)인데 '두려워하다' 또는 '경외하다'라는 뜻이다. 그리고 그는 주의 일을 수년 내에 부흥케 해 달라고 기도하며 진노 중에라도 긍휼을 잊지 말아 달라고 기도했다. '부흥하다'라는 단어는 히브리어로 '하야'(חָיָה)라는 말로 '살게 하다' 또는 '살려두다'라는 뜻이고, 평행으로 된 '나타내다'라는 동사는 '야다'(יָדַע)로 '교제하다', '경험하다'라는 뜻이다. 이것은 유다가 바벨론 치하에서 살아남아 다시금 하나님과 교제하는 시대가 되게 해달라는 것이다. 그리고 '수년 내에'는 NIV처럼 '우리 시대에'라고 이해할 수도 있고, 브루스(Bruce 1993, 880)처럼 '때가 이르면'이라고 이해할 수도 있다. 하박국의 기도는 하나님의 통치방식을 받아들이기는 하지만 긍휼을 베풀어달라는 것이다.

(3) 하나님의 임재와 능력(합 3:3-7)

이 문단에서 하박국은 하나님을 3인칭으로 묘사하며 하나님의 임재와 능력을 보여준다. 하박국은 하나님이 평행법으로 데만에서, 바란산에서 오신다고 하면서 '셀라'라고 했다. '데만'은 에돔이나 세일의 한 지역이고(참조. 렘 49:7, 20; 옵 1:9), '바란산'은 에돔 지역에 있다(창 21:21; 민 10:12; 12:16). 거룩하신 하나님이 여기서 오신다는 것은 출애굽 당시에 애굽에서 능력으로 인도해 주시고 시내 산에 강림하신 사건을 영상(image)으로 재현한 것이다(참조. 신 33:2-3; 삿 5:4-5). 하나님이 임재하시니 그의 영광이 하늘을 덮고 그의 찬송이 세계에 가득하다. 이 얼마나 장엄한 장면인가?

이뿐만 아니라 하나님의 영광이 햇빛 같고 역병과 불덩이가 나오니 땅이 진동한다(합 3:5-6). 하나님이 임재하니 구산이 환난을 당하고 미디안 땅이 흔들린다(합 3:7). 하박국은 하나님의 임재를 생생한 영상으로 보여주듯이 설명한다. 하나님이 왜 능력으로 임재하시는가? 일차적으로 이스라엘을 위한 것이다. 하나님이 초자연적인 방법으로 임재하시고 이스라엘과 함께하시고 그리스도 안에 있는 교회와 함께하신다고 생각하면 얼마나 영광스러운 일인가?

(4) 자기 백성을 위해 싸우시는 전사이신 하나님(합 3:8-15)

이 문단에서 하박국은 하나님을 친밀한 관계를 묘사하는 2인칭으로 부르며 하나님이 자기 백성을 위해 싸우시는 전사의 이미지로 묘사한다. 이 문단에서 하박국은 '여호와여'(합 3:8)라고 부르며 여호와를 2인칭으로 표현했다. 우리 어법에 따라 '주께서', '주를', '주의'라는 표현을 10번 이상 사용했다. 여호와께서 말을 타시고 활을 꺼내시고 화살을 쏘셨다(합 3:9). (셀라) 여기서 '셀라'도 '아멘'의 뜻이다. 이 주께서 주의 이 역시 주의 백성, 주의 기름 부음을 받은 자를 구원하려고 나오사 악인의 집의 머리를 치셨다(합 3:13). (셀라) 하박국은 하나님이 자기 백성을 위해 씨우시는 모습을 은유적인 표현으로 말을 타시고 바다의 파도를 밟으시는 초자연적인 전사의 이미지로 설명했다(합 3:14-15).

(5) 하박국의 믿음(합 3:16-19)

이 문단에서 하박국은 자신을 1인칭 주어로 우리에게 잘 알려진 믿음의 고백으로 응답한다. 하박국은 하나님이 자기 조국 유다에 행하실 심판, 그것도 바벨론을 들어 하실 일과 그 바벨론을 심판하실 놀라우신 하나님의 섭리방식을 듣고 '내 창자가 흔들렸다', '내 입술이 떨렸다', '썩이는 것이 내 뼈에 들어왔다', '내 몸은 내 처소에서 떨린다' 등의 표현을 사용했다(합 3:16). 여기에 나타난 육체적인 반응은 모두 두렵고 무서운 일들을 경험할 때 나타나는 반응들이다.

그러나 하박국 선지자는 한편으로는 두렵기도 하였으나 그 단계에 머물지 않고 믿음으로 견디어내어야 한다는 것을 알았다. 그래서 그는 무화과가 무성하지 못하고 감람나무에 소출이 없고 밭에 먹을 것이 없으며 외양간에 소가 없을지라도 여호와로 말미암아 즐거워할 것이라고 했다(합 3:17-18). 당시 유다의 경제는 주로 농업과 목축에 의존했다. 그러나 하박국은 이러한 외적인 자원들이 앞으로 바벨론 포로생활로 말미암아 다 잃어버린다는 말을 들었다. 그럼에도 불구하고 하박국은 그와 조국의 미래는 오직 하나님을 믿는 믿음에 근거해 있다는 사실을 알았다. 그것은 하나님이 자기 백성과 맺으신 영원한 언약에 기초해 있기 때문이다(신 7:6, 9). 이것이 하박국 2:4, "의인은 오직 믿음으로 말미암아 살리라"라는 말씀의 실제적인 의미다.

그래서 하박국 선지자는 이러한 역사적 상황 가운데서도 구원의 하나님으로 말미암아 기뻐할 것이라고 했다. 무한한 능력을 가지신 하나님께서 앞으로 자기 백성을 위해 전사로서 싸워주실 것을 믿었기 때문이다. 그리고 그는 하나님께서 구원하시는 날까지 "나의 발을 사슴과 같게 하사 나를 나의 높은 곳으로 다니게 하시리로다"(합 3:19)라고 했다. 사슴은 산에서 더 잘 달릴 수 있는 동물이다. 인간이 갈 수 없는 곳에도 사슴은 갈 수 있고 인간이 서지 못할 좁은 곳에서도 사슴은 설 수 있다. 하박국은 사슴과 같이 앞으로 어려운 상황에서 하나님이 능히 도와 주실 것을 바라보았다.

하박국의 이 노래를 통하여 두 가지 중요한 내용을 보여준다. 첫째, 당시 유다의 범죄로 인하여 바벨론에 의해 멸망하여 포로로 끌려간다고 할지라도 하나님은 과거 출애굽 당시에 임재하셨던 그 능력으로 유다의 구원을 위하여 전사로서 일하신다는 사실을 믿어야 한다는 것이다. 둘째, 비록 범죄하여 심판을 받아 바벨론 포로로 끌려가 모든 삶의 터전을 잃어버리게 된다고 할지라도 의인은 그곳에서 구원해 내실 하나님과 그의 약속을 믿음으로 바라보고 살아간다면 하나님께서는 능히 견딜 수 있도록 도와주실 뿐만 아니라 약속을 반드시 이루신다는 것이다. 이 믿음대로 유다는 바벨론 포로생활에서 시련을 당하여 어려움을 당하기도 하였지만(단 3:1-23; 6:1-18; 에 3:1-6 등) 하나님이 견디게 해주셨고 고레스를 움직여 바벨론 포로에서 약속대로 돌아오게 해 주셨다. 여기에 우리가 여전히 믿음으로 살아가야 할 중요성이 있다. "의인은 그의 믿음으로 말미암아 살리라." 할렐루야!

V. 구속사적 의미

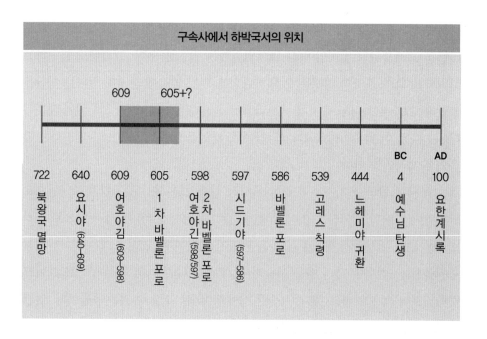

구속사에서 하박국서의 위치

722	640	609	605	598	597	586	539	444	BC 4	AD 100
북왕국 멸망	요시야 (640-609)	여호야김 (609-598)	1차 바벨론 포로	2차 바벨론 포로 여호야긴 (598/597)	시드기야 (597-586)	바벨론 포로	고레스 칙령	느헤미야 귀환	예수님 탄생	요한계시록

하박국서는 요시야가 죽은 주전 609년부터 여호야김(주전 609–598) 4년인 주전 605년 느부갓네살이 여호야김을 봉신으로 세운 사건 이후 어느 시점까지의 구속사를 담고 있다. 바벨론은 주전 605년에 갈그미스에서 애굽과의 전투에서 승리한 후 다니엘과 왕족들과 귀족들을 포로로 잡아갔다(단 1:1–3). 그리고 하박국서에서 바벨론의 침입을 예언하고 하박국이 바벨론이 어떤 나라인 것을 알고 있었다는 점을 고려하면 여호야긴과 백성들을 잡아간 주전 598년 이전까지도 생각해 볼 수 있다.

이 구속사에서 하나님은 불가사의한 방식으로 자기 백성을 보존하시고 정결하게 하시어 제사장 나라로서 사명을 다하게 하신다(웨그너 2014, 1736). 하나님은 이스라엘과 언약을 맺으시고 그들과 교제하며 은혜를 베푸실 뿐만 아니라 그들을 통해 하나님의 작정을 이루시기 원하셨다. 그러나 언약 백성은 율법을 지켜 행해야 한다. 그래서 하나님은 범죄한 이들을 정결케 하시기 위해 유다보다 더 악한 자인 바벨론을 심판의 도구로 사용하실 것이라고 하셨다(합 2:5–11). 하박국은 이 일이 하나님의 성품과 반대되는 것처럼 보여 갈등하였으나 하나님은 선한 도구만 사용하시는 것이 아니라 악한 도구도 사용하여 하나님의 작정을 이루어 가신다는 것을 보여주셨다. 이를 통해 하나님은 자유롭게 역사를 통치하실 뿐만 아니라 범죄한 유다를 공의롭게 통치하시고 또한 심판의 도구로 사용한 바벨론을 벌하시기도 한다는 것을 보여준다. 하나님은 바벨론을 벌하시고 자기 백성을 구속하실 것을 약속하셨기 때문이다(합 2:6–20). 그래서 궁극적으로 물이 바다를 덮음같이 여호와를 인정하는 것이 세상에 가득하게 하실 것이기 때문이다(합 2:14).

이 구속사에서 언약 백성은 하박국 선지자가 언약 백성의 불의에 대해 부르짖으며 갈등한 것이나 하나님이 유다보다 더 악한 자인 바벨론을 사용하심으로 갈등한 것처럼 성도도 갈등하고 고통할 수 있으나 하나님의 공의와 신실하심을 바라보고 인내하며 기다려야 함을 보여준다(합 2:3; 3:16–19). 하나님이 능히 견딜 수 있도록 도와주시기 때문이다(합 3:19). 그리고 하박국 선지자가 그의 기도에서 믿음으로 바라본 것처럼 하나님이 거룩한 전사로 악인을 치실 것이기 때문이다(합 3:8–15).

스바냐
Zephaniah

스바냐

---ɐɕɔ---

스바냐서는 선지자 스바냐에 대한 구체적인 계보와 함께 메시지를 시작하면서 처음부터 두드러지게 강조하는 메시지는 여호와의 날이다. 여호와의 날은 구약의 선지서에 흔히 볼 수 있는 주제로 임박한 심판의 날과 먼 미래에 이루어질 하나님의 구원과 심판의 날이다(King 1995, 16-32; Dillard & Longman 1994, 419). 스바냐는 이 주제를 시라는 문학 장르에 담아 다양한 비유적인 표현들과 평행법, 언어유희, 반복, 은유 등의 시적 장치들을 활용하여 전달한다(Vangemeren 1990, 174).

I. 저자와 역사적 배경

1. 저자

이 책의 저자인 스바냐에 대해서는 스바냐 1:1의 인물 설명 외에 달리 알려진 정보는 없다. 스바냐서는 스바냐를 히스기야의 현손이요 아마랴의 증손이요 그다랴의 손자요 구시의 아들이라고 길게 소개한다. 성경에서 이러한 가문에 대한 소개가 주로 왕의 가문이나 제사장 가문에 제한되어 있음을 고려한다면 그는 유다 왕인 히스기야(주전 715-686)의 후손이다. 스바냐(צְפַנְיָה)의 이름의 뜻은 '여호와께서 숨기셨다' 또는 '여호와께서 보호하셨다'라는 뜻이다.

2. 역사적 배경

이 책의 표제인 스바냐 1:1에서 스바냐가 유다 왕 요시야(주전 640-609) 시대에 받은 말씀임을 보여준다. 그러나 요시야 시대 가운데 언제부터 선지자로 사역했는지 정확한 연대를 잡을 수는 없다. 일반적으로 요시야 18년, 곧 주전 622년에 성전을 수리할 때부터 시작된 개혁 이전으로 추정하기도 한다. 그 이유는 왕자들과 백성들이 이방 풍습에 참여하고 있었고(습 1:8-9) 우상숭배의 관습이 있었다고 보기 때문이다(습 1:3-5). 그래서 스바냐의 가르침은 요시야의 개혁을 격려하였을 것이라고 본다(Vangemeren 1990, 173). 그러나 요시야 개혁 이후에도 모든 사람이 다 변화되는 것은 아니고 개혁이 시작된 후에도 근절되지 않은 혼합주의 흔적이 있을 수도 있기에 개혁 이전으로만 볼 수 없다고 본다(Baker 1988, 81). 실제 이 점은 이 시기에 말씀을 선포한 예레미야, 하박국 선지자가 선포한 말씀에도 나타난다. 그래서 스바냐의 역사적 배경을 요시야 통치 전 시대로 보는 것이 더 낫다.[1] 요시야가 8세에 왕이 되었을 때(왕하 22:1) 유다는 그의 전임 왕들인 므낫세와 아몬으로 말미암아 우상숭배와 불의와 타락한 관습들이 팽배해 있었다. 그 가운데서 여호와의 규례를 지키는 남은 자들이 있었다(습 2:3). 이 시대의 선지자는 예레미야, 나훔이 있었다.

또 이 시기에 국제적으로 주전 663년에 앗수르의 아수르바니팔이 애굽의 노아몬(= 테베)을 점령하였으나 그가 죽은 후 주전 612년에 바벨론과 그 동맹국들에 의해 니느웨가 함락되었다. 그리고 주전 609년에 요시야는 므깃도에서 무너진 앗수르를 돕기 위해 해변길로 유브라데강으로 올라가는 애굽의 바로 느고를 막다가 전사했다(왕하 23:29). 요시야가 죽은 후부터 유다의 국력이 쇠퇴하여 주전 609년에는 애굽의 봉신으로 주전 605년에는 바벨론의 봉신으로 있게 되는 치욕을 겪다가 주전 586년에 바벨론에 멸망하였다.

II. 문학적 구조와 특징

이 책은 주로 운문(= 시)으로 되어있고 모든 피조물(습 1:2-3)과 유다(습 1:4-6)에 임할 극적인 심판에 대한 말씀으로 시작한다. 스바냐는 여호와의 날을 전쟁 이미지와 하나님의 현현(습 1:14-18) 등으로 묘사할 뿐만 아니라 전 세계적인 심판(습

---

1 해리슨(Harrison 2002, 1418)은 요시야의 개혁이 시작된 주전 622년 이전으로 보되 아수르바니팔이 죽은 주전 627년 이전으로 보았다.

1:2-3; 2:4-15; 3:6-8)과 유다에 임할 특수한 심판(습 1:4-6; 3:1-4)을 결합한다. 그의 문체는 시적인 장치들을 활용한다. 그것은 평행법, 언어유희, 반복, 은유 등이다 (Vangemeren 1990, 173-174).

스바냐는 다른 선지자들의 메시지에서도 자주 나타나듯이 하나님의 심판과 자비, 즉각적인 심판과 미래의 심판, 유다와 열방과의 갈등과 해결 등을 풀어간 다. 갈등은 유다와 세상을 심판하시려는 하나님의 의도와 연관되어 있고 해결을 위해 '남은 자'의 개념을 통해 풀어간다(House 1988, 61-68). 이러한 구성과 특징들 을 중심으로 스바냐는 다음의 구조와 논리로 핵심 메시지를 선포한다.

1. 표제(습 1:1)
2. 여호와의 심판(습 1:2-6)
3. 여호와의 날(습 2:7-3:30)

III. 주제와 기록 목적

스바냐서의 문학적 구조와 특징으로 보아 여호와의 날에 대한 신탁과 그 신탁 의 내용을 열방과 유다에 적용하여 설명하고 있음을 알 수 있다. 이 책의 두드러진 주제는 여호와의 날이 있음을 경고하고 그에 합당한 삶을 살게 하려는데 있다.

스바냐는 여호와의 날이라는 주제로 이 책을 기록하되 여호와의 날에 합당한 회개를 촉구하고 그날이 가져올 구원의 은혜를 유다만이 아니라 모든 민족에게 확대하려는 목적으로 이 책을 기록했다. 특별히 스바냐는 이 책에서 몇 가지 신 학적 주제를 보여준다.

1. 여호와의 날

스바냐는 동전의 양면이 둘로 분리되어 있으나 서로 연결된 것처럼 여호와의 날이 서로 분리되어 있으나 연결된 국면들을 잘 절충하고 있다. 그것은 심판과 구원이다(Baker 1988, 84). 모든 피조물(습 1:2-3)과 유다(습 1:4-10)에 임할 심판은 인 류 전체의 죄악과 이스라엘의 범죄와 열국의 범죄(습 2:4-15)에 의해 촉진된다. 그러나 이 심판은 영구적인 것은 아니다. 왜냐하면 심판과 더불어 또 한 국면이 있기 때문이다. 그 국면은 구원의 복이다. 이 복은 어떤 외적인 자극의 결과가 아니라 언약을 지키시는 여호와의 성품에서 나오는 것이다(Baker 1988, 85). 이 복은 유다만 아니라 모든 사람까지 확장된다(습 3:9-10).

여호와의 날은 심판과 구원이라는 두 국면을 가지고 있으나 또한 두 가지 시간 구조도 가지고 있다(Baker 1988, 85). 여호와의 날에 있을 심판이 바벨론이 앗수르와 유다를 비롯하여 팔레스타인 전역과 애굽을 멸망시킨 일을 말하기도 하나 이스라엘과 열국이 하나님을 섬기는 일은 가까운 미래가 아니라 먼 미래에 일어날 일이다(기동연 2017, 330). 이 두 가지 국면은 역사적 근접성의 영역을 떠나 종말론적 성취를 향해 전진하기 때문이다. 특별히 명시되지 아니한 어느 미래에 유다와 열국은 심판만이 아니라 은혜도 누리게 될 것이다(Baker 1988, 85).

2. 남은 자

스바냐는 이 짧은 책에서 선지서에서 독특한 '남은 자'(셰에리트, שארית)라는 용어를 3번 사용한다(습 2:7, 9; 3:13). 누가 남은 백성인가? 스바냐는 남은 자를 하나님이 보살펴 사로잡힘에서 돌아오게 한 자(습 2:7), 모압과 암몬을 노략하여 기업을 얻은 자(습 2:9), 악을 행하지 아니하고 입에 거짓된 혀가 없는 자(습 3:15) 등으로 말한다. 하나님은 그때 유다만이 아니라 여러 백성의 입술을 깨끗하게 하여 그들이 다 여호와의 이름을 부르며 하나님을 섬기게 할 것이라고 하셨다(습 3:9-10). 이것은 남은 자를 모든 민족으로 확대하신다는 것이다. 그러므로 남은 자는 1차적으로 하나님의 주권적인 은혜로 깨끗하게 된 자들이고 동시에 이들은 하나님의 계명을 지키며 여호와를 찾고 공의와 겸손을 구하는 자들이다(습 2:3).

IV. 내용

내용 구조

1. 표제(습 1:1)
2. 여호와의 심판(습 1:2-6)
3. 여호와의 날(습 1:7-3:20)

---

1. 표제(습 1:1)

이 책의 표제는 유다 왕 요시야 시대에 스바냐에게 임한 하나님의 말씀이다(습 1:1). 이 표제에서 저자인 스바냐(צְפַנְיָה)가 누구이며, 그가 언제 어떤 상황에서 받은 하나님의 말씀인지 알게 한다. 여기서 이 말씀을 받은 스바냐를 그의 조상 4대까지 소개한다. 성경에서 가문을 밝히는 것이 주로 왕의 가문이나 제사장 가문에 제한되어 있음을 고려한다면 그는 유다 왕인 히스기야(주전 715-686)의 후손임을 밝히려는 의도가 있는 것같이 보인다. 그리고 그는 유다의 선한 왕 가운데 하나인 요시야(주전 640-609) 시대에 사역한 선지자였다. 그가 재임했던 시기인 주전 612년에 앗수르의 수도 니느웨가 바벨론과 그 동맹군에 의해 함락되었고 주전 605년 갈그미스 전투 이후에 바벨론이 세력을 차지한 사실과 무관하지 않음을 알 수 있다.

2. 여호와의 심판(습 1:2-6)

이 문단은 하나님이 살아있는 모든 피조물(습 1:2-3)과 범위를 좁혀 유다(습 1:4-6)에 대한 심판을 선포하신 내용이다. 하나님이 선포하신 내용으로 보아 이 말씀은 단순히 유다에 제한된 메시지가 아니라 전 인류를 위한 메시지다.

내용 분해

(1) 피조물에 대한 심판(습 1:2-3)

(2) 유다에 대한 심판(습 1:4-6)

내용 해설

(1) 피조물에 대한 심판(습 1:2-3)

이 짧은 문단에 '진멸하다'(숲, @ws)라는 동사가 네 번이나 나타난다. 이 중 처음은 의미를 강조하는 유음 반복을 사용하여 '반드시 진멸할' 것이라고 했다.[2] 하나님이 진멸하시는 대상은 땅 위의 모든 것, 즉 사람과 짐승과 새와 바다의 고기를 포함하여 악인들과 함께 손상된 것들이다(습 1:2-3).[3] 이는 하나님이 창조하실 때 다섯째 날과 여섯째 날에 창조하신 피조물들이다. 하나님의 심판 대상이 생물들이지만 좀 더 의미를 좁혀 "사람을 땅 위에서 진멸하리라"라고 하셨다. 창조 이후 사람이 범죄함으로 땅이 저주를 받은 사건을 연상시킨다(참조. 창 3:17). 이는 사람이 범죄함으로 하나님이 정한 창조세계가 손상되었음을 보여준다. 그러므로 스바냐에서 하나님의 심판은 유다에 제한된 것이 아니라 전 인류에 대한 것이기도 하다.

(2) 유다에 대한 심판(습 1:4-6)

스바냐는 하나님의 심판을 전 인류에서 범위를 좀 더 제한하여 초점을 유다에 맞춘다. 하나님은 유다와 예루살렘의 각종 우상을 섬기는 자들을 멸절하실 것이다. 그 대상은 바알과 그마림과 별 숭배자와 말감을 가리켜 맹세하는 자들(말감을 섬기는 자들)이다(습 1:4-5). '그마림'(הַכְּמָרִים)은 우상을 섬기는 산당 제사장들이다(왕

---

2 원문은 '아솝 아셉'(אָסֹף אָסֵף)으로 유사한 음을 반복하는 유음 반복을 통해 의미를 강조하고 있다.

3 이 절에 '거치게 하는 것과 악인들'(הַמַּכְשֵׁלוֹת אֶת־הָרְשָׁעִים)은 NASB가 번역한 것처럼 '악한 자들과 함께 손상된 것들'(The ruins along with the wicked)이라고 보는 것이 좋다.

하 23:5). '말감'(מִלְכֹּם 〈 מַלְכָּם)은 암몬 사람들이 섬겼던 몰렉으로 아이들을 희생제물로 바쳤기에 성경에 엄하게 금하고 있다(레 18:21). 그런데도 솔로몬은 예루살렘의 감람산에 몰렉 산당을 지었고(왕상 11:7) 므낫세는 힌놈의 아들 골짜기에서 아들들을 몰렉에게 제사제물로 바쳤다(대하 33:6; 렘 7:31). 다른 신을 가리켜 맹세하는 일은 하나님 외에 다른 신을 섬기는 행위다. 유다와 예루살렘은 다른 신들을 섬길 뿐만 아니라 여호와를 배반하고 찾지도 구하지도 아니했다(습 1:6). 이러한 상황으로 보아 요시야 18년, 곧 주전 622년 이전에 스바냐가 주로 사역한 것으로 볼 수 있다.

3. 여호와의 날(습 2:7-3:20)

이 책에서 나머지 긴 문단은 여호와의 날에 대한 다면적 특성을 설명한다. 여호와의 날은 심판의 날이며(습 1:8-3:8) 소망의 날이다(습 3:9-20). 여호와의 날은 언약 백성과 관련된 날이지만(습 1:8-13; 2:1-3; 3:1-7) 다른 민족에게도 의미있는 날이다(습 1:14-18; 2:4-15). 여호와의 날은 가까운 미래 역사에 성취되는 날이지만(습 2:4-15) 먼 미래에 성취될 종말론적인 날이기도 하다(습 1:14-18; 3:8-13). 여호와의 날은 여호와께서 무대 중심에서 공평과 정의로 심판하시고 구원하시는 날이다(Baker 1988, 94).

내용 분해

(1) 공포(습 1:7)

(2) 여호와의 날 1 : 심판(습 1:8-18)

(3) 응답의 요구(습 2:1-3)

(4) 열방과 유다에 대한 심판(습 2:4-3:8)

(5) 여호와의 날 2 : 소망(습 3:9-20)

내용 해설

(1) 공포(습 1:7)

스바냐는 여호와 앞에 '잠잠할지어다'(하스, ַסָה)라고 했다. 이 용어는 '쉿'을 의미하는 의성이기도 하고 선지서에서 주로 두려움과 존경을 나타내는 감탄사다(참조. 암 6:10; 8:3; 합 2:20 등). 그 이유 가운데 하나는 여호와의 날이 가까웠다는 것이고, 또 하나는 여호와께서 희생을 준비하고 청할 자를 구별하셨기 때문이다(습 1:7). 하나님이 희생제물을 준비하신 것과 청하신 자를 제사드리기 위해 구별하셨다는 것은 평행으로 같은 뜻이다. 여기에 아이러니(irony)는 여호와께 드릴 희생제물이 심판하기 위해 청한 여호와를 기뻐하지 않는 자들이라는 것이다(Baker 1988, 95).

(2) 여호와의 날 1 : 심판(습 1:8-18)

여호와께서 희생제물을 바치는 날, 곧 여호와의 날에 바칠 희생제물은 첫 번째로는 유다이며(습 1:8-13), 다음으로는 모든 인류다(습 1:14-18).

① 유다에 대한 심판(습 1:8-13)

스바냐는 여기서 '여호와의 날'을 '여호와의 희생의 날'이라고 부른다. 그러나 아이러니하게도 그 희생제물은 유대 방백들과 왕자들과 이방의 옷을 입은 자들이다(습 1:8). 이방의 옷을 입었다는 것은 이방의 가치와 관습을 받아들였다는 것이다. 이들은 남의 집 문턱을 넘어 포악과 거짓으로 자기 주인의 집을 채웠다(습 1:9). 자기 주인의 집은 왕실을 의미하며 자기 주인의 집을 채우는 자들은 왕의 신하들과 지방 관리들을 말한다(Motyer 1998, 919).[4] 이들은 포악과 거짓으로 백성들을 착취했다. 그러자 예루살렘의 어문에서 부르짖는 소리, 제2구역[5]에서는 울음

---

4 종교적 악행을 나타내는 문맥에서 언급되는 '주인'(lords)은 이방의 신들을 말하는 것으로 볼 수도 있다(Baker 1988, 96).
5 새롭게 증축된 구역으로 NIV처럼 '새 구역'(New Quarter)을 말하는 것으로 보인다(참조. 왕하 22:14).

소리, 작은 산들에서는 무너지는 소리 등이 들린다(습 1:10). 이러한 유다 백성을 하나님이 가만히 두시겠는가?

하나님은 막데스[6] 주민에게 슬피 울라고 하면서 가나안 사람과 은을 거래하는 사람을 끊을 것이라고 하셨다(습 1:11). 가나안 사람은 페니키아인을 말하는 것으로 무역에 능한 민족이다. 하나님이 이를 끊으신다는 것은 경제적인 고통을 주신다는 뜻이다. 이뿐만 아니라 예루살렘에서 포도주의 찌꺼기처럼 가라앉아서 하나님은 복도 내리지 않고 화도 내리지 않는다고 생각하는 자들을 하나님은 등불을 들고 찾아 벌하실 것이라고 하셨다(습 1:12). 포도주의 찌꺼기는 포도주를 가만히 놓아두면 끈적해지고 단단해지는 것을 말한다. 이는 NASB가 의역해서 번역한 것처럼 '영적으로 고여있는 사람'(who are stagnant in spirit)을 말한다. 이러한 상태에 빠지면 하나님의 존재와 활동을 부정한다. 하나님이 백성의 생활과 무관하다고 생각하는 것은 창조 때부터 아브라함을 부르시고 애굽과 시내산에 만나시고 가나안 정복 등에서 하나님이 행하신 일을 부정하는 것이다. 이 일은 세계와 인간사의 모든 사건에 하나님이 역사적이며 실제적으로 개입하시지 않는다고 생각하는 것으로 신앙을 무의미하게 만든다(Baker 1988, 98-99). 그래서 하나님은 여호와의 날에 그들의 경제활동을 중지시키고 황폐하게 하실 것이다(습 1:13). 이들은 결국 이 말씀대로 바벨론에 의해 멸망되었다. 여호와의 날은 먼 미래만 아니라 가까운 미래도 포함된다.

② 모든 인류에 대한 심판(습 1:14-18)

여호와의 날은 유다만 아니라 전 인류도 포함된다. 그날은 가깝고도 빠르다. 그날은 분노, 환난, 고통, 황폐, 패망, 캄캄하고 어두운 날, 구름과 흑암의 날, 견고한 성읍과 높은 망대를 치는 날이다(습 1:14-16). 이 무서운 여호와의 날에 하나님은 유다만 아니라 사람들(아담, אָדָם), 곧 모든 인류에게 고난을 내려 맹인 같이 행하게 하실 것인데 이는 그들도 여호와께 범죄했기 때문이다(습 1:17). 이날에 하나님이 심판하실 것인데 사람들의 은과 금이 소용없게 될 것이다. 이는 여호와께

6 '막데스'(מַכְתֵּשׁ)를 NIV 난외주에 'mortar'라고 한 것처럼 절구 모양으로 움푹 들어간 채석장으로 추정한다 (Baker 1988, 97).

서 이 땅 모든 주민을 멸하실 것이기 때문이다(습 1:18; 참조. 습 3:8).

(3) 응답의 요구(습 2:1-3)

스바냐는 무서운 심판의 날인 여호와의 날이 유다와 모든 인류에게 임하게 될 것이나 숨김을 얻을 수 있는 길이 있음을 말한다. 이날이 이르기 전에 모여서 주의 말씀을 들을 것을 권한다(습 2:1-2). 스바냐는 비록 그들이 수치를 모르는 파렴치한 사람이라 할지라도 여호와를 찾고 공의와 겸손을 구하면 '혹시' 여호와의 날에 숨김을 얻을 것이라고 했다(습 2:3). 여기 '혹시'(우라이, אוּלַי)는 신학적으로 중요한 단어인데 하나님의 주권적인 자유를 강조한다(출 32:30; 암 5:15). '혹시'라는 용어가 인간 편에서 하나님의 용서가 죄에 대한 형벌을 면하게 하는 보증으로 '값싼 은혜'(cheap grace)로 오용되어서는 안 된다. 하나님이 공의와 겸손을 명하셨기 때문이다(Baker 1988, 103-104). 이런 면에서 하나님의 은혜와 사람의 순종은 역설이다.

(4) 열방과 유다에 대한 심판(습 2:4-3:8)

스바냐는 주의 말씀을 듣고 바른 응답을 요구한 뒤에 열방과 유다가 어떤 죄를 범했고 어떤 벌을 받을 것인지 블레셋, 모압과 암몬, 구스, 앗수르, 유다의 순서로 말했다.

① 블레셋(습 2:4-7)
스바냐는 블레셋의 다섯 도시 가운데 남쪽에서 북쪽으로 가사, 아스글론, 아스돗, 에그론에 멸망을 선포했다(습 2:4). 여기에 가드가 빠져 있는데 그 이유는 알 수 없다. 스바냐는 '해변 주민 그렛 족속'과 '블레셋 사람의 땅 가나안'에게 화를 선포했다. '그렛'은 크레테 섬에서 이주해 온 사람들을 말한다(삼상 30:14; 삼하 15:18; 겔 25:15).[7] 블레셋 사람이 차지하던 해변은 유다 족속의 남은 자에게 주어 하나님이 그들을 보살피실 것이라고 했다(습 2:6-7). 여기 '남은 자'는 이 책의 중

---

7 예레미야 47:4과 아모스 9:7의 '갑돌'은 크레테의 다른 이름이다.

요한 주제어 가운데 하나로 하나님이 깨끗하게 하신 자로 주의 규례를 지키는 자들을 말한다.

② 모압과 암몬(습 2:8-11)

스바냐는 서쪽의 블레셋에서 동쪽의 모압과 암몬에게 화를 선포한다. 모압과 암몬은 롯의 딸에게서 유래하였기에 같은 족속이라고 할 수 있다(창 19:30-38). 이들의 죄는 하나님이 '내 백성'이라고 부르는 유다를 비방하고 그들의 경계에 대해 '교만하였기' 때문이다(습 2:8, 10). 여기 '교만하다'라는 단어의 원문은 '약디루'(יגדילו)로 '크다'(가달, גדל)의 사역형인 히필형으로 그들의 영토를 확장하기 위해 침범했다는 것이다. 이에 대해 스바냐는 모압과 암몬은 그 죄악으로 멸망한 소돔과 소모라 같을 것이고 하나님의 백성 가운데 남은 자들이 그 땅을 기업으로 얻을 것이라고 했다(습 2:9). 그리고 여호와의 날에 여호와가 그들에게 두렵게 되어 이방 모든 사람이 자기 처소에서 여호와께 경배하게 될 것이다(습 2:11). 이것은 여호와 예배가 지리적으로나 인종적으로 한 장소와 백성에게 제한되지 않고 모든 장소에서, 모든 사람이 여호와를 섬기게 된다는 뜻이다(Baker 1988, 108).

③ 구스(습 2:12)

구스는 지금의 에디오피아로 함의 자손이다(창 10:6; 대상 1:8). 스바냐가 특별한 언급이 없이 하나님의 칼에 죽으리라고 했다. 이를 언급한 것은 유다를 중심으로 서쪽의 블레셋, 동쪽의 모압과 암몬, 남쪽의 구스, 북쪽의 앗수르를 말함으로 여호와의 날에 임할 심판이 유다를 중심으로 전 세계적임을 말하려는 것으로 보인다.

④ 앗수르(습 2:13-15)

스바냐는 여호와께서 북쪽을 향하여 앗수르를 멸하시고, 메마르게 하시므로 그곳이 각종 짐승의 처소가 될 것이라고 했다(습 2:13-14a). 한때 백향목으로 지은 집들이 벗겨지고 "오직 나만 있고 나 외에는 다른 이가 없다"라고 하며 교만했던 앗수르가 짐승들의 처소가 되고 사람의 비웃음거리가 될 것이다(습 3:14b-15). 이 말씀은 주전 612년에 바벨론에 의해 니느웨가 함락되고 남은 세력은 주전 605년에 완전히 멸망함으로 성취되었다.

⑤ 유다(습 3:1-7)

스바냐는 수사적 방법으로 먼저 열국에 대한 심판을 선언함으로 유다는 그들이 당연히 심판을 받아야 한다고 생각했겠지만 바로 그들이 심판받아야 할 자들임을 깨닫게 한다. 스바냐는 유다의 죄악을 평행법과 반복으로 머리에 그림이 그려지도록 묘사한다. 스바냐는 유다를 향해 패역하고 더러운 곳이며 포악한 성읍이라고 부르며 그에게 화를 선포했다(습 3:1) 유다는 여호와의 명령을 듣지 않고 여호와를 의뢰하지 않았다(습 3:2). 그 방백들은 부르짖는 사자(lions)요 재판장들은 이튿날까지 남겨두지 않는 이리다(습 3:3). 사자와 이리는 그 공격성과 은밀성과 잔인성으로 알려진 짐승들이다(참조. 겔 22:25, 27). 당시 지도자들은 사자와 이리처럼 백성들을 착취하고 고통스럽게 했다. 그 선지자들은 간사한 사람이고 제사장들은 성소를 더럽히고 율법을 범한다(습 3:4). 유다 가운데 임재하시는 하나님이 의로우시며 날마다 공의를 비추시는데도 그 수치를 보지 못한다(습 3:5). 스바냐가 지적한 관리와 선지자와 제사장들은 백성의 지도자들로서 거룩한 삶의 본을 보이며 백성을 정의롭고 거룩한 삶으로 인도해야 할 자들이다. 그런데 이들과 오늘날의 정치 지도자들이나 교회 지도자들이 데칼코마니(decalcomania)를 이루고 있다.

하나님이 이들을 어떻게 하실까? 하나님은 여러 나라를 끊어버리고 그들의 성읍을 황폐하게 하신 바 있다(습 3:6). 그런데 유다를 향해서는 여호와를 경외하고 교훈을 받으면 그의 거처는 끊어버리지 않을 것이라고 하셨다(습 3:7). 이것은 분명 하나님이 황폐케 하신 여러 나라와는 대조를 이룬다.

⑥ 모든 인류(습 3:8)

스바냐는 여호와의 날에 모든 인류도 벌하실 것이라고 하셨다. 하나님이 진노를 쏟으려고 왕국들을 모을 것이라고 하셨다. 그리고 스바냐 1:18에 있는 말씀과 동일하게 온 땅, 곧 모든 인류가 하나님의 질투의 불에 소멸될 것이라고 했다(습 3:8). 역사적 전 천년설자들은 이를 아마겟돈 전투라고 보기도 한다(블루 1994, 93). 핵심은 여호와의 날은 하나님이 모든 인류를 심판하시는 날이라는 것이다.

(5) 여호와의 날 2 : 소망(습 3:9-20)

여호와의 날은 죄에 대한 심판만 있는 것이 아니라 하나님이 남은 자를 깨끗하게 회복시키시는 소망도 있다. 이는 여호와의 날은 한편으로는 심판의 날이나 또 한편으로는 구원의 날이기 때문이다.

① 열방의 회심(습 3:9-10)

스바냐는 여호와의 날에 여호와께서 여러 백성의 입술을 깨끗하게 하시어 그들이 다 여호와의 이름을 부르고 당시 유다의 최 남쪽으로 알려진 구스 강 건너편에서부터 하나님께 예물을 바치게 될 것이라고 했다(습 3:9-10). 이것은 여호와의 날에 이방인들이 회심한다는 것이다. 그리고 이날에 불화와 반목이 사라지고 조화와 평화가 여호와를 섬기는 결과로 나타난다는 것이다(Baker 1988, 115-116).

② 유다의 남은 자의 회복(습 3:10-13)

스바냐 3:9-10에서 하나님을 예배하는 자들이 복수로 쓰였다면 이 문단에서는 '네가'라는 2인칭 여성 단수로 말한다. 이것은 유다를 말하는 것으로 여호와의 날에 유다의 남은 자들이 회복된다는 것이다. 하나님은 여호와의 날에 교만한 자들을 제거하고 하나님의 성산에서 다시 교만하지 않게 하실 것이다(습 3:11). 곤고하고 가난한 백성이 하나님의 보호를 받고 이스라엘의 남은 자는 악을 행하지 아니하고 거짓을 말하지 않게 될 것이다(습 3:12-13). 주를 섬기는 생활이 계명을 지키는 생활로 나타나게 된다. 이 일은 현재에도 그리스도 안에서 가능하고 또 이 일이 가능하도록 우리를 새 사람되게 해주셨고 새 사람답게 살 수 있도록 성령을 보내어 주셨기 때문이다(참조. 고후 5:17; 히 9:13-14; 요 14:15-21).

③ 기쁨의 노래(습 3:14-17)

스바냐는 평행법과 반복으로 시온의 딸, 곧 이스라엘에게 기뻐하고 즐거워하라고 했다(습 3:14). 여호와께서 형벌을 제거하고 원수를 쫓아내었기 때문에 그들이 다시는 두려워하지 아니할 것이라고 했다(습 3:15). 그리고 스바냐는 여호와의 날에 두려워하지 말고 힘이 빠진 모습으로 손을 늘어뜨리지 말라고 했다(습 3:16).

여호와 하나님이 하나님의 백성 가운데 계시기 때문이다. 그 하나님은 구원을 베푸실 전능자시다. 하나님의 백성은 전능자의 임재 속에 있다(신 10:17; 시 24:8; 사 10:21; 42:13). 하나님은 자기 백성으로 말미암아 기쁨을 이기지 못하시며, 자기 백성을 잠잠히 사랑하시고, 자기 백성으로 말미암아 즐거이 부르며 기뻐하실 것이다(습 3:17). 자기 자녀가 태어나 웃거나 걷는 모습을 본 일이 있는가? 자기 자녀가 말하고 노래하고 기뻐하는 모습을 본 일이 있는가? 하나님이 그리스도의 피로 깨끗하게 된 자기 백성을 기뻐하시는 모습을 상상해 보라.

④ 하나님의 약속(습 3:18-20)

하나님은 절기로 말미암아 근심하는 자들을 모으실 것이다(습 3:18). 이들을 가리켜 하나님은 "그들은 네게 속한 자라"라고 하셨기 때문에 이들은 일차적으로 절기에 참여하지 못하는 이스라엘 백성일 수 있고 그리스도 안에서 하나님께 예배하며 교제하기를 원하나 참여하지 못하여 짐이 되는 사람일 수도 있다. 그러나 여호와의 날에 하나님은 자기 백성을 괴롭게 하는 자들을 다 벌하고 저는 자를 구원하여 온 세상에서 수욕을 받는 자에게 칭찬과 명성을 얻게 하실 것이다(습 3:19). 그리고 스바냐는 하나님이 여호와의 날에 다시 자기 백성을 모으고 사로잡힘을 돌이키며 천하 만민 가운데서 명성과 칭찬을 얻게 하실 것이 확실함을 말하기 위해 "여호와의 말이니라"라는 말씀을 덧붙였다(습 3:20).

여호와의 날은 하나님이 스바냐를 통해 말씀하신 것처럼 심판의 날이면서도 소망의 날이고, 유대 민족만 아니라 모든 인류를 위한 날이다. 그리고 여호와의 날에 말씀하신 심판과 구원은 먼 미래에 일어날 일이기도 하지만 지금 당장 또는 가까운 미래에 일어날 일이기도 하기에 지금 남은 자로 공의와 겸손을 구하며 살아야 할 우리에게도 여전히 의미가 있다. 할렐루야!

V. 구속사적 의미

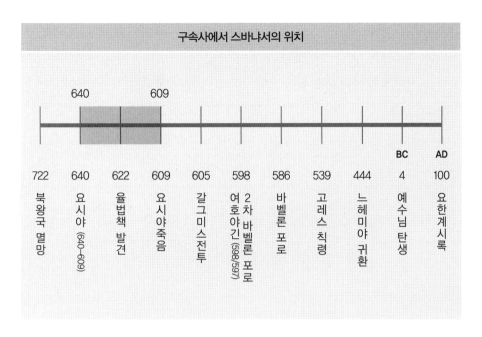

스바냐의 활동시시는 표제인 스바냐 1:1에서 밝힌 대로 유다 왕 요시야(주전 640-609) 시대다. 요시야 시대 가운데 언제부터 선지자로 사역했는지 정확한 연대를 잡을 수 없으나 스바냐서는 요시야 18년, 곧 주전 622년에 성전을 수리할 때 율법책을 발견한 후부터 시작된 개혁을 중심으로 그 이전과 이후를 다 포함하는 구속사를 담고 있다.

스바냐서의 구속사에서 하나님은 여호와의 날을 선포하시고 악을 행하는 자들을 심판하시나 그의 규례를 지켜 행하는 자들을 구원하시는 분이심을 보여준다. 이 심판과 구원은 유다만이 아니라 모든 민족까지 확장된다(습 3:9-10). 그런데 특히 구원의 복은 남은 자가 누리게 되나 이 복은 어떤 외적인 자극의 결과가 아니라 언약을 지키는 여호와의 성품에서 나오는 것이다(Baker 1988, 85). 그리고 심판과 구원은 가까운 미래와 먼 미래라는 두 가지 시간 구조도 가지고 있다(Baker 1988, 85). 여호와의 날은 당시 역사에서 일어날 일이면서 동시에 먼 미래에 일어날 일이다. 이러한 여호와의 통치방식은 유다와 모든 민족에게 적절한 긴장감을 주어 겸손하게 만들고 하나님의 규례를 지키게 만든다.

이 구속사에서 언약 백성은 하나님이 선택하여 입술을 깨끗하게 하신 자이기 때문에 하나님의 계명을 지키며 여호와를 찾고 공의와 겸손을 구하는 자들이 되어야 함을 보여준다(습 2:3). 특히 이 일은 구약성경에 예언된 대로 그리스도가 오셔서 그가 우리를 대신하여 자신을 주심으로 모든 불법에서 우리를 속량하시고 우리를 깨끗하게 하사 선한 일을 열심히 하는 자기 백성이 되게 하심으로 그의 계명을 지킴으로 하나님을 섬기는 일이 가능하게 해 주셨기 때문이다(딛 2:14; 히 9:14).

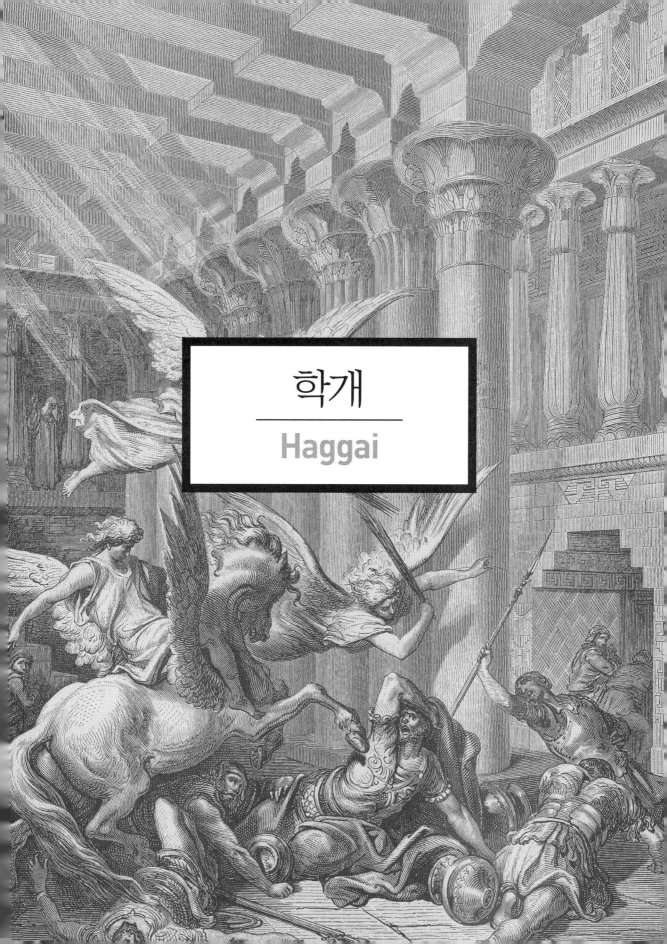

학개

Haggai

학개

—•ᴑᴑ•—

포로 이후 선지자는 학개와 스가랴와 말라기이지만 학개와 스가랴는 성전 재건과 관련하여 예언한 선지자다. 학개 선지자는 포로에서 돌아온 백성들의 현재와 미래의 삶이 성전을 재건하는 일과 어떤 연관이 있는지 설명함으로 성전 재건을 도왔다. 특히 학개는 성전 재건이 경제생활에 직접 연관되어 있을 뿐만 아니라(학 1:6, 9-11; 2:17-19) 모든 나라의 보배가 성전에 충만할 것이라는 복된 미래를 보여줌으로(학 2:5-9) 성전 재건을 도왔다. 이 책은 오늘날 성도의 삶의 우선순위가 왜 하나님과 성경과 교회가 되어야 하는지 잘 보여준다.

I. 저자와 역사적 배경

1. 저자

학개 선지자가 어떤 사람인지 매우 제한된 정보에 의존해 있다. 그에 대한 정보는 학개서와 에스라 5:1-2과 6:14이 전부다. 학개 1:1에 따르면 다리오 왕 제2년 여섯째 달 초하루에 그에게 하나님의 말씀이 임했다. 이때는 주전 520년으로 포로에서 돌아온 이후 19년이 지났을 때다. 그리고 스가랴 선지자와 함께 포로에서 돌아온 백성들에게 성전을 재건하도록 격려했다(참조. 스 5:1-2; 6:14). '학개'(חַגַּי)의 이름의 뜻은 '절기', '축제'라는 뜻이다. 학개 2:3에 따르면 만약 그가 솔로몬의 장엄한 성전을 목격했고 66년 전에 바벨론에 의해 파괴된 것을 목격했다면 그의 나이는 70대가 되었을 것이다.

2. 역사적 배경

학개서에는 학개 선지자가 언제 받은 메시지인지 알려주어 역사적 배경을 알려주는 신호가 있다. 그것은 다리오의 재위 연대다. 다리오는 주전 522년부터 486년까지 페르시아를 다스렸다.

성경	재위	달, 일	현대력
학 1:1	2년	여섯째 달 초하루	주전 520년 8월 29일
학 1:15	2년	여섯째 달 이십사일	주전 520년 9월 21일
학 2:1	2년	일곱째 달 이십일일	주전 520년 10월 17일
학 2:10	2년	아홉째 달 이십사일	주전 520년 12월 18일
학 2:20	2년	아홉째 달 이십사일	주전 520년 12월 18일

주전 539년에 바벨론의 정복자인 페르시아의 고레스가 유대인들에게 예루살렘으로 돌아가 성전을 재건하라는 칙령을 반포하고 성전 재건에 필요한 경비까지 제공해 주라고 명했다(스 1:1-4; 6:3-5). 그래서 스룹바벨의 인도로 약 5만 명의 유대인들이 고향으로 돌아왔다. 그리고 약 2년 후인 주전 536년에 성전의 기초를 놓았다(스 3:8). 그러나 당시 사마리아 사람의 반대로 성전 재건은 성전의 기초를 놓은 후 다리오 왕 2년, 곧 주전 520년까지 거의 15/16년이나 지체되었다(참조. 스 4:1-5). 이때 학개와 스가랴 선지자는 성전 재건과 관련하여 이스라엘 백성들에게 하나님의 말씀을 전함으로 도왔다. 그리고 이스라엘 백성들은 이 선지자들의 도움으로 다리오 6년인 주전 516년에 성전을 완공했다(참조. 스 5:1-2; 6:14).

이러한 배경을 볼 때 학개서와 스가랴서는 포로 이후의 역사를 기록한 에스라-느헤미야의 역사적 배경과 공유한다. 학개는 이 시기에 성전 건축을 방해하는 반대자들을 책망하기보다 돌아온 자들이 성전 재건에 관심이 없을 뿐만 아니라 그들 자신에게 더 문제가 있음을 지적했다. 그리고 성전 재건이 어떤 의미가 있는지 그들에게 설명함으로 격려했다.

II. 문학적 구조와 특징

학개서는 네 개의 주요 문단으로 구분할 수 있다. 각 문단은 여호와의 말씀이 선지자 학개에게 언제 임했는지를 알려주는 형식 문구와 "여호와의 말씀이 선지자 학개에게 임하니라"라는 선지적 형식 문구로 시작한다(학 1:1; 2:1; 2:10, 20). 각 문단의 세부 내용을 보면 하나님이 학개 선지자에게 임하여 누구(A)에게 어떤 질문(B)을 하라고 명하시고 그 질문에 대해 하나님이 대답하시는 형식으로 구성되어 있다.

이 책에서 학개는 문제의 핵심을 보여주기 위해 많은 질문을 사용한다(학 1:4, 9; 2:3, 19). 또한 "너희의 행위를 살필지니라"(학 1:5, 7), '기억하라'(학 2:15, 18), "내가 너희와 함께 하노라"(학 1:13; 2:4), "하늘과 땅을 진동시킬 것이요"(학 2:6, 21) 등의 어구를 효과적으로 반복하여 사용한다. 이 책의 주요한 문단은 여호와께서 학개를 통해 말씀하신 시점을 중심으로 구성되어 있다(학 1:1; 2:1, 10, 20).

1. 첫 번째 메시지(현재) : 성전을 재건하라는 권면(학 1:1–15)
2. 두 번째 메시지(미래) : 성전의 영광(학 2:1–9)
3. 세 번째 메시지(현재) : 성전 재건에 따른 복(학 2:10–19)
4. 네 번째 메시지(미래) : 스룹바벨에게 주신 약속(학 2:20–23)

III. 주제와 기록 목적

학개의 문학적 구조와 특징을 볼 때 성전 재건이 중요한 주제어임을 알 수 있다. 그리고 성전 재건이 현재 어떤 의미가 있으며 미래에 어떤 의미가 있는지를 보여준다. 그러므로 이 책의 주제는 성전을 재건하는 일은 현재 하나님과 교제하며 복과 은혜를 누리는 일일 뿐만 아니라 미래에 이루실 하나님의 궁극적인 목적인 하나님 나라를 바라보는 일이라는 것이다. 하나님은 자기 백성과 변함없이 교제하신다. 그들이 하나님을 무시해도 하나님은 결코 그들을 포기하지 않으시고 그들의 삶을 힘들게 하여 하나님을 찾게 하기도 하시고 성령으로 변화시키기도 하신다(Baldwin 1972, 32).

이스라엘은 포로에서 돌아와 성전을 재건하기 위해 주전 536년에 기초를 놓았으나 사마리아 사람의 반대로 성전공사가 약 16년간 중단되었다. 그런데 당시 이스라엘은 여호와의 전 건축할 시기가 이르지 아니했다고 말하며 책임을 회피했다(학 1:2). 이에 대해 학개는 당시 그들의 상황을 하나님의 관점에서 평가하도록 요구함으로 무관심과 자기만족으로부터 그들을 깨웠다(학 1:5, 7; 2:15, 18). 이 책의 기록 목적은 유다 백성들로 하여금 하나님이 그들에게 주신 약속과 특권을 깨닫고 책임과 의무를 이행하게 하여 성전을 재건하는 일을 마치게 하려는 것이다(힐, 2014, 69; Barker & Walker 2002, 1431). 이 주제와 목적을 중심으로 학개는 몇 가지 신학적 주제도 보여준다.

1. 성전

성전의 가장 중요한 의미는 하나님이 그곳에 임재하시고 자기 백성과 만나 교제하시며 하나님이 자기 백성에게 말씀하시는 곳이다(출 25:8, 22; 40:35; 왕상 8:10–11; 시 80:1 등). 그리고 성전은 완전한 하나님 나라의 모형이며 그리스도께서 십자가에서 죽으심으로 성전의 의미를 성취하셨다(히 9:1–10; 막 15:37–38). 그리고 장차 그리스도 안에서 구속받은 모든 성도가 들어가게 될 하나님 나라의 모형이다(계 21:17).[1] 성전과 그것이 상징하는 하나님의 임재와 메시아 소망과 하나님 나라 등은 과거와 미래를 연결하는 다리다(Vangemeren 1990, 189). 학개는 당시 포로 이후 언약 공동체의 문제를 그들의 우선순위 문제가 잘못되었기에 경제적으로 큰 고통을 당하고 있다고 진단하고 믿음에 담대해져서 하나님이 가나안을 정복하던 세대에 함께 하셨던 것처럼 여호와께서 그들과도 함께 하심을 믿도록 권고했다(학 2:4).

이어서 학개는 성전을 재건하는 일이 미래지향적임을 설명했다. 그는 과거 솔로몬 성전의 영광을 본 자가 누군지를 물으며, 지금 그들 눈에 보잘것없어 보이는 성전 너머 하나님이 모든 나라를 진동시키며 모든 나라의 보배가 이르게 하여

---

1 성전의 구약적인 의미와 신약적인 의미에 대해서는 이 시리즈의 1권 "모세오경"의 출애굽기 25–27장의 해설을 보라.

성전에 영광이 충만하게 하실 것이라고 했다(학 2:6-7). 그리고 하나님이 여러 왕국의 보좌를 엎으시고 스룹바벨을 인장으로 삼으실 것이라고 했다(학 2:23). 이는 스룹바벨이 완전한 구속과 메시아 왕국과 새 하늘과 새 땅을 보증하는 다윗 왕조의 미래에 대한 표징이라는 것이다(Vangemeren 1990, 191). 그래서 성전 재건은 단순히 한 건물을 짓는 것이 아니라 언약을 재확인하고 그리스도로 말미암아 회복될 하나님 나라를 바라보는 일이다.

2. 성령

학개서의 내레이터가 여호와께서 지도자들의 마음과 남은 자들의 마음을 감동시키자 그들이 와서 하나님의 전 공사를 하였다고 해설했다(학 1:14). 오랫동안 중단된 성전 재건공사를 다시 시작하게 된 것은 여호와께서 주권적으로 지도자들과 남은 자들의 마음을 감동시키셨기 때문이다. 그래서 하나님은 이 일에 대해 "나의 영이 계속하여 너희 가운데 머물러 있나니 너희는 두려워하지 말라"(학 2:5)라고 하셨다. 지도자들과 남은 자들의 마음을 감동시켜 주의 거룩한 사역을 감당하게 한 것은 한편으로는 성부 하나님의 사역이지만 또 한편으로는 성령의 사역이다. 이 성령은 신약시대에 모든 믿는 자 가운데 내주하시며 그들을 도우신다(마 28:20; 요 14:15-21; 롬 8:9).

IV. 내용

내용 구조

1. 첫 번째 메시지(현재) : 성전을 재건하라는 권면(학 1:1-15)
2. 두 번째 메시지(미래) : 성전의 영광(학 2:1-9)
3. 세 번째 메시지(현재) : 성전 재건에 따른 복(학 2:10-19)
4. 네 번째 메시지(미래) : 스룹바벨에게 주신 약속(학 2:20-23)

1. 첫 번째 메시지(현재) : 성전을 재건하라는 권면(학 1:1-15)

이 문단은 책의 표제(학 1:1)에 이어 하나님이 학개 선지자를 통해 백성의 지도자들인 스룹바벨과 여호수아에게 자기 백성이 가진 생각을 지적하시고 그 생각이 왜 잘못되었는지 논증하시는 내용과 그 말씀에 대해 백성들이 반응하는 내용을 담고 있다.

내용 분해

(1) 표제(학 1:1)

(2) 백성들의 잘못된 생각을 지적하신 하나님(학 1:2-7)

(3) 성전 재건을 명하신 하나님(학 1:8-11)

(4) 지도자들과 백성들의 반응(학 1:12-15)

내용 해설

(1) 표제(학 1:1)

이 표제는 하나님 말씀이 언제, 누구에게 임했는지 알려주는 형식 문구로 되어있다. 이 말씀은 다리오 왕(주전 522-486) 제2년 여섯째 달 초하루에 선지자 학개로 말미암아 유다 총독 스룹바벨과 대제사장 여호수아에게 임했다. 다리오 왕 제2년은 주전 520년으로 성전 재건의 기초를 놓은 해가 주전 536년이라면 약 16년이 지난 셈이다.

스룹바벨은 바벨론으로 끌려간 여호야긴의 장자인 스알디엘의 아들이다(스 3:2; 8; 왕하 24:12-17).[2] 스룹바벨은 다윗 왕가에 속하는 것으로 추적할 수 있다. 여호수아는 여호사닥의 아들인데 여호사닥은 주전 586년에 바벨론으로 끌려갔다

---

2 역대기 저자는 스룹바벨을 여호야긴의 세 번째 아들 브다야의 후손으로 기록한다(대상 3:19). 학자들은 스알디엘이 그의 조카인 스룹바벨을 입양했거나 혹은 형사취수법에 의해 스알디엘의 부인이었던 어머니가 브다야의 부인이 되어 스룹바벨을 낳았을 것으로 추측하기도 한다(힐 2014, 80).

(대상 6:15). 스룹바벨과 여호수아를 언급한 것은 하나님이 남은 자를 보존하시고 약속의 땅으로 돌려보내시는 신실하신 분이심을 생각나게 할 뿐만 아니라 당시 이스라엘에서 중요한 역할을 감당하는 사람임을 알게 하려는 것이다(힐 2014, 80). 또 이 표제는 여호와 하나님이 학개 선지자에게 말씀이 임한 사실을 기록함으로 이 책에 기록된 내용이 하나님 말씀임을 증거한다.

(2) 백성들의 잘못된 생각을 지적하신 하나님(학 1:2-7)

만군의 여호와께서 백성들이 여호와의 전을 건축할 시기가 이르지 아니하였다고 한 말을 지적하셨다(학 1:2). 하나님은 이들의 생각이 잘못되었음을 말하기 위해 수사적 질문으로 성전이 황폐했는데 너희는 판벽한 집에 거주하는 것이 옳으냐고 하셨다(학 1:3). '판벽하다'(사판, ןוּפָס)라는 단어는 '지붕을 얹다', '판자를 붙이다'라는 뜻으로 성경에 드물게 나온다(참조. 왕상 6:9, 15; 7:3). 여호와께서 이 말씀을 하신 것은 지붕이 없는 성전과 백성들이 자기들이 거주하기 위해 지은 지붕이 있는 완전한 집을 대조하여 삶의 우선권 문제를 지적하신 것이다. 그래서 수미쌍관법으로 "너희의 행위를 살필지니라"(학 1:5, 7)라고 하셨다.

> A 너희는 너희의 행위를 살필지니라(학 1:5)
>
> X ⋯ 많이 뿌릴지라도 수확이 적으며 ⋯(학 1:6)
>
> A' 너희는 자기의 행위를 살필지니라(학 1:7)

무엇을 살펴보라는 것인가? 그것은 지금 형편을 살펴보라는 뜻이다. 많이 뿌릴지라도 수확이 적으며 ⋯ 일꾼이 삯을 받아도 그것을 구멍 뚫어진 전대에 넣음과 같음을 살펴보라는 것이다(학 1:6). 이것은 언약의 말씀에 따른 저주로 나타나는 현상이다(참조. 레 26:19-20).

(3) 성전 재건을 명하신 하나님(학 1:8-11)

하나님은 이스라엘 백성들에게 산에 올라가서 나무를 가져다가 성전을 건축하라 그리하면 하나님이 기뻐하고 영광을 얻을 것이라고 하셨다(학 1:8). 이 일이 왜 중요한지 그들의 삶과 어떤 연관이 있는지 설명해 주시기를 "너희가 많은 것을 바랐으나 도리어 적어고 너희가 그것을 집에 가져갔으나 버렸느니라"라고 하셨다. 하나님이 왜 이렇게 하셨는가? 그것은 하나님이 집은 황폐했는데 이스라엘 백성은 자기 집을 짓는 일에 바빴기 때문이다(학 1:9). 여기서 '자기 집'은 환유법으로 단순히 건물로서 집을 말하는 것이 아니라 자신들이 하는 모든 일을 말한다. 이것은 하나님을 경외하는 일을 삶의 우선순위에 두지 않았다는 것이다. 성전을 건축하는 일은 단순히 한 건물을 짓는 것이 아니라 언약을 재확인하고 그리스도로 말미암아 회복될 하나님 나라를 바라보는 일이다.[3] 그런데 당시 언약 백성은 이 일을 중요하게 생각하지 않았다. 그래서 하나님은 하늘은 이슬을, 땅은 산물을 그치게 하셨고 사람과 가축과 손으로 수고한 모든 것에 한재를 들게 하셨다(학 1:10-11). 여기 '한재'(호렙, חֹרֶב)는 가뭄, 건조 등의 의미로 하나님의 집이 '황폐하다'(하렙, brex')라는 단어와 언어유희를 이룬다. 이러한 문학적 장치를 통해 성전을 황폐케 한 일이 땅에 가뭄이 들듯이 모든 소득이 줄어들게 되었음을 강조한다. 이를 통해 하나님의 경외하는 일과 일상의 삶의 축복이 밀접한 연관이 있음을 보여준다.

(4) 지도자들과 백성들의 반응(학 1:12-15)

백성의 지도자인 스룹바벨과 여호수아와 남은 백성은 학개 선지자가 전한 말씀을 듣고 여호와를 경외했다(학 1:12). '여호와를 경외하다'라는 개념은 믿음의 총체적인 표현으로 하나님과 거리를 두면서도 친밀한 관계를 의미하는 묘한 성격이 있다(신득일 2002, 43). 퍼거슨(Furguson 1984, 36)은 하나님이 어떤 분이신지, 그리고 그분이 우리를 위해 하신 일을 생각할 때 우리 마음속 가득 솟아오르는 존경심과 두려움과 기쁨과 경이로움이 모두 섞인 복합적인 개념이라고 설명했다. 남은 백성들이 여호와를 경외할 때 하나님은 "내가 너희와 함께 하노라"라고 하셨다. 이 표현은 언약 관계를 나타내는 형식 문구로 하나님이 언약을 지키시어 언약을

---

3   성전에 관한 내용은 서론의 "주제와 기록 목적"을 참조하라.

성취하시겠다는 뜻이다.

이 일에 대해 하개서의 내레이터는 여호와께서 지도자들의 마음과 남은 자들의 마음을 감동시키자 그들이 와서 하나님의 전 공사를 하였다고 해설했다(학 1:14). '감동시키다'(עוּר 〈 עוּר)의 히브리어 어근은 '일으키다', '깨우다' 등의 의미로 하나님이 자신의 목적을 이루시기 위해 자기 백성에게 생기를 불어넣으시는 하나님의 주권적인 역사를 언급할 때 사용된다(힐 2014, 96). 그리고 그들이 전 공사를 시작한 때는 다리오 왕 제2년 여섯째 달 이십사일이다(학 1:15). 이는 학개가 여섯째 달 초하루에 받은 말씀과 비교하면 24일 만에 시작된 일임을 알 수 있다.

2. 두 번째 메시지(미래) : 성전의 영광(학 2:1-9)

이 문단은 일곱째 달 이십일일에 여호와의 말씀이 선지자 학개에게 임하여 백성의 지도자들인 스룹바벨과 여호수아와 남은 자들에게 말한 내용으로 성전의 현재와 미래를 보여준다.

내용 분해

(1) 성전의 현재(학 2:1-3)
(2) 성전의 미래(학 2:4-9)

내용 해설

(1) 성전의 현재(학 2:1-3)

하나님은 스룹바벨과 여호수아와 남은 백성에게 수사적 질문으로 "이 성전의 이전 영광을 본 자가 누구냐?"라고 질문하시며 그들 눈에 보잘것없지 아니한지 질문하셨다(학 2:3). 남은 자들 가운데 66년 전의 파괴된 솔로몬 성전을 기억하는 자라면 그들은 70세 이상이었을 것이다. 그들은 이전의 솔로몬 성전을 기억하면서 그 성전이 무너진 이유를 생각해 보지 않았을까? 성전이 무너진 것은 이스라엘의 불순종에 따른 언약의 저주다(참조. 왕상 9:6-9).

(2) 성전의 미래(학 2:4-9)

하나님은 '그러나'라는 전환 어구를 통해 과거에 대한 회상에서 현재의 행동으로 옮기신다(오커 2014, 1757). 하나님은 평행법으로 "스스로 굳세게 할지어다"라고 하신 말씀을 세 번 반복하며 그 이유를 하나님이 그들과 함께하기 때문이라고 하셨다(학 2:4). 이것은 가나안에 들어가기 전에 여호수아에게 하신 말씀과 다윗이 성전 건축하는 일을 솔로몬에게 맡길 때 하신 하나님의 말씀을 생각나게 한다(참조. 신 31:6-7; 수 1:6, 9; 대상 28:20). 그리고 하나님은 그들이 스스로 굳세게 하고 두려워하지 말아야 할 이유 두 가지를 말씀하셨다. 그것은 애굽에서 나올 때 시내 산에서 언약을 맺은 일과 하나님의 영이 그들 가운데 계속 머물러 있다는 것이다(학 2:5). 하나님의 영이 머물러 있다는 것은 하나님이 항상 그들 가운데 임재해 계신다는 것이다.

또 하나님은 조금 있으면 하늘과 바다와 육지를 진동시키실 것이고 모든 나라의 보배가 이르러 성전에 영광이 충만하게 되어 이 성전의 나중 영광이 이전 영광보다 크리라고 하셨다(학 2:6-9). 학개는 이 하나님의 말씀을 전하면서 이 예언의 확실함을 증거하기 위해 '만군의 여호와의 말이니라'라는 말을 다섯 번이나 반복했다(학 2:6, 7, 8, 9×2). '조금 있으면'이라는 말은 짧은 시간을 암시하기는 하지만 기다려야 함을 의미한다. '진동시키다'라는 말은 구약 성경에서 하나님이 자연 세계를 움직이며 임재하시는 표현으로 나타난다(삿 5:4; 삼하 22:8; 사 24:18 등). 그리고 하나님이 온 세상을 진동시켜 모든 나라의 보배가 이를 것이라고 했다(학 2:7). 여기 '보배'를 KJV, NIV 등은 '사모하는 것'이라고 번역하여 메시아의 오심으로 해석했다. 하지만 이 해석의 문제는 '이르다'(יבאו)라는 동사가 3인칭, 복수, 남성이기 때문에 선행하는 문장의 '모든 나라'가 보물을 가져올 것이라고 이해해야 한다(신득일 2012, 531; 기동연 2017, 424). NASB가 "그들이 모든 나라의 부를 가져올 것이다"(they will come with the wealth of all nations)라고 번역한 것이 적절하다. 이것은 이사야 선지자가 예언한 것처럼 모든 나라의 부가 성전에 들어온다는 것이다(사 60:11; 61:6; 66:12 등).

이 일은 언제 이루어질 것인가? 전천년설자들은 천년왕국 시대에 이루어질 일로 보았다(블루 1994, 121). 그리고 힐(2014, 108)은 페르시아 제국이 후원함으로 성취되었다고 보기도 한다. 이 말씀은 문맥적으로 보아 당시 성전을 재건하는 일을 포함하여 완전한 하나님 나라를 세우는 일까지 모든 나라가 재물을 가지고 와서 헌신하게 될 것으로 이해될 수 있다. 그래서 그들이 재건하는 성전의 나중 영광이 이전 영광보다 더 크게 될 것이다(학 2:9). 솔로몬이 성전을 완공했을 때 하나님의 영광이 충만했던 것과 비교할 수 없는 하나님의 영광이 그리스도 안에서 성전된 모든 성도에게 임재하시고(고전 3:16; 고후 6:16) 그리스도의 재림 시에 완전한 성전이 성취될 것이다(계 21:22-27). 당시 남은 자들이 이 미래를 다 알지 못했을 수도 있으나 '조금 있으면' 성전을 완공하게 될 것이고 모든 나라가 재물을 가지고 들어와 하나님을 예배하는 꿈을 꾸었을 것이다.

3. 세 번째 메시지(현재) : 성전 재건에 따른 복(학 2:10-19)

이 문단은 다리오 2년 아홉째 달 이십사일에 여호와의 말씀이 학개에게 임하여 하나님이 제사장에게 율법에 대해 질문하고 제사장들이 대답하는 내용과 학개가 그 질문의 의미를 설명하는 내용이다. 이 말씀은 성전 재건공사를 재개한 지 두 달이 지난 뒤에 하나님이 주신 것이다.

내용 분해

⑴ 성전 재건 이전의 백성의 상태(학 2:10-14)
⑵ 성전 재건 이전과 이후의 백성의 삶(학 2:15-19)

내용 해설

(1) 성전 재건 이전의 백성의 상태(학 2:10-14)

학개는 성전 재건 이전의 백성의 상태를 설명하기 위해 제사장들에게 두 가지 질문을 던졌다. 하나는 옷자락에 거룩한 고기를 쌌는데 그 옷자락이 다른 음식과 물건에 닿으면 그 고기가 성물이 되겠는지에 대한 것이다(학 2:12). 이에 대해 제사장들은 아니라고 대답했다. 율법에 속죄제물인 고기가 다른 것에 접촉하면 그것은 거룩하게 된다(렘 6:27). 그러나 학개의 질문은 "고기를 싼 옷자락이 다른 것에 닿으면 그것이 거룩하게 되겠느냐?"라는 것으로 2차 접촉을 말한다. 제사장들은 아니라고 대답했다. 또 하나는 시체를 만져 부정하게 된 자가 만일 다른 것들에 닿으면 그것이 부정하겠는지에 대한 것이다(학 2:13). 제사장들은 그렇다고 대답했다. 학개는 이 율법규정을 통해 포로에서 돌아온 자들과 그들의 모든 것이 그러하다고 했다(학 2:14). 학개는 돌아온 자들이 거룩한 고기에 접촉한 것이 아니라 그것을 싼 옷자락에 접촉한 상태라는 것이고 시체를 접촉한 상태이기에 부정하다고 했다. 왜 돌아온 자들이 부정한 자들이 되었는가? 바벨론 포로에서 돌아오게 하신 거룩하신 하나님의 은혜를 경험하고도 성전을 재건하는 거룩한 일을 추구하지 않았기 때문이다.

(2) 성전 재건 이후과 이후의 백성의 삶(학 2:15-19)

학개는 이 백성들에게 수미쌍관법으로 오늘, 곧 아홉째 달 이십사일부터 그 이전을 기억해 보라고 했다(학 2:15, 18).

A 오늘 이전을 … 기억하라(학 2:15)
X 그때에는 … 내게로 돌이키지 않았느니라(학 2:16-17)
A' 오늘 이전을 기억하라(학 2:18)

성전 지대를 놓기 이전에는 곡식과 포도주를 예상보다 절반밖에 수확하지 못했고 하나님이 곡식을 마르게 하는 재앙과 깜부기 재앙과 우박으로 쳤어도 하나님께 돌아오지 않았다(학 2:16-17). 또 학개는 이때를 기억하라고 했다. 이때는 곡식 종자도 없고 포도나무, 무화과나무 등도 열매를 맺지 못했으나 성전 지대를 놓은 오늘부터는 복을 주실 것이라고 하셨다(학 2:19). 하나님이 성전 재건공사를 시작한 지 두 달 뒤에 이 복을 약속하신 것은 백성들의 삶의 우선순위가 바뀌어 하나님 중심적인 삶으로 돌아왔음을 증명한다(오커 2014, 1759).

4. 네 번째 메시지(미래) : 스룹바벨에게 주신 약속(학 2:20-23)

이 문단은 세 번째 메시지를 주신 날과 같은 다리오 2년 아홉째 달 이십사일에 여호와의 말씀이 선지자 학개에게 임하여 스룹바벨에게 전하라고 하신 말씀이다 (학 2:20-21a). 같은 날에 두 번 하나님의 말씀이 임한 것은 메시지의 중요성과 연관이 있다.

내용 분해

(1) 모든 나라에 대한 심판의 말씀(학 2:20-22)
(2) 스룹바벨을 통한 메시아 약속(학 2:23)

내용 해설

(1) 모든 나라에 대한 심판의 말씀(학 2:20-22)

하나님은 유다 총독 스룹바벨에게 하늘과 땅을 진동시킬 것이고 여러 왕국의 보좌를 엎을 것이라고 하셨다(학 2:21-22).[4] 하늘과 땅을 진동시킨다는 표현은 학개 2:6-7에도 나타난 표현인데 구약 성경에서 하나님이 자연 세계를 움직이며 임재하시는 표현으로 나타난다(삿 5:4; 삼하 22:8; 사 24:18 등). 이것은 하나님이 역사 세계에 큰 능력으로 임재하신다는 것이다. 이러한 일은 출애굽 당시에 이스라엘이 경험한 것처럼 모든 대적을 멸하실 것을 보여주기도 한다(참조. 출 14:4, 17). 블루(1994, 127)는 다니엘서 2장의 큰 우상으로 상징된 이방 세계에 그리스도의 나라를 세우실 것을 말하는 것으로 보았다(단 2:34-35, 44-45).

---

4 스룹바벨에 관해서는 이 책 학개 1:1의 해석을 참조하라.

(2) 스룹바벨을 통한 메시아 약속(학 2:23)

학개는 "만군의 여호와가 말하노라"를 수미쌍관법으로 말하며 '내 종' 스알디엘의 아들 스룹바벨에게 말한다고 했다. 여호와의 종은 하나님이 정하신 사명을 성취하도록 선택된 사람을 말한다(오커 2014, 1759). 하나님은 그날에 스룹바벨을 세워 인장으로 삼을 것이라고 하셨다. 여기서 인장은 왕의 권위와 소유권을 나타내는 것이다(오커 2014, 1759). 이 인장을 스룹바벨에게 준다는 것은 그를 왕으로 세워 다윗에게 약속하신 메시아를 보내어 온 세상을 다스리신다는 것이다(Verhoef 1987, 142). 이 약속에 따라 그리스도가 이 세상에 오셔서 만물을 다스리는 권세를 가지고 교회의 머리가 되사 교회를 통하여 온 세상을 다스리신다(엡 1:21–23). 그리고 언젠가 재림하여 자기 백성과 영원토록 다스리실 것이다(계 22:1–5).

V. 구속사적 의미

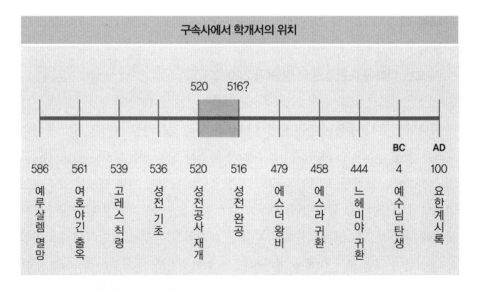

학개서에 기록된 연대를 보면 학개 선지자의 사역은 다리오 왕(주전 522–486) 2년 여섯째 달 초하루부터 아홉째 달 이십사일까지의 약 114일간의 구속사를 기록한 것처럼 보인다. 그러나 에스라 5:1–2과 6:14은 학개와 스가랴의 도움으로 다리오 6년에 성전이 완공되었다고 기록한다. 이로 보아 학개는 주전 516년까지 사역한 것으로 볼 수 있다.

학개서의 구속사에서 하나님은 학개를 통해 성전 재건은 돌아온 자들이 현재 삶에서 복과 은혜를 받는 방법일 뿐만 아니라 미래에 이루실 하나님의 궁극적인 목적인 하나님 나라를 바라보는 일임을 가르쳐 주셨다. 돌아온 자들이 성전 재건에 대한 명령을 외면했을 때도 하나님은 그들을 포기하지 않으시고 때론 그들의 경제적인 삶을 힘들게 하기도 하셨다(학 1:6-11; 2:15-17). 그러나 하나님은 주권적으로 지도자들과 남은 자들의 마음을 감동시켜 이 일을 하게 하셨다(학 1:14).

특히 하나님은 성전을 재건하는 일은 단순히 물리적인 성전 재건을 넘어 하나님이 모든 나라를 진동시키며 모든 나라의 보배가 이르게 하여 성전에 영광이 충만하게 하실 것이라고 하셨다(학 2:6-7). 성전의 핵심 개념은 하나님이 그곳에 임재해 계신다는 것이다(출 25:8, 22). 이 약속대로 이 하나님의 영광은 장차 그리스도 안에서 성전된 모든 성도에게 임재하시고(고전 3:16; 고후 6:16) 그리스도의 재림 시에 완전한 성전이 성취될 것이다(계 21:22-27). 그래서 이 약속은 하나님의 구속사의 목표가 하나님의 백성이 성전에서 하나님과의 교제를 풍성하게 누리는 일과 연관되어 있음을 보여준다. 하나님은 이 은혜를 누리도록 주권적으로 지도자들의 마음과 남은 자들의 마음을 감동시켜 성전 재건이라는 거룩한 일을 수행하게 하셨다(학 1:14). 그리고 하나님의 영이 항상 그들 가운데 머물 것이기에 두려워하지 말라고 하셨다(학 2:5). 이 약속은 구속사에서 하나님이 자기 백성과 함께 하셔서 완전한 나라를 이루실 때까지 지키시고 보호해 주신다는 것을 보여준다. 이 약속은 그리스도가 다시 오실 때까지 계속되고 있다(마 28:20; 요 14:15-21)).

그리고 이 구속사에서 언약 백성은 학개의 말을 듣고 여호와를 경외해야 함을 보여준다(학 1:12). 백성들이 여호와를 경외할 때 하나님이 그들과 함께하시기 때문이다(학 1:13). 에스라 6:14에는 "유다 사람의 장로들이 선지자 학개와 잇도의 손자 스가랴의 권면을 따랐으므로 성전 건축하는 일이 형통한지라"라고 했다. 그리고 그들은 다리오 왕 6년, 곧 주전 516년에 성전을 완공했다(스 6:15). 이것은 구속사를 이루는 일에 언약 백성은 하나님의 말씀을 믿고 순종해야 할 인간의 책임이 있음을 보여준다.

스가랴
Zechariah

스가랴

—◦⟡◦—

스가랴 선지자는 포로 후의 선지자로서 학개 선지자와 역사적 배경이나 사역이나 주제 면에서 중첩되는 부분이 있다. 학개 선지자의 주요 메시지는 성전을 재건하는 일의 중요성과 의미에 강조점을 두고 포로에서 돌아온 유대인들에게 성전을 재건하도록 격려하는 일이었다. 그리고 스가랴 선지자의 주요 메시지 역시 돌아온 자들에게 성전을 재건하도록 격려하는 일을 포함하고 있으나 물리적인 성전 재건을 넘어 회개와 하나님과 바른 관계를 회복하는 일에 강조점을 두고 있다(슥 1:2-6). 이와 함께 스가랴 선지자는 금식에 대한 교훈 속에 사회 정의를 강조하기도 하고(슥 7:8-12; 8:14-17), 두 번째 큰 문단인 스가랴 9-14장에서는 메시아가 어떤 모습으로 오실 것이고 어떻게 구원을 이루실 것인지도 보여준다. 특히 스가랴서 안에는 메시아와 관련된 예언이 많다(슥 9:9-10; 11:12-13; 12:10 등). 이러한 메시아 예언으로 보아 스가랴 선지자는 당시 이스라엘 백성들이 다 이해하지 못했을 수도 있으나 메시아적 소망을 품게 하여 여호와를 경외하며 사는 일이 의미있는 일임을 보여준다.

I. 저자와 역사적 배경

1. 저자

스가랴는 예레미야(렘 1:1)와 에스겔(겔 1:3)과 같이 선지자일 뿐만 아니라 제사장 가문이다. '스가랴'(זְכַרְיָה)라는 이름은 '여호와께서 기억하신다'라는 뜻이다. 스가랴 1:1에서 스가랴를 '잇도의 손자 베레갸의 아들'이라고 소개한다(슥 1:1). 그의 조부 잇도는 포로 귀환자 명단에 들어있다(느 12:4). 그래서 스가랴는 스룹바벨과 여호수아의 인도로 바벨론 포로에서 예루살렘으로 돌아온 사람이다. 느헤미야서에서 스가랴가 제사장 잇도 가문의 우두머리로 기록되어 있다(느 12:16). 손자가 조부를 계승한 것은 아버지 베레갸가 일찍 죽었던 것으로 보인다. 이러한 스가랴의 계보는 그가 레위 지파 사람이며 제사장 가문의 선지자였음을 보여준다.

스가랴는 학개와 동시대 선지자였으나(슥 5:1; 6:14) 학개보다 더 오랫동안 사역을 계속했다(슥 7:1). 특히 스가랴가 사역을 시작할 때 젊은이였고(슥 2:4), 느헤미야를 중심으로 완공한 성벽공사에 참여했다고 본다면(참조. 느 12:16, 41) 아닥사스다(주전 465-424) 통치 때에도 사역했다고 볼 수 있다(Barker & Walker 2002, 1430).

전통적으로 스가랴가 이 책 전체를 썼다고 본다. 그러나 스가랴 9-14장은 1-8과 비교할 때 주제, 문체, 역사적 상황이 차이가 난다거나 특히 스가랴 9:13에 헬라를 언급하고 있다는 점 등을 근거로 스가랴가 저자가 될 수 없다고 보기도 한다(Young 1977, 277-281). 그러나 고고학적 발견과 정치적 상황 그리고 문학적 특징, 문학적 연속성 등에 관한 연구는 스가랴가 썼음을 증언한다(Hill 1982, 130-132; Meyers & Meyers 1993, 52-55).

2. 역사적 배경

스가랴는 이 책에 기록된 사건이 언제 일어난 일인지를 보여주는 신호인 다리오의 통치 연대를 기록함으로 이 책의 역사적 배경을 알려준다. 다리오는 주전 522년부터 486년까지 페르시아를 다스렸다.

성경	재위	달, 일	현대력
슥 1:1	2년	여덟째 달	주전 520년 10/11월
슥 1:7	2년	열한째 달 이십사일	주전 519년 2월 15일
슥 7:1	4년	아홉째 달 사일	주전 518년 12월 7일

연대를 표시해 주는 형식 문구를 볼 때 스가랴는 학개와 동시대 선지자라는 것을 알 수 있다(참조. 학 1:1; 2:1, 10, 20). 스가랴는 학개와 같이 둘 다 포로에서 돌아온 유대인들에게 주전 536년에 성전기초를 놓은 후 다리오 왕 2년, 곧 주전 520년까지 거의 15/16년이나 지체된 후 이들을 도와 다리오 6년인 주전 516년에 성

전을 완공했다(참조. 스 5:1-2; 6:14). 이러한 배경을 볼 때 스가랴서는 학개서와 함께 포로 이후의 역사를 기록한 에스라-느헤미야의 역사적 배경과 공유한다.[1] 그리고 스가랴는 그가 사역을 시작할 때 젊은이였고(스 2:4), 느헤미야를 중심으로 완공한 성벽공사에 참여했다(느 12:16, 41). 이로 보아 스가랴의 사역은 성전 재건 이후에 이스라엘이 다시 영적으로 무디어진 상황과 무관하지 않았을 것이다.

II. 문학적 구조와 특징

스가랴서는 소선지서 12권 가운데 가장 길고 복잡하지만 계시의 내용이나 문체나 배경으로 보아 스가랴 1-8장과 9-14장이 확연히 구분된다. 스가랴 1-8장은 여덟 가지 환상을 통해 성전 재건을 중심으로 가까운 미래에 관한 내용을 전달하고 스가랴 9-14장은 이방과 거짓 목자를 심판하는 내용과 시온의 회복과 관련된 좀 더 먼 미래에 관한 내용을 전달한다. 그리고 스가랴 1-8장은 환상을 통해 하나님이 하시고자 하는 계획을 보여준다. 문체에 있어서 스가랴 1-8장은 주로 산문이지만 9-14장은 주로 운문의 특징인 평행법과 비유적인 언어를 많이 사용한다(Klein 2008, 258). 특히 스가랴는 전체적으로 다양한 이미지와 상징을 사용해 독자의 상상력을 자극한 후에 구체적인 내용을 전달한다(두기드 2014, 1763-4). 그런데 스가랴는 그의 메시지를 마치 개별적인 문단들을 모은 것처럼 일관성이 없는 것처럼 전개하기 때문에 이야기의 연속성이 없는 것처럼 보인다. 책의 후반부인 스가랴 9-14장도 두 개의 신탁으로 구성되어 있지만 이 신탁 역시 심판과 구원을 번갈아 설명하기에 연속성을 찾기 어렵다. 하지만 각각의 그림처럼 보여도 먼 거리에서 보면 마치 모자이크 방식으로 그린 그림의 일부처럼 언약 백성을 향한 하나님의 사랑과 그들을 통한 구속계획을 보여준다.

이 책의 문학 구조에 관해 볼드윈(Baldwin 1972, 85-86)은 라마르쉬(Ramarche)의 분석에 근거해 교차대칭구조로 분석하여 이 책이 통일성을 가지고 있음을 논증하려 했으나 다소 인위적이고 억지스럽다. 그러나 클라인(Klein 2008, 91)이 메이어즈 & 메이어즈(Meyers & Meyers, 1987, 179-180)의 분석을 토대로 여덟 가지 환상을

---

1 스가랴서의 역사적 배경에 대한 더 자세한 설명은 학개서의 "저자와 역사적 배경"을 참조하라.

A–B–C–D / D′–C′–B′–A′ 형태의 교차대칭구조(= 중앙집중적 구조)로 구분한 것은 의미가 있다.[2]

    A 환상 1 : 붉은 말을 탄 사람(슥 1:7–17)
      B 환상 2 : 네 뿔과 네 명의 대장장이(슥 1:18–21)
        C 환상 3 : 측량하는 사람(슥 2:1–13)
          D 환상 4 : 대제사장을 정결하게 함(슥 3:1–10)
          D′ 환상 5 : 순금 등잔대와 두 감람나무(슥 4:1–14)
        C′ 환상 6 : 날아가는 두루마리(슥 5:1–4)
      B′ 환상 7 : 에바 속의 여인(슥 5:5–11)
    A′ 환상 8 : 네 병거(슥 6:1–8)

이 여덟 가지 환상은 하나님이 자기 백성을 위해 무엇을 하시는지를 묘사한다. 스가랴가 본 환상은 요한계시록에서 요한이 본 것처럼 하나님이 자기 백성을 위로할 목적으로 주신 것으로 경건한 자들이 여호와께서 열심으로 구속의 모든 면을 이루신다는 것을 알게 하려는 것이다. 이 구속은 하나님의 대적들에 대한 복수, 백성들의 억울함을 풀어주는 일과 그들을 영화롭게 하는 일, 영광스러운 하나님의 통치 등으로 구성되어 있다(Vangemeren 1990, 196). 이 외의 다른 구조는 전체적인 큰 그림을 중심으로 구분하는 것이 좋다고 생각한다.

---

2 반게메렌(Vangemeren 1990, 196)도 동일하게 분석했으나 그는 주제별로 제목을 붙였다.
    A 조용한 열국에 대한 환상 (슥 1:7–17)
      B 열국의 심판에 대한 환상 (슥 1:18–21)
        C 새 예루살렘에 대한 환상 (슥 2:1–13)
          D 새 시대에 대한 환상 : 용서와 평화 (슥 3:1–10)
          D′ 새 시대에 대한 환상 : 메시아의 사역 (슥 4:1–14)
        C′ 악의 제거에 대한 환상 (슥 5:1–4)
      B′ 바벨론 심판에 대한 환상 (슥 5:5–11)
    A′ 조용한 성령에 대한 환상 (슥 6:1–8)

1. 여덟 가지의 환상과 금식 문제와 미래 약속(1:1-8:23)

    (1) 서론 : 여호와께 돌아오라(슥 1:1-6)

    (2) 여덟 가지의 환상(슥 1:7-6:8)

    (3) 대제사장 여호수아의 면류관(슥 6:9-15)

    (4) 금식 문제와 미래의 약속(슥 7:1-8:23)

2. 두 개의 신탁 : 메시아의 미래와 하나님 나라(슥 9:1-14:21)

    (1) 첫 번째 신탁 : 메시아의 오심과 거절(슥 9:1-11:17)

    (2) 두 번째 신탁 : 메시아의 오심과 순종(슥 12:1-14:21)

III. 주제와 기록 목적

스가랴가 사역한 시점이 학개와 같다면 스가랴의 주요 메시지 역시 성전을 재건하도록 돕는 일이었을 것이다. 학개가 성전 재건의 의미와 중요성에 강조점에 있었다면 스가랴는 이 의미와 더불어 하나님과 바른 관계를 갖는 일에 있었다(슥 1:1-6). 그래서 그의 메시지는 성전을 재건하도록 격려할 뿐만 아니라 이스라엘이 성전에 출입하기에 합당한 도덕적인 삶을 살도록 격려하려는 것이다(슥 1:13; 8:9, 13, 15). 이 책의 중심되는 주제는 우선적으로 성전을 재건하는 일을 완성하도록 격려하는 일이다. 이 목적을 성취하기 위해 메시아의 오심과 그가 하나님 나라 대적들을 폐하고 하나님의 통치가 마침내 땅 위에 온전히 세워질 것을 강조한다(Barker & Walker 2002, 1431).

스가랴서의 주된 기록 목적은 성전을 재건하는 일을 마치도록(슥 4:8-10) 격려하고 동기를 부여하는 것이다(Barker & Walker 2002, 1431). 이 목적을 이루기 위해 유다 백성을 다양한 방식으로 권면했다.

첫째, 스가랴는 과거 조상들이 회개하지 않을 때 하나님이 그들의 길과 행위에 따라 선지자들에게 말씀하신 대로 진노한 역사를 회상함으로 회개해야 소망이 있음을 권면했다(슥 1:2-6). 죄에 대한 회개 없이는 그들과 맺은 언약에 담긴 은혜와 특권을 누릴 수 없기 때문이다.

둘째, 스가랴는 하나님의 대언자로서 유다와 예루살렘의 백성들을 '위로하고', '힘을 주기' 위해서 여러 말로 권면했다(슥 1:13; 8:9). 그것은 여덟 가지의 환상을 통해 하나님이 이스라엘을 변함없이 돌보시며 이방 나라의 운명을 제어하신다는 것이다(슥 1:7-6:8).

셋째, 스가랴는 금식에 관한 교훈을 하며 진실한 재판을 하며 소외된 자들을 돌보아야 할 사회 정의를 실천하도록 권면했다(슥 7:8-14; 8:14-17). 이는 말씀에 대한 실천이 없이는 금식과 성전예배는 의미가 없기 때문이다.

넷째, 스가랴는 마지막 두 개의 메시지에 이스라엘의 미래에 초점을 맞추어 이스라엘 백성이 하나님 안에 희망을 두도록 권면했다(슥 9:1-14:21). 이와 관련하여 메시아의 오심과 그의 나라(슥 9:9-10, 16)와 예루살렘에 하나님 나라를 세우신다는 예언(슥 14:9-11), 예루살렘이 하나님을 예배하는 거룩한 곳이 되어 이방 나라가 하나님을 경배하게 된다는 예언을 하였다(슥 14:16-21).

IV. 내용

내용 구조

1. 여덟 가지의 환상과 금식 문제와 미래 약속(슥 1:1-8:23)

    (1) 서론 : 여호와께 돌아오라(슥 1:1-6)

    (2) 여덟 가지의 환상(슥 1:7-6:8)

    (3) 대제사장 여호수아의 면류관(슥 6:9-15)

    (4) 금식 문제와 미래의 약속(슥 7:1-8:23)

2. 두 개의 신탁 : 메시아의 오심과 하나님 나라(슥 9:1-14:21)

    (1) 첫 번째 신탁 : 메시아의 오심과 거절(슥 9:1-11:17)

    (2) 두 번째 신탁 : 메시아의 오심과 순종(슥 12:1-14:21)

---

1. 여덟 가지의 환상과 금식 문제와 미래 약속(슥 1:1-8:23)

이 문단은 여호와께 돌아오라는 요청(슥 1:1-6)에 이어 여덟 가지의 환상(슥 1:7-6:8)을 통해 하나님이 구속을 성취하시기 위해 어떤 일을 하시는지 그리고 금식의 본질과 예루살렘의 미래에 관한 약속(슥 7:1–8:23) 등을 차례로 보여준다.

내용 분해

(1) 서론 : 여호와께 돌아오라(슥 1:1–6)

(2) 여덟 가지의 환상(슥 1:7–6:8)

(3) 대제사장 여호수아의 면류관(슥 6:9–15)

(4) 금식 문제와 미래의 약속(슥 7:1–8:23)

내용 해설

(1) 서론 : 여호와께 돌아오라(슥 1:1–6)

다리오 왕 제2년 여덟째 달에 하나님의 말씀이 스가랴에게 임했다(슥 1:1). 다리오 왕(주전 522–486) 2년은 주전 520년으로 주전 536년에 중단된 공사가 약 16년 만에 다시 시작된 해다. 학개 선지자 2년 여섯째 달에 사역을 시작한 것과 비교하면 두 달 늦다(참조. 학 1:1). 표제에서 스가랴를 '잇도의 손자 베레갸의 아들'이라고 소개한다(슥 1:1).[3] 그의 조부 잇도는 포로 귀환자 명단에 들어있다(느 12:4). 그래서 스가랴는 스룹바벨과 여호수아의 인도로 바벨론 포로에서 예루살렘으로 돌아온 사람이다. 이런 스가랴의 계보는 그가 레위 지파 사람이며 제사장 가문의 선지자였음을 보여준다.

스가랴서에는 메신저 공식인 "만군의 여호와의 말이니라"(אָמַר יְהוָה צְבָאוֹת)라는 말씀이 29번 나타난다. 이 표현은 메시지의 근원과 신적 권위를 나타낸다(힐 2014, 170). '만군의 여호와'(יְהוָה צְבָאוֹת)라는 말은 51번 나타난다. 이 이름은 하늘과 땅의 모든 존재를 통치하시는 분이라는 뜻이다.[4] 스가랴는 여호와께서 유다의 조상들

---

3 저자인 스가랴에 대해서는 스가랴서의 "저자와 역사적 배경"을 참조하라.

4 이 이름은 성경 전체 284번 사용되었다. '만군'(쩨바오트, צְבָאוֹת)은 군대(army)의 복수형이다(삼상 17:45). 또 하늘과 땅에 속한 모든 것을 의미하기도 한다(창 2:1). 이 이름은 하늘과 땅의 모든 존재를 통치하시는 분이라는 뜻이다(한정건 2006, 78–79).

에게 진노하신 사실을 상기시키며 여호와께 돌아오면 여호와께서 그들에게 돌아가실 것이라고 했다(슥 1:2-3). 언약 관계를 나타내는 문맥 속에서 '돌아오라'(슈브 bwv)라는 말은 회개의 뜻하는 성경 용어다. 이 말은 죄와 자아로부터 하나님과 그의 언약적 요구에 순종하기 위해 변화하거나 전환하는 것을 의미한다(힐 2014, 170). 스가랴는 회개의 중요성을 강조하기 위해 '돌아오라'라는 표현과 함께 메신저 공식을 반복해서 말했다.

스가랴는 이 반복과 더불어 과거 역사를 회상시키며 여호와께서 조상들에게 악한 길에서 떠나라고 했으나 귀를 기울이지 않은 사실을 상기시켰다(슥 1:4). 그러면서 수사적 질문으로 조상들이 어디 있느냐, 선지자들이 영원히 살겠느냐고 말하면서 선지자들에게 말한 하나님의 법도들이 임하지 않았느냐고 했다(슥 1:5-6a). 이는 유다 조상들이 선지자 말씀을 듣지 않음으로 징계를 받은 사실을 상기시키며 선지자들이 영원히 살지 못하기 때문에 선지자들이 말씀을 전할 때 듣고 순종해야 한다는 뜻이다. 그래서 스가랴는 조상들이 돌이켜(= 회개하며) 만군의 여호와께서 그들의 길과 행위대로 그들에게 행하려고 뜻하신 것을 그들에게 행하셨다고 고백한 일을 상기시켰다(슥 1:6b). 이 회개의 주체는 너무 늦게 회개함으로 포로 생활의 치욕을 돌이키지 못했던 포로 이전 조상들이다(Klein 2008, 86; 맥콘빌 2009, 443). 스가랴가 조상들의 과거 역사를 실례로 든 것은 조상들이 회개하지 않아 포로로 잡혀갔으나 포로에서 돌아온 자들이 회개하면 복된 미래가 전개된다는 것을 말하기 위함이다.

(2) 여덟 가지의 환상(슥 1:7-6:8)

이 문단에서 여덟 가지의 환상을 통해 하나님이 자기 백성을 위해 무엇을 하시는지를 묘사한다. 이 환상은 하나님이 유다 백성을 위로하기 위한 목적으로 주신 것으로 경건한 자들이 여호와께서 열심으로 구속의 모든 면을 이루신다는 것을 알게 하려는 것이다(Vangemeren 1990, 196). A-B-C-D / D'-C'-B'-A' 형태의 교차대칭구조(= 중앙집중적 구조)로 된 이 문단에 대해서는 앞의 "문학적 구조와 특징"을 참조하라. 이 환상들은 예외적인 부분이 있으나 대부분 스가랴가 환상을 보고(B) 그 환상에 대해 스가랴가 여호와의 천사에게 묻고(B) 천사가 대답하는(C)

A–B–C 구조로 되어 있다.

① 환상 1 : 붉은 말을 탄 사람(슥 1:7–17)

다리오 왕 제2년, 곧 주전 520년 열한째 달 이십사일 밤에 스가랴는 한 환상을 보았다(슥 1:7). 그 환상은 화석류 나무 사이에 붉은 말을 탄 한 사람이 있고 그 뒤에 붉은 말, 자줏빛 말, 흰 말이 있었다(슥 1:8). 말에 사람들이 타고 있는지 표현하고 있지 않지만 화석류 나무 사이에 선 자에게 말하는 것으로 보아 사람이 탔다고 보아야 한다(슥 1:11). 스가랴는 그가 본 것이 무엇인지 여호와의 천사에게 묻자 그가 대답했는데 여기에 천사는 화석류 나무 사이에 붉은 말을 탄 자다(슥 1:9, 10, 12). 이 네 마리의 말은 서로 짝을 이루는 여덟 번째 환상에 나오는 '하늘의 네 바람'(슥 6:5)과 비교해 볼 때 서로 다른 말이다. 세 마리의 말이 온 땅을 두루 다녀 본 결과 온 땅이 평온하고 조용하다고 했다(슥 1:11). 이때가 다리오가 제2년인 주전 520년이기 때문에 다리오가 자신의 왕위 계승을 반대하는 자들을 평정했음을 의미하는 것으로 본다(힐 2014, 180). 그러나 유다는 이 평화를 원하지 않았다(Klein 2008, 101).

이때 여호와의 천사가 만군의 여호와께 언제까지 예루살렘과 유다를 불쌍히 여기지 아니하시는지 묻고는 노하신 지 70년이 되었다고 말했다(슥 1:12). 이 질문으로 보아 포로에서 돌아온 자들은 예레미야가 예언한 70년을 바벨론이 멸망하는 해로 보지 않았음을 알 수 있다.[5] 이 질문에 대해 여호와께서 자신은 시온을 위해 크게 질투하며 조금 노했는데 그들은 힘을 더해 노했다고 하셨다(슥 1:14–15). 질투는 감정적인 용어로 하나님이 질투하신다는 말은 열정적으로 사랑을 표현하신다는 것이다(힐 2014, 182). 이 환상에서 하나님은 예루살렘에 대한 사랑의 표현을 두 가지로 말씀하셨다. 하나는 하나님이 예루살렘을 징계하기 위한 도구로 선택된 나라들이 그들의 한계를 넘었다는 것이다(참조. 사 10:5–19; 47:6–7). 이 나라들 가운데 앗수르와 바벨론은 이미 하나님이 질투하심으로 멸망시켰기 때문에 하나님의 질투의 대상인 안일한 나라(슥 1:11, 15)는 페르시아다(힐 2014, 183).

---

5 70년에 대해 여러 견해가 있으나 이에 대해 『Refo 500 성경 해설』의 "선지서"에 있는 예레미야 29:10의 해설을 참조하라.

또 하나는 하나님이 이스라엘을 불쌍히 여겨 예루살렘으로 돌아오게 하셨기 때문에 이곳에 하나님의 집이 그 가운데 건축될 것이고 하나님의 성읍들이 다시 풍부해진다는 것이다(슥 1:16-17a). 여기 '풍부하다'라는 것은 모세 언약에 나온 복(신 28:11)과 예레미야에게 약속하신 복(렘 32:42-44)을 의미한다(힐 2014, 185). 그리고 하나님은 다시 예루살렘을 택할 것이라고 하셨다(슥 1:17b). 이는 포로 이후에도 하나님이 이스라엘과 맺은 언약은 유효하고, 하나님은 그들 가운데 거하시고 그들과 교제하시며 거룩한 목적을 이루실 것을 보여준다.

이 환상을 듣고 이스라엘은 밝은 미래를 확신할 수 있었을 것이다. 자기 백성을 위한 하나님의 질투는 하나님이 자기 백성과 맺은 언약이 신실한 관계임을 증명한다(Klein 2008, 107-108).

② 환상 2 : 네 뿔과 네 명의 대장장이(슥 1:18-21)

스가랴는 그가 본 두 번째 본 환상에서 네 뿔이 보였고 그에게 말하는 천사에게 그 뿔이 무엇을 의미하는지 물었다(슥 1:18-19a). 성경에 뿔은 주로 힘과 권위를 상징하는 것으로 나타난다(삼상 2:1; 시 92:10). 천사는 이 뿔을 이스라엘과 예루살렘을 흩뜨린 뿔이라고 했다(슥 1:19b). 이 뿔이 네 개인 것은 이스라엘을 억압한 나라 전체를 상징적으로 말한다. 이어서 스가랴는 대장장이 네 명을 보았다(슥 1:20). 대장장이(하라쉬, חָרָשׁ)는 일반적인 단어로 석공이나 목수(출 28:11; 왕하 12:12), 철공(삼상 13:19) 등을 말한다. 이러한 은유는 뿔이 나무로 만들어졌든 쇠로 만들어졌던 이들을 잘라내는 역할을 한다는 것이다. 이 환상은 하나님이 선택하지 않으셨거나 대적하는 나라와 백성들에게는 미래에 심판이 기다린다는 것을 보여준다(Fineberg 1976, 38).

③ 환상 3 : 측량하는 사람(슥 2:1-13)

스가랴는 그가 본 세 번째 환상에서 한 사람이 그의 손에 측량 줄을 잡은 것을 보았다. 스가랴가 그에게 어디로 가는지 묻자 예루살렘을 측량하여 그 너비와 길이를 보고자 한다고 말했다(슥 2:2). '측량 줄'은 집을 건축하기 위해 땅을 재는 단위를 말한다. 스가랴에게 말한 천사가 나가고 다른 천사가 그 소년에게 예루살렘은 그 가운데 사람과 가축이 많고 성곽이 없는 성읍이 될 것이라 말하라고 했다(슥 2:3-4). 여기 '소년'이 측량 줄을 잡은 사람인지 아니면 스가랴인지 분명하지 않으나 문맥으로 보아 스가랴로 보는 것이 잘 어울린다(Merrill 1994, 115). 그러면 성곽 없는 성읍이 어떻게 안전할 수 있는가? 그것은 하나님이 불로 둘러싼 성곽이 되고 그 가운데 영광이 되리라고 하셨기 때문이다(슥 2:5; 참조. 왕하 6:17). 이것은 예루살렘이 번성하게 될 것이고 하나님이 그 성을 보호하시며 그 가운데 임재하신다는 뜻이다.[6]

스가랴는 스가랴 2:6-13에서 이 주제를 더 발전시킨다.[7] 이 주제는 두 가지로 구분할 수 있다. 하나는 하나님이 시온 백성을 괴롭힌 민족들을 심판하신다는 것이다(슥 2:6-9). 이 단락에서 화자가 스가랴인지 아니면 측량 줄을 잡은 자인지 모호한 점이 있으나 문맥적으로 측량 줄을 잡은 자인 천사로 보는 것이 더 적절하다. 그러나 화자가 누가 되든 하나님의 백성을 괴롭게 한 민족을 심판하신다는 핵심은 큰 차이가 없다. 하나님은 이스라엘에게 하늘 사방에 바람 같이 흩어버린 북방 땅, 곧 바벨론에서 도피하라고 하셨다(슥 2:6-7). 하나님이 측량 줄 잡은 자를 이스라엘을 노략한 나라에 보내셨기 때문이다. 그 이유를 이스라엘을 치는 자는 그의 눈동자를 범하는 것이라고 했다(슥 2:8). 여기에 '그의 눈동자를 범하는 것'이라고 한 말의 원문은 '그의 눈동자를 치는 것'이라고 번역할 수 있다.[8] 그리고 '그의 눈동자'를 NIV가 번역한 것처럼 '이스라엘을 치는 자의 눈동자'로 보고 하나님의 백성인 이스라엘을 치는 자는 그가 누구든 인체 구조에서 가장 민감한 부분 중의 하나인 자기 동공을 치는 것과 같다는 뜻으로 볼 수 있다(두기드 2014, 1768). 그러나 여기서는 NASB가 번역한 것처럼 '하나님의 눈동자'로 보고 이스라엘을 치는 자는 마치 하나님의 눈동자를 치는 것과 같다고 보는 것이 더 좋다. 모세는 "여호와께서 그를 황무지에서, 짐승이 부르짖는 광야에서 만나시고 호위하시며 보호하시며 자기의 눈동자 같이 지키셨도다"(신 32:10)라고 말했다. 하나님이

---

6 전천설자들은 지상의 천년왕국 때에 메시아를 통해 여호와의 인격적 임재를 가리킨다고 본다(블루 1994, 153).
7 스가랴 2:6-13은 마소라 본문(MT)으로는 2:10-17이다.
8 개역개정판이 '그의 눈동자를 범하는 것'이라고 번역한 말씀의 원문은 '그의 눈동자를 치는 것'(노게이아 베바바트 에이노, נֹגֵעַ בְּבָבַת עֵינוֹ)이라고 번역할 수 있다. '그의 눈동자'가 누구의 눈동자인지에 대해서 NIV는 'the apple of his eye'라고 번역하여 이스라엘을 치는 자의 눈동자로 보았고, NASB는 'the apple of His eye'라고 번역하여 하나님의 눈동자를 치는 것으로 보았다.

이스라엘을 치는 자는 하나님의 눈동자를 치는 것으로 보신다는 것은 이스라엘을 하나님이 가장 예민하게 생각할 정도로 귀하게 보신다는 것이다. 그래서 하나님이 보내신 천사가 손을 이스라엘을 압제한 자들 위에 움직여 모든 상황을 반전시킬 것이다. 이 일을 통해 이스라엘은 만군의 여호와께서 천사를 보내어 역사를 움직였음을 알게 될 것이다(슥 2:9).

또 하나는 하나님이 시온을 선택하시고 그 가운데 머무신다는 것이다(슥 2:10-13). 여호와께서 시온에게 노래하고 기뻐하라고 하셨다. 그리고 기뻐해야 할 이유로 "이는 내가 와서 네 가운데 머물 것임이니라"라고 하셨다(슥 2:10). 여기서 '나'는 누구를 말하는가? '나'를 여호와로 보아도 크게 어색하지 않다. 하나님이 이스라엘 가운데 '머무신다'(샤칸, שָׁכַן)라는 것은 하나님이 처음에 성막을 지으라고 말씀하시며 하나님이 그들 가운데 '거하신다'라는 동사와 같다(출 25:8). 하나님은 성막 가운데 거하시며(출 29:42-46), 후에 성전 가운데 거하셨다(왕상 6:13). 그리고 하나님이 구약의 성전에 거하시는 개념을 요한복음 1:14에서 요한은 "말씀이 육신이 되어 우리 가운데 거하시매"라고 하였고, 신약의 저자들은 믿는 자들 가운데 성령이 '거하신다'라고 하였다(고전 3:16; 6:19; 고후 6:16). 이러한 성경의 개념으로 보아 '나'는 오실 메시아로 보아도 무방하다(무어 1991, 63). 그리고 하나님은 그의 거룩하신 처소, 곧 돌아온 백성들이 건축한 성전에서 일어나 하나님이 계획하신 것을 이루실 것이기에 모든 육체는 잠잠하게 될 것이다(슥 2:13). 스가랴가 당시 돌아온 백성들에게 이 환상을 설명한 것은 그들이 건축할 성전은 하나님이 그들 가운데 거하시는 곳이 될 뿐만 아니라 오실 그리스도 안에서 이루실 우주적인 구원에 참여하는 일이라는 것이다(Klein 2008, 124-130). 이 말을 들었을 때 당시 백성들은 성전을 건축하는 일이 위대한 사역에 참여하는 일임을 알게 되었을 것이다.

④ 환상 4 : 대제사장을 정결하게 함(슥 3:1-10)

스가랴가 본 네 번째 환상은 앞의 세 가지 환상과 다르다. "내가 눈을 들어 본즉"이라는 문구가 없고 환상을 설명하는 천사가 없이 스가랴가 환상에 능동적으로 참여한다. 이 환상은 하나님이 백성들의 죄의 문제를 어떻게 처리하실 것인지 보여준다.

a. 대제사장 여호수아의 더러운 옷을 벗김(슥 3:1-5)

스가랴가 본 환상은 대제사장 여호수아가 여호와의 천사 앞에 섰고 사탄이 그의 오른편에 서서 그를 대적하는 자로서 서 있는 것이다(슥 3:1). 스가랴 선지자는 학개 선지자와 함께 여호수아를 주전 586년에 바벨론으로 끌려간 여호사닥의 아들로서 정치 지도자인 스룹바벨과 함께 이스라엘 공동체를 이끌어가는 결정적인 역할을 하는 인물로 소개한다(참조. 학 1:1). 여호수아는 대제사장으로서 1년에 한 번 대속죄일에 지성소에 들어가 백성의 죄를 위해 제사드리는 사람으로서도 중요한 역할을 하는 사람이다. 그런데 사탄이 그를 대적하는 것은 그의 역할을 수행하지 못하도록 방해하는 것이다. 이에 대해 하나님은 '사탄아'라고 부르시며 두 번이나 사탄을 책망한다고 하시며 여호수아를 가리켜 '불에서 꺼낸 그슬린 나무'라고 하셨다(슥 3:2). 아모스 4:11에 "내가 소돔과 고모라를 무너뜨림 같이 하였으므로 너희가 불붙는 가운데서 빼낸 나무 조각같이 되었으나"라는 표현과 유사하다. 이것은 하나님이 불붙는 심판 가운데서 여호수아와 이스라엘을 구원하셨음을 의미하는 은유적 표현이다(기동연 2017, 510; Klein 2008, 137).

게다가 여호수아는 더러운 옷을 입고 있다(슥 3:3). 아론과 그의 후손들은 하나님이 정하신 법에 따라 깨끗하게 씻고 옷을 입고 관을 써야 했다(레 8:5-9). 이 제사장의 규례를 보아 여호수아와 그 백성들의 죄로 말미암아 그들은 하나님과 교제할 수 없음을 보여준다. 그러나 여호와께서 더러운 옷을 벗기라 하시고 하나님이 여호수아의 죄악을 사했다고 하시고 아름다운 옷을 입히라고 하셨다(슥 3:4). 그리고 스가랴가 정결한 관을 그의 머리에 씌우라고 하자 정결한 관을 그의 머리에 씌우고 옷을 입혔다(슥 3:4-5). 중요한 것은 여호수아가 죄를 깨끗하게 한 것이 아니라 여호와께서 여호수아의 옷을 바꾸시고 죄에서 대제사장을 깨끗하고 하시고 그와 그 백성의 죄를 사하셨다는 것이다(Klein 2008, 141). 이것은 하나님이 이스라엘이 자기와 교제하게 하시며 제사장 나라로서 사명을 감당할 수 있는 기초를 놓아주셨다는 것이다. 어떻게 이 일이 가능한가? 그것은 하나님이 선지자들이 예언한 대로 하나님의 은혜로 죄 없으신 그리스도를 화목제물로 세우셨기 때문이다(롬 3:24-26).

b. 대제사장과 백성들의 책임과 복(슥 3:6-7)

여호와께서 죄에서 깨끗함을 받은 대제사장 여호수아에게 만일 여호와의 법도와 규례를 지키면 하나님의 집을 다스릴 것이고 또한 여호와 앞에 서 있는 자들 가운데 왕래하게 될 것이라고 하셨다(슥 3:7). "여기 섰는 자들 가운데 왕래하게 하리라"라는 말씀은 하나님의 하늘 법정에 천상 회의에 참여할 수 있는 자격을 얻었다는 것이다(힐 2014, 204). 이 복은 하나님이 무조건적으로 죄를 용서해 주시는 것과 달리 여호와의 법도와 규례를 지켜야 한다는 조건이 있다. 그런데 감사하게도 그리스도 안에서 구속받은 모든 성도는 하늘 보좌로 왕래하는 복을 받았다(히 10:19-20). 그리고 그 조건을 만족시킬 수 있는 능력도 받았다(히 9:11-14).

c. 메시아가 여시는 새로운 시대(슥 3:8-10)

하나님은 대제사장 여호수아를 부르시며 여호수아와 그 앞에 앉은 동료들도 하나님의 말씀을 들으라고 하셨다(슥 3:8). 이들은 레위 지파 제사장들을 말한다. 이들을 가리켜 '예표의 사람들'이라고 하셨다(슥 3:8a). 이는 여호수아와 그 동료들은 죄로부터 정결케 하는 제사장의 직분을 통해 장차 이스라엘을 정결하게 하시는 분을 예표적으로 보여준다는 뜻이다(블루 1994, 157). 하나님은 그의 종인 '싹'(체마흐, צֶמַח)[9]을 나게 하실 것이라고 하셨다(슥 3:8b). 이 싹은 '내 종'과 함께 사용되어 왕권을 가진 은유로 다윗의 후손인 메시아를 가리킨다(참조. 렘 23:5; 33:15; 사 4:2; 11:1). '싹'이라는 은유에 이어 '한 돌에 일곱 눈'이라는 은유로 옮긴다. 그리고 이 돌을 가리켜 새길 것을 새기며 이 땅의 죄악을 하루에 제거할 것이라고 하셨다(슥 3:9). 이 은유가 무엇을 말하는지 결정하는 일은 어렵다. 단순하게 '눈'은 보고 살피는 것을 의미하는 것인데 일곱 눈이 있다는 것을 완전하게 살핀다는 뜻으로, 그리고 '돌'은 이름이나 행적을 기록하는 것으로 본다면 하나님이 자기 백성을 선택하여 그 이름을 새기고 그 선택한 백성의 죄악을 하루에 제거하는 것으로 보는 것이 자연스럽다(기동연 2017, 518). 죄가 다 용서받고 하나님과 교제하게 되므로 그날에 각각 포도나무와 무화과나무 아래로 서로 초대하게 될 것이다(슥 3:10). '포도나무 아래와 무화과나무 아래 앉는다'라는 표현은 평화와 번영과 메시아 시대

---

9 이 단어가 개역개정판에 '가지'로도 번역되어 있다(렘 23:5; 33:15).

의 이상적인 나라의 모습을 보여주는 이미지다(참조. 왕상 4:25; 슥 3:10; 요 1:50). 그러므로 이 환상은 모든 문제의 근원이 되는 죄를 하나님이 주권적으로 제거함으로 새로운 평화와 번영의 새 시대를 열어주신다는 것이다.

⑤ 환상 5 : 순금 등잔대와 두 감람나무(슥 4:1-14)

스가랴가 본 다섯 번째 환상은 여호와께서 자기 백성과 성전에 임재해 계심을 강조함으로 스룹바벨과 여호수아를 격려하여 성전을 완공하도록 격려하려는 것이다.

a. 환상에 관한 묘사와 해석(슥 4:1-10)

스가랴가 본 순금 등잔대는 성막에 놓인 등잔대(출 25:31-40)와 솔로몬 성전의 10개의 등잔대(왕상 7:49; 대하 4:7, 20)와 유사하기는 하지만 다르다. 원래 등잔대는 중앙의 촛대로 중심으로 좌우 각각 세 개씩 모두 일곱 개의 촛대가 연결되어 있다. 그런데 스가랴가 본 등잔대는 기름 그릇이 달린 순금 등대를 보았는데 일곱 등잔이 있고 각 등잔에는 기름을 공급받는 일곱 관이 있어서 모두 49개의 관이 있다. 그리고 등잔대 곁에 두 감람나무가 있는데 하나는 기름 그릇 오른쪽에 있고 또 하나는 기름 그릇 왼쪽에 있다(슥 4:2-3).

스가랴가 이것들이 무엇인지 질문하자 그에게 말하는 천사가 다른 환상과 달리 이것들이 무엇을 말하는지 알지 못하느냐고 되물었다(슥 4:4-5). 이는 스가랴가 본 등잔대가 이해하기 어렵기도 하지만 중요하다는 것이다. 천사가 하나님의 말씀을 받아 전하기를 이 환상은 스룹바벨에게 주신 것인데 힘으로 되지 아니하고 능력으로 되지도 아니하고 오직 하나님의 영으로 된다고 했다(슥 4:6). 그 결과 "큰 산에 네가 무엇이냐 네가 스룹바벨 앞에서 평지가 되리라"라고 했다(슥 4:7). 여기 '큰 산'은 당시 성전을 건축하는 일에 장애물이 있었음을 암시하는 비유적 표현으로 하나님의 영이 함께 하심으로 어떤 장애도 방해가 되지 않고 평지가 된다는 것이다. 그래서 그가 머릿돌은 놓을 때 무리들이 하나님이 하신 일을 보고 "은총 은총이 그것에게 있을지어다"[10]라고 할 것이다. 이것은 새로운 성전에 하나

---

10 원문은 "은총 은총이 그에게(있을지어다)"(헤인 헤인 라흐, לָהּ חֵן חֵן)인데 '그에게'가 '라흐'(לָהּ)다. 이것은

님의 은총이 임하기를 구하는 기도다(힐 2014, 215).

이 말씀 후에 다시 등잔대 환상에 대해 하나님은 스룹바벨이 성전의 기초를 놓았기에 그의 손이 마칠 것이라고 하셨고, 스가랴는 이를 통해 하나님이 자기를 보내신 줄을 알게 될 것이라고 했다(슥 4:8-9). 그리고 등잔대 일곱을 가리켜 온 세상을 두루 다니는 여호와의 눈이라고 했다(슥 8:10). 이 일곱은 등잔을 말한다. 완전함을 상징하는 일곱 개의 등잔은 하나님이 성전에 임재하시여 회복된 이스라엘을 살피는 것을 상징하지만 동시에 온 세상을 두루 주의 깊게 자세히 살피시는 것도 포함한다(힐 2014, 218; Baldwin 1972, 123).[11] 그리고 사도 요한이 이 등잔대 이미지를 가지고 "이 눈들은 온 땅에 보내심을 받은 하나님의 일곱 영"(계 5:6; 참조. 계 4:5)이라고 한 것으로 보아 등잔대 일곱을 성령으로 보기도 한다(기동연 2017, 534).

b. 두 감람나무의 의미(슥 4:11-14)

스가랴는 순금 등잔대 환상에 대한 설명을 듣고 만약에 등잔이 성령이시라면 금 기름을 흘리는 두 금관 옆에 있는 두 감람나무와 가지가 의미하는 바가 무엇인지 질문했다(슥 4:11-12). 이에 대해 말하는 천사는 기름 부음 받은 자 둘이니 온 세상의 주님 앞에 서 있는 자라고 했다(슥 4:13-14). 기름 부음 받은 자 둘은 스룹바벨과 여호수아를 가리킨다(Baldwin 1972, 124).[12] 그런데 여기 '기름 부음 받은 자'(버네이-이츠하르, בְנֵי־הַיִּצְהָר)는 일반적으로 하나님이 구원을 위해 택하신 메시아(מָשִׁיחַ)와 다른 단어다. 여기에 사용된 '이츠하르'(יִצְהָר)라는 단어의 용례를 살펴보면 물질적인 부요함을 가리키는 기름으로 사용되었다(신 7:13; 11:14; 14:23). 이 표현을 사용한 것은 메시아를 암시하는 것으로 사용하지 않았다는 뜻이다(힐 2014, 219). 특히 기름을 금 기름으로 묘사한 것은 하나님이 자기 백성들에게 줄 풍요로움을 뜻하는 것으로 보인다(기동연 2017, 536).

그럼에도 불구하고 스룹바벨과 여호수아가 '온 세상의 주 앞에 서 있는 자'라

여성대명사 접미사와 결합되어 있기 성전을 가리킨다. 그런데 개역개정판은 은총이 '그에게'라고 함으로 마치 스룹바벨에게 은혜 주시기를 구하듯이 번역했다.

11 이 해석의 어려움은 볼드윈(Baldwin 1972, 125)이 지적한 바와 같이 하나님의 종들이 하나님에게 기름을 공급하는 것이 된다는 것이다.

12 스룹바벨은 총독으로 기름부음 받은 자가 아니기에 보다(Boda 2004, 275)는 학개와 스가랴로 보았다.

고 했다. 이것은 두 사람이 온 세상의 주이신 하나님의 뜻을 나타내는 자로 세움을 받았다는 뜻이다. **총독** 스룹바벨은 여호야긴이 장자인 스알디엘의 아들이기에 다윗 계보를 이어가고 있고(스 3:2; 8; 왕하 24:12-17), 여호수아는 아론 계보를 이어가고 있다. 그래서 볼드윈(Baldwin 1972, 125)이 이해했던 것처럼 그리스도의 인격과 사역 안에서 왕과 제사장 직분이 서로 결합되어 있음을 예표하는 것으로 볼 수 있다. 그렇다면 순금 등잔대는 구약시대는 성전이고 신약시대는 교회로 볼 수 있다. 이 환상을 통해 교회는 어두운 세상에서 빛을 비추는 사명이 있음을 보여준다(무어 1991, 77). 그리고 성도는 온 세상의 주 앞에 서 있는 자로서 그리스도 안에 있는 왕과 제사장과 선지자 직임을 수행함으로 교회의 기능을 수행해야 한다.

⑥ 환상 6 : 날아가는 두루마리(슥 5:1-4)

스가랴는 눈을 들어 날아가는 두루마리 환상을 보았다(슥 5:1). 두루마리는 파피루스나 양피지에 글을 쓴 것으로 여기에 두루마리는 하나님의 율법을 의미한다(시 40:7). 두루마리가 날아간다는 것은 모든 사람이 쉽게 볼 수 있고 읽을 수 있음을 강조한다(힐 2014, 222). 스가랴는 이 두루마리의 크기를 길이가 이십 규빗(9미터), 너비가 십 규빗(4.5미터)라고 했다(슥 5:2). 성경에 이 크기와 같은 곳이 두 번 나타난다. 그것은 출애굽 이후 만든 성막의 성소(출 26:15-30)와 솔로몬 성전의 주랑(왕상 6:3)이다. 성막의 성소에는 등대와 떡상과 향단이 있었는데 하나님과 교제하는 방편이다. 솔로몬 성전의 주랑은 하나님의 율법을 읽어주는 곳으로 사용했던 것으로 본다.

스가랴에게 말해주는 천사는 날아가는 두루마리를 온 땅에 내리는 저주라고 했다(슥 5:3). '저주'라는 표현은 성경에서 주로 언약과 관련하여 사용된다(창 24:41; 26:28; 신 29:12; 겔 16:59). 스가랴가 본 두루마리에 대해 천사는 도둑질하는 자는 이쪽 글대로 끊어지고 맹세하는 자는 저쪽 글대로 끊어질 것이라고 했다(슥 5:3). 두루마리의 이쪽과 저쪽이 무엇을 의미하는지 알 수 없다. 파피루스든 양피지든 양면으로 쓸 수 없다는 점을 고려하면 그 내용이 두루마리에 기록된 곳을 의미하는 것으로 보는 것이 자연스럽다. 도둑질하는 것은 제8계명이고 맹세에 대해 '내 이름을 가리켜 망령되어 맹세하는 자'라고 했기에 제3계명이다. '망령되다'라고 번역한 말은 원어에 '쉐케르'(שֶׁקֶר)인데 '거짓'이라는 뜻이다. 이는 하나님의 이름을 빙자하여 거짓으로 맹세하는 것을 의미하는 것이나 하나님의 이름을 의미 없이 사용하는 것을 말한다. 여기에 두 개의 계명만 언급했으나 율법 전체를 의미한다. 하나님은 저주가 담긴 두루마리를 도둑의 집과 거짓으로 맹세하는 자의 집에 들어가 그 집을 다 사를 것이라고 하셨다(슥 5:4). 이 환상이 보여주는 의미는 성전과 관련하여 포로 이후의 이스라엘은 제사장 나라답게 거룩하게 계명을 지키며 살아야 한다는 것이다. 그렇지 않으면 저주가 임할 수 있다.

⑦ 환상 7 : 에바 속의 여인(슥 5:5-11)

스가랴에게 말하며 환상의 의미를 설명해 주던 천사가 스가랴에게 눈을 들어 보라고 하면서 그것이 무엇인지 물었다. 스가랴가 본 환상에 대해 천사는 그것이 '에바'라고 했다. '에바'(אֵיפָה)는 곡물의 양을 측정하는 용기로 약 22리터가 담긴다. 천사는 에바를 가리켜 온 땅에서 그들의 모양이라고 했다(슥 5:6). 여기서 '그들'은 남성 복수로 하나님의 법을 어긴 사람들을 가리킨다.

천사는 개역개정판에는 나타나 있지 않으나 '감탄사'인 '보라'(힌네이, הִנֵּה)로 시작하며 스가랴에게 에바를 주목하라고 했다. 어느 정도 크기의 에바인지 명시하지 않았으나 곡물이 담겨있어야 할 에바에 한 여인이 앉아 있다고 하면서 에바를 덮고 있었던 둥근 납 한 조각이 들렸다(슥 5:7). 그리고 그 여인을 가리켜 "이는 악이라"라고 하면서 그 여인을 에바 속에 던져 넣고 납 조각을 던져 에바 아귀를 덮었다(슥 5:8).[13] 여기 납 조각이 들린 것은 에바에 갇힌 여인이 탈출을 시도한 것이다. 그러나 더 큰 힘을 가진 천사가 그녀를 던져 넣었다. 이 '던지다'(솨락, %lv)라는 동사로 보아 악이라는 이름하는 여인을 에바 속에 가두기 위해 강제적인 힘이 필요함을 보여준다(Baldwin 1972, 129).

환상은 여기서 그치지 않고 두 여인이 학의 날개 같은 날개가 있는데 그들이 여인을 가둔 에바를 천지 사이로 들었다(슥 5:9). 스가랴가 어디로 가는지 묻자 시날 땅, 곧 바벨론으로 가서 그것을 위해 집을 짓고 준공되면 거기에 머물 것이라고 했다(슥 5:10-11). 스가랴가 이 환상을 보았을 때는 바벨론은 망했다. 그래서 이

---

13 저자는 왜 '여인'을 '악'을 대표하는 자로 세웠는지는 알 수 없다. 여성도 하나님의 형상이라는 점을 고려하면 이해하기 어렵다. 여성 신학자인 볼드윈(Baldwin 1972, 129)은 '악'이라는 단어가 여성이기 때문에 악을 의인화한 것으로 보았다.

곳을 언급한 것은 역사적인 한 장소라기보다 상징적인 의미로 사용했다. 요한계시록 17-18장에 더러운 음행으로 가득찬 곳을 가리켜 '큰 바벨론'(계 17:5)이라고 했고 귀신의 처소요 각종 더러운 영이 모이는 곳(계 18:2)이라고도 했다. 그런데 이들을 완전히 제거하지 않고 집을 지어 머물게 했다. 이것은 하나님이 영원한 심판을 위해 분리해 두셨음을 의미한다.

이 환상에서 악을 상징하는 에바 속의 여인은 던져서 아귀를 강제적인 힘으로 덮어야 할 정도로 억제하기 힘든 존재임을 보여준다. 그러나 하나님은 이를 한 장소로 옮겨 여호와의 날에 심판하실 것이다. 돌아온 이스라엘은 이 환상을 보고 하나님이 죄를 해결하시기 위해 역사 가운데 일하시는 것을 알게 되었을 것이다.

⑧ 환상 8 : 네 병거(슥 6:1-8)

스가랴가 본 마지막 환상은 네 병거가 구리로 된 두 산 사이에서 나오는데 첫째 병거는 붉은 말들이, 둘째 병거는 검은 말들이, 셋째 병거는 흰 말들이, 넷째 병거는 어룽지고 건장한 말들이 메인 장면이다(슥 6:1-3). 스가랴가 본 여덟 번째 환상은 첫 번째 환상과 유사한 점이 있으나 큰 차이점은 말의 색깔에 약간 차이가 있고 첫 번째 환상에 나타난 말은 단수였지만 여덟 번째 환상에 나타난 말은 모두 복수로 나타나고 있을 뿐만 아니라 '병거'를 달고 나온다는 것이다. 병거는 고대 전쟁에서의 강력한 전쟁 무기다. 이로 보아 이 환상은 어떤 전쟁과 연관되어 있다는 것을 암시해 준다.

스가랴가 이 환상을 보고 그에게 말하는 천사에게 묻자 그 천사는 네 병거에 대해 '하늘의 네 바람'인데 온 세상의 주 앞에 서 있다가 나가는 것이라고 했다(슥 6:4-5). 여기 '바람'(루호트, רוחות)은 복수 연계형으로 하나님의 영과 구별되어야 한다. 이 네 바람은 하나님이 보낸 천사들로 그들의 임무를 수행하기 위해 사방으로 파송을 받은 존재다. 그런데 하나님은 그들에게 땅에 두루 다니라고 하셨고 그들은 땅에 두루 다녔다(슥 6:6-7). 이 환상에서 천사들을 의미하는 말들이 건장한 말들이고 전쟁 도구인 병거를 메었다는 것은 하나님이 군사원정을 보내었음을 시사한다(힐 2014, 232, 236).

이 가운데 북쪽으로 나간 말들이 받은 사명을 성취함으로 하나님은 "내 영을 쉬게 하였다"라고 하셨다(슥 6:8). '내 영'은 스가랴 6:5의 '영'이 복수로 되어 있지만 여기는 단수이기에 여호와의 영이다(Klein 2008, 192).**14** 여호와가 쉰다는 표현은 여기와 창세기 2:1-3 외에는 없다. 그러므로 여호와의 영이 쉰다는 것은 창조세계가 원래 하나님이 창조하신 대로 평화를 경험하기에 마침내 여호와와 그의 종들이 안식할 수 있다는 뜻이다(Klein 2008, 193). 스가랴에게 주신 하나님의 말씀은 성전 재건과 이스라엘의 회복을 넘어선다. 하나님은 그의 약속을 끝까지 지키시고 하늘과 땅을 진동시키고 왕들의 보좌를 엎을(학 2:21-22) 것이고 세상에 그의 나라를 세우실 것을 확신시켜준다. 그러므로 이 마지막 환상은 하나님은 진실로 역사의 주인이심과 그 하신 말씀은 절대적인 진리이심을 강조한다(힐 2014, 237). 이 환상을 통해 당시 이스라엘은 성전을 재건한다는 것이 어떤 의미이며 하나님이 그들을 위해 일하신다는 것을 듣고 성전을 재건하는 일에 열심을 내지 않았을까?

(3) 대제사장 여호수아의 면류관(슥 6:9-15)

스가랴는 그가 본 여덟 가지의 환상에 이어 다시 선지적 형식 문구인 "여호와의 말씀이 내게 임하여 이르시되"라는 말씀으로 시작한다(슥 6:9). 하나님은 스가랴에게 바벨론에서 돌아온 헬데, 도비야, 여다야에게서 은과 금을 받아 면류관을 대제사장 여호수아의 머리에 씌우라고 하셨다(슥 6:10-11). 그런데 여기 '면류관'(아타로트, עֲטָרוֹת ‹ עֲטָרָה)은 왕에게만 제한된 것이 아니라 다른 사람도 썼다(참조. 사 28:3; 에 8:15). 여기서 어려운 점은 면류관이 복수 명사로 되어 있다는 것이다. 이 면류관의 숫자를 보는 관점에 따라 장엄복수로 보아 하나로 볼 수도 있고, 금과 은이라는 두 종류로 구성된 면류관으로, 또는 스가랴 6:14에 따라 네 개의 면류관으로 보기도 한다(힐 2014, 240-241; 기동연 2017, 567).

왜 이 면류관을 대제사장 여호수아에게 씌우라고 하셨는가? 하나님은 주의를 집중시키는 감탄사 '보라'라고 하시며 '싹'이라 이름하는 자가 여호와의 전을 건축하고 영광도 얻고 그 자리에 앉아 다스리며 제사장이 자기 자리에 앉아 평화의 의논이 있을 것이라고 하셨다(슥 6:12-13). '싹'(체마흐, צֶמַח)이 여호와의 전을 건축하기

---

14 스가랴 6:8의 1인칭 표현은 스가랴에게 말하는 천사의 말이 아니라 여호와의 말씀을 인용한 것이다. 스가랴에게 말하는 천사는 하나님의 말씀을 전달하는 역할을 하였지 자기의 의사와 감정을 피력한 적이 없기 때문이다(기동연 2017, 563).

에 스룹바벨로 보기도 하나 여호와의 전을 건축하고 영광도 얻으며 그 자리에 다스리며 제사장이 자기 자리에 있고 둘 사이에 평화의 의논이 있다는 점을 고려한다면 스가랴 당대의 사람을 말하는 것이 아니라 더 넓은 미래에 있을 종말론적인 성전을 건축하는 메시아라고 보아야 한다. 이 메시아는 왕이며 제사장의 역할을 평화롭게 의논하며 수행할 것이다. 왕이면서 제사장의 조화는 이미 다윗이 예언한 바가 있고(시 110:2, 4) 히브리서 저자는 그리스도가 멜기세덱의 반차를 따른 왕과 제사장으로 설명한다(히 7:1, 5). 그렇다면 스가랴에게 은과 금으로 면류관(복수명사)을 만들어 여호수아에게 씌우라고 한 것은 '싹'으로 오시는 메시아가 제사장과 왕의 직분을 수행할 것을 말하는 것으로 볼 수 있다(힐 2014, 242–244).

이어서 하나님은 이 면류관을 헬렘과 도비야와 여다야와 헨을 기념하기 위해 여호와의 전에 두라고 하셨다(슥 6:14). 여기에 '헬데' 대신에 '헬렘', 요시야 대신에 '헨'으로 바꾸었다. 여기에 이름의 뜻을 보면 어떤 의도가 있음을 알 수 있다. '헬렘'(חֵלֶם)은 꿈, '도비야'(טוֹבִיָּה)는 여호와는 선하시다, '여다야'(יְדַעְיָה)는 여호와는 아신다, '헨'(חֵן)은 은총이다. 여호와의 성전에 이들을 기념하기 위해 두라는 것은 이들을 기념하기 위한 것이 아니라 싹에 대한 예언이 성취되기를 기다리며 기념하기 위한 것이다(기동연 2017, 571). 그리고 먼 데 있는 사람들이 와서 여호와의 전을 건축할 것이다(슥 6:15a). 먼 데 사람은 포로에서 돌아오지 못한 사람이 아니라 이방 사람이다. 영적으로 하나님께 멀리 있던 사람들이 하나님께 돌아오는 주제는 스가랴만 아니라 다른 구절에서도 발견할 수 있다(슥 2:11; 8:22; 참조. 사 2:2–4; 56:6–7; 60:1–7). 이때 여호와의 전은 단순히 건축물이 아니라 하나님 나라를 의미한다. 그리고 스가랴는 "만일 너희의 하나님 여호와의 말씀을 들을진대 이같이 되리라"(슥 6:15b)라는 말씀을 덧붙이므로 이와 같은 복된 미래는 말씀을 믿고 순종해야 할 책임과 무관하지 않음을 보여준다.

(4) 금식 문제와 미래의 약속(슥 7:1-8:23)

이 문단은 스가랴가 여덟 가지의 환상을 받은 지 약 2년 후인 다리오 왕 제4년 아홉째 달 4일 곧 주전 518년 12월 7일에 스가랴가 다시 받은 말씀이다(슥 7:1). 여기서 금식을 주요 모티프(motif)로 하나님의 말씀에 순종해야 할 중요성을 강조한다. 이는 스가랴 6:15에 기록된 말씀의 중요성을 다시 설명하는 것으로 볼 수 있다. 스가랴는 이 문단을 교차대칭구조로 기록하여 회복과 말씀 순종의 중요성을 강조하고 있다.

A 금식에 대한 질문과 하나님의 대답(슥 7:1-7)

    B 불순종이 가져온 결과에 대한 역사 회고(슥 7:8-14)

        X 회복에 대한 약속(슥 8:1-8)

    B′ 순종이 가져올 결과와 책임(슥 8:9-17)

A′ 기쁨의 절기로 전환되는 금식의 절기(슥 8:18-23)

① 금식에 대한 질문과 하나님의 대답(슥 7:1-7)

벧엘 사람이 여호와께 '은혜를 구하기 위해'[15] 사람을 보내어 선지자들에게 여러 해 동안 행한 대로 오월 중에 울며 근신해야 하는지 질문했다(슥 7:1-2). 금식일을 오월에 지키는 것은 느부갓네살이 성전과 왕궁과 예루살렘 집을 불사른 날을 기억하기 위함이다(왕하 25:8). 이에 대해 하나님은 수사적 질문을 두 번이나 반복하시면서 "그 금식이 나를 위한 것이냐"라고 물으셨다(슥 7:5). 이 질문은 '결코 그렇지 않다'라는 대답을 예상케 한다. 이 말씀과 더불어 하나님은 그들이 먹고 마시면서 그들 자신을 위해 한 것이라고 하셨다(슥 7:6). 이 말은 먹고 마시는 일이 자신을 위해 했던 것처럼 금식도 그들 자신을 위해서라는 것이다. 그러면서 과거 예루살렘이 함락되기 이전에 평안할 때 옛 선지자를 통해 외친 말씀이 있지 않으냐고 질문하셨다(슥 7:7). 이 말씀은 예레미야 선지자가 예레미야 22:21에서 한 말을 생각나게 한다.

네가 평안할 때에 내가 네게 말하였으나 네 말이 나는 듣지 아니하리라 하였나니 네가 어려서부터 내 목소리를 청종하지 아니함이 네 습관이라.

---

15 이 말씀의 원문은 목적을 의미하는 어구로 전치사 '러'(לְ)와 부정사 연계형(חַלּוֹת)이 결합되어 있기에 '여호와의 얼굴을 구하기 위해'(러할로트 엘-퍼네이 아도나이, לְחַלּוֹת אֶת־פְּנֵי יְהוָה)라고 번역해야 한다.

② 불순종이 가져온 결과에 대한 역사 회고(슥 7:8-14)

스가랴는 금식에 대한 주제를 이어가면서 옛 선지자들이 말한 참된 금식이 되기 위해서 무엇을 해야 하는지 설명하며 과거 역사를 회고했다. 스가랴는 하나님이 말씀하신 법을 어겼기에 하나님이 진노하셨다고 했다. 그 법을 네 개의 명령형 동사로 표현했다. 그것은 (1) 진실한 재판을 하라 (2) 인애와 긍휼을 베풀라 (3) 과부와 고아와 나그네와 궁핍한 자를 압제하지 말라 (4) 남을 해하려고 도모하지 말라 등이다(슥 7:9-10). 그런데 포로 전의 이스라엘 백성들은 어떤 태도를 보였는가? 스가랴는 비유적 표현으로 등을 돌리고, 듣지 않으려고 귀를 막으며, 그들의 마음을 금강석같이 하여 옛 선지자를 통해 전한 말씀을 듣지 않았기 때문에 하나님의 진노를 받았다고 말했다(슥 7:11-14). 금식에 관해 질문한 벧엘 사람들에게 왜 이 과거 역사를 상기시키는가? 그것은 형식적인 의식주의를 경고하고 형식이 지향하는 바른 행동이 없이는 과거의 슬픈 역사를 반복할 수 있음을 말해주기 위함이다.

③ 회복에 대한 약속(슥 8:1-8)

앞의 문단에서 스가랴는 과거 역사를 회고하며 훈계하며 경고했다면 이 문단에서는 미래에 있을 회복에 대한 약속으로 주제를 옮긴다. 스가랴 8장은 "만군의 여호와가 이같이 말하노라"라는 메신저 공식이 반복해서 나온다(슥 8:2, 3, 4, 6, 7, 9, 11, 14, 19, 20, 23).[16] 이러한 반복은 말씀의 확실함을 강조하기 위한 수사적 장치다. 이 문단에서 만군의 하나님은 시온의 회복에 대해 네 가지 약속을 주셨다.

첫째, 시온을 위해 분노함으로 질투하신다(슥 8:2). 하나님의 질투는 언약 백성을 향한 사랑의 강도(intensity)를 나타내는 것으로 두 가지 방향으로 나타난다. 하나는 자기 백성을 우상을 섬길 때 진노하심으로 나타나고, 또 하나는 자기 백성을 긍휼히 여기실 때 원수를 치시는 것으로 나타난다(참조. 욜 2:18; 슥 1:14-15). 여기서는 후자로 자기 백성을 아프게 한 원수들을 벌하신다는 약속이다.

둘째, 하나님이 시온에 임재하여 예루살렘을 진리의 성읍, 여호와의 산을 성산이 되게 하실 것이다(슥 8:3).

---

16 스가랴 8:6에 두 번 나오는 것은 8:4-5의 약속이 확실함을 말하기 위해 강조하기 위한 것이다.

셋째, 예루살렘 거리에 노인들이 많고 장수할 것이고 소년과 소녀들이 많아 거기에서 뛰놀게 될 것이다(슥 8:4-5). 이것은 하나님이 심판하심으로 예루살렘 거리에 사람이 멸절하는 것(렘 9:21)과 대조적으로 평화와 번영을 주실 것이라고 약속이다. 지금 남은 백성에게 기이하게 들려도 하나님이 능히 행하실 것을 확증하기 위해 여호와의 말씀임을 두 번이나 강조한다.

넷째, 하나님의 백성을 사방에서 구원하여 예루살렘에 거주하게 하고 하나님이 진리와 공의로 그들을 다스리실 것이다(슥 8:7-8).

④ 순종이 가져올 결과와 책임(슥 8:9-17)

스가랴는 이 약속 이후에 선지자들의 말을 듣고 성전을 건축하는 돌아온 사람들에게 손을 견고히 하라고 권했다(슥 8:9). '손을 견고히 하라'라는 표현은 권고를 나타내는 관용구로(삿 7:11; 삼하 2:7) 용기와 인내를 요구하는 도전적인 일을 권고할 때 사용된다(McComisky 1998, 1144). 동일한 표현이 이 문단 안에 있는 스가랴 8:13에 있어 수미쌍관법을 이룬다. 수미쌍관법 안에 성전 건축 전에는 사람이나 짐승이 삯을 얻지 못했고(슥 8:10) 이방인 가운데 저주가 되었으나(슥 8:13) 이제는 평강의 씨앗을 얻고 포도나무가 열매를 맺을 뿐만 아니라(슥 8:12) 하나님이 구원하여 복이 될 것을 기록한다(슥 8:13). 이것은 '이날 전에는'과 '이제'의 대조를 통해 손을 견고하게 해야 할 이유를 설명한다. 이것이 순종이 가져올 결과다.

이어서 스가랴는 유다 백성에게 하나님이 조상들에게 재앙을 내렸으나 이제 예루살렘과 유다 족속에게 은혜를 베풀기로 작정하셨기에 두려워하지 말라고 하며(슥 8:14-15) 은혜받은 자에게 합당한 책임을 다하라고 권면했다. 그것은 이웃과 더불어 진실을 말하고 성문에서 진실하고 화평한 재판을 하며 서로 해하기를 도모하지 말고 거짓 맹세하지 말아야 한다는 것이다(슥 8:16-17). 이러한 윤리적인 의무는 구원의 조건으로 제시된 것이 아니라 언약의 복을 누리며 구원을 경험하는 방법이다. 그리고 성도의 윤리적인 선한 행동은 그가 언약 백성임을 증명하는 행동이고 신앙의 열매다(웨스트민스터 신앙고백서 제16장, "선행에 관하여").

⑤ 기쁨의 절기로 전환되는 금식의 절기(슥 8:18-23)

벧엘 사람들이 처음에 금식을 질문할 때 성전과 예루살렘의 함락을 기억하는 다섯째 달의 금식을 계속해야 하는지 질문했다(슥 7:2-3). 스가랴는 여기서 넷째, 일곱째, 열째 달을 추가하여 이 모든 금식이 날이 변하여 기쁨과 즐거움이 날이 될 것이기 때문에 그들에게 진리와 화평을 사랑하고 권면했다(슥 8:19-20). 성경의 용례를 보면 금식은 회개와 슬픔을 표현하며 하나님의 자비를 구하는 일이다(참조. 삼상 7:6; 삼하 12:16; 스 8:21). 금식의 날이 변하여 기쁨과 즐거움의 날이 되는 반전은 어떻게 가능한가? 하나님이 시온의 회복을 약속하셨기 때문이다(슥 8:1-8). 특히 이 일의 확실함을 강조하기 위해 이 문단에서 "만군의 여호와가 이같이 말하노라"라는 공식(= 형식 문구)을 반복하여 말하기 때문이다(슥 8:19, 19, 20, 23). 그러므로 스가랴는 금식의 날이 기쁨의 날로 전환되는 날이 언제인지 밝히지 않았으나 이날을 기대하는 자는 하나님이 이루실 것을 믿고 진리와 화평을 사랑해야 한다.[17]

그리고 이날에 여러 백성과 강대한 나라들이 예루살렘에 와서 여호와를 찾고 될 것이며 말이 다른 이방 백성들이 하나님이 유다 백성과 함께하시는 것을 보고 유다 백성과 연합하게 될 것이다(슥 8:21-23). 이 말씀은 이사야 2:2-4과 미가 4:1-3과 유사하다. 이러한 설명으로 보아 이날은 스바냐가 말한 여호와의 날이다(습 1:7; 3:14-20). 여호와의 날은 심판과 구원이라는 두 국면을 가지고 있으나 또한 두 가지 시간 구조도 가지고 있다(Baker 1988, 85). 이날은 가까운 미래에 일어날 일을 포함하여 종말론적으로 성취되는 점진적 성격을 지닌다. 그래서 당시 성전을 건축하는 이스라엘 백성에게 일부 성취되기도 하고, 그리스도가 이 세상에 오신 이후 교회 시대에는 인종과 신분을 넘어 사람들이 찾게 될 것이고, 그리스도의 재림 시에 완전히 성취될 것이다.

2. 두 개의 신탁 : 메시아의 오심과 하나님 나라(슥 9:1-14:21)

이 문단은 두 개의 큰 단락(슥 9:1-11:17; 12:1-14:21)으로 구성되어 있다. 각 단락은 '경고' 또는 '신탁'(oracle)이라고 번역될 수 있는 히브리어 '맛사'(מַשָּׂא)로 시작된다(슥 9:1; 12:1).[18] 이 문단은 몇 가지 특징이 있다. 첫째, 문학 장르 면에서 묵시

---

17 전천년설자들은 이 날이 재림 후에 있을 천년왕국 시대에 일어날 일로 본다(블루 1994, 173).

18 개역개정판은 스가랴 9:1에서 이 단어를 생략했지만 히브리어 원문은 '맛사'(מַשָּׂא)로 시작한다. 대개 영어 번역 성경은 하나님께 받은 말씀을 뜻하는 '신탁'(oracle)으로 번역한다. 70인역, KJV, NASB 등은 '짐'이

론적이다. 둘째, 어조에서는 권고와 격려보다 훈계와 경고 형식이 주를 이룬다. 셋째, 스가랴를 직접 언급하지 않는다.[19] 넷째, 문체에 있어서 운문의 특징인 평행법이 많이 나오는 것이 스가랴 1-8장과 큰 차이점이다(Klein 2008, 258).

내용 분해

(1) 첫 번째 신탁 : 메시아의 오심과 거절(슥 9:1-11:17)

(2) 두 번째 신탁 : 메시아의 오심과 순종(슥 12:1-14:21)

내용 해설

(1) 첫 번째 신탁 : 메시아의 오심과 거절(슥 9:1-11:17)

이 문단에서 저자는 이스라엘이 회복되기 전에 하나님이 먼저 이방 나라를 심판하신다는 예언부터 메시아의 오심과 이스라엘의 회복에 초점을 맞추어 차례로 보여준다.

① 이방 민족에 대한 하나님의 심판과 구원(슥 9:1-8)

저자는 하나님의 말씀이 하드락과 다메섹에 머물 것인데 이는 사람들과 이스라엘 지파의 눈이 여호와를 향하고 있기 때문이라고 했다(슥 9:1).[20] 사람들과 이스라엘 지파의 눈이 여호와를 향한다는 것은 여호와가 어떤 일을 해 주시기를 기대한다는 것이다. 그리고 이 지역 아래에 있는 하맛과 두로와 시돈에도 임할 것인데 그 이유는 그들이 지혜롭기 때문이다(슥 9:2). 이 지혜는 자기를 위해 요새를 건축하고 은과 금을 티끌처럼 모으는 것이다(슥 9:3). 이 지혜는 긍정적인 의미가 아니라 부정적인 의미다. 하나님이 두로를 바다에 쳐넣고 불에 삼켜질 것이라고

라는 의미의 λημμα, burden으로 번역한다.

19 일부 학자들은 이를 근거로 이 책을 스가랴의 저자로 보지 않는다.

20 '여호와를 우러러본다'라는 말은 본문의 느낌을 모호하게 한다. 원문의 '라도나이'(לַאדֹנָי)를 NASB처럼 '여호와를 향하여'도 가능하고 NIV처럼 '여호와에게'도 가능하다.

하셨기 때문이다(슥 9:4).[21] 그들은 해상무역을 통해 큰 경제적 부를 누렸으나 그 부를 얻기 위해 이웃을 고통스럽게 하고, 또한 부로 말미암아 교만해져서 에스겔과 스가랴는 무서운 심판을 예언했고, 그 예언대로 주전 332년에 알렉산더에 의해 이루어졌다(Kapelrud 1989, 721-723). 블레셋의 도시들인 아스글론, 가사, 에그론, 아스돗 등은 두로의 멸망 과정을 지켜보고 두려워할 뿐만 아니라 그들 역시 멸망하게 될 것이다(슥 9:5-6).

그런데 하나님은 블레셋의 입에서 그의 피를, 그의 이 사이에서 가증한 것을 제거하여 그들도 남아 유다의 지도자같이 되겠고 에그론은 여부스 사람 같이 될 것이라고 하셨다(슥 9:7). 그의 입에서 피와 가증한 것을 제거하는 일은 율법이 금하는 것을 하지 못하게 한다는 것이다(참조. 레 17:10-14; 신 12:16). 그래서 이들 중의 남은 자는 이러한 부정한 행위를 끊고 여부스족처럼 유다 지파에 속하게 될 것이다. 여부스족은 원래 예루살렘에 거주하는 가나안족이었으나 다윗이 점령한 후에 유다 지파에 속하게 되었다. 이로 보아 하나님은 대적들을 벌하시기도 하지만 그 가운데도 남은 자를 개종시켜 하나님의 백성이 되게 하신다는 것을 알 수 있다. 빌립이 에디오피아 여왕의 국고를 맡은 내시에게 복음을 전했을 뿐만 아니라 아소도의 여러 성을 지나 가이사랴에 복음을 전함으로 스가랴의 이 예언은 부분적으로 성취되었다(행 8:40). 아소도는 아스돗의 로마식 이름이다(Baldwin 1972, 161). 그리고 하나님은 진을 치듯이 하나님의 집인 이스라엘과 백성들을 보호하시고 자기 백성을 친히 보시기 때문에 포악한 자들이 그 지경으로 왕래하지 못할 것이다(슥 9:8).

② 메시아 오심에 대한 소개(슥 9:9-10)

a. 나귀 새끼를 타신 왕(슥 9:9)

스가랴는 "시온의 딸아 … 예루살렘의 딸아"라고 부르며 크게 기뻐하라고 했다. 그리고 주의를 집중시키는 감탄사인 '보라'(힌네이, הִנֵּה)라고 하며 왕이 임하여

---

21 두로의 죄와 심판에 대한 자세한 설명은 『Refo 500 성경 해설』의 "대선지서"에 있는 에스겔 26:1-28:19의 해설을 참조하라.

공의로우시며 구원을 베푸실 것이라고 했는데 나귀를 타신 모습을 보게 했다(슥 9:9). 오시는 왕은 공의로우며 구원을 베풀어 주시는 분이다. 그런데 그 왕은 겸손하여 나귀 새끼를 타실 것이다. 왕이 나귀 새끼를 타는 일은 어울리지 않는다. 사사 시대에 존귀한 자들은 흰 나귀를 탔다(삿 5:10). 다윗 왕 때에는 왕은 노새를 탔고, 또 솔로몬이 즉위 때에도 노새에 태운 일은 있다(왕상 1:33, 38, 44). 그러나 나귀는 왕의 신하들과 종들이 탔다(삼하 16:1; 17:23; 19:26; 왕상 2:40). 나귀는 비천한 동물 가운데 하나로 취급되었다(참조. 렘 22:19). 그래서 이스라엘을 구원하시기 위하여 오시는 공의로우신 왕이 나귀보다 더 작은 나귀 새끼를 타고 오신다고 하는 것은 아이러니(irony)다.

오실 왕이 왜 나귀 새끼를 타시는가? 스가랴는 '겸손하여서'라고 했다. 이 단어는 원문에 '아니'(עָנִי)인데 '비천하게 되다,' '온유하다' 또는 '가난하게 되셨다'라고 하는 뜻이다. 이는 오실 왕은 일반적인 왕과는 달리 자신을 낮추시고 겸손하게 섬기는 왕으로 오신다는 것이다.

나귀 새끼를 타시고 오신 분은 예수님이시다(마 21:1-11; 막 11:1-11; 눅 19:28-38; 요 12:12-19). 특히 마태의 기록에서 예수님이 예루살렘으로 올라가실 때 벳바게에서 두 제자를 보내시며 매인 나귀와 나귀 새끼를 가져올 때 주가 쓰시겠다고 하면 즉시 보낼 것이라고 하셨다. 이 일에 대해 내레이터는 "이는 선지자를 통하여 하신 말씀을 이루려 하심이라"(마 21:4)라고 하며 스가랴 9:9의 말씀이 성취된 것으로 설명했다. 이는 마태복음의 문맥에서 볼 때 예수님이 무한한 능력을 지니신 하나님이심에도 불구하고 나귀 새끼를 타신 것은 자신을 낮추어 인류의 모든 죄를 대신하여 고난받고 십자가에서 죽는다는 것을 보여주시기 위함이다.

b. 나귀 새끼를 타시고 오신 왕의 사역과 그 성취(슥 9:10)

겸손하여 나귀 새끼를 타신 왕은 어떤 일을 하시는가? 그는 에브라임의 병거와 예루살렘의 말을 끊으시고, 전쟁하는 활도 끊으실 것이다(슥 9:10a).[22] 그리고 그는 이방 사람에게 화평을 전하실 것이고 그의 통치는 바다에서 바다까지 이를 것이다(슥 9:10b). 병거나 말이나 활은 모두 전쟁용 무기다. 이를 끊는다는 것은 물

---

22 특이한 점은 이 부분은 화자가 1인칭이라는 것이다. 이는 오실 왕이 행하실 일을 강조하려는 것이다.

리적 힘을 제거함으로 전쟁이 없는 새로운 시대가 되게 한다는 뜻이다. 이것이 나귀를 타신 왕이 세상의 왕들과 결정적으로 다른 점이다. 세상의 왕들은 자기 군사들의 무기를 제거하는 것이 아니라 오히려 군비를 증가하여 군사들을 훈련 하고 무기를 만든다. 그러나 나귀 새끼를 타신 왕이 오시면 자기 백성들의 무장 을 해제시키실 것이라고 했다.

나귀 새끼를 타시고 오시는 왕이 다스리는 나라의 통치범위는 일반 왕이 아님 을 시사한다. 그의 통치는 바다에서 바다까지 이르고 유브라데 강에서 땅끝까지 이를 것이라고 했다. 이것이 오시는 왕의 통치범위가 우주적임을 보여준다. 스가 랴는 이 특별한 소식을 전파하면서 기뻐하라고 했다.

당시 바벨론 포로에서 돌아온 자들은 스가랴의 이 말을 듣고 성전을 재건하는 일은 하나님이 그들 가운데 임재하시며 메시아가 통치하는 새로운 세상을 만들 어가는 일로 여기지 않았겠는가? 그런데 예수님의 십자가의 죽으심과 부활로 스 가랴가 예언한 한 부분은 성취되었으나 온 세상에 평화가 임하는 시대는 아직 성 취되지 않았다. 스가랴 9:10의 예언은 언제, 어떻게 성취되는가? 예수님이 십자 가에 죽으시기 전에 하나님께 기도하실 때 "아버지께서 나를 세상에 보내신 것 같이 나도 그들을 세상에 보내었고"(요 17:18)라고 하셨다. 그리고 "너희는 가서 모 든 민족을 제자로 삼아 아버지와 아들과 성령의 이름으로 세례를 주고 내가 너희 에게 분부한 모든 것을 지키게 하라 …"(마 28:19)라고 하셨다. 그리고 구약시대에 성전에 임재하시며 교제하셨던 하나님께서 모든 성도를 성전 삼으시고 그들 가 운데 내주하시며 그들과 교제하신다(고전 3:16; 고후 6:16). 이 말씀은 부활하신 주 님께서 교회와 성도들을 성전으로 삼으시고 스가랴의 예언을 성취하신다는 것을 보여준다. 그리고 이 예언의 완전한 성취가 이루어지는 것은 그리스도가 재림하 실 때이다.

③ 이스라엘의 전쟁과 궁극적인 승리 1(슥 9:11-10:1)

하나님은 계속하여 2인칭 여성 단수인 '너로 말할진대'라고 하며 예루살렘이 구원을 얻게 되리라고 말씀하시고 그 구원의 근거에 대해 '네 언약의 피로 말미암 아'라고 하셨다(슥 9:11). '언약의 피'는 피로 맺은 언약을 의미하는 것으로 시내산 언약을 의미한다(출 24:8). 하나님은 예루살렘에게 갑절이나 갚을 것이라고 하셨다(슥 9:12). '갑절'은 장자에게 주신 축복을 의미하기도 하고(신 21:17; 대상 5:1-2) 충분히 보상해 주시는 것을 의미하기도 한다(욥 42:10). 이뿐만 아니라 하나님은 다양한 전쟁 이미지로 유다와 에브라임을 활과 화살로 삼고 헬라 자식들을 칠 것이라고 하셨다(슥 9:13). 여기 '헬라'는 히브리어 '야완'(יָוָן)의 번역으로 다니엘서에서 헬라로 번역되었다(단 8:21; 10:20; 11:2). 이 단어를 알렉산더 이후 팔레스타인을 지배한 셀류커스(Seleucus) 왕조를 언급하는 것으로 볼 수도 있다(Barker 2002, 1441; Barker 2008, 800; Miller 1994, 302). 창세기 10:2-4에 의하면 야완은 야벳의 후손으로 다시스, 깃딤 등의 조상을 말한다. 이들은 이스라엘에서 멀리 떨어진 나라들의 대표로 보는 것이 좋다(기동연 2017, 633).

그런데 이 전쟁에 하나님이 그들 위에 강림하여 화살을 번개처럼 쏘고 회오리바람을 타시고 그들을 함께 하심으로 이스라엘은 큰 기쁨을 얻게 될 것이다(슥 9:14-15). 이것은 하나님이 전사의 이미지로 전쟁에 개입하시고 이스라엘 백성들은 대적들을 정복한 후에 즐거운 잔치를 벌이는 이미지로 묘사한 것이다.[23] 이날에 구원받은 이스라엘은 왕관의 보석처럼 땅에서 빛나게 될 것이다(슥 9:16). 그리고 스가랴는 의문대명사를 사용한 감탄문으로 '그의 형통함이 어떠하며'(마-투보, מַה־טּוּבוֹ), '그의 아름다움이 어떠하냐'(마-요표, מַה־יָפְיוֹ)라고 하며 곡식과 새 포도주가 청년과 처녀를 강건하게 할 것이라고 했다(슥 9:17). 이는 경제적으로 풍요하게 될 것이라는 뜻이다. 이뿐만 아니라 여호와께 비를 구하면 소낙비를 내려 밭의 채소를 각 사람을 주실 것이라고 했다(슥 10:1). 이러한 경제적 풍요는 하나님이 이스라엘을 구원하시고 그들과 함께하신 결과다.

④ 거짓 지도자들의 심판과 이스라엘 회복(슥 10:2-11:3)

스가랴는 당시 거짓 지도자들이 점치는 도구인 드라빔으로 허탄한 것을 말하고 복술자들은 거짓 꿈을 말하기에 백성들은 목자 없는 양같이 곤고를 당하는 현실을 지적했다(슥 10:2). 하나님은 이에 대해 목자들 곧 숫염소들을 벌하실 것이나 대신 하나님이 유다를 돌보아 전쟁의 준마 같게 하실 것이다(슥 10:3). 이는 하나

---

23 개역개정판은 스가랴 9:15을 이스라엘이 원수들을 삼키고 피를 마시며 피가 가득한 동이 같다고 함으로 전쟁에서 승리하여 적들을 살육한 이미지로 번역했다. 그러나 하나님이 주신 승리에 대해 먹고 마시고 즐기는 승리의 축제로 보아야 한다(기동연 2017, 634; 블루 1994, 179).

님이 백성들을 돌보아서 전쟁할 수 있도록 강하게 하신다는 뜻이다. 하나님이 어떻게 강하게 하시는가? 같은 의미를 다르게 표현하는 평행법으로 모퉁잇돌과 말뚝과 싸우는 활과 권세 잡은 자가 다 그에게서 나와 용사같이 원수들을 밟을 것이기 때문이다(슥 10:4-5). 모퉁잇돌이나 말뚝이나 싸우는 활이나 권세 잡은 자는 다 비유적인 표현으로 지도자를 말한다. 이 지도자들이 누구에게서 나오는가? '그에게서' 나온다. '그'를 여호와로 보기도 하고 메시아적 인물로 보기도 하고 유다 백성으로 보기도 한다(힐 2014, 301; 기동연 2017, 640; Mason 1977, 100).

이어서 스가랴는 하나님은 유다 족속을 견고하게 하고 요셉 족속을 구원하여 여호와께서 그들의 하나님이 되시어 그들과 그들의 자손은 하나님으로 말미암아 기뻐하게 하실 것이라고 했다(슥 10:6-7). 이는 단순히 바벨론 포로에서 돌아오는 것만이 아니라 이스라엘이 하나님과 관계가 회복되어 큰 은혜와 기쁨을 누릴 것을 말한다.

이어서 하나님은 이미지 언어로 그들을 향하여 휘파람을 불어 모을 것이라고 하셨다. '휘파람을 분다'라는 말은 목자가 자기 흩어진 자기 양들을 부르는 일종의 신호다(참조. 삿 5:16). NIV는 '그들에게 신호를 보낼 것이다'(I will signal for them)라고 번역했다. 이는 목자가 양을 부르듯이 부르신다는 것이다. 그 이유는 하나님이 그들을 구속하셨기 때문이다(슥 10:8). 하나님이 어떻게 부르시는가? 하나님이 그들을 여러 백성 가운데 '흩어서' 돌아오게 하실 것이다(슥 10:9). 여기서 '흩다'라는 단어의 원문은 '자라'(זָרַע)로 '씨를 뿌리다'라는 뜻이다. 이는 단순히 이스라엘만 불러 모으는 것이 아니라 그들을 통해 택하신 모든 백성을 부르신다는 뜻이다. 당시의 세계에서 남쪽의 애굽과 북쪽의 앗수르에서 모으실 것이다(슥 10:10).

특히 하나님은 그들이 고난의 바다를 지나갈 때에 바다 물결을 치사 앗수르와 애굽과 같이 그들을 대적하는 자들을 치심으로 택한 백성을 불러 모으실 것이다(슥 10:11). 이는 마치 하나님이 이스라엘을 출애굽 당시 홍해를 건너게 하셨듯이 택한 백성을 구원하신다는 뜻이다(출 14:21-22; 15:6, 22). 이러한 일을 통해 이스라엘은 여호와를 의지하여 더 견고하게 되어 언약에 순종하는 백성이 될 것이다(슥 10:12).

⑤ 심판받는 양떼들과 목자들(슥 11:1~17)

이 문단에서 스가랴는 양 떼들과 목자들에게 초점을 맞추어 그들에 대한 심판을 기록하고 있다.

a. 목자들의 애곡(슥 11:1-3)

이 문단을 스가랴 10:11처럼 이스라엘을 대적하는 이방 나라의 심판으로 보기도 하나 악한 목자들이 다스리는 이스라엘의 멸망을 비유적으로 예언하는 내용으로 보아야 한다. 왜냐하면 여기에 언급된 지명과 특성을 이스라엘의 북부 지역인 레바논의 백향목과 바산의 상수리나무과 요단의 무성한 숲으로 묘사하기 때문이다. 목자들이 곡하는 것은 그들의 영화로운 것이 쓰러졌고 사자가 부르짖는 것은 요단의 숲이 없어졌기 때문이다(슥 11:1). 목자와 사자는 지도자들을 말한다(힐 2014, 310).

b. 두 목자(슥 11:4-17)

이 문단은 하나님이 세우신 목자를 백성들이 거절할 때 악한 목자가 나타나 백성들이 고통하는 내용을 기록하고 있다. 하나님이 "너는 죽을 양 떼를 먹이라"(슥 11:4)라고 하셨다. 여기 '너'는 스가랴를 말하는 것으로 보기도 하고(힐 2014, 313) 메시아를 예표하는 자로 보기도 한다(Klein 2008, 322-323). 이 내용이 예언적이기에 스가랴를 오실 메시아로 예표하는 사람으로 보는 것이 적절하다. 스가랴에게 잡혀 죽을 운명에 놓은 양 떼를 먹이라고 했다. 하나님은 그들에 대해 사들인 자들도 죄가 없다 하고 그들을 판 자는 오히려 부유하게 되어 하나님을 찬송할 것이라고 하셨고, 그들의 목자들은 그들을 불쌍히 여기지 아니한다고 하셨다(슥 11:5). 사람들이 시장에서 양을 사고팔 듯이 사람들을 사고팔아도 죄의식을 느끼지 못할 정도로 선하지 못했고 오히려 그들을 판 자들은 그로 말미암아 부유하게 되고 하나님을 찬송하게 되는 복에 대한 왜곡된 신학이 나타났다(Petersen 1995, 92). 이것은 백성들의 인권이나 재산을 침해하거나 짓밟아서 얻은 부를 하나님이 주신 복이라고 생각했다는 것이다. 그래서 하나님은 대적들이 그들을 쳐도 그들을 불쌍히 여기지 아니할 것이라고 하셨다(슥 11:6). 이 말씀에서 언제 일어날 일인지 알 수 없으나 하나님이 그들을 내버려 두신다는 것이다. 그럼에도 불구하고 스가랴에게 그들을 먹이라고 하신 것은 여전히 그들에게 관심이 있으심을 보여준다.

그래서 메시아를 예표하는 스가랴는 잡혀 죽을 가련한 양 떼를 먹였는데 막대기 둘을 취하여 하나는 은총, 하나는 연합이라 하고 양 떼를 먹였다(슥 11:7). '은총'(노암, נֹעַם)은 KJV가 '아름다움'(beauty), RSV가 '은혜'(grace), NIV, NASB가 '호의'(favor) 등으로 번역하듯이 풍부한 의미가 있다. 막대기에 은총과 연합이라 쓴 것은 사랑과 하나로 연합시키려는 마음으로 양 떼를 먹였다는 것이다. 그런데 이 목자는 '한 달 동안', 곧 짧은 기간에 '그 세 목자들'을 끊었다고 했다. 이는 목자의 마음에 그들을 싫어하였고 그들의 마음에도 목자를 싫어했기 때문이다(슥 11:8). 여기서 '그 세 목자들'이 누구를 말하는 것인지 다양한 해석이 있으나 신실하지 못한 목자들을 상징적으로 말한다(Klein 2008, 333).[24] 그래서 목자가 그들을 먹이지 않고 죽는 자는 죽는 대로, 망하는 자는 망하는 대로, 서로 살을 먹는 대로 두고 '은총'이라는 막대기를 꺾었다(슥 11:9-10). 이는 그들에게 더 이상 은총을 베풀지 않겠다는 뜻이다. 그러나 스가랴가 전하는 말을 지키던 가련한 양들은 은총을 폐하자 그것이 하나님의 말씀인 줄을 알았다(슥 11:11).

이때 메시아를 예표하는 스가랴는 은총으로 양을 친 품삯을 요구하자 은 30개를 달아주자 하나님은 그것을 토기장이에게 던지라고 하심으로 그 삯을 토기장이에게 던졌다(슥 11:12-13). 양들을 먹인 품삯과 은 30개와 토기장이 등의 표현은 그리스도께서 은 30개에 가룟 유다에게 팔리시고 그 값을 토기장이 밭에 던지는 사건을 보여주는 듯하다(마 26:15; 27:1-10). 그러나 마태는 선지자 스가랴가 말한 것이 성취되었다 하지 않고 선지자 예레미야가 한 말로 성취되었다고 했다(마 27:9). 그럼에도 문맥적으로 이 유사성은 메시아가 은 30개에 팔리고 그 값을 토기장이 밭에 던진 것을 예표하는 것으로 보아야 함을 보여준다. 스가랴는 이 말을 한 후에 연합이라 하는 둘째 막대기를 꺾었다(슥 11:14). 이는 하나님이 보내신 참 목자되신 메시아의 말을 듣지 않았기에 하나님과 맺은 언약 관계가 깨어졌음을 의미한다.

하나님은 스가랴에게 어리석은 목자의 기구들을 빼앗으라고 하셨다(슥 11:15).

---

24 '그 세 목자들'이 누구를 말하는지 많은 논의가 있는데 이에 대해 클라인(Klein 2008, 328-333)과 볼드윈(Baldwin 1972, 181-184)의 주석을 참조하라.

이는 목자의 역할을 하지 못하게 하신 것이다. 이스라엘이 하나님이 세우신 참목자의 말을 듣지 않음으로 한 목자를 일으켜 그가 없어지거나 흩어진 자를 마음에 두지 않고 상한 자를 고치지 아니하고 오히려 살진 자를 먹고 굽을 찢을 것이라고 하셨다(슥 11:16). '굽을 찢는다'라는 말은 육식 동물이 고기의 마지막 한점까지 음란하고 탐욕스럽게 찾는다는 히브리식 관용구다(힐 2014, 323). 하나님은 양떼를 버린 목자에게 화를 선포하시며 칼이 그의 팔과 오른쪽 눈에 내리실 것이다(슥 11:17). 그리하여 거짓 목자의 이기적이고 기회주의적인 통치를 끝내게 하실 것이다(Meyer & Meyer 1993, 291–292).

(2) 두 번째 신탁 : 메시아의 오심과 순종(슥 12:1-14:21)

이 문단에서 저자는 여호와의 날을 표현하는 '그 날에'(바욤-하우, בַּיּוֹם הַהוּא)라는 어구를 17번이나 반복하여 사용함으로 이 메시지의 핵심이 예루살렘과 세상의 미래에 대한 것임을 시사한다(슥 12:3, 4, 6, 8$^{×2}$, 9, 11; 13:1, 2, 4; 14:4, 6, 8, 9, 13, 20, 21). 특히 여기서 그 날에 하나님이 이루실 종말론적 구원과 심판의 문제를 다룬다.

① 이스라엘의 전쟁과 궁극적인 승리 2(슥 12:1-9)

저자는 두 번째 큰 문단을 시작하며 스가랴 9:1과 같이 '경고' 또는 '신탁'(oracle)이라고 번역될 수 있는 히브리어 '맛사'(מַשָּׂא)로 시작한다(슥 12:1). 하나님은 주의를 집중시키는 감탄사인 '보라'라고 하시며 예루살렘으로 그 사면 모든 민족에게 취하게 하는 잔이 되게 하실 것이라고 하셨다(슥 12:2). 구약성경에서 잔은 축복의 잔과 구원의 잔 등으로 묘사되지만 여기서는 심판의 잔으로 사용된다(사 51:17; 렘 25:15; 합 2:16). 여기서 예루살렘이 그 사면 모든 민족에게 취하게 하는 잔이 된다는 것은 예루살렘을 치는 것은 마치 사람이 술을 마셔 취하게 되면 수치와 방향 감각을 상실하는 것과 같은 상태가 된다는 것이다. 이는 예루살렘을 치는 민족은 심판과 파멸의 잔을 마시는 것과 같다는 것이다.

스가랴는 이 문단에서 그 날에 있을 일을 네 가지 은유로 묘사한다. 첫째, 하나님이 예루살렘을 모든 민족에게 무거운 돌이 되게 하심으로 그것을 드는 모든 자는 크게 상하게 될 것이다(슥 12:3). 이 은유는 무거운 돌을 들려고 시도하는 사람들은 스스로 크게 상하게 된다는 것이다. 둘째, 하나님이 모든 말을 쳐서 놀라게 하고 말에 탄 사람을 미치게 하실 것이다(슥 12:4). 고대 전쟁에서 말은 중요한 전쟁 수단이다. 이를 현대적인 의미로 바꾸면 하나님의 백성을 대적하는 자들이 팬텀이나 스텔스, 탱크로 무장하여 공격한다고 할지라도 하나님께서 그 기능을 마비시키는 것과 같다. 이는 하나님이 자기 백성을 위해 싸우시고 그들을 보호하신다는 것이다. 유다 지도자들은 이를 보고 마음속에 예루살렘 주민은 그들의 하나님으로 말미암아 힘을 얻었다고 말할 것이다(슥 12:5). 셋째, 하나님은 유다 지도자들을 나무 가운데 화로 같게 하시며 곡식단 사이 횃불 같아서 에워싼 민족을 불사르게 하실 것이다(슥 12:6). 넷째, 하나님은 예루살렘을 보호하여 그중에 약한 자는 다윗 같고 다윗의 족속은 하나님 같고 무리 앞에 있는 여호와의 사자 같게 하실 것이다(슥 12:8). 이러한 비유적 표현은 하나님이 예루살렘을 강하게 하시고 보호하신다는 것이다.

② 찔림을 당한 여호와의 종(슥 12:10-14)

하나님은 그 날에 다윗의 집과 예루살렘 주민에게 은총과 간구하는 성령을[25] 부어 주실 것이고 그들은 '그들이 찌른 바 그를' 바라보고 보고 통곡할 것이라고 하셨다(슥 12:10). 이 말씀은 심오하고 신비로운 메시아의 고난과 연관되어 있다. 여기서 '그들이 찌른 바 그를'에서 '그'는 메시아를 말한다.[26] 그리고 사도 요한이 요한복음 19:39에서 예수님이 십자가에 달려 계실 때 로마 군인이 창으로 옆구리를 찌른 일을 스가랴 12:10의 성취로 기록했다. 이를 이해할 때 하나님이 예루살렘 주민에게 은총과 간구하는 성령을 부어 주신 것은 그들이 행한 죄를 깨닫고 주의 은혜를 바라보게 하려는 것임을 알 수 있다(힐 2014, 335). 특히 '은총'(헤인, חֵן)은 일반적으로 하나님이 값없이 베푸시는 은혜를 말한다. 하나님이 은총과 간구하는 성령을 부어 주신 것은 자신의 존재를 알고 불쌍히 여겨주심과 죄를 깨닫고 회개하도록 하기 위함이다. 이것이 성령의 사역 가운데 하나다(참조. 요 14:26; 16:8).

---

25 개역개정판에 '심령'이라고 번역했으나 원문을 '루아흐'(רוּחַ)로 NASB처럼 '성령'(Spirit)이라고 번역해야 한다.

26 '그들이 그 찌른 바 그를'을 원문(MT)은 '그들이 나 곧 그들이 찌른 자'(에라이 엘 아쉘-다카루, אֵלַי אֵת אֲשֶׁר-דָּקָרוּ)라고 번역해야 한다. 개역개정판 난외주에서 히브리어 성경에서 '나를'이라고 표기했다. NASB는 이를 분명하게 하기 위해 대문자로 '그를'(Him)이라고 번역했다.

그 날에 예루살렘에 큰 애통이 있을 것인데 마치 하다드림몬에 있던 것과 같고 온 땅의 족속이 애통하되 다윗과 레위족 등이 따로 애통할 것이다(슥 12:11-14). 비유적으로 사용한 '하다드-림몬'(הֲדַדְרִמּוֹן)을 폭풍을 가져오는 가나안의 신으로 보고 이 신이 죽어 지하세계로 간 것을 생각하고 애통하는 것으로 보기도 한다. 그리고 이것을 요시야가 므깃도에서 전사한 사건을 기념하는 날로 보기도 한다 (Meyers & Meyers 1993, 343-344). 하지만 이것이 무엇을 의미하는지는 알 수 없으나 메시아의 죽음을 '하다드-림몬'의 애통과 비교한 것은 그 슬픔이 크다는 것을 보여준다.

③ 죄와 더러움을 씻는 샘(슥 13:1-6)

스가랴는 그 날에 죄와 더러움을 씻는 샘이 다윗 족속과 예루살렘 주민을 위해 열릴 것이라고 했다(슥 13:1). 죄와 더러움을 씻는 일은 생명을 얻는 필수조건이다. 이 샘이 열린 것은 그들이 메시아를 찔렀고 하나님이 그들에게 은총과 간구하는 성령을 주셔서 회개했기 때문이다. 여기 '샘이 열리리라'(יִהְיֶה מָקוֹר נִפְתָּח)라는 말씀은 미완료 존재 동사와 계속과 수동의 의미가 있는 니팔, 분사형으로 되어 있다. 이는 메시아의 구속사역의 결과 이 샘이 계속 열려 있어 그를 믿는 자는 죄와 더러움에서 깨끗하게 될 수 있다는 것이다.

또 그 날에 하나님이 우상의 이름을 이 땅에서 끊으실 것이고 거짓 선지자와 더러운 귀신을 이 땅에서 떠나게 하실 것이다(슥 13:2). 구약시대나 신약시대나 지금 시대에도 우상과 거짓 선지자와 미혹하는 영이 있다(호 2:7; 요1서 4:6; 계 16:13). 스가랴는 좀 더 구체적으로 그 날에 만약 거짓 선지자들이 예언하면 부모가 그를 죽일 것이라고 했다(슥 13:3; 참조. 신 13:6-10; 18:20). 이것은 일종의 과장법으로 거짓 선지자를 그 땅에서 사라진다는 것이다. 그러나 죄와 더러움을 씻는 샘에서 씻음을 받은 그리스도인들은 지금도 계속 활동하는 각종 우상과 거짓 선지자들을 제거해야 한다. 그러나 주님이 재림하시게 되면 그들은 완전히 제거될 것이다 (계 12:9-10; 20:2-3, 10; 살후 2:8).

그리고 그 날에 거짓 선지자들은 그들이 본 환상을 부끄러워하고 속이기 위해 털옷도 입지 아니할 것이다(슥 13:4). 만약 사람들이 두 팔 사이에 난 상처가 무엇인지 물으면 친구 집에서 받은 상처라고 말할 것이다(슥 13:6). 이 상처는 거짓 선지자들이 예언상태에 있을 때 칼과 창으로 자기 몸을 상하여 얻은 상처를 말한다 (참조. 왕상 18:28). 스가랴가 이러한 상황을 가정하여 설명하는 것은 그 날에는 미혹하는 거짓 선지자들이 없게 된다는 것이다.

④ 심판과 연단(슥 13:7-9)

하나님은 사물을 향해 마치 인격체인 것처럼 말하는 돈호법(apostrophe)으로 "칼아 깨어서 내 목자, 내 짝된 자를 치라"라고 하셨다(슥 13:7a). '내 목자'와 '내 짝된 자'는 같은 개념이다. '내 짝된 자'(גֶּבֶר עֲמִיתִי)에서 '짝'이라고 번역한 '아미트'(עֲמִית)는 구약성경에 모든 12번 나오는데 레위기에만 11번 나오는데 신분이 동등한 이웃이며 하나님과 가까이 있는 자를 의미한다(Baldwin 1972, 198; 블루 1994, 192). 그래서 하나님의 목자이며 하나님의 이웃된 자는 특별한 존재임을 시사한다. 무엇보다 예수님이 잡히시던 날에 제자들에게 "오늘 밤에 너희가 다 나를 버리리라 기록된 바 내가 목자를 치리니 양의 떼가 흩어지리라 하였느니라"라고 하시며 이 말씀을 자신에게 적용하셨다(마 26:31).[27]

그런데 하나님이 목자를 치신 목적은 양들을 흩기 위함이지만 동시에 하나님이 그 작은 자들 위에 하나님의 손을 '드리우리라'라고 하셨다(슥 13:7b). 여기서 '드리우리라'라는 단어는 히브리어로 '슈브'(שׁוּב)로 '돌아오다'라는 뜻이다. 예수님이 잡히시던 날에 제자들이 도망간 일에 대해 마태는 스가랴 17:7이 성취된 것으로 설명했다(마 26:56). 그러나 하나님이 그의 손을 드리운다는 것은 하나님이 그들을 돌이켜 그의 제자로 삼으신다는 것을 의미한다.

그러나 그리스도가 오셔서 십자가 죽으신 이후부터 다시 오시는 날까지 하나님은 땅 삼분의 이는 멸망하고 삼분의 일은 남을 것이라고 하셨다(슥 13:8). 그리고 삼분의 일을 불 가운데 던져 은과 금을 제련하듯이 불 가운데 시험하실 것이나 그들은 하나님의 이름을 부를 것이고 하나님이 들으실 것이며 '내 백성'이라고 부를 것이며 그들은 '여호와는 내 하나님이시라'라고 말할 것이라고 하셨다(슥 13:9). 여기서 삼분의 이나 삼분의 일은 정확한 수라기보다 다수와 일부를 말한다. 무어

---

27 칼에 침을 당하는 목자를 거짓 목자에 대한 하나님의 심판으로 보기도 한다(Smith 1984, 283; 맥콘빌 2009, 451).

(1991, 218)는 예수님이 돌아가신 후 유대 백성 중 삼분의 이가 전쟁과 전염병과 기근으로 죽은 것을 가리키는 것으로 보았으나 그리스도의 재림 때까지 온 세상에 일어날 일로 보아야 한다.

하나님은 남은 자들인 삼분의 일을 불 가운데 던져 은과 금을 제련하듯이 시험하실 것이다. 그런데도 그 시험을 이기고 하나님의 이름을 부르는 자들이 있을 것이다. '하나님의 이름을 부른다'라는 것은 하나님을 섬긴다는 의미다. 이들에게 하나님이 만나시고 남은 자들은 "여호와는 내 하나님이시라"라고 고백할 것이다(슥 13:9).

⑤ 이스라엘의 전쟁과 궁극적인 승리 3(슥 14:1-15)

스가랴는 그 날에 예루살렘이 약탈을 당하나 성읍 백성 절반이나 사로잡혀 간다고 할지라도 남은 자는 끊어지지 아니할 것이라고 했다(슥 14:1-2) 스가랴는 이 일이 여호와의 날에 일어날 일이라고 말했으나 세부사항은 설명하지 않는다. 그런데 '그 때에' 하나님은 이방 나라와 싸우시되 과거 전쟁 날에 싸우셨던 것처럼 싸우실 것이다(참조. 출 14:13-14). '그 날에' 이 전쟁에서 하나님이 예루살렘 동쪽 감람산 위에 서실 때 대지진이 일어나 웃시야 시대에 지진이 일어나 도망한 것처럼 도망할 것이고 이 전쟁에 거룩한 자들이 함께할 것이다(슥 14:3-5). 여기 '거룩한 자들'이 누구를 말하는 것인지 분명하지 않으나 종말에 주님이 재림하실 때 함께 올 자들과 연관된다면 천사들과 모든 성도를 가리킨다(Barker & Walker 2002, 1446). 스가랴가 설명하는 이 전쟁은 예수님이 재림하실 때 그의 모든 성도와 함께 강림하시는 사건을 연상시킨다(참조. 살전 3:13; 살후 1:10). 그래서 볼드윈(Baldwin 1972, 201)은 이 사건을 감람산에서 예수님 승천과 그의 천사가 말한 재림에 관한 약속과 연관시켰다(행 1:11).

스가랴는 또 '그 날에' 빛이 없겠고 광명한 것들이 떠날 것이라고 했다(슥 14:6). '광명한 자들'은 빛을 내는 해와 달과 별들을 말한다. 이로 보아 종말에 일어날 일을 묘사하는 선지자들의 설명과도 일치한다(참조. 사 13:10; 욜 3:15). 그리고 이날에 대해 "여호와께서 아시는 한 날이 있으리니 낮도 아니요 밤도 아니라 어두워 갈 때에 빛이 있으리로다"라고 했다(슥 14:7). 여기 '여호와께서 아시는 한 날'은 하나님만 아시는 날로 완전한 하나님 나라가 임하는 때를 말한다. 이때 기존의 자연적인 세계 질서가 변하여 새로운 빛과 시간 개념이 지배하는 시대, 곧 사도 요한

이 "그 성은 해나 달의 비침이 쓸 데 없으니 이는 하나님의 영광이 비치고 어린 양이 그 등불이 되는"(계 21:23) 시대가 된다는 것이다.

스가랴는 또 '그 날에' 생수가 예루살렘에서 솟아나서 절반은 동해로 가고 절반은 서해로 흐를 것이고 여름과 겨울에도 그러할 것이라고 했다(슥 14:8). 이 묵시는 생수가 변함없이 예루살렘에서 솟아난다는 것이다(참조. 겔 47:1). 특히 '여름에도 그러하고 겨울에도 그러하다'라는 것은 지형학적으로 가나안 땅의 시내가 여름에는 마르는 점을 고려한다면 생명수 샘물이 계절의 변화와 관계없이 풍성하게 흘러 넘쳐난다는 것이다. 볼드윈(Baldwin 1972, 203)은 예수님이 성경에 이름과 같이 그를 믿는 자의 배에서 생수의 강이 흘러넘칠 것이라고 말씀하신 약속에 적용했다(요 7:37). 이것은 그를 믿는 자들이 받을 성령을 의미하는 것이다(요 7:38).

스가랴는 또 '그 날에' 여호와께서 천하의 왕이 되어 다스리시므로 다시는 저주가 없고 예루살렘이 평안히 설 것이라고 했다(슥 14:9-11). 하나님이 다스리는 영역을 아라바, 게바, 림몬, 예루살렘 성의 베냐민 문, 하나넬 망대 등을 구체적으로 언급하는 것은 하나님 나라가 그들이 사는 역사 세계에 건설된다는 것을 보여준다.

스가랴는 또 '그 날에' 예루살렘을 친 모든 백성에게 재앙이 임할 것이라고 했다(슥 14:12-15). 그 재앙을 묘사하기를 살이 썩으며 그 눈이 구멍 속에서 썩으며 그 혀가 입속에서 썩을 것이라고 했다(슥 14:12). 이것은 전염병, 질병, 전쟁, 자연재해 등으로 말미암는 고통과 재난이 심할 것을 의미한다(힐 2014, 363). 그리고 하님이 그들을 '요란하게' 하실 것이다. 이것은 친구가 친구를 치고, 이웃이 이웃을 치는 일이나 가족이 가족을 치는 일 등 혼란에 빠뜨리는 일을 의미한다. 이뿐만 아니라 그들은 전에 누리던 모든 경제적 축복과 사회적 지위를 누리지 못하게 될 것이다(슥 14:14-15). 스가랴는 '그 날에' 악한 자들에게 임할 심판을 다양하게 설명한 것은 하나님이 철저하게 심판하신다는 것을 보여주려는 것이다.

⑥ 모든 민족의 심판과 구원(슥 14:16-21)

스가랴는 '그 날에' 있게 될 매우 특별한 일을 소개한다. 그것은 이스라엘 백성들만이 아니라 예루살렘을 치러온 원수들 가운데서도 해마다 예루살렘으로 올라와 만군의 하나님께 경배하고 초막절을 지키는 자들이 있다는 것이다(슥 14:16).

초막절은 소출을 주시는 여호와의 은혜와 이스라엘이 광야 생활을 할 때 집 없이 생활하였으나 장막에 거하며 하나님의 복을 누리게 된 것을 감사하며 지키는 절기다(신 16:13-15). 이 초막절을 지키기 위하여 올라온다는 것은 예전에 하나님 없이 살았던 삶을 기억하고 하나님의 통치를 받아들이고 완전한 나라에 들어가게 된 것을 감사하기 위해 올라온다는 것이다. 예루살렘을 공격하는 원수들 가운데서도 하나님을 섬기는 택한 사람이 있을 것이라고 하는 사상은 구약에서 많이 발견할 수 있다. 역사적으로 아브라함이 할례를 받을 때 이방인도 할례를 받을 수 있게 하셨다(창 17:12-14). 아모스 선지자가 아모스 9:11-12에서 에돔의 남은 자와 하나님의 이름을 일컫는 만국이 구원을 받을 것이라고 했고 신약성경에 예루살렘 공회에서 야고보가 이 말씀을 인용하여 이방인이 구원을 받을 수 있음을 설명했다(행 15:13-18). 그 결과 그리스도를 믿는 자는 인종의 차별 없이, 신분의 차별 없이, 성별의 차별 없이 누구나 그리스도와 합하여 세례를 받았으면 아브라함이 받은 유업을 이을 수 있다(갈 3:26-29). 하나님의 말씀을 받아들이고 순종한다면 이 은혜에 참여할 수 있다. 그러나 복음을 받아들이지 않으면 숭배하러 예루살렘에 올라오지 아니하는 자에게는 비를 내리지 아니하고 재앙이 임할 것이다(슥 14:17-19).

스가랴는 이 책을 마무리하며 '그 날에' 있을 마지막 장면을 소개한다. 그것은 '그 날에' 말 방울에까지 '여호와께 성결'(코데쉬 라도나이, קֹדֶשׁ לַיהוָה)이라 기록될 것이고 여호의 전에 있는 모든 것이 다름이 없게 된다는 것이다(슥 14:20). '여호와께 성결'이라는 말은 대제사장의 관에 순금으로 새긴 패를 말한다(출 28:36-37). 그런데 완전한 하나님 나라에는 대제사장만이 쓰고 들어가는 관의 패만 아니라 말의 방울에까지 거룩하게 된다는 것이다. 말의 방울도 거룩하게 된다는 것은 전쟁용으로 사용된 말의 용도가 바뀌었음을 보여준다(기동연 2017, 731). 모든 솥이 '여호와의 성물'(고데쉬 라도나이, קֹדֶשׁ לַיהוָה)이 되어 고기를 삶게 될 것이다. 이것은 하나님의 집에서 하나님을 온전히 예배하고 교제하는 복된 시대가 온다는 것이다. 그러나 '그 날에' 가나안 사람은 없을 것이다(슥 14:21b). 바커와 워커(Barker & Walker 2002, 1447)가 지적했듯이 가나안 사람은 도덕적으로나 영적으로 깨끗하지 못한 자를 나타낸다. 이들은 하나님의 택한 백성의 무리에 포함되지 않는다(참조. 사 35:8; 겔 43:7; 44:9; 계 21:27).

V. 구속사적 의미

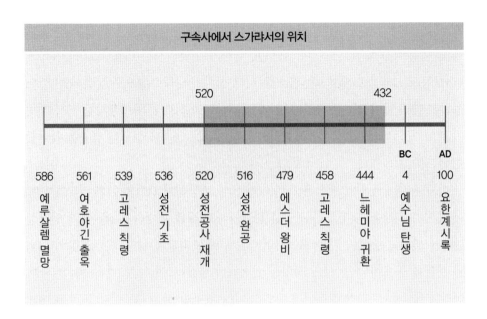

구속사에서 스가랴서의 위치

520   432

BC   AD

586   561   539   536   520   516   479   458   444   4   100

예루살렘멸망   여호야긴출옥   고레스칙령   성전기초   성전공사재개   성전완공   에스더왕비   고레스칙령   느헤미야귀환   예수님탄생   요한계시록

스가랴서에 기록된 연대를 보면 스가랴 선지자의 사역은 학개 선지자보다 두 달 늦게 다리오 왕(주전 522-486) 2년 여덟째 달부터 시작했다(참조. 학 1:1). 그리고 에스라 5:1-2과 6:14에 학개와 스가랴가 도움으로 다리오 6년인 주전 516년에 성전이 완공되었다고 기록할 뿐만 아니라 스가랴가 사역을 시작할 때 젊은이였고(슥 2:4), 느헤미야를 중심으로 완공한 성벽공사에 참여했다(느 12:16, 41). 이러한 점을 고려해 볼 때 스가랴서는 다리오 왕 2년부터 느헤미야가 총독으로 사역한 주전 444-432년까지의 구속사를 기록하고 있음을 알 수 있다.

스가랴서의 구속사에서 하나님은 A-B-C-D / D'-C'-B'-A' 형태의 교차대칭 구조로 된 여덟 가지의 환상을 통해 여호와께서 열심으로 구속의 모든 면을 성취하시기 위해 역사 가운데 일하심을 보여준다. 이 구속은 하나님의 대적들에 대한 복수와 백성들의 억울함을 풀어주는 일과 백성들을 영화롭게 하는 일, 영광스러운 하나님의 통치 등으로 구성되어 있다(Vangemeren 1990, 196).[28] 특히 하나님은 자기 백성에게 복을 주시며 보호하시고 지키신다(슥 8:12-14; 9:8). 이는 자기 백성을 통해 메시아를 보낼 것이라고 약속하셨기 때문이다. 그리고 메시아가 겸손하

---

28 이 교차대칭구조에 관해서는 스가랴서의 "문학적 구조와 특징"을 참조하라.

여 나귀 새끼를 타고 오신다고 약속은 예수님이 이 땅에 오셔서 나귀 새끼를 타시고 예루살렘으로 입성하심으로 성취되었다(슥 9:9; 참조. 마 21:1-11; 막 11:1-10; 28-40; 요 13:12-19). 이 외에도 메시아가 사람들에게 배반을 당하여 은 30에 팔리게 될 내용(슥 11:12-13; 참조. 마 27:9-10), 십자가에 달리시는 내용(슥 12:10; 참조. 요 19:37) 등도 그리스도께서 배반을 당하시고 십자가에 죽으심으로 성취되었다. 이 성취는 아직 남아 있는 완전한 구원과 예루살렘이 하나님을 예배하는 거룩한 곳이 되어 이방 나라가 하나님을 경배하게 되리라는 약속도 성취될 것임을 확신할 수 있다(슥 14:16-21).

이 구속사에서 언약 백성은 포로 이전 유다 조상들이 그들의 악한 길과 행위에서 돌이키지 않을 때 진노하신 역사를 기억하고 죄를 회개하고 겸손하게 언약의 말씀을 믿고 순종해야 함을 보여준다(슥 1:2-6). 그리고 진실한 재판을 하며 소외된 자들을 돌보아야 할 사회 정의를 실천해야 함을 보여준다(슥 7:8-14; 8:14-17). 이러한 행동은 구속받은 자에게 당연히 나타나야 할 삶의 특징들이고 복된 미래를 열어가는 방법이다. 회개와 말씀에 대한 순종함이 없이 언약 백성은 제사장 나라로서 구속사에서 하나님과 동역할 수 없기 때문이다.

말라기
Malachi

말라기

—·ℓ↓ℓ·—

구약성경의 맨 마지막이며 선지서의 마지막에 위치해 있는 이 책은 포로시대 이후, 특히 성전이 재건 된 이후 어느 시점에 있었던 언약 백성의 상황에서 주신 하나님 말씀이다. 당시 언약 백성들은 언약의 말씀에서 떠남으로 예배생활과 가정생활과 사회생활 등 신앙생활 전반에 타락한 모습들이 드러나게 되었다. 비록 종교적인 의식은 행하여지고 있었다고 할지라도 모든 의식의 핵심인 율법을 지켜 행하지 않았다. 이러한 시대에 하나님은 말라기 선지자를 통하여 하나님을 섬긴다는 것이 무엇을 의미하는지를 가르쳐 주셨다. 그리고 하나님 말씀에 따라 삶을 개혁할 때 소망이 있을 뿐만 아니라 이 땅에서 언약 백성으로 하나님과 교제하며 메시아가 오시는 통로로써 하나님 나라를 건설하는 사람으로 살아갈 수 있다는 점을 가르쳐주셨다.

I. 저자와 역사적 배경(기록 배경)

이 책의 이름인 '말라기'(מַלְאָכִי ‹ מַלְאָךְ + יּ)는 '나의 사자'(My Messenger)라는 뜻이다. '말라기'라는 이름은 말라기 1:1에 고유명사로 나오고 3:1은 보통명사로 나타난다.[1] 여기에 근거하여 말라기를 본명이 아니라 별명으로 보기도 한다. 70인역 성경에서는 말라기 1:1의 '말라기'를 고유명사로 번역하지 않고 '그의 사자'(앙게루 아우투, αγγελου αυτου)라고 번역하였다. 이러한 이유로 무명의 저자가 쓴 것으로 간주하기도 한다. 하지만 일반적으로 고유명사로 본다. 왜냐하면 구약의 책들 가

---

1 "… 보라 내가 '나의 사자'를 보내리니 …"(말 3:1) 여기에 보통명사 '나의 사자'는 히브리어로 '말라기'(לְאָכִ
מ)다.

운데 선지자의 이름으로 된 책들이 모두 책명과 저자가 동일하기 때문이다.

역사적으로 볼 때 이스라엘 백성들은 하나님과 맺은 언약의 말씀을 지켜 행할 때는 크고 강성한 나라가 되었고 개인적으로 부요한 삶을 살았다. 그러나 그들이 하나님과 맺은 언약을 버리고 헛된 우상을 섬길 때 하나님은 크고 작은 나라를 들어 징계하셨다. 이 역사를 보면 하나님은 많은 선지자를 보내고, 수많은 징계를 통해 하나님의 뜻을 전달하셨다. 하지만 이스라엘 백성들이 하나님을 버리고 그 말씀 순종하기를 버리자 주전 722년에 하나님은 앗수르를 들어 먼저 북 이스라엘을 멸망시키시고, 주전 586년에는 바벨론을 들어 남 유다를 멸망시키셨다. 그리고 이스라엘 백성들을 바벨론으로 포로로 끌려가게 하셨다. 하지만 하나님은 여전히 이스라엘 백성들과 맺은 언약을 기억하고 사랑하셨다. 그래서 하나님은 주전 539년에 페르시아의 고레스에 의해 이스라엘 백성들을 보내어 줄 것이라고 예언하신 대로 귀환하게 하셨다(참조. 사 45:1). 하나님은 역사 가운데 이스라엘 백성들과 함께 일하셨다. 또한 스룹바벨의 인도 아래에 주전 516년에 성전도 건축하게 하셨다(참조. 스 6:15).

말라기는 이 시기 이후의 역사적 상황에서 기록되었다. 하지만 고레스 칙령이 반포된 주전 539년부터 느헤미야가 페르시아에서 돌아오는 주전 444년 사이의 시대인지, 아니면 그 이후의 시대인지 많은 논의가 있다. 앤드류 힐(Hill 1991, 426-427)은 말라기를 에스더, 에스라-느헤미야, 역대기보다 앞선 시기로 보았고, 예루살렘에서 활동하던 에스라와 느헤미야와 동시대에 기록한 것으로 보았다. 이러한 입장을 가진 데는 몇 가지 이유가 있다. 우선적으로 말라기에 기록된 포로 이후 공동체의 종교적, 사회적인 부패에 대한 현상이 에스라와 느헤미야가 활동하던 사회와 일치하기 때문이다. 예를 들면 이방 여인과의 결혼, 제사장직의 타락, 여러 사회적 문제 그리고 십일조와 봉헌물 문제 등이다(말 1:6-13; 2:1-16; 3:5-10; 참조. 스 9:1-10:44; 느 5:1-5; 10:32-39; 13:1-30). 또 하나의 이유는 기록된 히브리어가 언어학적으로 보면 주전 5세기보다는 6세기에 가깝다는 것이다. 이를 근거로 말라기서를 에스라가 오기 전인 주전 500-475년 사이에 썼다고 보기도 한다.

하지만 이보다 더 후대로 볼 수 있다. 그 이유는 말라기 1:8의 '총독'이라는 히브리어 단어 '페하'(פֶּחָה)는 페르시아 시대의 전문용어이기 때문이다. 또한 성전은 이미 재건되어 있었고, 그 성전에 대한 부정적인 모습들이 기록되어 있다. 성전제사에 대한 부정적인 모습이 묘사되고 있는 것은 성전이 완공된 후 몇십 년이 흘렀던 것 같고, 또한 에스라아 느헤미야가 언급되고 있지 않은 것을 보아 말라기서를 주전 475-450년 어간에 기록되었다고 볼 수 있다(Dillard & Longman 1994, 439). 성전은 이미 재건되었고 성전제사와 제사장직의 부패한 모습이 나타나고 있었고, 하나님의 통치행위에 대한 갈등과 그 결과로 나타나는 도덕적 해이현상이 나타나고 있다. 이로 보아 성전재건 이후 적어도 50년 이상은 되었을 것이다. 그리고 에스라(주전 458-444년)와 느헤미야(주전 444-433년)를 중심으로 한 개혁의 내용을 다루지 않는다. 그래서 주전 475년에서 450년 어간에 이 책을 썼다고 보는 것이 가장 적절하다. 실제로 말라기서는 학개와 스가랴 선지자의 독려와 스룹바벨의 인도로 두 번째 성전이 완공된 이후의 사건을 다루고 있다(학 1:1-6; 스 3:10-13; 5:1-2; 6:13-15).

성전은 구약시대와 이스라엘 백성에게 있어서 중요한 의미가 있다. 그것은 하나님이 성전을 이스라엘 백성에게 하나님이 임재하시고 통치하시는 장소로 주셨고, 또한 언약적인 복을 누리며 하나님의 뜻을 이루는 방법으로 주셨기 때문이다 (출 25:8; 29:42-46). 하지만 성전 건축 이후에 곧바로 메시아가 와서 평화의 시대가 열린 것은 아니었고, 예루살렘은 여전히 페르시아 지배 아래에서 작은 지방 도시처럼 남아 있었다. 정치적으로는 끊임없이 괴롭히는 사마리아인들과 페르시아에 대한 조공문제도 큰 부담이었을 것이다. 이러한 역사적 배경에서 점차적으로 이스라엘은 여호와를 경외하는 일에 회의가 생긴 것처럼 보인다. 그 신앙의 회의는 도덕적인 타락으로 나타났다. 그것은 제사장의 타락(말 1:6-2:9), 이방 여인과의 결혼과 아내를 학대하는 문제(말 2:11-15), 사회적 문제(말 3:5), 십일조 문제(말 3:8-10) 등이었다. 이것이 당시 말라기서가 기록된 배경이다.

II. 문학적 구조와 특징

말라기의 문학 장르는 주로 산문(prose)이면서 논쟁 형식의 대화로 구성되어 있다. 말라기는 독특한 문학적 구조로 되어 있다. 말라기서의 문학적 구조는 책의 문단 구분을 분명하게 해주고, 전달하고자 하는 주제가 무엇인지 알게 해준다. 말라기서는 당시 언약 백성들에게 하시는 하나님의 말씀(A), 그 말씀에 대한 백성들의 반응(B), 하나님 말씀의 정당성을 입증하고 개혁을 요구하는(C) 구조로 이루어져 있다. 이 구조를 도식화하면 다음과 같다.

A : 언약 백성에게 하시는 하나님 말씀

B : 하나님 말씀에 대한 언약 백성의 반응

C : 하나님 말씀의 정당성을 논증하고 개혁을 요구함

말라기서는 A-B-C 구조를 여섯 번 반복하는 논쟁적인 형태로 기록되어 있다. 이러한 형태의 문학적 장치를 평행 구조(parallel structures or parallel panels)라고 한다. 이것은 문단의 구조를 설명해 줄 뿐만 아니라 의미를 분명하게 드러내 주는 역할을 한다. 이 책의 저자는 이러한 구조를 통하여 주제를 전달한다. 그래서 저자는 말라기서에서 여섯 가지의 논쟁을 중심으로 논리를 전개하기 때문에 그가 무엇을 전하려고 하는지 쉽게 이해할 수 있다.

1. 표제(말 1:1)

2. 평행 구조 1 : 첫 번째 논쟁(말 1:2-5)

　　A : "내가 너희를 사랑하였노라"(말 1:2a)

　　B : "주께서 어떻게 우리를 사랑하셨나이까?"(말 1:2b)

　　C : 하나님의 사랑에 대한 논증(말 1:3-5)

3. 평행 구조 2 : 두 번째 논쟁(말 1:6-2:9)

　　A : "아들은 그 아버지를, 종은 그 주인을 공경하나니 내가 아버지일진대 나를 공경함이 어디 있느냐 내가 주인일진대 나를 두려워함이 어디 있느냐"(말 1:6)

　　B : "우리가 어떻게 주의 이름을 멸시하였나이까?"(말 1:6-7)

　　C : 주의 이름을 멸시한 일에 대한 논증과 개혁을 요구함(말 1:8-2:9)

4. 평행 구조 3 : 세 번째 논쟁(말 2:10-16)

　　A : "… 다시는 너희 봉헌물을 돌아보지 아니하며 그것을 너희 손에서 기꺼이 받지도 아니하리라 …"(말 2:10-13)

B : "어찌 됨이니이까?"(말 2:14a)[2]

C : 거짓을 행한 일에 대한 논증과 개혁을 요구함(말 2:14b-16)

5. 평행 구조 4 : 네 번째 논쟁(말 2:17-3:6)

A : "너희가 말로 여호와를 괴롭게 하였다"(말 2:17)

B : "우리가 어떻게 여호와를 괴롭혀 드렸나이까? … 정의의 하나님이 어디 계시냐?"(말 2:17)

C : 여호와를 괴롭게 한 일에 대한 논증과 개혁을 요구함(말 3:1-6)

6. 평행 구조 5 : 다섯 번째 논쟁(말 3:7-12)

A : "너희 조상들의 날로부터 너희가 나의 규례를 떠나 지키지 아니하였도다 그런즉 내게로 돌아오라 그리하면 나도 너희에게로 돌아가리라."(말 3:7)

B : "우리가 어떻게 하여야 돌아가리이까? … 우리가 어떻게 주의 것을 도둑질하였나이까?"(말 3:7-8)

C : 규례를 지키지 아니한 일에 대한 논증과 개혁을 요구함(말 3:8b-12)

7. 평행 구조 6 : 여섯 번째 논쟁(말 3:13-4:3)

A : "너희가 완악한 말로 나를 대적하였다"(말 3:13)

B : "우리가 무슨 말로 주를 대적하였나이까?"(말 3:13)

C : 완악한 말로 여호와를 대적한 일에 대한 논증과 신앙생활은 의미가 있음을 설명함(말 3:14-4:3)

8. 결론(말 4:4-6)

이러한 문학적 구조는 하나님이 말라기 선지자를 통하여 하나님의 사랑을 받는 백성으로서 언약의 말씀을 믿고 거기에 따라 삶을 개혁해야 함을 보여준다.

---

2 히브리어 성경에서 이 질문은 '알-마'(עַל־מָה)인데, 문자적인 의미로는 '왜요?'라는 뜻이다. 그런데 이 문맥의 의미로는 "왜 우리가 드리는 제물을 받지 않는 것입니까? 그 이유가 무엇입니까?"라고 항변하는 것이다.

III. 주제와 기록목적

말라기서의 저자는 바벨론 포로에서 돌아와 성전을 건축한 후에 이스라엘 백성들에게 생겼던 신앙의 회의와 잘못된 생각을 바로잡고 언약 백성으로서 책임적인 삶을 살도록 하기 위해 구체적인 메시지를 전달한다. 저자는 이 책을 당시 언약 백성들이 하나님의 말씀에 대하여 보인 회의적이며 냉소적인 여섯 가지의 반응에 대하여 무엇이 잘못되었는지 논증하는 방식으로 기록하였다. 냉소적인 여섯 가지 반응은 다음과 같다.

A "주께서 어떻게 우리를 사랑하셨나이까?"(말 1:2)

B "우리가 어떻게 주의 이름을 멸시하였나이까?"(말 1:6-7)

C "어찌 됨이니이까?"(말 2:14)

D "우리가 어떻게 여호와를 괴롭혀 드렸나이까? … 정의의 하나님이 어디 계시냐?"(말 2:17)

E "우리가 어떻게 하여야 돌아가리이까? … 우리가 어떻게 주의 것을 도둑질 하였나이까?"(말 3:7-8)

F "우리가 무슨 말로 주를 대적하였나이까?"(말 3:13)

말라기 선지자는 당시 사람들이 보인 반응이 왜 잘못되었는지 논증하는 방식으로 어떤 삶이 언약 백성으로서 살 수 있는지 그 답을 제시하였다.

A' 하나님의 은혜를 회복하라(말 1:2-5)

B' 예배생활을 개혁하라(말 1:6-2:9)

C' 가정생활을 개혁하라(말 2:10-16)

D' 사회생활을 개혁하라(말 2:17-3:5)

E' 삶의 우선순위를 개혁하라(말 3:6-12)

F' 신앙생활은 의미가 있다(말 3:13-4:3)

이 논쟁의 구조를 보면 하나님과의 관계에서부터 가정과 사회와 하나님 나라로 발전하는 구조로 이루어져 있다. 맨 먼저 하나님과의 관계에서 하나님의 은혜를 회복해야 하고, 다음으로는 예배생활을 개혁해야 하고, 그 다음으로는 가정생활을 개혁해야 하고, 그 다음으로는 사회생활을 개혁해야 하고, 그 다음으로는 하나님 나라를 위하여 삶의 우선순위를 개혁해야 언약 백성으로서 사명을 감당할 수 있다는 사실을 차례로 설명한다. 이 구조를 다음과 같이 도식화할 수 있다.

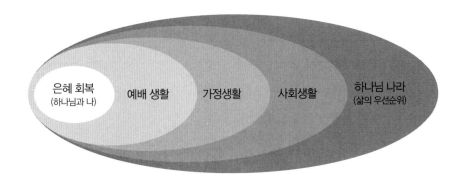

이 책의 논리 구조를 볼 때 주제는 언약 백성으로 하나님과의 관계에서부터 삶의 전 영역에 걸쳐 합당한 삶을 살아야 언약 백성으로 복을 누리며 하나님 나라를 이루어갈 수 있다는 것이다.

말라기서는 이 주제를 중심으로 언약 백성으로서 잘못된 삶을 개혁하여 메시아가 오시는 통로로써 책임적인 삶을 살게 하려는데 그 목적을 두고 있다. 저자는 논의의 최종적인 결론으로 율법을 기억할 것을 당부할 뿐만 아니라 돌이키지 않을 때 저주를 받을 수 있다는 경고로 그 목적을 선명하게 보여준다(말 4:4-6).

IV. 내용

내용 구조

1. 표제(말 1:1)
2. 하나님의 은혜를 회복하라(말 1:2-5)
3. 예배생활을 개혁하라(말 1:6-2:9)
4. 가정생활을 개혁하라(말 2:10-16)
5. 사회생활을 개혁하라(말 2:17-3:5)
6. 삶의 우선순위를 개혁하라(말 3:6-12)
7. 신앙생활은 의미가 있다(말 3:13-4:3)
8. 결론(말 4:4-6)

---

1. 표제(말 1:1)

일반적으로 다른 선지서는 그 표제에 선지자와 시대에 대한 정보가 나와 있으나 말라기서는 아무런 정보가 없다. 다만 고유명사로 된 말라기라는 이름은 여기에만 단 한 번 나타난다. 이 이름을 고유명사로 보지 않고 일반명사로 보면 개역개정판 난외주에 있는 대로 '나의 사자'라는 뜻이다(참조. 말 3:1). 여호와는 말라기 선지자를 통하여 바벨론 포로에서 돌아온 자들을 가리켜 '이스라엘'이라고 부르며 이들에게 권면하신다.

2. 하나님의 은혜를 회복하라(말 1:2-5)

이 문단에서 선지자는 A-B-C 형태로 된 첫 번째 평행구조로 하나님과 언약 백성과 기본적인 관계를 회복해야 한다고 설명한다.

내용 분해

(1) 언약 백성에 대한 하나님의 말씀과 그들의 반응(말 1:2a)

(2) 하나님의 답변 : "내가 사랑하였다"(말 2:2b-5)

내용 해설

(1) 언약 백성에 대한 하나님의 말씀과 그들의 반응(말 1:2a)

여호와께서 하신 말씀과 그 말씀을 들은 백성들의 반응을 다음과 같은 대화로 구성할 수 있다.

A 여호와 : "내가 너희를 사랑하였노라"(말 1:2a)

B 백성들 : "주께서 어떻게 우리를 사랑하셨나이까?"(말 1:2b)

당시 이스라엘 백성들이 이렇게 반응한 것은 그들이 얼마나 타락했는지 잘 보여준다. 하나님은 그들을 사랑하심으로 바벨론 포로에서 돌아오게 하셨을 뿐만 아니라 성전을 재건하게 하시고 하나님과 교제하게 하셨다(참조. 스 6:13-18). 그런데도 그들은 "주께서 어떻게 우리를 사랑하셨나이까?"라고 질문했다.

이스라엘 백성들은 왜 이러한 질문을 했을까? 그 이유는 그들이 하나님의 은혜를 잊어버렸기 때문이다. 그들은 과거 역사에서 베푸신 하나님의 은혜를 잊어버렸다. 이처럼 일반적으로 성도들이 불평하는 이유는 하나님의 은혜에 대해 감사하는 마음을 잊어버렸기 때문이다. 그래서 우리 삶에서 불평이 생기면 하나님의 은혜를 잊고 있다는 위험신호로 이해해야 한다.

(2) 하나님의 답변 : "내가 사랑하였다"(말 1:2b-5)

여호와께서는 이러한 냉소적인 태도를 보이는 이스라엘 백성들에게 그 하신 말씀이 정당하다는 것을 입증하셨다. 하나님이 그들을 사랑하신 증거는 에서

가 장자권을 가진 형임에도 불구하고 야곱을 사랑하셨다는 것이다. 당시 사회에서 장자가 두 배의 상속권과 축복권을 가진다. 야곱은 장자가 아니다. 그런데도 하나님은 그가 태어나기도 전에 그를 선택하여 "큰 자가 어린 자를 섬기리라"(창 25:23)라고 작정하셨다. 이것은 하나님이 야곱을 선택해 주신 사랑의 결과다. 이 점에 대해 사도 바울이 이스라엘 백성이라고 해서 다 구원을 받는 것이 아니고 하나님의 택한 사람들만이 구원을 얻는다는 사실을 설명하면서 이 예를 들었다. 이삭에게 에서와 야곱이라고 하는 아들이 있었으나 하나님은 야곱을 선택하시고 에서는 버리셨다(참조. 롬 9:6-13).

하나님은 버림을 받은 에서의 산들을 황무케 하셨고, 그의 산업을 광야의 이리에게 넘기셨다(말 1:3). 실제로 에돔은 멸망했다(욜 3:19; 암 1:11-12; 사 34:5-15; 렘 49:7-22; 겔 25:12-24; 35:1-15, 오바댜).[3] 그러나 에돔이 그들 스스로 일어서려고 했으나 일어서지 못했다. 사람들은 그들을 가리켜 '악한 지역'이라 할 것이고 여호와의 진노를 받은 백성이라고 할 것이다(말 1:4). 이스라엘은 이를 보고 "여호와께서는 이스라엘 지역 밖에서도 크시다"라고 할 것이다. 이것은 이스라엘이 그들의 운명을 보고 여호와가 이스라엘 안에서만이 아니라 이스라엘 밖에서도 크고 위대한 분이심을 알게 될 것이라는 뜻이다. 이후 에돔족이 거주한 지역인 지금의 페트라(참조. 욥 1:3)에는 고고학 자료에 따르면 아랍계 나바티안 족(Nabateans)이 주전 6세기 초반부터 4세기까지 에돔과 모압을 몰아내고 강력한 요새를 구축한 것으로 나타난다(Cohen 1989, 491-493). 그래도 그들은 나라를 세우지 못했다. 이를 보고 이스라엘은 하나님은 이스라엘 지역 밖에서도 위대하시다는 사실을 배웠을 것이다.

이러한 역사를 말하는 이유가 어디에 있는가? 그것은 "주께서 어떻게 우리를 사랑했습니까?"(말 1:2)라고 반문한 이스라엘 백성들에게 하나님이 그들을 사랑하셨다는 것을 증명하기 위한 것이다. 이처럼 이스라엘 백성들이 했던 질문처럼 오늘날 우리도 하나님이 어떻게 사랑했느냐고 질문할 수 있다. 그때 우리는 하나님이 선택해 주시고, 때가 되어 그리스도 안에서 구속하시고, 성령을 통하여 그 구속의 사실을 적용해 주셔서 구원의 은혜를 누리게 하신 사실과 일상생활의 소

---

3 에돔은 에서의 별명이며, 그에게서 난 후손과 민족을 지칭하기도 한다(창 25:30; 36:1, 9).

소한 부분까지 인도해 주신 사실을 기억하고 하나님의 은혜를 회복해야 한다.

3. 예배생활을 개혁하라 (말 1:6-2:9)

이 문단에서 선지자는 이스라엘 백성들의 삶의 문제를 말하면서 가장 먼저 제사장의 문제를 지적한다. 그것은 하나님께 예배하는 문제가 잘못되었다는 것을 말하기 위함이다.

내용 분해

(1) 하나님의 책망과 제사장의 반응(말 1:6)

(2) 제사장들의 타락상(말 1:7-12)

(3) 제사장의 직무(말 2:1-9)

내용 해설

(1) 하나님의 책망과 제사장의 반응(말 1:6)

만군의 여호와[4]께서 제사장들에게 책망하신 말씀과 그 말씀을 들은 제사장의 반응을 다음과 같은 대화로 구성할 수 있다.

A 여호와 : "내 이름을 멸시하는 제사장들아 … 아들은 그 아버지를, 종은 그 주인을 공경하나니 내가 아버지일진대 나를 공경함이 어디 있느냐 내가 주인일진대 나를 두려워함이 어디 있느냐?"(말 1:6a)

B 제사장 : "우리가 어떻게 주의 이름을 멸시하였나이까?"(말 1:6b)

---

4 '만군의 여호와'(야웨 쩌바오트, יְהוָה צְבָאוֹת)라는 하나님의 이름은 성경 전체 284번 사용되었다. '만군'(쩌바오트, צְבָאוֹת)은 군대(army)의 복수형이다(삼상 17:45). 또한 하늘과 땅에 속한 모든 것을 의미하기도 한다(창 2:1). 이 이름은 하늘과 땅의 모든 존재를 통치하시는 분임을 보여준다(한정건 2006, 78-79)

일반적으로 아들은 아버지를 마땅히 높이고 공경해야 하고 좋은 주인을 두려워해야 한다. 그런데 여호와는 제사장들이 하나님을 두려워하지 않고 제사 직무를 수행했다는 점을 책망하셨다. 그런데 제사장들은 "우리가 어떻게 주의 이름을 멸시하였나이까?"(말 1:6b)라고 말했다. 그들은 그 행동이 어디에서 잘못되었는지 알지 못한다. 사실 영적으로 무디어져 있으면 자기가 지금 어떤 위치에 있으며, 어떤 행동을 하고 있는지를 알지 못한다.

(2) 제사장들의 타락상(말 1:7-14)

하나님은 당시 제사장들의 질문에 대해 조목조목 짚어가면서 설명해 주셨다. 만군의 여호와께서는 그들이 더러운 떡과 눈멀고 저는 것, 병든 것을 제물로 바친 것을 지적하시며 그것을 그들의 총독에게 드리면 받겠느냐고 질문하셨다(말 1:8). 제사장들은 하나님 앞에 제사를 드릴 때 모세의 율법에 명한 대로 해야 한다. 여기에 제사장이 드린 '더러운 떡'은 하나님께 제사를 드리는 제물과 연관되는 개념을 대표하는 환유로 '빵'만을 말하는 것이 아니라 말라기 1:8에서 보여주듯이 동물로 바치는 희생제물을 의미한다. 제사장들이 잘못된 태도로 드리는 저는 것, 병든 것을 의미한다(Baldwin 1972, 225; Wolf & Stek 2002a, 1450). NIV와 NASB도 단순히 '빵'으로 번역하지 않고 '음식'(food)이라고 번역했다. 이것은 진설병이나 소제의 무교병을 말하는 것이 아니라 그들이 하나님께 바친 제물로 '여호와의 식탁'(말 1:7, 12)에 올려지는 것으로 보았다는 것이다. 제사장들이 이러한 행동을 한 것은 여호와의 식탁을 경멸히 여겼기 때문이다(말 1:7, 12). 여호와께 눈먼 것, 저는 것, 병든 것들을 제단에 드리는 것은 율법에 엄히 금하고 있다(신 15:21; 레 22:22). 그런데도 눈먼 것이나 병든 것들을 제물로 드리는 행위는 그들이 말한 대로 여호와 식탁을 경멸히 여기고 공경하지 않는다는 것이다(말 1:7, 12).

이러한 태도로 하나님께 나아갈 때 어떤 결과를 예상할 수 있겠는가? 만군의 여호와는 "너희는 나 하나님께 은혜를 구하면서 '우리를 불쌍히 여기소서' 하여 보라 너희가 이같이 행하였으니 내가 너희 중 하나인들 받겠느냐?"(말 1:9)라고 하셨다. 이것은 그들이 드리는 제사를 받지 않고 그들을 만나지 않겠다는 뜻이다. 제물을 드리는 궁극적인 목적 가운데 하나는 하나님께 나가 하나님의 은혜를 구하며 교제하는 데 있다(참조. 출 29:42-46). 여기에서 하나님의 능력을 체험하게 된다. 그러나 그들이 제사를 멸시하므로 은혜를 구해도 하나님은 듣지 않으실 것이다.

그리고 하나님은 더욱 강경한 어조로 그들 중에 성전 문을 닫을 자가 있었으면 좋겠다고 하시며, 제물을 받지 않겠다고 하셨다(말 1:10). 이 말씀을 제대로 이해하기 위해서는 제사장의 직무를 알아야 한다. 이스라엘의 제사장은 백성이 가져오는 제물을 검사하고, 백성으로 하여금 거기에 안수하게 하여 제물을 대신 드리며 하나님께 나아가는 중보자의 역할을 하는 사람이다. 그래서 하나님이 성전 문을 닫기를 원하고 제물을 받지 않겠다고 하신 것은 제사장이 타락하여 뇌물을 받거나 그 직무를 바르게 수행하지 않았기 때문이다.

그러나 하나님은 참된 예배를 회복하실 것이다. 왜냐하면[5] 해 뜨는 곳에서부터 해 지는 곳까지 이방 민족 중에서 하나님의 이름이 크게 될 것이고, 이방 민족이 깨끗한 제물을 드리게 될 것이기 때문이다(말 1:11). 이는 하나님이 올바르게 예배하는 백성을 불러 모으실 것이라는 말씀인데, 앞으로 그리스도 안에서 참된 예배를 드리는 자들이 나와서 그들이 하나님을 만나 교제하는 복을 받게 될 것을 말한 것이다(참조. 신 32:20-21; 행 13:46-48; 롬 10:19). 그러나 이스라엘은 제사를 경멸하고 더럽힐 뿐만 아니라 번거롭다고 하며 토색한 물건과 저는 것, 병든 것을 가져왔다(말 1:13). 또 이들은 서원하는 일에 흠 없는 수컷이 있어도 흠 있는 것으로 속여서 바쳤다. 서원하는 제사는 화목제 가운데 하나로 흠 없는 수컷으로 제물을 드려야 한다(레 22:19-21). 하나님은 이들을 저주할 것이지만 하나님의 이름은 이방인 중에서 경외함을 받게 될 것이라고 하셨다(말 1:14).[6]

당시 이스라엘 백성들의 여러 죄악 가운데 제사장의 잘못을 먼저 지적하는 이유는 어디에 있을까? 그것은 그들의 삶의 가장 기본인 하나님과의 관계가 잘못되었기 때문이다. 하나님과의 관계를 가장 잘 표현한 것이 구약시대에는 제사였으나 신약시대는 예배다. 예배는 우리를 번거롭게 하는 것이 아니라 하나님과 교제하며 그를 영화롭게 하는 일일 뿐만 아니라 그의 은혜와 능력을 경험하는 제도적 장치다.

---

5 원문은 이유를 나타내는 접속사 '키'(כִּי)가 있다.
6 개역개정판에 "내 이름은 이방 민족 중에서 두려워하는 것이 됨이니라"라고 번역했으나 원문은 "내 이름이 이방인 중에서 경외함을 받게 될 것이다"(וּשְׁמִי נוֹרָא בַגּוֹיִם)라는 뜻이다.

(3) 제사장의 직무(말 2:1-9)

예배생활을 개혁하기 위해 제사장의 개혁이 있어야 한다. 그래서 선지자는 제사장의 직무를 지적하고 그 직무에 합당하지 않는 행동을 책망한다.

① 제사장에 대한 권면(말 2:1-3)

하나님은 레위인과 세운 언약을 확립하기 위하여 제사장들에게 권면하셨다(말 2:1-3). 하나님은 '보라'(히네이, הִנֵּה)라는 감탄사로 주의를 환기시키며 그들이 어떤 저주를 받을 것인지 보여주신다. 하나님은 제사장의 잘못으로 인하여 그의 후손들을 꾸짖을 것이고, '희생의 똥'을 제사장의 얼굴에 바르실 것이다. '똥'은 희생제물을 죽일 때 나오는 배설물이다(출 29:14; 레 4:12; 8:17; 16:27; 민 19:5). 이 똥을 얼굴에 바른다는 것은 그들이 수치를 당한다는 표현이다. 이뿐만 아니라 그들이 똥과 함께 제하여 버려진다는 뜻이다(말 2:3; 참조. 출 29:13-14).

② 제사장에게 이 권면을 주신 목적(말 2:4-6)

하나님은 제사장들에게 왜 이러한 저주를 내렸을까? 하나님은 레위와 세운 언약이 항상 있게 하려는 것임을 알게 하기 위함이라고 설명해 주셨다(말 2:4). 레위와 세운 언약은 아론과 그 후손들과 세운 제사장의 직분과 성전봉사의 직분에 대한 것으로 생명과 평강의 언약이다. 이 언약에 대해 민수기 25:12-13은 다음과 같이 설명한다.

> 그러므로 말하라. 내가 그에게 나의 평화의 언약을 주리니 그와 그 후손에
> 게 영원한 제사장 직분의 언약이라. 그가 그의 하나님을 위하여 질투하여
> 이스라엘 자손을 위하여 속죄하였음이라

레위와 맺은 언약의 특성은 생명과 평강이다. 이 언약은 아론의 손자 비느하스와 맺은 언약이다. 말라기에서 '레위와 세운 언약'이라고 했지만 비느하스와 그의 후손인 제사장과 맺은 언약을 말한다. 제사장이 희생제물을 드리며 봉사하는 것은 이스라엘 자손들로 하여금 생명을 얻게 하고 동시에 하나님과 관계를 회복

하여 평화로운 관계를 맺는 일과 연관되어 있다. 하나님이 레위와 이 언약을 맺은 것은 그루 '하나님을 경외하게' 하려는 것이었다(말 2:5).[7] 그러면서 하나님은 제사장 비느하스가 하나님을 경외하고 하나님의 이름을 두려워하였고, 그의 입에 진리의 법이 있었고, 그 입술에는 불의함이 없었고, 화평함과 정직함으로 하나님과 동행하며 많은 사람을 돌이켜서 죄악에서 떠나게 했다고 하셨다(말 2:6; 참조. 민 25:12-13). 하나님이 이 말씀을 과거사를 기록한 것은 광야시대에 제사장 비느하스가 행한 일을 거울로 삼아 말한 것이다.

③ 제사장의 삶의 특성(말 2:7-9)

제사장은 왜 이렇게 살아야 하는가? 그 이유 가운데 하나는 제사장의 입술은 지식을 지켜야 하겠고 사람들이 그 입에서 율법을 구하게 되어야 하기 때문이다. 또 하나는 만군의 여호와의 사자이기 때문이다(말 2:7).[8] 제사장의 가장 큰 임무 가운데 한 가지는 백성들에게 율법을 가르쳐야 할 책임이 있다(참조. 레 10:11; 신 17:9-11). 여호사밧 시대에 제사장들이 율법책을 가지고 백성들을 가르칠 때 나라가 견고하게 된 역사도 있다(대하 17:9-10). 그런데도 당시 제사장들은 생명의 언약을 깨뜨리고 옳은 길에서 떠나 많은 사람으로 율법을 거스르게 했다(말 2:8). '거스르게 하다'라는 말은 원문에 '카샬'(כשל)인데 '넘어지게 하다'라는 뜻이다. 볼드윈(Baldwin 1972, 236)은 하나님의 말씀을 잘못 해석하여 넘어지게 하는 것이라고 했다. 당시 제사장들은 율법으로 사람들을 잘못된 길에서 돌이키는 대신에 하나님의 말씀을 잘못 해석하여 넘어지게 했다. 그래서 하나님은 모든 백성 앞에서 멸시와 천대를 당하게 하셨다(말 2:9).

구약시대 제사장은 하나님이 특별히 세운 사람이다. 신약시대에는 1차적으로 목회자가 이 직분을 가지고 있다. 그들은 진리를 따르며 거룩한 본을 보여주어야 하고, 하나님의 말씀을 바르게 해석하여 가르쳐서 사람들로 하여금 죄악에서 떠나게 해야 한다. 그리고 오늘날 그리스도 안에 있는 성도들도 왕 같은 제사장 직

---

7 '경외하다'의 히브리어는 '야레이'(ירא)로 일반적으로 '두려워하다'라는 말로도 쓰이고 '예배하다'라는 의미로 사용될 뿐만 아니라 예배의 방법과 태도와도 관련된 포괄적 개념이며, 신뢰나 믿음이란 말의 동의어로도 쓰인다(신득일 2002, 43).

8 원문은 이유를 나타내는 접속사 '키'(כי)가 첫 문장 "제사장의 입술은" 앞과 "제사장은 만군의 여호와의 사자가 됨이거늘" 앞에도 있다.

무를 가지고 있기에 진실하고 정직하게 살면서 세상에 속한 사람들을 죄악에서 돌이켜야 할 책임이 있다.

4. 가정생활을 개혁하라(말 2:10-16)

이 문단에서 선지자는 언약 백성들의 가정생활이 얼마나 중요한지 설명한다. 특히 가정생활의 기초가 되는 결혼과 부부생활을 지적한다.

내용 분해

(1) 결혼과 부부생활에 대한 책망과 백성들의 반응(말 2:10-14)
(2) 선지자의 답변 : 아내에게 거짓을 행하지 말라(말 2:14b-16)

내용 해설

(1) 결혼과 부부생활에 대한 책망과 백성들의 반응(말 2:10-14)

선지자가 이스라엘 백성들에게 결혼과 부부생활에 대해 책망한 말씀과 그 말씀을 들은 백성들의 반응을 다음과 같은 대화로 구성할 수 있다.

> A 선지자 : "… 유다는 거짓을 행하였고 이스라엘과 예루살렘 중에서는 가증한 일을 행하였으며 … 이런 일도 행하나니 곧 눈물과 울음과 탄식으로 여호와의 제단을 가리게 하는도다 그러므로 여호와께서 다시는 너희의 봉헌물을 돌아보지도 아니하시며 그것을 너희 손에서 기꺼이 받지도 아니하실 것이다"(말 2:10-13)
>
> B 백성들 : "어찌 됨이니이까?"(말 2:14a)

선지자는 수사의문문으로 "우리는 한 아버지를 가지지 아니하였느냐 한 하나님께서 지으신 바가 아니냐"(말 2:10)라고 했다. 평행법으로 한 아버지와 한 하나님을 같은 의미로 반복한다. 이것은 하나님이 이스라엘 백성들의 아버지가 되시고 이스라엘은 그의 자녀로 한 가족관계를 이루고 있다는 것이다. 선지자가 왜 이 말을 했을까? 그는 여기에 근거하여 "어찌하여 우리 각 사람이 자기 형제에게 거짓을 행하여 우리 조상들의 언약을 욕되게 하느냐?"라고 했다. '거짓을 행하다'(바가드, בגד)라는 단어는 약속을 깨뜨리는 이미지를 가지고 있다. NIV는 '서로의 믿음을 깨뜨리는 것'(breaking faith with one another)이라고 번역했다.

서로의 믿음을 깨뜨리는 행동은 무엇인가? 그것은 이방 신의 딸과 결혼한 일이다(말 2:11). 이 일을 가리켜 가증한 일이며, 여호와의 성결을 욕되게 하는 일이라고 했다. 하나님의 율법은 이방인과 혼인하는 일을 하나님의 언약의 백성들이 타락하는 통로로 이해했기 때문이다(신 7:3-4).

이 점은 신약시대에도 동일하게 적용된다. 믿는 성도들과 결혼하는 것은 하나님을 섬기며 건강한 가정생활을 하는 출발점으로 인식하고 있기 때문이다. 바울은 그리스도 안에서 하나님의 성전된 성도가 이방인과 결혼할 수 없는 이유를 수사의문문으로 설명한 것은 의미가 있다.

> 너희는 믿지 않는 자와 멍에를 함께 메지 말라
> 의와 불법이 어찌 함께하며
> 빛과 어둠이 어찌 사귀며
> 그리스도와 벨리알이 어찌 조화되며
> 믿는 자와 믿지 않는 자가 어찌 상관하며
> 하나님의 성전과 우상이 어찌 일치가 되리요
> 우리는 살아 계신 하나님의 성전이라
>
> (고후 6:14-16a)

성경에서 믿지 않는 자들과 결혼하는 것을 이렇게 금지하는 이유는 그것이 이방화되는 통로로 보았기 때문이다. 솔로몬은 경건한 왕이었다. 하지만 그가 이방 여자들과 결혼할 때 우상 숭배하는 자가 되었다. 이에 대해 느헤미야는 당시 이스라엘의 범죄를 지적하며 다음과 같이 말했다.

또 이르기를 옛적에 이스라엘 왕 솔로몬이 이 일로 범죄하지 아니하였느냐
그는 많은 나라 중에 비길 왕이 없이 하나님의 사랑을 입은 자라 하나님이
그를 왕으로 삼아 온 이스라엘을 다스리게 하셨으나 이방 여인이 그를 범
죄하게 하였나니 (느 13:26)

선지자는 이 언약을 배반한 자들에게 하나님이 심판하실 것이라고 했다. 이
일을 행하는 사람에게 속한 자는 깨는 자나 응답하는 자는 물론이요 만군의 여
호와께 제사 드리는 자도 여호와께서 야곱의 장막에서 끊어 버리실 것이라고 했
다(말 2:12). '깨는 자나 응답하는 자'라는 말은 관용구인데 의미가 불확실하다. 그
러나 뒤에 '만군의 여호와께 제사 드리는 자도'라는 말과 평행을 이룬다면 NIV가
'그가 누구이든지 간에'(whoever he may be)라고 번역한 것이 적절하다고 생각한다.

이뿐만 아니라 당시 이스라엘은 눈물과 울음과 탄식으로 여호와의 제단을 가
리는 일도 있었다(말 2:13). 이것은 결혼 관계에 문제가 있었다는 것이다. 말라기
2:14에 어려서 취한 아내에게 거짓을 했다는 표현을 볼 때 이 일은 결혼한 아내를
속이거나 학대한 일을 말한다. 말라기는 여호와가 이러한 일을 행하는 자들의 봉
헌물을 받지 않을 것이라고 했다(말 2:13). 그런데도 이스라엘 백성들은 "어찌 됨
이니이까?"(말 2:14a)라고 했다. 이 말의 문자적인 의미로는 "왜요?"라는 뜻이다.
백성들의 이러한 반응은 그들이 행한 악한 행동이 왜 잘못되었는지 알지 못하고
있다는 것이다. 오히려 왜 제물을 받지 않느냐고 반문한다.

(2) 선지자의 답변 : 아내에게 거짓을 행하지 말라(말 2:14b–16)

하나님의 말씀으로 책망하는 선지자에게 백성들이 "어찌 됨이니이까?"라고
응답하자 선지자는 하나님이 제사를 받지 않으시는 이유를 설명했다. 그것은 어
려서 취한 아내, 즉 조강지처에게 거짓을 행했다는 것이다. '거짓을 행했다'는 것
은 서로의 믿음을 배반했다는 것이다(참조. 말 2:10, 14). 그래서 아내가 하나님의
제단에 나와서 '눈물과 울음과 탄식으로' 제단을 가득 채웠다. 선지자는 이 일을
지적하면서 "이는 너와 네가 어려서 취한 아내 사이에 여호와께서 증인이 되시기
때문이라"라고 했다. 결혼은 하나님을 증인으로 세우고 행하는 일이다. 일반적

으로 교회 예식서에 결혼할 때 주례자는 서약시간에 신랑, 신부에게 다음과 같이 질문한다.

> … 이제부터 하나님의 명령에 따라, 하나님께서 신랑(신부) ○○○를 죽음으로 나누실 때까지, 신실한 남편(아내)으로서 평생토록 괴로우나 즐거우나, 가난하거나 부하거나, 병들거나 건강하거나, 어떤 환경 중에서라도 서로 사랑하고 순종하기를 하나님 앞에서 서약하십니까?

교회는 이 서약을 중요하게 생각한다. 왜냐하면 이 서약은 단순히 부부간의 서약만이 아니라 하나님 앞에서 서약하는 것이기 때문이다. 선지자는 "그는 네 짝이요 너와 서약한 아내로되 네가 그에게 거짓을 행하도다"라고 했다(말 2:14).

선지자는 아내에게 거짓을 행하는 일, 곧 믿음을 배반하는 일은 이혼과 학대다(말 2:16). 이혼과 아내를 학대하는 것이 왜 잘못되었는지를 설명하며 "그에게는 영이 충만하였으나 오직 하나를 만들지 아니하셨느냐 어찌하여 하나만 만드셨느냐 이는 경건한 자손을 얻고자 하심이라 그러므로 네 심령을 삼가 지켜 어려서 맞이한 아내에게 거짓을 행하지 말지니라"라고 했다(말 2:15). "그에게는 영이 충만하였으나 오직 하나를 만들지 아니하셨느냐"라는 말은 하나님이 능력이 충만하다고 할지라도 아담을 창조하신 후에 여러 여자를 창조하신 것이 아니라 오직 한 여자만 만드셨다는 뜻이다. 그것은 남녀의 정상적인 결혼을 통하여 경건한 자손을 얻기를 원하셨기 때문이다. 그리고 아내를 학대해서는 안 된다. 여호와께서는 '옷으로 학대를 가리는 자'를 미워한다고 하셨다(말 2:16a). 이 말은 학대한 곳을 옷으로 가린다는 뜻이다. 이것은 마땅히 아내를 사랑으로 감싸야 하는데 폭력을 행하고, 옷으로 그 상처를 가리어 다른 사람들이 모르게 한다는 뜻이다. 선지자는 이 답변을 마치면서 "그러므로 너희 심령을 삼가 지켜 거짓을 행하지 말지니라"(말 2:16b)라고 했다. 이것은 서로의 믿음을 배반하지 말라는 뜻이다.

오늘날 가정의 문제들도 이와 다르지 않다. 이혼을 불러일으키는 원인은 대개가 성을 바르게 사용하지 못한 데 있다. 성관계는 반드시 결혼하여 남자는 자기 아내와, 아내는 자기 남편과만 관계해야 한다. 혼전 성관계나 다른 남자나 여자와의 관계는 어떤 상황 가운데서도 허용될 수 없다. 믿는 신자들은 하나님의 언약 백성답게 언약의 말씀에 따라 결혼해야 한다. 이것이 건강한 가정을 이루는 가장 중요한 기초다. 이미 결혼한 사람들은 하나님 앞에서 행한 서약대로 이행해야 한다. 이것이 언약 백성의 합당한 삶이고 하나님의 뜻을 이 땅에 실현해 갈 수 있기 때문이다.

5. 사회생활을 개혁하라(말 2:17-3:6)

이 문단에서 선지자는 사회생활을 개혁해야 함을 설명한다. 당시 이스라엘은 하나님이 공평하지 않으시고, 정의롭지 않다고 생각했다. 선지자는 여기에 대해 하나님이 어떻게 역사를 섭리하시는지 설명한다.

내용 분해

(1) 선지자의 책망과 백성들의 반응(말 2:17)
(2) 여호와의 답변(말 3:1-6)

내용 해설

(1) 선지자의 책망과 백성들의 반응(말 2:17)

선지자가 이스라엘 백성들에게 사회생활에 대해 책망하신 말씀과 그 말씀을 들은 백성들의 반응을 다음과 같은 대화로 구성할 수 있다.

A 선지자 : "너희가 말로 여호와를 괴롭게 하였다"(말 2:17a)
B 백성들 : "우리가 어떻게 여호와를 괴롭혀 드렸나이까? ⋯ 정의의 하나님이
어디 계시냐?"(말 2:17b)

선지자는 당시 이스라엘 백성에게 여호와를 괴롭게 했다고 책망했다(말 2:17). 이스라엘이 여호와를 괴롭게 한 행동은 그들이 보인 반응을 볼 때 하나님의 역사

섭리에 대한 회의와 하나님이 정의를 행하시지 않는다고 생각했기 때문이다. 이 책망에 대해 이스라엘 백성들은 "우리가 어떻게 여호와를 괴롭혀 드렸나이까?"라는 반응을 보였다. 그들은 여호와의 눈에 모든 악을 행하는 자가 좋게 보이며 여호와는 그들을 기뻐하신다고 했다. 그러면서 "정의의 하나님이 어디 계시냐?"라고 말했다(말 2:17). 일반적으로 악을 행하는 자들이 잘 되는 것처럼 보일 때 갈등할 수 있다. 그러나 당시 이스라엘 백성의 행동은 신앙적인 갈등이라기보다 하나님의 존재를 의심하는 것이다(Baldwin 1972, 242).

예레미야 선지자는 하나님은 의로우시다는 사실을 고백하며 질문하기를 "악한 자의 길이 형통하며 반역한 자가 다 평안함은 무슨 까닭이니이까"(렘 12:1)라고 질문한 바가 있다. 이 질문은 하나님의 속성과 다르기에 갈등하며 하나님께 대한 믿음대로 해주시기를 간구하는 것이다. 하지만 말라기 선지자 당시에 이스라엘은 믿음과 관계없이 빈정대듯이(cynically) 말한 것이다. 이 반응은 하나님의 성품과 역사섭리에 대한 도전이다. 당시 이스라엘이 말한 것은 볼드윈(Baldwin 1972, 242)이 말한 바와 같이 믿음의 갈등에서 오는 기도와 질문으로 하나님을 괴롭게 하는 것이 아니라 죄로 하나님을 괴롭게 하는 것이다(사 43:24).

(2) 여호와의 답변(말 3:1-6)

여호와는 당시 회의적이며 냉소적이었던 이스라엘 백성들에게 구속사의 진전 과정에서 미래에 일어날 큰 그림으로 여호와의 사자와 언약의 사자를 보내시며, 특히 언약의 사자가 하실 일을 설명하셨다(말 3:2-4). 그리고 당시에 임하게 될 여호와의 심판을 세부적인 그림으로 설명하셨다(말 3:5-6).

① '여호와의 사자'와 '언약의 사자'가 임함(말 3:1)

여호와께서는 '나를 보라'(힌니, הִנְנִי)라고 하며 주의를 환기시키신다.[9] 여호와는 '내 사자'를 보낼 것이라고 하며 그가 여호와 앞에서 길을 예비하실 것이라고

---

9 일반적으로 주의를 환기시킬 때 '히네이'(הִנֵּה)라는 단어를 사용하는데 여기서는 1인칭 접미사를 포함해 '나를 보라'(הִנֵּה + נִי)라고 했다.

하셨다. 여기 '내 사자'는 히브리어로 '말라기'(מַלְאָכִי)다. 이 이름 때문에 책의 저자를 익명으로 보기도 하지만 이 단어는 언어유희(word play)로 말라기와 동일한 사역을 이어갈 미래의 선지자를 의도한 것이다. 이 사자는 사역의 유사성과 이사야 40:3에 예언된 '주의 길을 예비할 것이다'라는 말씀에 근거하여 세례 요한이라고 본다(카이저 1985, 203). 세례 요한의 사역은 메시아가 오시는 길을 예비하는 일로 사람들로 하여금 회개하게 하고 복음을 받아들이게 하는 일이었다(눅 1:76; 마 11:4; 17:11-12; 막 9:12-13).

만군의 여호와께서 이 세례 요한에 이어 주가 갑자기 그의 성전에 임하실 것이라고 하셨다.

> 또 너희가 구하는 주가 갑자기 그의 성전에 임하시리니 곧 너희가 사모하
> 는 바 언약의 사자가 임하실 것이라 (말 3:1b)

여호와는 그들이 구한 '그 주'(하아돈, הָאָדוֹן ⟨ ה + אָדוֹן)가 갑자기 성전에 임할 것이라고 하셨다. '그 주'와 동격으로 '언약의 사자'가 임하실 것이라고 하셨다. 이 말씀은 학개 선지자나 스가랴 선지자가 예언한 것처럼 영광의 주는 성전에 임하지 않은 것처럼 보여 실망이 계속되었다는 것을 암시한다(학 2:7; 슥 2:10).[10] 아마 당시 이스라엘 백성들은 바벨론 포로에서 돌아와 거의 한 세기가 지났음에도 불구하고 메시아가 오시지 않은 것을 보고 낙심했을 수도 있다. 하지만 여호와께서 그들이 구하고 사모하는 주, 곧 언약의 사자가 임할 것이라고 하셨다. 주가 성전에 임한다는 것이 무엇을 의미하는지 이미 광야에서의 성막 시대(출 40:34-35)나 솔로몬이 성전을 건축하고 성전을 봉헌할 때에(왕상 8:10-11; 대하 5:13-14) 구름으로 임하여 보여주신 바가 있다. 그런데 여호와는 구름이 아니라 언약의 사자가 임할 것이라고 하셨다. 이 '언약의 사자'와 동격으로 사용된 '그 주'(하아돈, הָאָדוֹן ⟨ ה + אָדוֹן)와 연관지어 볼 때 그를 신약의 빛 아래서 메시아로 해석해야 한다.[11] 특히

---

10 이스라엘 백성들이 성전을 다시 건축할 때 학개, 스가랴 선지자가 성전의 의미와 그 미래를 설명하며 격려할 당시는 다리오 왕 2년 곧, 주전 520년 경이다(학 1:1; 슥 1:1). 그리고 이 성전이 완공된 해는 다리오 왕 6년, 곧 주전 516년이다(에 6:15). 말라기 선지자가 이 말씀을 전할 당시는 주전 475-450년으로 본다면 한 세기가 지나도 그 예언의 말씀이 실현되지 않았다.

11 볼드윈(Baldwin 1972, 242-243)은 메시아로 해석할 수도 있고, 모세 언약을 성취하기 위해 오실 주의 사자

"너희가 구하는 바 (그) 주가 갑자기 그의 성전에 임하시리니"라는 표현을 볼 때 선지자 가운데 하나로 볼 수 없다. '언약의 사자'는 구약의 모든 언약을 완전히 성취하시는 분이신 메시아, 곧 그리스도다(참조. 요 1:14).

② '언약의 사자'의 사역(말 3:2-4)

여호와는 언약의 사자를 소개하며 "그가 임하시는 날을 누가 능히 당하며 그가 나타나는 때에 누가 능히 서리요"(말 3:2)라는 수사의문문으로 말씀하셨다. 언약의 사자는 금을 연단하는 자의 불과 표백하는 자의 잿물과 같고, 은을 연단하여 깨끗하게 하는 자 같이 그들을 연단할 것이라고 하셨다(말 3:3). 여기에 불과 잿물이라는 은유를 통해 금이나 은을 연단하듯이 깨끗하게 한다고 했다. 금이나 은이 처음 채굴될 때 여러 불순물이 섞여 있다. 이것을 불로 연단하면 다른 불순물은 불타 없어져 버리고 금과 은이 추출된다. 잿물 역시 모든 불순물을 제거한다. 이것은 오실 메시아가 십자가 죽으심으로 레위 자손을 깨끗하게 하여 '공의로운 제물'을 여호와께 바치게 하실 것을 말한다. 여기서 '레위 자손'은 말라기 1:6-14에 언급한 잘못된 제사장직을 회복한다는 것을 연상시킨다. 선지자는 이러한 이미지를 사용하여 유다와 예루살렘의 봉헌물이 옛날과 같이 여호와께 기쁨이 될 것이라고 했다(말 3:4). 이것은 그리스도 안에서 예표하던 모든 제사가 회복되어 하나님과 교제하는 새 시대가 될 것을 말한다.

이 말씀은 당시 백성들이 하나님께서 악한 자들을 좋아하시고 기뻐하시며, 정의의 하나님이 없다고 냉소적으로 한 말에 대한 응답이기도 하다. 단순히 의로운 제물이 되도록 연단하시는 과정일 뿐만 아니라 악한 자들의 불순물을 불로 태우듯이, 더러운 것들을 잿물로 씻듯이 제거하신다는 의미도 있다.

③ 여호와 하나님의 심판과 은혜(말 3:5-6)

만군의 여호와는 당시 사람들에게 미래에 메시아가 오심으로 심판하실 일만 설명하시지 않는다. 당시 역사의 현장에서 일어나는 사회악들에 대해서도 심판하실 것을 설명하신다. 당시 이스라엘 백성이 빈정대듯이 "모든 악을 행하는 자

로 해석할 수 있다고 했고, 기동연(2017, 805)은 '나의 사자'와 '언약의 사자'를 동일한 분으로 보았다.

는 여호와의 눈에 좋게 보이며 그들을 기뻐하신다"라고 했고, "정의의 하나님이 어디에 계시냐?"라고 말한 일에 대해 심판하실 것을 말씀하셨다. 특히 점치는 자, 간음하는 자, 거짓 맹세하는 자, 품꾼의 삯에 대하여 억울하게 하고, 과부와 고아를 압제하며, 나그네를 억울케 하며, 하나님을 경외치 아니하는 자에게 '속히 증언하리라'라고 하셨다(말 3:5). '속히 증언하리라'라는 말은 은유적인 표현으로 재판 석상에서 하나님이 그들이 행한 악한 행동을 다 보고 증언하시고 심판하실 것이라는 뜻이다.

당시 이스라엘 백성들은 악을 행하는 사람들이 잘 되는 것을 보고 하나님이 이들을 기뻐하신다고 했고, 이들을 심판하지 않는다고 생각했다. 그래서 "정의의 하나님이 어디에 계시냐"(말 2:17)라고 말했다. 이들은 하나님의 역사섭리에 대해 부정하자 도덕적 회의주의에 빠지게 되었다. 이로 보아 그들이 행한 악은 사회적 관계에서 행한 것으로 하나님의 존재를 부정하며 도덕적 회의주의에 빠져 온갖 악행을 저지를 수 있음을 보여준다. 그러나 하나님은 모든 악한 자들을 속히 심판하실 것이다. 그러므로 하나님이 역사를 섭리하시는 방식이 이해가 되지 않고, 때로는 더디게 나타나는 것처럼 보여도 도덕적 회의주의에 빠지지 말고 하나님의 말씀에 따라 사회적 관계에서도 삶을 개혁해야 한다.

그리고 만군의 여호와께서는 변하지 아니하시는 분이기에 소멸되지 않는다고 하셨다(말 3:6). 여호와께서 변하지 않는다는 것은 자기 백성과 맺은 언약을 상황에 따라 바꾸시는 분이 아니라는 뜻이다. 이것은 언약에 신실하신 하나님이 언약 백성을 인도하여 구원의 통로로 사용하신다는 것이다. 이 하나님의 은혜와 사랑은 당시 이스라엘의 소망이고 그리스도 안에서 구속받은 모든 그리스도인의 소망이기도 하다.

6. 삶의 우선순위를 개혁하라 (말 3:7-12)

이 문단에서 선지자는 십일조와 헌금문제를 지적한다. 이것은 단순히 헌금이 아니라 하나님 나라를 위하여 헌신해야 한다는 것이다. 이 문제는 삶의 우선순위를 개혁해야 한다는 것이다.

내용 분해

(1) 여호와의 책망과 백성들의 반응(말 3:7)

(2) 여호와의 답변과 십일조의 은혜(말 3:8-12)

내용 해설

(1) 여호와의 책망과 백성들의 반응(말 3:7)

여호와께서 이스라엘 백성들에게 십일조와 봉헌물에 대해 책망하신 말씀과 그 말씀을 들은 백성들의 반응을 다음과 같은 대화로 구성할 수 있다.

A 여호와 : "너희 조상들의 날로부터 너희가 나의 규례를 떠나 지키지 아니하였도다 그런즉 내게로 돌아오라 그리하면 나도 너희에게로 돌아가리라"(말 3:7)

B 백성들 : "우리가 어떻게 하여야 돌아가리이까? ⋯ 우리가 어떻게 주의 것을 도둑질하였나이까?"(말 3:8)

여호와께서는 "너희 조상들의 날로부터 너희가 나의 규례를 떠나 지키지 아니하였도다 그런즉 내게로 돌아오라 그리하면 나도 너희에게로 돌아가리라"(말 3:7a)라고 하셨다. 여호와께서 말씀하시는 규례는 이 평행 구조에서 여호와가 답변하시는 내용을 볼 때 십일조와 봉헌물이다(말 3:8). 여기에 '돌아오라'라는 단어는 '슈브'(שוב)로 구약성경에 '악에서 돌이키다'(렘 15:7; 18:8), '행동이 변화되다'(렘 34:15; 욥 6:29), '회개하다'(호 3:5; 11:5, 사 6:10; 10:22) 등으로 사용된다. 여기서는 하나님의 규례를 지키지 않은 일에 대해 회개하라는 뜻이다.

그런데 이스라엘 백성들은 "우리가 어떻게 하여야 돌아가리이까?"(말 3:8b)라는 반응을 보였다. 이 말은 회개하겠다는 말이기보다는 회개할 것이 없다는 뜻이다. 사실 하나님 말씀에 무디어져 있으면 자신이 지금 어디에 서 있으며, 무엇을 하고 있는지를 깨닫지 못한다. 이것이 당시 이스라엘 백성들의 신앙행태다.

(2) 여호와의 답변과 십일조의 은혜(말 3:8-12)

여호와께서는 이러한 백성의 신앙행태에 대해 무엇이 잘못되었는지 말씀해 주시며 동시에 십일조의 중요성을 설명해 주셨다.

① 여호와의 답변 : 이스라엘 백성의 신앙행태(말 3:8)

여호와께서는 이스라엘 백성이 십일조와 봉헌물을 도둑질했다고 하셨다(말 3:8). 십일조 사상은 아브라함이 롯을 구출한 이후에 멜기세덱에게 십일조를 바친 일로부터 시작된다(창 14:20). 야곱도 에서를 피해 밧단 아람으로 도망갈 때 벧엘에서 하나님이 약속하신 것을 이루어주시면 십일조를 드리겠다고 서원했다(창 28:22). 이 두 가지의 경우는 모든 것이 하나님의 은혜요 하나님의 것임을 확인하는 의미가 있다. 후에 모세 시대에 하나님의 법이 성문화되면서 '여호와의 것'이라고 하셨고, '여호와의 성물'(레 27:30)이라고 하셨다. 하나님은 십일조를 기업이 없는 레위인과 제사장들(민 18:24, 28), 나그네와 고아들과 과부들을 위해 사용하게 하셨다(신 14:29). 느헤미야 시대에도 첫 열매와 십일조를 바쳐 하나님의 전을 섬기는 레위인에게 주어 섬기게 했다(느 10:35-39; 13:10-14).

십일조 사상의 가장 중요한 것은 모든 것이 하나님의 것이라는 신앙고백적인 행위다. 이것은 대표성의 원리 때문이다. 구약시대의 첫 열매 사상은 시간적으로 처음 난 열매를 말하는 것이 아니라 모든 수확물의 대표하는 성격을 가지고 있다(출 23:16; 대하 31:5; 렘 2:3; 고전 15:20). 이와 같이 십일조도 모든 것을 대표하는 대표성의 의미를 가지고 있다(신 12:17).

'봉헌물'(테루마, תְּרוּמָה)은 제사장을 위하여 구별하여 드리기도 하였고(출 29:27-28; 레 7:32; 민 5:9), 특별한 목적을 위하여 자원하여 드리는 헌금과 여호와의 성막을 건축하기 위하여 드린 예물도 이 용어를 사용했다(출 25:2-7). 이 헌물에 대한 사용용례를 볼 때 하나님 나라의 복음을 위하여 드리는 것임을 알 수 있다.

신약시대에 봉헌물은 예루살렘 교회가 환란과 기근으로 어려움 가운데 빠지게 되었을 때와 사도 바울의 선교사역을 위하여 교회가 한 헌금이다. 특히 바울은 이 헌금에 대하여 성도를 섬기는 일에 참여하는 것(고후 8:4), 자신을 주께 드리는 헌신의 증표(고후 8:5), 사랑의 증거(고후 8:7-8), 하나님을 기쁘시게 하는 향기로운 제물(빌 4:18) 등으로 표현했다.

여호아이 규례 중에 십일조와 봉헌물을 드리는 문제를 지적하신 것은 어떤 의미가 있는가? 그것은 하나님을 섬기는 삶의 우선순위 문제를 지적하기 위함이다. 그렇다고 십일조나 헌금을 드리는 형식 자체가 삶의 우선순위를 주님께 둔 것으로만 평가할 수는 없다. 왜냐하면 말씀에 순종함이 없이 형식적으로 바치는 예물은 아무런 의미가 없기 때문이다(참조. 사 1:10-17). 예수님은 바리새인들에게 책망하시기를 "화 있을진저 너희 바리새인이여 너희가 박하와 운향과 모든 채소의 십일조를 드리되 공의와 하나님께 대한 사랑은 버리는도다 그러나 이것도 행하고 저것도 버리지 말아야 할지니라"(마 23:23; 눅 11:42)라고 하셨다. 삶의 우선순위는 가치중심이 어디에 있느냐는 것이다. 그래서 하나님의 뜻을 이루는 일이 가치판단의 중심이라면 삶의 우선순위를 거기에 맞추게 되고 헌신하게 된다. 이러한 점에서 당시 이스라엘 백성들이 십일조와 봉헌물을 드리지 않았다는 것은 가치판단의 기준을 하나님께 두지 않고 재물에 두었다는 것을 보여준다.

② 십일조의 은혜(말 3:9-12)

여호와께서는 이스라엘 백성들의 잘못을 지적하시면서 십일조를 위시한 헌금 생활과 복과 저주 문제가 연결되어 있다고 하셨다. 여호와께서는 "너희 곧 온 나라가 나의 것을 도적질하였으므로 너희가 저주를 받았느니라"(말 3:9)라고 하셨다. 십일조와 헌물을 드리는 일은 율법에 명하고 있는 내용이다. 하지만 이것은 하나님의 은혜와 복을 받는 방편이 되기도 한다(신 14:28-29; 말 3:10). 그러나 이스라엘 백성들은 이 십일조 생활과 하나님을 위하여 헌신하는 일을 하지 못함으로 저주를 받게 되었다.

만군의 여호와께서는 온전한 십일조를 드려 여호와의 집에 양식이 있게 하라고 하시며, 온전한 십일조를 드릴 때 하늘 문을 열고 복을 쌓을 곳이 없도록 붓지 아니하나 시험해보라고 하셨다(말 3:10). 여호와께서는 밭의 작물을 해치는 메뚜기를 금하고, 밭의 작물이 기한 전에 떨어지지 않게 하실 것이라고 하셨다(말 3:11). 당시 농경사회에서 자연재해나 각종 병충해로 인하여 피해를 입거나, 비와 이슬이 내리지 않으면 작물이 자랄 수 없고 소득은 감소할 수밖에 없다. 이것은 오늘날 산업사회에서는 사건, 사고, 질병의 위험에서 건져주시고 우리 직장이나 하는 일, 소득에 복을 주신다는 것으로 말할 수 있다. 여호와가 이러한 복을 주시므로 그들의 땅이 아름다워지므로 모든 이방인들이 그들을 복되다고 말할 것이라 하셨다(말 3:12; 참조. 신 33:29). 이것이 십일조의 은혜다. 믿음으로 이 일을 실천해 보면 인간의 계산법과 다른 계산법이 있음을 경험적으로 알 수 있다.

7. 신앙생활은 의미가 있다(말 3:13-4:3)

이 문단에서 선지자는 신앙생활은 의미가 있을 뿐만 아니라, 하나님은 그를 경외하는 자와 하지 않는 자에 대하여 반드시 그 차이점을 드러내신다고 설명한다.

내용 분해

(1) 여호와의 책망과 백성들의 반응(말 3:13-15)
(2) 여호와를 경외하는 자의 태도 : 분명히 들으신다(말 3:16)
(3) 여호와의 답변 : 차이점이 있다(말 3:17-4:3)

내용 해설

(1) 여호와의 책망과 백성들의 반응(말 3:13-15)

여호와께서 이스라엘 백성들에게 책망하신 말씀과 그 말씀을 들은 백성들의 반응을 다음과 같은 대화로 구성할 수 있다.

A 여호와 : "너희가 완악한 말로 나를 대적하였다"(말 3:13a)
B 백성들 : "우리가 무슨 말로 주를 대적하였나이까 … 하나님을 섬기는 것이 헛되니 … 하나님을 시험하는 자가 화를 면한다"(말 3:13-b15)

여호와는 당시 이스라엘 백성들에게 "너희가 완악한 말로 나를 대적하였다"라고 지적하셨다. 여기 '완악하다'(하자크, חָזַק)라는 말은 '억세게 고집스럽고 모질다'

라는 뜻이다(참조. 출 8:15, 19; 9:34; 10:20). 여호와가 이 말씀을 하시자 백성들은 "우리가 무슨 말로 주를 대적하였나이까?"라고 말했다. 이것은 잘못을 지적해도 억세게 고집 센 사람들이 보이는 전형적인 반응이다. 이들이 행한 완악한 말은 하나님을 섬기는 것이 헛되다는 것이다. '헛되다'(샤버, שׁוא)라는 단어는 '의미가 없다,' '공허하다'라는 뜻이기도 하고, '속임수', '사기'라는 뜻도 있다. 그들은 무엇을 헛되다고 말하는가? 그것은 만군의 여호와 앞에 그 명령을 지키며 슬프게 행하는 것이다(말 3:14-15). 그들은 신앙생활의 두 가지 요소가 헛되다고 했다. 하나는 하나님의 명령을 지키는 것이고, 또 하나는 슬프게 행하는 것이다. 계명을 지키는 일은 하나님을 사랑하고 섬기는 방법이요 하나님과 교제하는 방법이다. 또한 '슬프게 행하는 것'은 하나님 앞에서 자신의 부족을 인정하고 죄를 회개하는 행위다. 그들은 이 신앙생활이 의미가 없다고 했다.

그들은 그들의 말을 입증하기 위해 당시 일어난 현상을 가지고 말라기 3:15에서 설명했다.

> 지금 우리는 교만한 자가 복되다 하며 악을 행하는 자가 번성하며 하나님
> 을 시험하는 자가 화를 면한다 (말 3:15)

여기에 '지금'이라는 말은 그들 눈앞에 보이는 현상을 가지고 말하고 있음을 보여준다. 그리고 '시험하다'라는 말은 부정적인 의미로 사용될 때 NIV 번역처럼 '도전하다'(challenge)라는 의미다.

사실 우리가 사는 상황과 우리 믿음이 다르게 보일 때 갈등할 수 있다. 특히 교만한 자가 잘 되거나 악을 행하는 사람, 하나님께 도전하는 자들이 잘 된다면 신앙에 회의가 생겨난다. 그리고 도덕적 회의주의(skepticism)에 빠지게 되어 우리가 하나님의 말씀에 순종하여 희생하고 봉사하며, 예배하는 모든 신앙생활이 의미 없다고 생각할 수 있다.

(2) 여호와를 경외하는 자의 태도 : 분명히 들으신다(말 3:16)

당시 신앙생활에 회의를 느끼며 완악한 말로 대적하는 사람들도 있었지만 그

가운데서도 여호와를 경외하는 사람들이 있었다. 그들은 '피차에' 말했다. 이것은 '성도 상호간에' 서로 교제하며 격려했다고 할 수 있다. 여기에 대해 신약성경 히 브리서 3:12-13에 적절한 표현이 있다.

> 형제들아 삼가 혹 너희 중에 믿지 아니하는 악한 마음을 품고 살아계신 하 나님에게서 멀리 떨어질까 염려할 것이요, 오직 오늘이라 일컫는 동안에 피차 권면하여 너희 중에 누구든지 죄의 유혹으로 완고하게 되지 않도록 하라

여호와를 경외하는 자들은 어떤 말로 서로 격려했는가? 하나는 여호와께서 분 명히 들으신다는 것이고, 또 하나는 여호와를 경외하는 자, 곧 그 이름을 존중히 생각하는 자를 위하여 여호와 앞에 있는 기념책에 기록하신다는 것이다(말 3:16). '여호와께서 그것을 분명히 들으신다'라는 것은 히브리어 성경에는 '여호와께서 관심을 기울이시고 들으신다'[12]라는 뜻으로 여호와께서 반드시 들으신다는 것을 강조한다. 그리고 성경에서 하나님의 책에 이름이 기록된다는 것에 대해 여러 번 나타난다(출 32:32; 시 69:28; 단 12:1; 빌 4:3; 계 3:5 등). 그러나 여기서 말하는 기념책 과 같은지는 알 수 없다. 이것은 하나님이 경건한 자의 행동을 잊지 않으신다는 뜻으로 보인다(Baldwin 1972, 249). 경건한 자들이 이 말을 한 것은 하나님을 섬기 는 일이 의미가 없는 것처럼 보이고 교만하거나 악을 행하는 사람들이 잘 되는 것 처럼 보여 갈등할지라도 하나님이 보시고 분명히 들으시기 때문에 낙심하지 말 고 믿음대로 살아가야 한다는 것을 말하기 위함이다.

(3) 여호와의 답변 : 차이가 있다(말 3:17-4:3)

만군의 여호와께서는 신앙생활을 하는 것은 헛되다고 말하는 자들에게 그것 이 잘못되었다는 것과 하나님을 경외하는 자들에게 그것이 의미가 있고, 경건한

---

12 히브리어 성경에는 "여호와께서 관심을 기울이시고 들으신다"(와약셰이브 아도나이 와이셔마, וַיַּקְשֵׁב יְהוָה וַיִּשְׁמָע)라고 할 수도 있고, '듣다'라는 뜻을 가진 두 개의 다른 동사를 사용하여 '반드시 들으신다' 라는 의미도 가능하다.

자와 불경건한 자들이 차이가 있다는 것을 어떻게 증명해 주실까? 여호와께서는 몇 가지로 설명해 주셨다. 첫째, 하나님이 정한 날에 경건한 자들을 7의 특별한 소유로 삼을 것이다(말 3:17). '특별한 소유'라는 말은 히브리어에서 아주 특별하고 가장 아끼고 사랑하는 존재로 삼으신다는 의미의 '서굴라'(סְגֻלָּה)라는 단어다(참고. 출 19:5; 신 26:18). 이 단어는 구약성경에서 가장 소중하고 아끼며, 목숨까지 버릴 정도로 귀하고 소중한 존재를 말한다. 이 말씀과 동격으로 '사람이 자기를 섬기는 아들을 아낌 같이 내가 그들을 아끼리니'라고 하셨다. 둘째, 의인과 악인, 하나님을 섬기는 자와 섬기지 아니하는 자를 분별할 것이다(말 3:18). 여기 '분별하다'라는 동사는 원문에 '보다'(라아, רָאָה)라는 뜻으로 하나님이 심판하시는 날에 의인과 악인이 어떻게 되는지를 보고 알게 된다는 것이다. 이것은 종말론적 의미만 아니라 이 세상에서 심판하시는 현재적 의미도 있다. 때로는 하나님을 섬기는 자와 섬기지 아니하는 자들의 차이가 금방 나타나지 아니하여 갈등할 때도 있지만 하나님은 지금도 그 차이점을 드러내신다는 것을 볼 수 있다. 셋째, 교만한 자와 악을 행하는 자는 다 지푸라기 같을 것이다(말 4:1). 심지어 우리가 그 악인을 밟아서 우리 발바닥에 밟히는 재와 같이 되게 할 것이라고 하셨다(말 4:3).

특히 여호와의 이름을 경외하는 자에게 의로운 해(의로운 태양)가 떠올라 치료하는 광선을 비출 것이라고 하셨다(말 4:2). '치료하는 광선'은 문자적인 의미로는 '그의 날개로 치료한다'(מַרְפֵּא בִּכְנָפֶיהָ)라는 뜻이다. '그의 날개'는 은유적 표현으로 공의로운 해가 비추는 빛을 말한다. 이 은유는 해가 떠올라 온 세상을 비추듯이 하나님의 공의가 세상을 밝고 환하게 비춤으로 외양간에서 나온 송아지같이 뛰게 될 것을 말한다(기동연 2017, 826-827).[13] 여기서 '치료'의 개념을 은유적으로 사용한 것은 하나님의 공의가 온 세상에 적용됨으로 왜곡된 모든 것을 치료하시어 회복하시는 새로운 시대가 될 것을 보여주는 말이다. 그리고 경건한 자들이 그들을 발바닥 밑에 재와 같이 밟을 것이라고 하셨다(말 4:3). 이것은 의인과 악인, 하나님을

---

[13] 말라기 4:2의 '공의로운 해'(쉐메쉬 처다카, שֶׁמֶשׁ צְדָקָה)를 여러 성경구절을 인용하며 오실 메시아를 말한다고 보기도 한다(참조. 민 24:17; 사 9:2; 60:1). 특히 누가복음 1:78-79이 '돋는 해'(아나톨레, ἀνατολή)가 구약성경에서 해(태양)라는 이미지로 묘사된 그리스도와 연관짓기 때문이다. 그러면 당시 성도들에게 이 말씀은 어떤 의미가 있었겠는가? 무어(1985, 167)가 지적한 것처럼 선지자가 이 문구를 가지고 그리스도를 예언하려 했다고 볼 수 없다. 그의 목적은 이 미래의 날이 의로운 자들에게 가져다줄 것과 악한 자에게 가져다줄 것을 대조적으로 보여주기 위함이다.

섬기는 자와 섬기지 않는 자가 어떤 차이가 있는지 분명하게 보여주신다는 뜻이다. 이러한 차이가 분명하다면 피차에 격려하며 그의 명령을 지켜 행함으로 하나님의 뜻을 이 땅에 성취하는 자가 되어야 한다.

8. 결론 : 언약의 말씀을 기억하라(말 4:4-6)

이 문단은 말라기서의 결론일 뿐만 아니라 모든 선지서와 구약의 결론으로도 아주 적절하다. 이 문단에서 선지자는 지금까지 논증의 형식으로 말한 전체 메시지를 요약한다. 그 요약은 두 가지다. 하나는 모세에게 명령한 법 곧 율례와 법도를 기억하라는 것이다(말 4:4). 또 하나는 크고 두려운 날을 준비하라는 것이다(말 4:5-6).

내용 분해

(1) 언약의 말씀을 기억하라(말 4:4)
(2) 크고 두려운 날을 준비하라(말 4:5-6)

내용 해설

(1) 언약의 말씀을 기억하라(말 4:4)

여호와께서는 이스라엘에게 호렙(= 시내산)에서 모세에게 명한 율례와 법도를 기억하라고 하셨다(말 4:4). 볼드윈(Baldwin 1972, 251)은 이 한 절에 모세 오경 전체가 신명기 언약의 표현으로 요약되어 있다고 했다. 신명기 언약에서 하나님의 법을 지키는 일은 하나님을 사랑하고 섬기는 방법일 뿐만 아니라 언약 백성으로서 특권을 누리는 방법이었다. 그래서 모세는 신명기를 마치면서 "내가 오늘 너희에게 증언한 모든 말을 너희의 마음에 두고 너희의 자녀에게 명령하여 이 율법의 모든 말씀을 지켜 행하게 하라 이는 너희에게 헛된 일이 아니라 너희의 생명이니 …"(신 32:46-47)라고 했다. 여호와가 모세에게 명한 율례와 법도를 기억하라는 것은 이스라엘의 미래와 생명이 달려 있을 뿐만 아니라 메시아가 오시는 통로로서 책임있는 삶을 살 수 있기 때문이다. '기어하라'라는 말은 단순히 과거에 언약을 맺은 것을 회상하는 것만이 아니라 거기에 따른 실천적인 요구를 포함한다.

(2) 크고 두려운 날을 준비하라(말 4:5-6)

여호와께서는 '보라'라는 말로 주의를 환기시키며 미래로 눈을 돌리게 하신다. 그 미래는 크고 두려운 날이 임한다는 것이다(참조. 욜 2:11). 이날은 이중적인 의미가 있다. 하나는 주님이 이 세상에 육신의 몸을 입으시고 오시는 초림이요, 또 하나는 하늘 우편에서 최후 심판을 위해 오시는 재림의 날이다. 예수님은 그를 믿지 않는 자를 가리켜 이미 심판을 받은 것이라고 하셨다(요 3:18; 5:24-25). 그러므로 이날은 항상 현재적이면서도 미래적이다.

여호와는 크고 두려운 날이 이르기 전에 어떤 징조를 주실 것이라고 하셨다. 그것은 선지자 엘리야를 보낸다는 것이다. 그러면 선지자 엘리야는 누구를 말하는가? 70인역 성경은 아합왕 시대의 선지자 엘리야와 같은 사람으로 보고 '디셉 사람 엘리야'(Ηλιαν τον θεσβιτην)라고 번역했다. 그러나 히브리어 성경에서는 '그 선지자 엘리야'(אליה הנביא)라고 기록되어 있다. 신약성경에 보면 엘리야를 누구로 이해해야 하느냐 하는 문제를 푸는 실마리가 있다. 유대인들이 회개의 세례를 전파하는 세례 요한에게 "네가 엘리야냐?"라고 물었다. 그때 요한은 "아니다"라고 대답했다. 또 묻기를 그러면 "그 선지자냐?"라고 물었다. 요한은 역시 "아니다"라고 대답했다(요 1:19-21). 이 말씀을 볼 때 엘리야가 세례 요한을 가리키는 것이 아닌 것처럼 보인다. 하지만 예수님은 엘리야를 세례 요한이라고 하셨다(마 11:13-14; 17:10-13; 막 9:11-13). 그러면 세례 요한은 왜 자신이 엘리야가 아니라고 했는가? 요한은 그의 아버지 사가랴를 통해 이 예언이 자신과 연관되어 있다는 것을 알았을 것이다(눅 1:16-17). 또한 그가 엘리야처럼 낙타털 옷을 입고 허리에 가죽 띠를 한 것도 그것을 입증한다(마 3:4; 막 1:6; 참조. 왕하 1:8). 그런데도 그가 엘리야나 그 선지자가 아니라고 말한 것은 말라기의 예언이 그에게만 적용할 수 없다는 것이다(무어 1985, 169).

그러면 엘리야는 누구를 말하는가? 이에 대한 중요한 암시가 있다. 그것은 세례 요한이 태어날 당시에 "저가 또 엘리야의 심령과 능력으로 주 앞에 먼저 와서 아버지의 마음을 자식에게, 거스르는 자를 의인의 슬기에 돌아오게 하고 주를 위하여 세운 백성을 준비하리라"(눅 1:17)라는 말씀이다. 이 말씀을 근거로 선지자의 직임을 가진 엘리야와 같은 심령과 능력으로 심판 주로 오실 주님을 예비하는 자로 이해했다. 세례 요한만이 아니라 엘리야와 같은 심령과 능력으로 주님의 길을 예비하는 모든 자들에게 적용해야 한다는 것이다(휴렌버그 2015, 1221; Baldwin 1972, 251-252). 저자가 많은 선지자 가운데 엘리야를 언급한 것은 그를 선지자의 대표로 생각했다는 것이다(무어 1985, 170). 특히 토마스 무어(1985, 168-170)는 회개를 촉구하는 메시지를 전파하였던 마틴 루터, 존 칼빈, 존 낙스 그리고 18세기의 존 웨슬리 형제와 휘필드, 조나단 에드워즈까지 적용했다.

그의 메시지 내용을 볼 때도 세례 요한에게만 한정하여 이해할 수 없다는 것을 알 수 있다. 그가 아버지의 마음을 자녀에게로 돌이키게 하고, 자녀들의 마음을 그들의 아버지에게로 돌이키게 할 것이라고 했다(말 4:6). 신약의 누가가 이 말씀을 인용하여 "아버지의 마음을 자식에게, 거스르는 자를 의인의 슬기에 돌아오게 하고 주를 위하여 세운 백성을 예비하리라"(눅 1:17)라고 했다. 이 두 말씀을 비교해 보면 누가가 말라기 4:6을 해석하여 인용했다는 것을 알 수 있다. "자식의 마음을 아버지에게로"라는 말 대신에, 누가는 "거스르는 자를 의인의 슬기에"라는 말로 표현했다. 이것은 하나님의 말씀을 거스르는 자에게 복음을 전파하여 의인의 지혜, 곧 여호와 경외하기를 알게 한다는 것이다. 이 말씀은 엘리야의 심령과 능력을 가진 자들을 통하여 하나님의 말씀을 전파하여 여호와를 경외하는 법을 배우게 한다는 뜻이다.

만약에 이들이 전파하는 말씀에 합당하게 응답하지 않으면 어떻게 되겠는가? 그들이 돌이키지 아니하면 여호와가 저주로 그 땅을 치신다고 하셨다(말 4:6). 이 경고의 말씀을 볼 때 하나님의 말씀에 바르게 응답하고 순종하는 일이 얼마나 중요한 일인지를 알 수 있다. 이 말씀이 의미하는 전체적인 메시지는 크고 두려운 날이 임하기 전에 하나님의 말씀을 듣고 그 말씀에 따라 삶을 개혁하라는 것이다. 하나님의 말씀에 따라 삶을 개혁할 때 하나님과 교제하는 영생을 얻을 뿐만 아니라 엘리야와 같은 마음으로 복음을 전하여 거스르는 자를 의인의 슬기에 돌아오게 할 수 있다.

V. 구속사적 의미

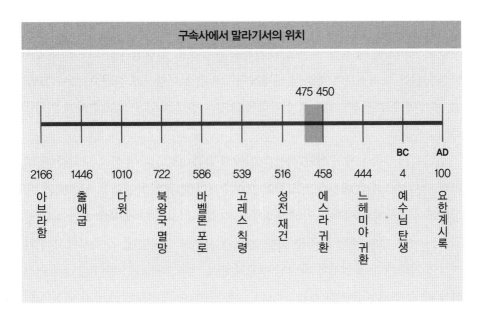

구속사에서 말라기서의 위치

475 450

BC AD

2166	1446	1010	722	586	539	516	458	444	4	100
아브라함	출애굽	다윗	북왕국멸망	바벨론포로	고레스칙령	성전재건	에스라귀환	느헤미야귀환	예수님탄생	요한계시록

말라기는 선지서 가운데 맨 마지막 책이다. 이 책은 바벨론 포로에서 돌아와 주전 516년(스 6:15)에 성전을 재건한 이후 주전 약 475년부터 450년 어간의 구속사를 기록하고 있다.

말라기의 구속사에서 하나님은 이스라엘 백성들을 변함없이 사랑하시고 이들을 통해 작정하신 구속사를 성취하시는 분임을 보여준다. 이는 하나님이 여전히 이스라엘을 사랑하신다는 말씀을 통해 알 수 있다(말 1:2-5). 그리고 여섯 개의 평행 구조를 통해 논쟁 형식으로 이스라엘의 잘못을 지적하시는 것을 통해 알 수 있다. 이는 이스라엘이 언약 백성으로서 합당한 삶을 살아야 구속사에서 메시아가 오시는 통로로서 사명을 감당할 수 있기 때문이다. 그러나 하나님은 인간의 연약함으로 아시고 말라기 선지자를 통해 두 가지 중요한 일을 말씀하심으로 궁극적으로 그리스도 안에서 구속사를 성취하실 것을 보여준다. 하나는 주의 길을 예비하는 '내 사자', 곧 주의 사자인 세례 요한을 보내어 그 길을 준비하신다는 것이다(말 3:1a; 참조. 눅 1:76; 마 11:4; 17:11-12; 막 9:12-13). 또 하나는 언약을 완전히 이행하시는 언약의 사자, 곧 그리스도를 보내신다는 것이다(말 3:1b). 말라기는 그리스도가 오셔서 하실 사역을 금이나 은을 연단하는 불과 더러운 것을 씻어내는 잿물처럼 십자가에 죽으심으로 우리의 죄를 깨끗하게 하시는 일뿐만 아니라, 금과 은을 연단하듯이 하나님의 백성들을 연단하여 거룩하고 의로운 자로 세우는 것으로 설명했다. 동시에 마치 불순물을 제거하기 위하여 불로 태우듯이, 더러운 것들을 잿물로 제거하듯이 악한 자들을 제거하시는 것으로 설명했다(말 3:2-5). 이렇게 말한 까닭은 그리스도가 행하실 전체적인 그림을 보여줌으로 한편으로는 경고하고, 또 한편으로는 위로함으로 언약 백성으로서 합당한 삶을 살도록 하기 위함이다(말 4:5-6).

말라기의 구속사에서 언약 백성은 언약의 말씀대로 살아야 함을 보여준다. 말라기 당시 이스라엘 백성들은 그들이 보여주어야 할 삶의 특성들을 상실했다. 이 상황에서 말라기 선지자는 언약의 말씀을 기억하고 그 말씀에 따라 살아야 할 당위성을 여섯 개의 평행 구조를 통해 논쟁 형식으로 설명했다. 구속사에서 언약 백성이 거룩한 삶을 살아야 하나님과 교제하며, 언약의 목표인 하나님 나라를 건설해 갈 수 있기 때문이다(출 19:1-24:11). 하나님은 이 구속사에서 자기 백성의 삶을 언약의 말씀에 따라 개혁하기를 요구하셨다. 이는 하나님은 이들을 통해 구속사를 이루시기 때문이다. 그래서 이 책의 마지막에 전체 메시지를 요약하며 모세에게 명령한 법 곧 율례와 법도를 기억하라고 권면하였다(말 4:4).

참고문헌

Bibliography

고려신학대학원 교수회 2009. 『요한계시록 주석』. 서울: 총회출판국.

고재수 1991[1987]. 『구속사적 설교의 실제』. 서울: 기독교문서선교회.

고재수 1989. "구약의 역사적 본문에 대한 기독론적 해석." 『고려신학보』 제17집. 부산: 고신대학 신학대학원 출판부.

기동연 2017. 『소선지서: 미가-말라기』 II. 서울: 총회출판국.

김성수 2015. 『구약의 키』. 서울 : 생명의 양식.

김정우 1994. 『구약성경에 나타난 리워야단의 영상』. 서울: 총신대학출판부.

김지찬 1996. 『언어의 직공이 되라』. 서울: 생명의 말씀사.

김진수 2012. "구약 내러티브의 해석과 설교 (1)." 『신학정론』 제30권 2호: 523-544.

김진수 2013. "구약 내러티브의 해석과 설교 (2)." 『신학정론』 제31권 1호: 35-62.

노트, M 1997. 『이스라엘 역사』. 박문재 역. 서울: 크리스챤 다이제스트.

두기드, 이언 2014. "스가랴 해설." 『ESV 스터디 바이블』. 이용중 역. 서울: 부흥과개혁사.

둠브렐, W J 2001. 『언약과 창조』. 최우성 역. 서울: 크리스챤서적.

듀엘, 웨슬리 1994. 『기도로 세계를 움직이라』. 김지찬 역. 서울: 생명의 말씀사.

라베, 폴 2014. "오바댜 해설." 『ESV 스터디 바이블』. 이용중 역. 서울: 부흥과 개혁사.

라솔, W S 외 2인 2003. 『구약개관』. 박철현 역. 고양: 크리스챤 다이제스트.

로벗슨, 팔머 1988. 『계약신학과 그리스도』. 김의원 역. 서울: 기독교문서선교회.

로벗슨, 팔머 1999. "'함의 저주'에 관한 오늘날의 중요한 문제들." 『구약신학 논문집』 제9집. 합동신학대학원 출판부.

로이드 존스, 마틴 1990. 『하박국 강해』. 서울: 도서출판 목회자료사.

루이스, C S 2001. 『순전한 기독교』. 서울: 홍성사.

류호준 1999. 『아모스』. 서울: 크리스챤 다이제스트.

림버그, 제임스, 2004. 『현대성서주석: 호세아-미가』. 강성열 역. 한국장로교출판사.

마틴, 존 2011. 『이사야』. BKC 강해주석 13. 김동건 역. 서울: 두란노.

맥콘빌, 고든 2009. 『성경이해 6: 선지서』. 박대영 역. 서울: 성서유니온선교회.

명종남 1990. 『반더발 성경 연구』 1. 연합선교회.

모티어, J A 2015[2008]. "아모스." 『IVP 성경주석』. 김순영 외 7인 공역. 서울: 한국기독학생회 출판부.

무어, 토마스 V 1985. 『학개 · 말라기 주석』. 윤영탁 역. 도서출판 크리스챤 서적.

무어, 토마스 1991. 『스가랴 주석』. 윤영탁 역. 서울: 도서출판 엠마오.

바솔츠, 로버트 2014. "호세아 해설." 『ESV 스터디 바이블』. 이용중 역. 서울: 부흥과 개
　　혁사.

박철우 2011[2001]. 『아모스』. 대한기독교서회 창립 100주년 기념 성서주석 27. 서울:
　　대한기독교서회.

반게메렌, 빌렘 A 1993. 『예언서 연구』. 김의원, 김명철 역. 서울: 도서출판 엠마오.

백스터, 리차드 2008. 『회개했는가』. 배웅준 역. 서울: 규장.

버트워스, 마이크 2015[2008]. "호세아." 『IVP 성경주석』. 김순영 외 7인 공역. 서울: 한
　　국기독학생회 출판부.

벌럭, 헤슬 C 1999. 『시가서 개론』. 임용섭 역. 서울: 은성.

베이커, 데이비드 2014. "스바냐 해설." 『ESV 스터디 바이블』. 이용중 역. 서울: 부흥과
　　개혁사.

베이커, 데이비드 W 2015[2008]. "하박국." 『IVP 성경주석』. 김순영 외 7인 공역. 서울:
　　한국기독학생회 출판부.

불록, 하젤 2001. 『구약선지서 개론』. 류근상 역. 파주: 크리스챤 출판사.

블루, 로날드 외 3인 1994. 『하박국, 스바냐, 학개, 스가랴, 말라기』. 김희건 역. 서울:
　　두란노.

성주진. 2002. "큰 나무의 환상." 『그말씀』. 서울: 도서출판 두란노.

송병현. 2009. "요나서의 구조와 신학적 주제." 『요나 · 하박국 어떻게 설교할 것인가』.
　　목회와 신학 편집부 편. 서울: 두란노 아카데미.

송제근 1998. 『시내산 언약과 모압 언약』. 서울: 도서출판 솔로몬.

송제근 2017. 『아주 오래된 날마다 새로운 구약성경 이야기』 1. 군포: 도서출판 언약나라.

송제근 2017a. 『아주 오래된 날마다 새로운 구약성경 이야기』 2. 군포: 도서출판 언약나라.

수누키얀, 도날드 외 4인 1991. 『아모스, 오바댜, 요나, 미가, 나훔』. 김영헌 역. 서울:
　　두란노.

스튜어트, 더글라스 2011. "아모스." 『호세아―요나』, 김병하 역. 서울: 솔로몬.

신득일 1993. "희년의 윤리." 『고려신학보』 제25집. 부산 고신대학교 신학대학원.

신득일 2002. "구약에 나타난 야웨(하나님) 경외의 삶." 『고신신학』 3호. 부산: 고신신학
　　회: 13-48.

신득일 2007. 『구약 히브리어』. 서울: 기독교문서선교회.

신득일 2012. 『구약정경론』. 서울: 생명의 양식.

신득일 2015. 『101가지 구약 Q & A』. 서울: CLC.

신원하 2012. 『죽음에 이르는 7가지 죄』. 서울: IVP.

아처, 글리슨 L 1993. 『구약총론』. 김정우 역. 서울: 기독교문서선교회.

알렌, 레슬리 C 2015[2008]. "요엘." 『IVP 성경주석』. 김순영 외 7인 공역. 서울: 한국기독학생회 출판부.

영, 에드워드 J 2002. 『선지자 연구 : 하나님의 종 선지자』. 정충하 역. 서울: 기독교문서선교회.

오만, H M 1986. "구약의 역사적 본문에 대한 기독론적 설교." 이병구 역. 『고려신학보』 제12집. 부산: 고신대학교 신학대학원 출판부.

오스왈트, 존 2014. "아모스." 『ESV 스터디 바이블』. 이용중 역. 서울: 부흥과 개혁사.

오커, 브라이언 2014. "학개 해설." 『ESV 스터디 바이블』. 이용중 역. 서울: 부흥과 개혁사.

오커, 브라이언 2014a. "요엘 해설." 『ESV 스터디 바이블』. 이용중 역. 서울: 부흥과 개혁사.

오커, 브라이언 & 데니스 매거리 2014. "요나 해설." 『ESV 스터디 바이블』. 이용중 역. 서울: 부흥과 개혁사.

오틀런드 주니어, 레이먼드 2014. "이사야 해설." 『ESV 스터디 바이블』. 이용중 역. 서울: 부흥과 개혁사.

요세푸스, F 2006. 『요세푸스 1: 유대고대사』. 김지찬 역. 서울: 생명의 말씀사.

월키, 브루스 2015[2008]. "미가." 『IVP 성경주석』. 김순영 외 7인 공역. 서울: 한국기독학생회 출판부.

웨그너, 폴 2014. "하박국 해설." 『ESV 스터디 바이블』. 이용중 역. 서울: 부흥과 개혁사.

우드, 레온 1995. 『이스라엘의 선지자』. 김동진 역. 서울: 기독교문서선교회.

주서택, 김선화 2000. 『내 마음속에 울고 있는 내가 있어요』. 서울: 순출판사.

차일즈, B S 1987. 『구약정경개론』. 김갑동 역. 서울: 대한기독교출판사.

차일즈, B S 1992a. 『구약신학』. 박문재 역. 서울: 크리스챤 다이제스트.

차일즈, B S 1999. 『성경신학의 위기』. 박문재 역. 서울: 크리스챤 다이제스트.

최승락 2013. 『하물며 진리』. 용인: 킹덤북스.

카이저, 월터 C 1985. "말라기서와 복음서에 나타난 엘리야 도래의 약속." 토마스 V. 무어. 『학개 · 말라기 주석』. 윤영탁 역. 서울: 도서출판 크리스챤서적.

케디, 고든 1990. 『웰린강해신서: 아모스』. 이중수 역. 서울: 목회자료사.

크레이다누스, S 1989. 『구속사적 설교의 원리』. 권수경 역. 서울: 학생신앙운동.

클레멘츠, 로날드 E 1994. 『구약성서해석사』. 문동학, 강성열 역. 서울: 나눔사.

틸레, 에드윈 R 1990. 『히브리 왕들의 연대기』. 한정건 역. 서울: 기독교문서선교회.

푸타토, 마크 2014. "요나 해설." 『ESV 스터디 바이블』. 이용중 역. 서울: 부흥과 개혁사.

프리처드, 제임스 B 2016. 『고대 근동 문학 선집』. 강승일, 김구원 외 4인역. 서울: 기독
교문서선교회.

피, 고든 D & 더글러스 스튜어트 1991. 『성경을 어떻게 읽을 것인가』. 오광만 역. 서울:
성서유니온.

피, 고든 D & 더글러스 스튜어트 2007. 『책별로 성경을 어떻게 읽을 것인가』. 길성남
역. 서울: 성서유니온.

하우스, 폴 2014a. "선지서 개론." 『ESV 스터디 바이블』. 이용중 역. 서울: 부흥과 개혁사.

헬버그, J L 1986. "구약성경연구의 출발점과 방법." 길성남 역. 『고려신학보』 제12집.
부산: 고신대학 신학대학원 출판부: 95-117.

휴렌버그, 고돈 2015[2008]. "말라기." 『IVP 성경주석』. 김순영 외 7인 공역. 서울: 한국
기독학생회 출판부.

힐, 앤드류 H 2014. 『학개, 스가랴, 말라기』. 유창걸 역. 서울: CLC.

Alexander, T D 1988. *Jonah* in D W Baker, T D Alexander, B K Waltke. *Obadiah,
Jonah, Micah*. TOTC, Leicester: IVP.

Albright, W F 1971. *The Archaeology of Palestine*. Gloucester: Peter Press.

Allen, L C 1976. *The Books of Joel, Obadiah, Jonah and Micah*. NICOT. Grand Rapids:
Eerdmans.

Alter, R 1981. *The Art of Biblical Narrative*. New York: Basic Books.

Amit, Y 2001. *Reading Biblical Narrative*. Minneapolis: Fortress Press.

Atkinson, D 1990. *The Message of Genesis 1-11: The Dawn of Creation*. Leicester: IVP.

Baker, D W 1988. *Nahum, Habakkuk, Zephaniah*. TOTC. Leicester: Inter-Varsity
Press.

Baker, D W 1988a. *Obadiah*. In D Alexander, D W Baker, B Waltke. *Obadiah,
Jonah, Micah*. TOTC. Leicester: Inter-Varsity Press.

Baldwin, J G 1972. *Haggai, Zechariah, Malachi*. TOTC. Leicester: Inter-Varsity
Press.

Baldwin, J 1993. *Jonah*. In T. E. McComiskey ed. *The Minor Prophets: An Exegetical and
Expository Commentary*. vol 2. Baker Book House Company.

Bar-Efrat, S 1989. *Narrative Art in the Bible*. Sheffield: Almond Press.

Barker, K L & W Bailey 1999. *Micah, Nahum, Habakkuk, Zephaniah*. Nashville; Broadman & Holman.

Barker, K L & L Walker 2002. "Zechariah Notes." *NIV Study Bible*. Grand Rapids: Zondervan.

Barker, K L & J Stek eds. 2002. "The Book of the Twelve or the Minor Prophets." *NIV Study Bible*. Grand Rapids: Zondervan.

Barker, K L & T E McComiskey 2002. "Micah Notes." *NIV Study Bible*. Grand Rapids: Zondervan.

Barker, K L 2008. *Zechariah*. In T. Longman and D. E. Garland eds. *The Expositor's Bible Commentary*. vol 8. Grand Rapids: Zondervan.

Berkhof, L 1941. *Systematic Theology*. Grand Rapids: Eerdmans.

Berkhof, L 1988. *Principles of Biblical Interpretation*. Grand Rapids: Baker Book House.

Berlin, A 2002. *Lamentations*. Westminster John Knox Press.

Block, D I 2013. *Obadiah: The Kingdom Belongs to YAWH*. Grand Rapids: Zondervan.

Boda, M J 2004. *Haggai, Zechariah*. NIVAC. Grand Rapids: Zondervan.

Bright, J 1981. *A History of Israel* 3rd. Philadelphia: The Westminster Press.

Brockington, L H 1969. *Ezra, Nehemiah and Esther*. London: Nelson.

Brooks, C & R P Warren 1959. *Understanding Fiction*. New York: Appleton Century Crofts.

Bruce, F F 1980. "Calendar." J. D. Douglas ed. *The New Bible Dictionary*. Leicester: Inter-Varsity Press.

Bruce, F F 1993. *Habakkuk*. In T. E. McComiskey ed. *The Minor Prophets: An Exegetical and Expository Commentary*. vol 2. Baker Book House Company.

Buyn, J 1992. *The Holy Spirit Was Not Yet: A Study on the Relationship between the Coming on the Holy Spirit and the Glorification of Jesus according to John 7:39*. Kampen: Uitgeversmaatschappij J. H. KOK.

Calvin, J 1986. *Commentary on the Twelve Minor Prophets*. vol. 1. The Banner of Truth Trust.

Chatman, S 1978. *Story and Discourse: Narrative Structure in Fiction and Film*. Ithaca: Cornell University Press.

Chisholm Jr., R B 1998. *From Exegesis to Exposition*. Grand Rapids: Baker Academic.

Cohen, S 1989[1962]. "Nabateans." *IDB* vol 3. Nashville: Abingdon Press: 491–493.

Craigie, P C 1982. "Amos the nōqēd in the light of Ugaritic." *Studies in Religion* 11: 29–33.

De Graaf, S G 1981. *Promise and Deliverance* Vol. 1. St. Catharines: Paideia Press.

Dillard, R B 1992. *Joel*. In T. E. McComiskey ed. *The Minor Prophets: An Exegetical and Expository Commentary*. vol 1. Baker Book House Company.

Dillard, R B & T Longman III 1994. *An Introduction to the Old Testament*. Grand Rapids: Zondervan.

Douglas, J D ed. 1980. *The New Bible Dictionary*. Leicester: Inter–Varsity Press.

Driver, S R 1897[1891]. *An Introduction to the Literature of the Old Testament*, Edinburgh: T. & T. Clark.

Driver, S R 1978. *Deuteronomy*, Edinburgh: T. & T. Clark.

Duguid, Iain M 1999. *Ezekiel*. NIVAC. Grand Rapids: Zondervan.

Dumbrell, W J 1984. *Covenant and Creation*. Paternoster Press.

Ferris, W F Jr. 1992. *The Genre of Communal Lament in the Bible and the Ancient Near East*. Atlanta: Scholars Press.

Fineberg, C 1976. *Minor Prophets*. Chicago: Moody Press.

Furguson, S 1984. *Grow in Grace*. Nav Press.

Gesenius, 1990[1910]. *Gesenius' Hebrew Grammar*. A. E. Cowley trans. New York: Oxford University Press.

Gitay, J 1980. "A Study of Amos's Art of Speech: A Rhetorical Analysis of Amos 3:1–15." *CBQ* 42: 29–309.

Goldsworthy, G 1987. *Gospel & Kingdom: A Christian Interpretation of the Old Testament*. Australia: The Paternoster Press.

Goodfriend, E A 1992. "Adultery." D. N. Freedman eds. Anchor Bible Dictionary(ABD). vol. 1, 82–86.

Gootjes, N H 1990. "Rethinking Redemptive–Historical   Interpretation." *Clarion* Vol. 39. The Canadian Reformed Magazine.

Gordis, R 1954. "Hosea's Marrage and Message: A New Approach." *Hebrew Union College Annual*, 25: 9–35.

Greidanus, S 1970. *Sola Scriptura: Problems and Principles in Preaching Historical Texts*. Toronto: Wedge Publishing Foundation.

Greidanus, S 1988. *The Modern Preacher and the Ancient Text: Interpreting and Preaching Biblical Literature*. Grand Rapids: Eerdmans.

Harris R L, G L Archer & B K Waltke 1980. *Theological Wordbook of the Old Testament*. Chicago: The Moody Bible Institute.

Harrison, R K 1999. *Introduction to the Old Testament*. Grands Rapids: Eerdmans.

Harrison, R K & W C Williams 2002. "Habakkuk Notes." *NIV Study Bible*. Grand Rapids: Zondervan.

Hasel, G 1991. *Old Testament Theology: Basic Issues in the Current Debate*. 4th edition. Grand Rapids: William B. Eerdmans Publishing Company.

Hendriksen, W 1965. *More Than Conquerors: An Interpretation of the Book of Revelation*. grands Rapids: Baker Book House.

Hill, A E 1982. "Dating 'Second Zechariah': A Linguistic Reexamination." *Hebrew Annual Review* 6: 105–134.

Hill, A E & J H Walton 1991. *A Survey of the Old Testament*. Grand Rapids: Zondervan.

Hillers, D R 1992. *Lamentations*. 2nd ed. AB 7A, New York: Doubleday.

Hillmer, M & J H Stek 2002. "Ezekiel Notes." *NIV Study Bible*. Grand Rapids: Zondervan.

Hoekema, A A 1979. *The Bible and thd Future*. Grand Rapids: Eerdmans.

Hoekema, A A 1986. *Created in God's Image*. Grand Rapids: Eerdmans.

Hoekema, A A 1989. *Saved by Grace*. Grand Rapids: Eerdmans.

House, P R 1990. *Zephaniah: A Prophetic Drama*. JSOT supp. 69. Sheffield: JSOT Press.

Hubbard, D A 1989. *Joel and Amos*. TOTC. Downers Grove: Inter Varsity Press.

Hubbard, D A 1989a. *Hosea*. TOTC. Downers Grove: Inter Varsity Press.

Hughes, P E 1990. *The Book of the Revelation: Commentary*. Grand Rapids: Eerdmans.

Johnson, A R 1962. *The Cultic Prophet in Ancient Israel*. Universiaty of Wales Press.

Kaiser Jr., W C 1978. *Toward an Old Testament Theology*. Grand Rapids: Zondervan.

Keown, G L & P J Scalise & T G Smothers 1995. *Jeremiah 26-52*. WBC 27. Dallas: Word Books.

Kepelrud, A S 1989. "Tyre." IDB vol. 4. Nashville: Abingdon Press.

King, G A 1995. "The Day of the Lord in Zephaniah." *Bibliotheca Sacra* 152: 16–32.

Klein, G L 2008. *Zechariah*. The New American Commentary(NAC): An Exegetical and Theological Exposition of Holy Scripture. Nashville: B & H Publishing Group.

Krasovek, J 1992. "The Source of Hope in the Book of Lamentations." *Vetus Testamentum* 42: 223–233.

Kapelrud, A S 1989. "Tyre", *IDB*, Abingdon: 721–723.

Landers, G M 1989. "Ammon", IDB 1, Abingdon: 111–113.

Lasor, W S, D A Hubbard & F W Bush 1992. *Old Testament Survey: The Message Form and Background of the Old Testament*. Grand Rapids: Wm. B. Eerdmans.

Leupold, H C 1969[1949]. *Exposition of Daniel*. Grand Rapids: Baker.

Lewis, J P 2002. "Hosea Notes." *NIV Study Bible*. Grand Rapids: Zondervan.

Livingston G H & K L Barker 2002. "Nahum Notes." *NIV Study Bible*. Grand Rapids: Zondervan.

Limburg, J 1987. "Seven Structures in the Book of Amos." *JBL* 106/2: 217–222.

Limberg, J 1988. *Hosea-Micah*. Interpretation. Atlanta: John Knox Press.

Longman III, T 1987. *Literary Approaches to Biblical Interpretation*. Grand Rapids: Zondervan.

Longman III, T 1993. *Nahum*. In T. E. McComiskey ed. *The Minor Prophets: An Exegetical and Expository Commentary*. vol 2. Baker Book House Company.

Longman III, T 1997. *Reading The Bible With Heart Mind*. Nav. Press.

Magonet, J 1983. *Form and Meaning: Studies in Literary Techniques in the Book of Jonah*. Sheffield: Almond Press.

Malmat, A 1966. "Prophetic Revelations in New Documents from Mari and the Bible," *Vetus Testamentum* 15. Leiden: E. J. Brill: 207–227.

Mason, R 1977. *The Book of Haggai, Zechariah, Malachi*. Cambridge: Cambridge University Press.

McComisky, T E 1992. *Hosea*. In T. E. McComiskey ed. *The Minor Prophets: An Exegetical and Expository Commentary*. vol 1. Baker Book House Company.

McComisky, T E 1998. *Zechariah*. In T. E. McComiskey ed. *The Minor Prophets: An Exegetical and Expository Commentary*. vol 3. Baker Book House Company.

Merrill, E H 1994. *Haggai, Zechariah, Malachi: An Exegetical Commentary*. Chicago:

Moody Press.

Meyers, C L & E M Meyers 1987. *Haggai, Zechariah* 1—8. AB 25B. New York: Doubleday.

Meyers, C L & E M Meyers 1993. *Haggai, Zechariah* 9—14. AB 25B. New York: Doubleday.

Morton, W H 1989. "Dead sea", IDB, Abingdon: 788—790.

Motyer, J A 1998. *Zephaniah*. In T. E. McComiskey ed. *The Minor Prophets: An Exegetical and Expository Commentary*. vol 3. Baker Book House Company.

Nelson, R 1987. *First and Second Kings*. Interpretation. Louisville: John Knox.

Niehaus, J 1992. *Amos*. In T. E. McComiskey ed. *The Minor Prophets: An Exegetical and Expository Commentary*. vol 1. Baker Book House Company.

Niehaus, J 1993. *Obadiah*. In T. E. McComiskey ed. *The Minor Prophets: An Exegetical and Expository Commentary*. vol 1. Baker Book House Company.

Parunak, H V D 1984. "Oral Typesetting: Some Uses of Biblical Structure." *Biblica* 62: 153—168.

Paul, S 1991. *Amos*. Hermeneia. Minneapolis: Fortrees.

Petersen, D L 1984. *Haggai and Zechariah 1-8*. OTL. Philadelphia: Westminster.

Petersen, D L 1995. *Zechariah 9-14 and Malachi*. OTL. Louisville: John Knox Press.

Pritchard, J B ed. 1969. *Ancient Near Eastern Texts(ANET)*. Princeton: Princeton University Press, 1969.

Provan, I 1991. *Lamentations*. New Century Bible. Grand Rapids: Eerdmans.

Robertson, D 1976. "The Bible as Literature." *The Interpreter's of the Bible Dictionary* Sup. Vol. Ed. Keith Crim. Nashville: Abingdon.

Robertson, O P 1980. *The Christ of the Covenants*. New Jersey: P&R.

Robertson, O P 1990. *The Books of Nahum, Habakkuk and Zephaniah*, Grand Rapids.

Roth, W M W 1962. "Numerical Sequence x/x+1 in the Old Testament." *Vetus Testamentum* 12: 300—311.

Ryken, L 1984. *How to Read the Bible as Literature*. Grand Rapids: Academie Books.

Ryken, L 1993. "Amos." L. Ryken & T. Longman eds. *A Complete Literary Guide to the Bible*. Zondervan: 337—47.

Saggs, H W F 1984. *The Might That Was Assyria*. London: Sidgwick and Jaction.

Skinner, S. 1898. *A Dictionary of the Bible*, ed. J. Hastings and J. Selbie.

Smith, G V 1989. *Amos: A Commentary*. Library of Biblical Interpretation. Grand Rapids: Zondervan.

Smith, B K 1995. *Amos, Obadiah, Jonah*. The New American Commentary(NAC): An Exegetical and Theological Exposition of Holy Scripture. Nashville: B & H Publishing Group.

Smith, W 1937. *The Glorious Revival Under King Hezekiah*. Grand Rapids: Zondervan.

Simundson, D J 1996. *The Book of Micah*. New Interpretors' Bible vol. 7. Nashville: Abingdon.

Simundson, D J 2005. *Hosea, Joel, Amos, Obadiah, Jonah, Micah*. Abingdon Old Testament Commentaries. Nashville: Abingdon Press.

Smith, R L 1984. *Micah-Malachi*. WBC. Waco: Word Books.

Stuart, D 1987. *Hosea-Jonah*. WBC 31. Waco: Word Books.

Song, T G 1992. "Sinai Covenant and Moab Covenant: An Exegetical Study of the Covenants in Exodus 19:1−24:11 and   Deuteronomy 4:45−28:69." Ph. D. dissertation. Cheltenham and Gloucester College of Higher Education.

Tanner, J P 1996. "Rethinking Ezekiel Invasion by Gog." *JETS* 39/1 (March): 29−46.

Throntveit, M A 1992. *Ezra-Nehemiah*. Interpretation. Louisville: John Knox Press.

Trible, P 1978. *God and Rhetoric of Sexuality*. Philadelphia: Fortress.

Trimp, C 1988. *Heilsgeschiedenis en Prediking*. Kampen: Uitgeverij Van Den Berg.

Vanderwaal, C. 1979e. *Search the Scriptures* 5 : *Isaiah-Daniel*. trans. T. Plantinga. Paideia Press.

Vanderwaal, C. 1979f. *Search the Scriptures* 6 : *Hosea-Malachi*. trans. T. Plantinga. Paideia Press.

Vangemeren, W 1988. *The Progress of Redemption: The Story of Salvation from Creation to the New Jerusalem*. Grand Rapids: Baker Book House.

Vangemeren, W 1990. *Interpreting the Prophetic Word*. Grand Rapids: Baker Book House.

Vangemeren, W Ed. 1997. *New International Dictionary of Old Testament Theology and Exegesis*. 5 Vols. Grand Rapids: Zondervan.

Vannoy, J R 2002a. "1, 2 Kings Notes." *NIV Study Bible*. Grand Rapids: Zondervan.

Veldkamp, H 1977. *The Farmer from tekoa on the Book of Amos*. trans. T. Plantinga. Ontario: Paideia Press.

Verhoef, P A 1987. *The Book of Haggai and Malachi*. Grand Rapids: Eerdmans.

von Rad, G 1965. *The Message of the Prophets*, trans. D. M. G. Stalker. New York: Harper & Row.

Waard, Jan de 1977. "Chiastic Structure of Amos 5:1−17." *Vetus Testamentum*, vol. XXVII no 2: 170−177.

Waltke, B 1988. *Micah* in D W Baker, T D Alexander, B K Waltke. *Obadiah, Jonah, Micah*. TOTC, Leicester: IVP.

Waltke, B 1993. *Micah*. In T. E. McComiskey ed. *The Minor Prophets: An Exegetical and Expository Commentary*. vol 2. Baker Book House Company.

Weingreen, J 1959[1939]. *A Practical Grammar for Classical Hebrew*. London: Oxford University.

Willis, J T 1969. "The Structure of Micah 3−5 and the Function of Micah 5:9−14 in the Book." *ZAW* 81: 191−214.

Wilson, M & J H Stek 2002. "Jonah Notes." *NIV Study Bible*. Grand Rapids: Zondervan.

Wolff, H W 1974. *Hosea*. Hermeneia. Philadelphia: Fortress Press.

Wolf H & J H Stek 2002a. "Malachi Notes." *NIV Study Bible*. Grand Rapids: Zondervan.

Young, E J 1977. *An Introduction to the Old Testament*. Grand Rapids: Eerdmans.

Youngblood, K J 2013. *Jonah: God's Scandalous Mercy*. Grand Rapids: Zondervan.

Youngblood, R 2002. "Jeremiah Notes." *NIV Study Bible*. Grand Rapids: Zondervan.